3대 비판을 일관하는

칸트의
통합이론체계와
기초존재론

3대 비판을 일관하는

칸트의 통합이론체계와 기초존재론

초판 1쇄 인쇄 | 2020년 12월 20일
초판 1쇄 발행 | 2020년 12월 28일

지은이 | 이현모
펴낸이 | 김태화
펴낸곳 | 파라아카데미
기획·편집 | 전지영
디자인 | 김현제

등록번호 | 제313-2004-000003호
등록일자 | 2004년 1월 7일
주소 | 서울 특별시 마포구 와우산로 29가길 83 (서교동)
전화 | 02) 322-5353   팩스 | 070) 4103-5353

ISBN 979-11-88509-40-9 (93160)

3대 비판을 일관하는

칸트의
통합이론체계와 기초존재론

이현모 지음

파라아카데미

출판에 즈음하여

  칸트의 철학체계를 논구하는 자리에서 아래의 글은 독자들에게 생뚱맞고 부자연스럽고 격에 맞지 않은 느낌을 불려 일으킬 수 있다. 그럼에도 불구하고 지우지 않고, 그대로 두기로 한 까닭은 보편학인 철학이 필자의 마음을 항상 압박하는 학문의 무게감 때문이다.

  우리 민족이 서구문명을 수용하여 동화한 지 백년이 지난 지금에 이르러서는, 서구문명은 우리 민족의 현대문명이 되었다. 단적으로 우리 민족이 자신이 입고 있는 복장을 의복이라고 부르고, 오히려 우리 민족의 전통 옷을 한복이라고 부르는 경우가 그러하다. 우리 민족이 서구문명을 수용하는 초창기에는 조국의 근대화를 조국의 서구화로 인식하였지만, 지구상의 모든 나라와 교역하고 외국 사람들과 교류하는 현재에 이르러서 서구화의 용어는 어느덧 역사서의 종이 위에 쓰여야 할 용어가 되었다. 세상의 모든 국가를 상대로 교역하면서 선진국의 대열에 진입한 우리나라의 현실이 서구문명을 우리 민족의 생활방식으로 용해하였음을 단적으로 입증하는 좋은 본보기다.

  21세기를 살아가는 이 나라의 지식인의 한 사람인 필자는 항상 마음 한편에 무언가 석연치 않고 미흡하고 허전한 구석이 있음을 느끼지 않을 수 없었다. 그 느낌의 정체는 다름 아닌 모든 학문의 중심에 서있어야 할 철학적 사고방식의 미흡함이다. 사회발전을 이끌고 갈 주체적 역량을 갖춘 철학의 사고방식이 부재한 탓이다. 이런 상황에서 과학의 발전만으로 모든 문제를 해결할 듯이 여기는 사회풍조는 안타깝게도 우리의 국가를 항상 1~2%가 부족한 상태를 벗어날 길이 없도록 만들었다.

국가를 이끄는 지성인의 책무는 학문의 이론을 바탕으로 정책으로 수립하여 사회발전의 동력으로 삼아야 하는 역할이다. 학문의 본질과 시대의 본질을 비판하는 임무는 철학자의 몫이다. 철학적 사고방식은 사회발전의 계기가 어떤 시점 어떤 분야에서 우연하게 돌출하더라도, 그 계기를 사회발전의 동인으로 확대할 수 있는 원동력이다. 그러므로 현재의 우리 국민이 보강해야 할 시급한 핵심요건이 있다면, 단연코 그것은 국민의식의 근저에서 국가가 필요한 동력으로 작용해야 할 철학적 사고방식의 확립이다.

과거의 우리 민족은 서구를 주축으로 한 세계정세에 무지하여, 서구문명의 본질을 제대로 된 안목으로 정곡을 직시할 수 없었다. 당시의 사회상황은 서구의 철학적 발상을 우리의 것으로 온전하게 소화할 수 없었던 처지였다. 열악한 사정 속에서도, 우리는 비록 부족하나마 그들의 사상과 문명을 수용하려고 노력했고, 그것을 바탕으로 하여 수많은 시행착오의 경험을 거치면서 한강의 기적을 이루었다.

우리 국민이 구축한 문화수준이 그들과 비교하여도 못지않은 상황임에도 불구하고, 우리의 뇌리에는 그들에게 현대사상의 발상을 배워야 한다는 심리적 강박감이 당연한 듯이 작용한다. 그 경향은 우리의 정체성을 혼란케 하는 중대한 요인이 되었다. 이런 피해의식을 극복해야만, 비로소 진정한 선진국민이 될 수 있다. 서구사상의 본질을 철저히 파악해야 위해서는 "인간이란 무엇인가?"라는 근본주제를 올바르게 파헤치며 그들의 사고방식을 제대로 파악하고, 그 요체를 올바르게 이해해야 한다.

우리 국민이 서구사상을 극복하고 주체의 역량을 발휘하려면, 우리국민에게 서구철학의 사고방식을 올바르게 안내할 철학자가 필요하다. 이런 의도에 부합하는 철학자는 두 인물로 압축된다. 고대와 근대를 통틀어 대표적인 인물은 플라톤이고, 근대와 현대를 꿰뚫는 대표적인 인물은 칸트이다. 그 이유는 두 철학자의 철학체계가 통합이론체계이기 때문이다. 플라톤의 시기는 고대이다. 고대는 현대로부터 너무도 멀다. 현대와 밀접한 시대는 근대이다. 칸트는 플라톤 이래의 철학체계를 재차 손질했다. 그래서 필자는 현대인이 무리 없이 수용할 수 있는 통합이론체계를 칸트의 비판철학 곧 선험철학이라고 판단했다. 이 입장이 필자가 칸트의 비판사상의 논구를 시작한 근본이유이기도 하다. 필자는 칸트의 철학사상이 현대인들이 직면한 철학적 의문을 해명할 내용을 담고 있다고 판단했고, 그것이 우리의 철학자들이 미래의 지평을 여는 원동력이 될 수 있다고 확신했다.

끝으로 본서의 논구를 진행함에 있어서 항상 염려한 관점이 있었는데, 그것은 칸트철학이 지닌 당위적 성격을 오인하는 발상이다. 도덕적 당위론은 인간의 지향하는 목적의식의 조타수 같은 역할이므로, 도덕론은 당장의 실현효과를 따져서 수용하고, 배척하는 그런 특성의 이론이 아니다. 도덕적 당위론이 지닌 진정한 학문의 역할은 밤하늘의 북두칠성처럼 실천의 행동이 마땅히 나아가야 할 진로를 밝히는 기준이다.

철학의 이론은 과학이 목적을 세우고 추구해야 할 사고방법과 그 목적을 달성할 수단과 도구를 마련하도록 지도하는 학문적 발상이다. 그래서 철학은 모든 과학의 근저에 놓여있는 기초학문이면서 동시에 보편학이다.

2020년 어느 날
강릉 우거에서, 다정 이 현모

1. 인용한 문장의 출처

   Kant. Kritik der reinen Vernunft. Hamburg, Germany: Felix meiner verlag. 1974

   Kant. Kritik der praktischen Vernunft. Hamburg, Germany: Felix meiner verlag. 1974

   Kant. Kritik der Urteilskraft. Hamburg, Germany: Felix meiner verlag. 1974

   『순수이성비판』. 칸트 최재희 역, 박영사. 서울 1988

   『순수이성비판』. 칸트, 전원배 역, 삼성출판사. 서울. 1990

   『실천이성비판』. 칸트, 최재희 역, 박영사. 서울.1978

   『판단력비판』. 칸트, 이석윤 역, 박영사. 서울. 1978

2. 영어번역판은 한글번역판이 있기 때문에, 위의 참고문헌의 명단에서 생략했음.

3. 인용문의 출처는 알파벳으로 kdrV, kdpV, kdU 대신에 『순수이성비판』, 『실천이성비판』, 『판단력비판』으로 했음.

4. 같은 페이지에서 인용했거나, 하나의 문장을 분리하여 인용하는 경우에는, 그 페이지를 영어로 ibid로 표기함.

5. 인용은 번역본으로 하되, 필자가 새롭게 해석하는 대신에 기존의 번역문장을 그대로 인용함. 독일어 용어를 특별히 우리말의 용어로 번역하는 작업이 여의치 않는 경우가 아닌 한에서는 독자들이 쉽게 이해할 수 있는 번역을 선택했음.

6. 번역의 일부문장에는 독자의 이해를 돕기 위해, 주석의 난에 원문을 그대로 인용하였음.

7. 인용한 장소표기는 독일어판의 표기 및 페이지로 표시했음.

차례

출판에 즈음하여 _ 4

머리글 | **형이상학을 거부한 철학이 진정한 철학일 수 있는가?** _ 14

§. 보편학의 역할을 상실한 전통적 형이상학 _ 17

§. 주체철학의 태동과 미완성 _ 22

§. 관념론과 합리론 _ 24

§. 선험적 관념론과 목적론 _ 27

1부 **선험철학의 예비학인 비판철학의 특성**

1. 형이상학의 위기와 극복방안 _ 42

　1) 형이상학의 위기를 초래한 두 가지 요인 _ 42

　　(1) 자연과학의 발전이 야기한 위기요인 _ 42

　　(2) 독단적 합리론이 초래한 위기요인 _ 50

　2) 위기극복방안을 위한 근본방향 _ 53

　　(1) 형이상학의 정초작업과 현상론 _ 58

　　(2) 형이상학의 정초작업과 인식론 _ 60

　3) 주체철학의 근본과제와 순수자아의 올바른 이해 _ 61

　　(1) 주체철학의 마무리 작업인 '코페르니쿠스적 인식전회' _ 63

　　(2) 주관의 인식기능을 형이상학의 중심에 놓아야 하는 이유 _ 67

　　(3) 지성을 감성, 오성, 이성의 3기능으로 구분해야 할 필연성 _ 75

2. 주체철학의 철학적 의의 _ 79

1) 주체철학의 형식을 완성한 비판철학 _ 79

(1) 보편학의 형식적 틀과 비판철학체계 _ 79

(2) 현상과 본질의 통합론인 비판철학체계 _ 82

2) 형이상학을 새롭게 정초한 비판철학 _ 92

(1) 새롭게 거듭난 형이상학인 도덕형이상학 _ 92

(2) 새로운 형이상학이 지향하는 주체철학의 현대성 _ 101

2부 형이상학의 정초작업인 현상과 본질의 통합방법론

1. 선험적 감성론의 형이상학적 의의 _ 112

1) "인간이란 무엇인가?"라는 논구의 출발, 선험적 감성론 _ 113

(1) 감각과 촉발작용과 감성의 표상작용이
서로 구별되는 인식기능의 구조 _ 115

(2) 선험적 감성론의 형이상학적 해명과
선험적 해명이 지닌 인식론적 의의 _ 122

(3) 창조적 발상의 근본토대인 선험적 감성론 _ 130

2) 인식론과 존재론의 정초작업인 선험적 감성론의 특성 _ 133

(1) 선험적 감성론과 선험적 논리학을 분리한 선험적 분석론의 학적 의의 _ 133

(2) 물리적 공간을 포용하는 순수직관형식인 공간 _ 143

(3) 물리적 시간을 포용하는 선험적 감성론의 순수직관형식인 시간 _ 155

(4) 자연과학, 수학, 논리학의 학적 토대로서의 선험적 감성론 _ 160

2. 선험 논리학의 형이상학적 의의 _ 169

1) 선험철학이 선천적 인식기능을 입증해야 하는 이유 _ 175

(1) 판단의 도표를 범주의 도표로 격상한 논증의 성격이
연역적이어야 하는 이유 _ 175

(1) 판단표가 범주로 격상되는 논증과정의 성격이
연역적이어야 하는 이유 _ 192

(2) 선험적 분석론이 자연형이상학의 지식을
논구하는 장소가 되는 이유 _ 205

(3) 선험적 분석론이 논리학의 본질을 논구하는 장소인 이유 _ 214

2) 선험논리학의 범주가 수학적 범주와 역학적 범주로 구별되어야 하는 이유 _ 220

(1) 선천적 종합판단의 지닌 철학적 사고방식의 본질 _ 220

(2) 형이상학을 새롭게 정초하는 방법론의 수단인 역학적 범주개념 _ 228

3. 합리론과 경험론의 통합초석인 선험변증론 _ 233

1) 형식논리학과 변증논리학의 양립을 실현한 선험논리학의 특성 _ 233

(1) 형이상학 과제의 탐구방법론으로서 변증논리학 _ 234

(2) 이율배반의 양립방식이 지닌 논리적 타당성 _ 253

3부 인간의 정체성을 보여주는 선의지와 미의식의 본질

1. 선험적 변증론에 내재한 형이상학의 학적 토대 _ 260

　1) 도덕형이상학과 미학의 정초작업 _ 260

　2) 도덕형이상학의 정초작업인 이율배반도식 _ 264

　3) 문명사회의 근본토대인 자유의지와 미의식 _ 277

2. 철학적 발상의 대전환과 새로운 철학체계의 탄생 _ 280

　1) 목적론의 정초작업과 도덕형이상학 _ 280

　2) 목적론의 통합기능과 미의식의 실천행위 _ 284

3. 실천이성, 실천적 자유, 선의지에 따른 도덕행위의 당위성 _ 289

　1) 심리적 선의 표상과 도덕적 선의 표상이 서로 구별되는 의식구조 _ 289

　2) 자유의 본성이 지닌 형이상학적 의의 _ 295

　3) 도덕적 실천행위의 합법칙성 _ 301

　4) 『실천이성비판』에서 최고선을 다루어야 하는 이유 _ 306

4. 반성적 판단력과 미의식 _ 314

　1) 취미판단과 반성적 판단력의 인식론적 특성 _ 317

　2) 감성의 영역에서 규정적 판단과 반성적 판단이 구별되어야 하는 판단기능 _ 320

　3) 미감적 판단력에서 '숭고'를 다루어야 하는 이유 _ 325

　4) 판단력비판에서 목적론적 판단력을 다루어야 하는 이유 _ 344

4부 비판철학이 해명해야 할 현대문명의 새로운 과제

1. 비판철학의 현대성 전망 _ 370

2. 현대문명사회의 변화된 시대상황에 대한 해명 _ 376

　　1) 주체철학이 당면한 새로운 과제 _ 376

　　2) 현대사회와 형이상학 _ 383

　　3) 진화한 현대수학의 지식에 대한 해명 _ 387

　　　　(1) 무한성과 유한성의 차이점 _ 391

　　　　(2) 확실성과 불확실성의 본질 _ 400

　　4) 현대 자연과학의 진화된 지식에 대한 해명 _ 403

　　　　(1) 형상의 법칙성과 진화론(進化論) _ 403

　　　　(2) 선천적 인식기능과 AI기능을 탑재한 로봇 _ 408

3. 불필요하고 무익한 논쟁의 종식 _ 414

형이상학을 거부한 철학이
진정한 철학일 수 있는가?

주목

본서의 논구는 오늘날에도 여전히 현대에 영향을 미치고 있는 칸트의 비판철학체계 곧 선험철학의 체계를 검토하는 작업이다. 본서는 논구과 정의 도중에 제기될 수 있는 의문점을 피하고, 논구의 일관성을 유지하기 위해, '머리글'과 '1부. 선험철학의 예비학인 비판철학의 특성'에서 몇 가지 논점을 우선적으로 정리하였다.

3대비판서의 주제를 하나씩 별개로 논구하면, 각 주제는 논구의 전개하는 서두에 논구의 근거를 밝히지 않을 수 없다. 그 이유는 근거가 불투명하면 논구가 무슨 작업을 하는지를 제대로 전달할 수 없기 때문이다. 그러면 3대비판서의 주제를 논구할 때마다, 그 근거를 되풀이해야 하는 중복성이 발생한다.

중복성은 논구의 양을 증대할 뿐만 아니라 논구를 지루하게 만들 수 있다. 그래서 전체논구의 일관성을 확보하고, 논구의 필요성에 관한 해명을 되풀이 않기 위해, 모든 논구에 공통되는 철학의 관점과 칸트의 입장을 정리하여 전면에 배치했다.

2부는 『순수이성비판』에 관한 논구로서 칸트의 발상이 보편적이고 따라서 현대적임을 논증했다. 3부는 2부를 바탕으로 하여 선의지와 미의식의 본질을 논구하였다. 개별적인 논점은 지면의 한계 때문에, 독자들이 『실천이성비판』과 『판단력비판』을 탐독하고, 그런 연후에 스스로 논구하고 이해해야 할 과제이다. 여기의 논구 목적은, 칸트가 이 주제를 다루어야만 하는 이유와 필연성을 명백히 논증하여, 독자들이 보편학의 본질에 따라 인간의 정체성을 올바르게 이해할 수 있도록 길잡이 역할이다. 그래서 3부는 주제의 전체를 조망할 수 있도록 할 목적으로 주요 핵심주제만을 간추려 짜임새 있게 논구했다.

마지막으로 4부에서 독자들에게 철학을 탐구하는 목적을 상기시키기 위해, 현대사회가 당면한 철학적 과제를 비판철학이 해명할 수 있는지를 가늠했다. 그 필요성은 철학이 보편학이므로, 철학의 이론은 시대를 불문하고 적응할 수 있어야 하는 당위성에 있다.

논구의 초점과 방향

인간은 현상을 보고 본질을 생각한다. 현상을 직접 경험하면서 인과율을 생각한다. 이런 사고방식이 관념론을 입증하는 본보기이다. 관념론은 실재론과 한 쌍을 이루어 대립하는 개념이 아니다. 실재론이건, 유물론이건, 유심론이건 간에 어떤 이론도 관념론의 본질을 벗어날 수 없다. 더 나아가 불가지론의 회의론도 단지 관념의 본질을 파악할 수 없다는 주장을 펼쳤을 뿐, 존재의 형식적 틀을 이루는 관념론의 특성조차 부정하는 입장이 될 수 없다. 왜냐하면 의심하는 대상이 없는 의심이 가능할 수 없기 때문이다. 존재하지 않는 대상은 의심의 대상이 될 수 없기 때문이다. 만약 회의론자가 자신이 의심하는 대상을 철저히 완전하게 부정하면, 즉각적으로 그렇게 주장하는 자신의 존재조차 부정해야 하는 모순에 빠지게 된다.

존재가 원천적으로 관념적이지 않았다면, 인간의 사유기능이 존재의 본질을 탐구하는 경우는 어불성설이다. 경험론이 현상의 모든 개념이 경험에서 비롯되었다고 주장하더라도, 그 개념이 자신들의 사유작용에서 비롯되었다면 당연히 그 개념은 관념적이다. 진ㆍ선ㆍ미의 관념이 존재의 본질을 구성하는 근본요소이다. 인간과 자연과 신을 하나로 통합한 존재이념과 원리를 파악하려면, 진 · 선 · 미의 관념에 의해 구성된 존재의 정체를 밝혀야 한다.

진 · 선 · 미의 관념이 작용하는 현상계의 구조를 정확히 이해하려면 한편으로는 대상의 특성을 파악해야 하고, 다른 편으로는 관념작용의 주체인 의식구조의 특성을 파악해야 한다. 즉 의식과 대상의 상관관계를 명확히 해야만 비로소 철학의 보편성을 올바르게 이해할 수 있다.

현상의 작동원리인 존재본질을 파악하려는 철학자의 지적 작업은 대단히 많았지만, 그 중에서 철학의 주제를 통합한 철학체계는 플라톤과 아리스토텔레스, 칸트와 헤겔의 이론이 대표한다. 그 이유는 그들이 지성의 특성을 감성, 오성, 이성으로 구별하고, 인식론, 존재론, 논리학의 역할을 체계화하였기 때문이다. 그런데 플라톤과 아리스토텔레스의 사상은 시간적으로 현대로부터 너무 멀다. 현대와 가깝고, 현대와 직접 연관된 이론은 칸트와 헤겔의 사상이다. 그 중에서도 칸트의 철학체계가 플라톤의 철학체계와 매우 유사하다.

그런데 현대자연과학의 사고방식에 함몰한 현대인은 이념적 존재로서 이념 속에 살고 있으면서도 형이상학의 용어에 거부감을 표현한다. 현대인은 자기 자신이 이념적 존재임을 상기해야 한다.

칸트는 이성의 모든 관심(사변적 및 실천적)이 다음 세 가지 문제에[1] 귀착한다고 규정했다.

1. 나는 무엇을 알 수 있는가(Was kann ich wissen)?
2. 나는 무엇을 하여야 하는가(Was soll ich tun)?
3. 나는 무엇을 바랄 수 있는가(Was darf ich hoffen)?

비판철학 · 선험철학의 목적은 반형이상학의 물결 앞에서 정체성 위기

---

[1] 『순수이성비판』 B833

에 빠진 형이상학을 위한 학적정초를 구축하는 것이다. 자연과학의 지식을 포괄한 존재원리의 학적정초를 갖춘 형이상학이 칸트가 천명한 새로운 형이상학의 모습이다.

1. 어떻게 해서 순수수학이 가능한가?
2. 어떻게 해서 순수자연과학이 가능한가?
3. 어떻게 해서 자연소질로서 형이상학이 가능한가?
4. 어떻게 해서 학으로서 형이상학이 가능한가?

§. 보편학의 역할을 상실한 전통적 형이상학

주목

"인간이란 무엇인가?" 하는 물음의 최종 과제는 결국 하나로 집결된다. 그 과제는 인간에게 문명의 창조에 필요한 표상이 왜 필요하고, 어떻게 가능한지의 의문점이다. 인간의 육체는 물질이 결합한 구조물이고, 해체되면 물질로 되돌아가는 존재일 뿐이다. 그러나 물질로 구성된 육체가 갖가지 문명의 표상과 심리적 감정을 가지고 이야기를 구성하는 상황이 인간을 인간답게 만든다. 그리고 이 표상에 형이상학적 대상의 표상도 포함되어 있다. "신은 무엇인가?", "존재는 무엇인가?" 하는 물음이 포함되어 있다. "신이 존재에 포함되는 것인가?", 아니면 "신과 존재는 구별되는 것인가?" 하는 물음도 그 속에 포함되어 있다.

철학의 지적 작업은 종국적으로 문명을 발전시키는 표상과 문명사회에서 발생하는 갖가지 사건을 이야기로 구성하는 문학과 예술의 창조행위를 해명해야 한다. 곧 그 해명작업이 인간이 자기 자신을 해명하는 작업이다. 그 해명작업이 모든 것을 포괄하는 개념을 다루는 형이상학적이기 때문에, 철학은 보편학이고 동시에 본질학이다. 보편학은 모든 학문의 근본토대를 제공하는 기초학문이기 때문에, 형이상학이 제일철학으로 자리매김한다.

보편학의 특성

현상계의 사물을 구성하는 구성인자는 개별적이고 독립적이지만, 동일한 목적을 지닌 동질적 존재이다. 구성인자에 의한 생성·소멸의 과정에서, 원리와 법칙을 구성하는 특성은 형상에 해당하고, 생성소멸의 과정을 거쳐 복합체의 사물을 형성하는 요소가 되는 특성은 질료에 해당한다.

공간에 임의로 또는 자유롭게 존재하면서 운동하는 구성요소가 새로운 복합체의 사물을 구성하려면, 시간이 걸린다. 공간은 사물이 아니므로 사물에 영향을 미칠 수 없다. 사물을 신속하게 형성하려면, 인위적인 공장이 공산품을 생산하는 방식대로, 공간에 산재한 구성인자도 인위적 공장과 같은 조건을 형성해야 한다.

공장은 무엇을 만들 것인지의 목적을 지니고 있다. 무엇을 만들려면, 시설과 재료를 갖추어야 한다. 공장이 제품을 생산한다는 의미는 생산물에 관한 정보를 모두 확보했음을 가리킨다. 즉 공장이 제품에 대한 형상과 질료, 형식과 내용의 양면성을 제대로 갖추고 있다는 사실을 가리킨다.

사물의 형성은 구성요소의 운동방향이 복합체를 구성하는 생성방식으로 나아가 생성조건을 갖추어야 한다. 공간에 산재한 사물들이 역학적 관계에 적합한 생성조건을 갖추려면, 오랜 시간을 거쳐야만 가능하다. 관념적인 구성인자는 그런 생성조건을 필연적으로 갖추고 있지만, 순수공간에서 그런 생성조건을 스스로 형성해야 하는 경우는 우연적이라고 말할 만큼 어렵다. 더욱이 우주공간에 행성들이 형성된 후, 그 행성이 공장과 같은 생성조건을 갖추어 지구처럼 생명체를 탄생해야 하는 경우는 우연중에 우연이라고 평가해야 할 정도이다.

인간의 의식은 오랜 시간과 과정을 거쳐, 학문의 틀을 마련했다. 즉 지식의 제품을 산출하는 학문의 공장을 이룩한 것이다. 보편학과 특수과학의 관계도 공장과 제품과 같다. 보편학의 특성은 사물을 생산하는 공장처럼 사물이 등장할 수 있는 여건을 만드는 역할에 해당한다. 특수과학의 특성은 공장에서 구체적으로 실질적 물건을 생산하는 역할에 해당한다. 이 관계는 각 학문의 체계가 총론과 각론으로 구성되는 방식과 일맥상통한다. 또한 이 관계는 사회체제에서 정책을 입안하는 역할과 그 정책을 실행하는 역할을 구분한 구조와 일맥상통한다.

우주공간에서 오랜 시간을 거쳐 공장과 같은 조건을 형성한 이후에 비로소 별들이 제자리를 차지했듯이, 보편학은 지식탐구의 방법론을 제공하여 특수과학이 구체적 개별탐구를 할 수 있도록 만든다. 예컨대 공장이 없으면 제품을 생산할 수 없듯이, 또한 법률과 정책이 없으면 집행이 있을 수 없듯이, 보편학이 없으면 특수과학이 있을 수 없다. 특수과학은 탄생과 소멸을 거듭할 수 있지만, 보편학은 항상 일정하다. 마치 별들은 소멸되었다가 다시 탄생해도, 우주 자체는 사라질 수 없는 것처럼, 특수과학처럼 생성과 소멸을 되풀이 하지 않는다.

보편학의 특성과 특수과학의 특성은 그런 측면에서 차별된다. 전체적으로는 서로가 통합해야만 진리탐구의 목적을 달성할 수 있지만, 탐구과정에서는 각각의 역할이 구분된다. 모든 특수과학은 철학적 요소를 기반으로 탄생한다. 그리고 특수과학의 탐구는 철학적 사고방식에 의해 진행된다.

인간의 심리적 성향은 외부의 사물과 직접 연관되어 있다. 인간은 자신의 심리상태를 파악하기 위해 학문을 형성하고 판단근거를 탐구한다. 개인의 성향은 공동체인 사회에서 선과 악의 도덕적 문제를 일으킨다. 형이상학적 도덕의식은 개인이 발생하는 부도덕하고, 반사회적인 문제점을 극복하기 위한 판단기능이다.

인간의 감성이 순수공간과 순수시간의 인식조건을 순수직관형식으로 갖추고 있는 사실은 존재하는 모든 사태와 사물을 배제할 수 있게 만드는 인식기능이다. 데카르트가 방법적 회의론을 펼칠 수 있었던 사유근거도 당시에 그가 미처 알아차리지 못했던 이 기능 덕분이다. 마찬가지로 로크의 경험론이 백지이론을 펼 수 있었던 근거도 이 기능덕분이다.

순수자아가 모든 자신의 성향, 경향을 배제하고 오로지 본질을 직관할 수 있는 근거는 자신의 개별적 상황을 벗어날 수 있도록 만드는 인식작용에 있는데, 그것은 공간과 시간인 순수직관형식이다. 선천적 자유의지는 순수공간과 시간의 직관형식이 개성을 배제하고 본질을 찾아내고 직시할 수 있도록 만드는 인식기능의 조력을 받아야만 올바르게 작용할 수 있다.

누구든지 이미 그림이 그려진 종이 위에는 마음껏 새로운 것을 자유롭게 그릴 수 없다. 그러나 종이가 항상 백지상태라면, 그는 언제나 새롭게 그릴 수 있다. 마찬가지로 백지상태가 될 수 있는 선천적 직관형식의 공간에서는 모든 것을 지우고 새롭게 구상할 수 있다.

모든 것을 지우고 본질을 직관하려는 의지의 작용이 자유의지의 본질이다. 칸트가 『실천이성비판』에서 논구한 도덕적 선의지의 작용은 『순수이성비판』의 선천적 순수직관형식이 없으면 불가능하다.

보편학의 요건

철학적 사고방식과 대비되는 과학적 사고방식이란 용어는 어불성설이다. 후자의 사고방식은 진리를 추구하는 철학의 지적활동에 포함되는 사고방식이다. 철학과 과학의 사유방식의 근거가 서로 다르다면, 즉각적으로 다음의 모순이 발생한다.

1. 특수과학이 보편철학을 거부한다면, 학문의 근거인 보편성의 토대가 사라진다. 그러면 개별적인 특수과학의 토대가 무엇인가? 더 나아가 특수과학의 지식을 추구하는 지적 사고방식의 토대가 무엇인가? 하는 의문점이 발생한다.

2. 특수과학과 보편철학의 탐구대상이 일관성을 지니고서 통일되어 있지 않다면, 보편성을 결여한 과학과 특수성이 결여한 철학이 각각 별개로 존재하게 된다.

3. 특수과학이 진리가 되려면 스스로 철학이 지닌 보편성을 갖추어야 한다. 그러면 개별과학마다 보편성이 다르게 된다. 그 경우에는 과학의 확립한 보편성은 진정한 보편성일 수 없다.

철학이 과학의 지식을 뒷받침하는 보편학문인 단적인 근거는 논리학의 사유방식이 모든 학문의 토대인 사실에서 확인된다. 곧 논리학의 사유방식의 벗어난 지식이 학문의 지식이 될 수 없는 사실이다. 더 나아가, 제일철학인 형이상학조차 특수과학과 마찬가지인 학적 토대를 확립하기 위해, 논리학을 확장하여 선험논리학을 구성한 사실에서 명확히 확인된다.

진리는 거짓이어서는 안 된다. 거짓이 아니라면, 확실해야 하고 정확해야 한다. 진리를 추구하는 역사의 기록은 오류를 거듭하고 수정하는 과정을 여실히 보여준다. 역설적으로 오류를 극복하는 과정은 진리를 추구하는 참 모습을 여실히 보여주는 현장이다. 왜냐하면 진리를 추구하는 본질이 전제되지 않으면, 오류를 극복하려는 과정이 되풀이 되지 않았을 것이기 때문이다. 그런데도 불구하고, 정확성, 확실성, 엄밀성 등에 함몰된 현대인은 과학적 지식 앞에서 전체를 종합하는 철학의 정신을 망각한다.

상황에 대한 판단과 해석조차 자연과학의 지식이 뒷받침하지 않으면 발언하지 못하는 현대사회의 지적 풍토는 과거와 또 다른 측면에서 진리의 본질을 왜곡한다. 자연과학의 지식에 함몰하여, 철학적 사고방식의 역할을 문예비평의 수준으로 전락하거나, 실증적 증거의 객관성을 강조하면서 해석학적 입장에서 인간이 이룩한 문명창조의 과정을 논구하려는 입장은 순환논법의 오류에서 결코 헤어날 수 없다.

§. 주체철학의 태동과 미완성

근대합리론의 주체철학은 데카르트가 표현한 "나는 생각한다. 고로 존재한다(cogito ergo sum)."라는 명제가 시발점이다. 하지만 데카르트, 스피노자, 라이프니츠의 철학이론은 객체와 주체의 상관관계를 철저히 파헤치지 못했다. 칸트의 '코페르니쿠스적 인식전회'에서 마무리된다.

형이상학은 진리를 파악하겠다는 지성이 현상을 부정하고 정신만의 영역을 추구하는 일방적 방향으로 나아가면서 오도되었다. 근대에 이르러 형이상학이 급격히 무너지게 된 이유는 극단으로 치우친 신학의 형이상학적 논구가 자연과학의 지식 앞에서 여지없이 취약점을 드러냈기 때문이다.

인간을 구원하겠다는 기독교의 본질에는 인간이 그 중심에 놓여있다. 신의 존재는 인간이 그 자체로 진술할 수 없다. 인간은 오로지 자신을 구원하려는 신의 의도를 생각함으로서 신의 존재를 이해할 수 있을 뿐이다. 인간은 자신을 둘러싸고 있는 자연을 경험을 통해 전달된 인상들을 논리적으로 짜 맞추어 파악할 뿐이다. 따라서 인간과 자연을 신의 창조성에 맞추어 획일적으로 해석하려는 중세의 사고방식은 근대시민의 다양한 지적 욕구를 더 이상 구속할 수 없었다.

근대시민사회를 이끌었던 경험주의는 그것이 추상적으로 구축한 지식체계가 개연성을 벗어날 수 없기 때문에, 필연성을 뒷받침하지 못하는 형이상학은 몰락의 길로 나갈 수밖에 없었다. 하지만 인간은 형이상학적 존재자이고, 문명창조의 본질은 형이상학적이다. 일면적으로 보면, 실증적인 경험론의 개연적 입장은 그럴듯해 보이지만, 그러나 그런 사고방식이 오히려 문명사회를 상대주의의 혼란 속으로 내몰 수밖에 없다. 그 이유는 인간의 자유에 대한 근원적 이해가 부족한 경험론의 이론체계는 자유의 방종을 제어할 능력이 결여되어 있고, 경험론과 결탁한 유물론은 자유를 억압하고 억제하는 방법 이외에 자유의지의 발산을 합당하게 이끌고 갈 수 없기 때문이다.

형이상학을 논구한 합리적 지성은 애초부터 첫 단추를 잘못 끼웠다. 형이상학적 존재가 초월적이라면 인간의 지성도 초월적이어야만 그 존재를 파악할 수 있다. 그러나 그렇지 못한 인간의 지성이 형이상학을 논증한다면, 그 경우는 스스로 모순을 범하는 꼴이 된다. 그렇다고 하여 초월적 대상에 대해 인간의 지성이 무력감을 인정한다면, 불가지론의 회의론에 봉착하거나 아니면 신비주의로 전락하게 된다.

진정한 진리를 구축하려면, 먼저 초월성에 대한 반성이 필요하다. 그리고 인간의 지성을 제대로 파악해야 한다. 이런 목적은 그 자체로 취약점을 노출한다. 초월적 대상을 탐구할 방법이 없으면 초월적 대상을 탐구할 수 없고, 반대로 초월적 대상을 탐구할 방법이 있으면 그것이 초월적이 아닌가? 하는 반문이다.

이런 문제점을 바로 잡으려면, 전략적으로 세 가지 난관을 극복해야 한다. 곧 한 면으로는 신학에서처럼 초월적 형이상학적 발상이 범한 지적 오류를 극복하고, 또 다른 면으로는 불가지론의 회의론이 범한 지적 오류를 극복하는 방법을 마련해야 하는 학문의 과제이다.

1. 초월적이라고 규정하지 않으면서 초월적 기능을 할 수 있는 가능성
2. 초월적이 아니면서 형이상학의 이론을 진리로 확립할 수 있는 가능성
3. 초월적이 아닌 지성이 시간과 공간의 구속을 받지 않으면서, 생성과 소멸을 거듭하는 변화과정을 예측하고 문명사회를 건설할 수 있는 가능성이다.

이 지적작업은 인간의 지성이 보편적 원리를 파악할 기능이 갖추고 있는지에 초점을 맞추고 있다. 그 이유는 의식의 인식기능이 보편성을 벗어날 수 없는 초월적 대상의 특성을 경험할 수 없기 때문이다.

인간의 지성은 자신에게 내재한 수학적 기능이 자연현상을 경험하지 않더라도 미지의 자연현상을 간접적으로 논증하는 특성을 내세워, 형이상학을 구축할 사유방법의 단초로 삼는다. 합리론은 이것을 논구의 발판으로 삼아 진리의 전당을 구축한다.

§. 관념론과 합리론

주목

칸트는 관념론자를 다음과 같이 규정했다. "…관념론자라는 말은 외적인 감능의 대상이 현존재를 부정하는 사람을 의미하는 것이 아니다. 다만 그것이 직접적 지각에 의하여서 인식된다는 것을 부인한다. 우리는 아무리 가능한 모든 경험을 통하여서도 그 현실성을 완전히 확인할 수 없다고 추리하는 사람을 의미한다(의미하지 않으면 안 되는 것이다)."[2]

칸트가 비판철학을 통해 수립한 선험철학은 선험적 관념론인데, 칸트는 선험적 관념론을 경험적 실재론으로 규정한다. 칸트의 발상을 올바르게 이해하려면, 이 규정을 주목해야 한다.

"선험적 관념론자는 그와 반대로 경험적 실재론자이다. 따라서 그 명칭은 여하간 이원론자다. 즉 자기 의식 밖으로 나아가지 않고서, 그리고 나의 내부에 있는 표상의 확실성, 따라서 "생각한다. 그러므로 나는 존재한다." 는 것 이상의 그 무엇을 인정할 것도 없이, 물질의 실재를 승인하는 자다. 왜냐하면 그는 이 물질이 심지어 그 내적 가능성 까지도 우리의 감성을 떠나서는 아무 것도 아닌, 다만 현상으로 보기 때문에, 그에게 있어서는 물

---

2 『순수이성비판』 A369

질은 일종의 표상(직관)에 지나지 않는다. 이 표상을 외적으로 부르는 까닭은 이 표상 자체가 외적 대상과 관계가 있기 때문이 아니라, 이 표상이 지각을 그 속에서는 모든 것이 병렬하는 공간에 관계시키기 때문이다. 그러나 그 공간 그 자체는 우리의 내부에 있다."[3]

자연법칙이 가능하려면 선결적으로 자연의 근본요소는 법칙이 가능한 조건을 구비하고 있어야 한다. 인간의 생각과 말과 행동이 논리적이려면 선결적으로 인간의 사고방식이 논리에 합당한 조건을 구비하고 있어야 한다. 선결적으로 그런 조건이 없다면 자연법칙과 논리법칙은 가능할 수 없다. 인간이 그 법칙을 인식하든 반대로 인식하지 못하든 간에 그 조건은 처음부터 충족하고 있어야 한다. 그래야 존재가 존재할 수 있다. 존재가 존재다워질 수 있다. 존재는 혼돈과 질서가 함께 어우러진 모습으로 생성·소멸의 변화과정을 되풀이 하면서, 자신의 모습인 광대한 우주를 펼칠 수 있다. 존재가 존재일 수 있게 하는 모든 선행·선결조건이 먼저 완전하게 이루어져 있다는 대원칙이 관념론의 요체이다. 관념론의 토대 위에서 존재의 실상을 파악하려는 사고방식이 합리론의 입장이다. 인간의 의식이 존재의 본질에 접근하지 못하고 난파를 되풀이 하여도 우주는 존재하고, 세상이 존재하는 이유는 존재의 본질이 관념적이기 때문이다. 존재가 관념적이기 때문에 진리에 대한 진술이 수정을 되풀이 하는 오류의 길을 걸어도, 합리론은 진리의 본질을 제대로 해명하는 작업을 계속한다. 합리론의 노선을 비판하는 회의론의 입장이 진리에 대한 불가지론을 펼치더라도, 존재가 무가 되는 것조차 주장할 수 없다. 존재가 사라지는 경우를 무의 개념으로 주장할 수 없다면, 그들이 내세운 불가지론은 기껏해야 존재는 관념적이지만 인간의 지성으로 파악할 수 없다는 내용일 뿐

---

3 『순수이성비판』 A370

이다. 존재가 관념적이 아니라고 주장한다면, 그들은 경험적 지식조차 회의적인 관점에서 거부해야 한다. 그들이 회의론을 펼치더라도 태양은 여전히 동쪽에서 서쪽으로 진다. 그들이 그 사실을 심리의 연상법칙으로 설명하더라도, 태양이 동쪽에서 서쪽으로 지기 위해서는 존재의 조건은 관념적이어야 한다.

형상이론

철학의 지적활동은 근본원리와 근본요소를 바탕으로 하여 생성·소멸하는 구성인자의 다양한 변화과정의 형식과 내용을 법칙으로 정형화했다. 형식은 결정적이지만, 내용은 결정적일 수 없다. 무한하고 영원히 진행하는 변화의 과정을 설명함에 있어서, 질적으로 양적으로 동일한 개체들이 동일한 방식으로 진행한다는 발상은 어불성설이다. 그 이유는 변화의 진행과정에는 처음에 주어진 것들이 해체되었다가 다시 결합하는 과정을 끊임없이 되풀이하는 동일한 방법 이외에 다른 경우가 결코 있을 수 없기 때문이다. 새로운 개체들이 등장하고 사라지는 생성·소멸이 불가능한 경우에는 다른 무엇보다도 질문을 하는 자기 자신부터 존재할 수 없기 때문이다. 그래서 물질의 변화에는 기계론적 인과율이 성립한다. 의식의 상상에는 목적론적 인과율이 성립한다.

형상은 개체들이 어울린 상황의 이유와 목적의 근거이다. 인간의 의식은 형상들이 어울러 구성한 상황에 처하면, 그 속에서 감정을 발생한다. 감정은 인식작용을 이끌면서 창조를 주도한다. 그러므로 의식에서 감정의 작용과 인식의 작용이 발생하려면 창조하려는 목적에 대응하는 형상의 존재가 선행해야 한다. 현상으로 드러나지 않은 형상을 의식에서 먼저 구상하는 사고방식은 순수의식이 순수물질에 의해 발생하지 않음을 입증한다. 그러나 양자가 통합되어 있기 때문에, 이질적으로 다르다고 규정하는 주장도 성급하다. 순수의식과 순수물질이 통합한 새로운 존재가 공간에 존재하든지, 아니면 정신의 영역이 독립적으로 존재하든지 간에, 완벽한 통합이론만이 인간의 본성과 삶의 목적을 밝히는 해명이 될 수 있다.

존재가 존재인 이유는 생성·소멸의 과정을 통해 우주의 모습이 형성되기 때문이다. 존재가 그런 관념의 이념을 실현하려면, 실현하는 주체인 구성요소와 그로부터 형성되는 구체적인 현상이 있어야 한다. 관념론을 바탕으로 한 형상이론은 우주의 이념, 이념을 직접 실현하는 구성요소, 구성요소들이 결합과 분해를 통해 생성한 현상계의 새로운 개체, 개체들이 서로 어울려 펼치는 목적의 상황으로 이루어진다. 그러므로 형상이론은 한편으로 기계론의 측면과 다른 편으로 목적론의 측면으로 구성되며, 현상계의 변화는 두 측면을 통합하여 일체를 이루고서 진행한다.

§. 선험적 관념론과 목적론

목적론적 인과율의 특성

칸트는 의지의 개념에 원인성의 개념이 포함되어 있다고 규정했다. 따라서 순수의지의 개념 중에 "자유를 가진 원인성(Kausaliät mit Freiheit)"의 개념이 포함되어 있다고 해명하였던 것이다. 또한 칸트는 이 원인성이 자연법칙들에 의해 규정될 수 없고, 이것의 실재성에 대한 증명에는 경험적 직관이 필요하지 않다고 진술했다. 더 나아가 칸트는 이런 입장의 연상선상에서 "사유의지를 깆는 존재자라는 개념은 기상적 원인이다"라고 규정했다. 칸트는 이 개념이 모순을 일으키지 않는다는 사실을 다음과 같이 설명했다.

"원인의 개념은 전혀 순수오성에서 발생되는 것이고, 동시에 그것의 객관적 실재성의 개념도, 대상들 일반에 관하여 연역이 확인할 수 있다. 이즈음에 원인의 개념은 그것의 근원 상 모든 감성적 제약에서 독립하여, 따라서 자체적으로 현상들의 제한을 받지 않을 수 있다. (우리가 그 개념을 이론적으로 한정하여 사용하려 하지 않는다면) 그래서 (우리가) 순수한 오성적 존재들로서의 사물들에 원인의 개념을 적용할 수 있다." [4]

그럼에도 칸트는 이러한 적용의 근본에 직관이 없으므로, 가상적 원인은 이성의 이론적 사용에 관해서도 가능하며 생각될 수 있는 개념이지만 공허한 개념이라고 판단했다. 칸트는 공허한 개념이 지닌 문제점을 실천적 사용의 관점에서 해명했다. 따라서 목적론의 인과율은 오로지 실천적 사용의 측면, 곧 도덕법의 영역에서 논구할 수 있다고 천명했다.

"……원인개념의 순수한 비경험적인 근원에 의해서, 나에게는 물론 그러한 권한이 있다. 왜냐하면 원인개념의 실재성을 결정하는 도덕법에 관계해서만, 원인개념을 사용할 만한 권한, 즉 오직 실천적 사용을 할 만한 권한이 있다고 나는 생각하기 때문이다." [5]

주체철학의 요체인 목적론

목적론은 개체의 형상을 바탕으로 이루어진다. 목적론은 현상계의 개체가 지향하는 상황을 미리 전제한다. 관념론, 형상이론, 기계론, 목적론이 서로 구분은 될 수 있어도 분리될 수 없는 이유는 독립적인 개체들이 어울려 새로운 개체로 거듭나는 과정이 결코 우연적일 수 없기 때문이다.

필연론은 결정론과 우연론의 양 개념과 대립하는 개념이 아니다. 필연론은 개체가 운동을 하면서 변화를 추구하는 과정을 뒷받침하는 원리의

---

4 『실천이성비판』 [97] p65
5 『실천이성비판』 [98] p66

특성이다. 변화하는 현상의 모든 과정은 법칙을 따라야하기 때문에, 그 중에서 일정한 부분은 결정적이고, 일정한 부분은 우연적이다. 더 나아가 그 중에서 일정한 현상은 형식적이고, 일정한 현상은 내용적이다. 그러므로 질서와 혼란의 개념도 대립적 쌍을 이루어 서로 상보적이다.

개체들이 결합하는 방식은 구조와 조직을 구성한다. 새로운 개체는 그들과 같이 공존하는 다른 개체들과의 상호관계를 전제해야 한다. 그 이유는 개체가 저 홀로 공간에 존재한다면, 아무런 변화가 일어날 수 없기 때문이다. 현상의 구성인자의 구성이 관념적인 형상이므로, 그들이 변화를 진행하는 과정도 관념적인 법칙의 형식으로 예정되어 있다. 생성·소멸의 변화과정에서 예정된 경우는 오로지 하나뿐인 경우가 아니다. 드러난 현상은 다른 경우가 도저히 될 수 없는 필연적이고, 획일적인 경우가 아니다. 다양한 경우 중에서 드러나지 않고 잠재된 수많은 경우들이 가능태로 존재한다.

기존의 현상은 드러날 수도 있고 드러나지 않을 수도 있는 경우 중에서, 단지 조건이 충족되었기 때문에 드러났을 뿐이다. 현상계는 드러난 개체들이 변화의 주체가 되어 목적적으로 구성한 모습이다. 그것이 현상론의 본질이다.

목적론은 관념론과 불가분의 관계이다. 앞서 서두에서 설명하였듯이, 주체철학의 의의를 해명하는 작업은 목적론으로 귀착한다. 인간의 정체성을 밝히는 작업은 무엇을, 어떻게 인식하는지의 인식기능을 해명하는 작업과 인식기능이 무엇을 위해, 무엇 때문에 작용하는지에 관한 이유와 목적을 해명하는 두 가지 과제로 구성된다. 전자의 논구는 후자의 논구를 전제해야만 인식기능의 순수성을 밝힐 수 있다.

칸트의『순수이성비판』의 작업은 합법칙성과 합목적성을 논구하는『실천이성비판』과『판단력비판』을 위한 예비 작업이다.『실천이성비판』과『판단력비판』의 작업은『순수이성비판』이 선행되어야만 진행될 수 있다.

선의지와 미의식은 인식구조의 기능을 바탕으로 해야만 비로소 자신이 지닌 기능의 작용을 밝힐 수 있다.

『순수이성비판』은 후자를 위한 예비 작업이기 때문에 후자의 주제를 섞어서 논구할 수 없다. 마찬가지로 『실천이성비판』과 『판단력비판』도 전자를 바탕으로 진술하더라도, 전자를 섞어서 논구할 수 없다. 따라서 비판철학의 이해는 전체의 맥락을 먼저 숙지해야만 각 비판서의 작업을 따라갈 수 있다. 『순수이성비판』은 목적론을 간헐적으로 진술하였을 뿐, 목적론은 『실천이성비판』과 『판단력비판』에서 본격적으로 논구되었다. 존재의 본질에 해당하는 목적론은 인간의 본성을 통해서만 확인된다.

인간은 일상생활에서 존재의 필연적 근본 틀 속에서 발생하는 우연적 사건들과 시시각각으로 직면한다. 인간이 자신의 주관성을 철저히 탐구하는 목적은 관념적인 존재의 근본 틀을 바탕으로 하여 당면한 사태를 능동적이고, 적극적이고, 자발적으로 대응하기 위함이다. 그 과정에서 인간의식의 구조와 기능이 목적행위의 작용을 통해 적나라하게 드려난다.

인간의식의 선천적 구조와 기능은 목적을 설정하고 달성하고자 한다. 그 작용은 목적을 지향하는 판단과 행동으로 나타난다. 의식은 자신의 목적지향적인 판단과 행위가 잘못된 방향으로 나아가기보다 잘된 방향으로 나아가기를 원한다. 그렇게 하려면, 목적을 수립한 계획을 성취할 방법과 그것에 필요한 수단과 도구에 관한 종합적 인식이 선행되어야 한다. 철학교육은 의식이 이런 작용의 인식기능을 제대로 작동하도록 훈련시키는 학습과정이다. 과학은 철학의 존재론, 인식론, 논리학을 바탕으로 특수대상을 전문적으로 탐구하는 작업이므로, 특수과학의 학적 성격이 보편철학의 학적 성격과 다를 수 없다. 그러므로 학문의 본질은 철학의 본질을 논구함으로서 해명된다.

목적을 달성하려면 목적을 달성하는 방법과 수단과 도구를 갖추어야 하는데, 사물의 요소이전에 의식의 요소가 올바르게 작동해야 한다. 진 ·

선·미의 유기적 의식기능이 제대로 된 절차에 따라 총체적으로 작용해야 한다. 동물은 인간처럼 문명사회를 건설해야 할 목적을 가지고 있지 않다. 인간이 지닌 목적의식은 형이상학적이다. 문명사회는 개인들이 모여 집단생활을 한다고 하여 자연스럽게 이룩되는 것은 아니다. 과학은 인간이 지닌 개별적 기능을 자세하게 묘사할 수 있어도 인간자체를 해명할 수 없다. 인간자체는 모든 사태를 포괄하는 문명사회의 본질과 존재원리와 형이상학적 이념을 전제하지 않고서는 해명될 수 없다. 신체를 해부하는 과학이 인간자체를 해명할 수 없는 경우이다. 인간의 형이상학적 본성을 전제하지 않고서는『순수이성비판』의 작업을 진행할 수 없다.

『순수이성비판』이 오성의 인식구조와 기능을 논구한 작업은 이성의 본성을 논구한 작업이었다. 그러나『순수이성비판』은 목적론의 윤곽을 논증할 수 있었을 뿐, 목적론을 자세히 논증할 수 없었다. 지면이 허락하지 않았기 때문이 아니라, 인간의 인식기능에서 이성의 구조를 분리해야만 했기 때문이다. 그리고 이성의 구분이 명확히 입증되어야만, 비로소 판단력의 논구도 타당성을 갖출 수 있었기 때문이다.

칸트의 목적론은 한편으로는 인간과 자연의 근저에 놓인 형이상적 본성을 해명하는 작업이며, 다른 편으로는 근대국가가 갖추어야 할 도덕과 법률의 본질을 해명하는 작업이다. 인간의 정체는 이런 양면성을 통합하였을 때, 비로소 일관성을 갖추고서 제대로 드러난다. 칸트의 의도는 그가 논증한 많은 진술에서 대표적인 표현을 적절히 추려서 주목하면 정확하게 직시할 수 있다.

칸트가 아래와 같이 규정한 인간의 지위는 근대시민사회의 지향해야 하는 목표점을 정확히 가리키고 있다.

"여러 목적들의 순위에 있어서 인간은(동시에 모든 이성적 존재자) 목적 그 자체(Zweck an sich selbst)이다. 다시 말하면 인간은 어떤 자에 의해서나 (하나님에 의해서라도), 동시에 그 자신 목적이 되어 있음이 없이, 수단으로서만 사용될 수 없다. …… 인간은 도덕적 주체이다. 그러므로 그 자신 신성한 것의 주체이며, "이런 주체를 위해서 또 이런 주체에 일치해서"에 일치해서만, 어떤 것을 일반적으로 신성하다고 부를 수도 있기 때문이다.

이러한 까닭은 도덕법이 자유의지로서의 인간의지의 자율에 기초하여 있고, 자유의지는 인간의 보편적 법칙에 의거해서 인간이 스스로 복종해야 하는 것에 반드시 동시에 일치할 수 있는 데 있다." [6]

칸트는 무조건적인 의무의 본질을 "인간이 지닌 실천의지의 목적과 하나님의 빛나는 계획이 일치한다."라고 진술하여 명백히 밝혔다. 칸트가 한 진술 중 가장 주목되는 대목은 하나님의 빛나는 계획이 아름다운 도덕적 질서라고 규정한 진술이다.

"창조의 목적을 하나님의 목적을 하나님의 영광에 두었던 사람들은 (만일 우리가 하나님의 영광을 어떤 이들의 영광이듯이 의인적으로 생각하여 칭찬을 받으려 하는 애착이라고 생각하는 것이 아니라고 한다면) 실로 적절한 말을 발견할 것이다.

즉 하나님의 빛나는 계획이 아름다운 [도덕적] 질서를 이것에 비등한 행복으로써 장식하기에 이른다면, 세계에 있어서 가장 존귀한 것, 즉 하나님의 계명의 존경, 하나님의 법칙이 인간에게 과하는 신성한 의무의 준수, 이런 것들만큼 하나님의 영광이 되는 것은 없는 바이다." [7]

---

6 『실천이성비판』 [237] p151
7 『실천이성비판』 [236] P151

여하튼 칸트는 비판철학의 전 영역에 걸쳐 목적론을 논구하였다. 칸트가 논구한 목적론의 해명은 신을 중심으로 하여 자연의 활동에 내재하는 목적론적 작용의 본질과 인간의 실천적 활동에 내재하는 목적론적 작용의 본질이다. 비판철학이 해명하려는 목적론을 올바르고 제대로 파악하려면, 3가지로 구분된 비판체계를 통합적으로 이해할 수 있는 통일된 관점을 갖추어야 한다.

목적론의 근본토대인 실천이성의 자유성

인간은 문명사회를 건설하는 창조적 주체이다. 문명사회를 건설하는 판단과 행위가 목적적이라면, 문명사회의 구조, 조직, 체제, 질서를 형성하고 관리하고 유지하는 판단과 행위는 법칙적이다. 인간의 삶이 동물의 삶처럼 자연 상태의 그대로 살아가는 것이 아니라 문명사회를 건설하고 살아가는 것이기 때문에 인간은 자신의 실천행위를 "도덕의 용어"로 규정한다.

자연에는 자연법칙이 있듯이 인간사회도 사회법칙이 있다. 사회법칙은 도덕법(도덕규범)과 국가가 제정한 법률로 구분된다. 도덕법과 법률의 본질은 동일하며. 양자의 관계는 상보적이다. 사회는 물리적 강제력을 지닌 법률이 없으면 도덕법이 유지될 수 없고, 도덕법이 없으면 법률이 유지될 수 없다. 자발적인 자유의지에 의해 실천되는 도덕법이 사회를 유지해야 강제적 법률이 올바르게 작용할 수 있다. 인간의 실천이성이 자유의지에 의해 도덕법을 실현하려고 하는 목적이 문명사회를 건설하고 살아가는 것이라면, 자유의지의 본성은 법칙을 만들고 그 법칙에 합당하게 살아가려는 것이다. 도덕법과 법률이 상보적인 이유는 자유의지가 마땅히 법칙에 합당한 행위를 하지 않으려 하는 경우를 방지하고, 잘못된 경우를 바로 잡아야하기 때문이다. 자유의지가 법칙에 합당하게 행동하려는 작용은 합법칙적으로 규정된다. 도덕적 삶의 근본성인 법칙과 합법칙성은 인간의 추구하는 목적론의 또 다른 이면이다.

칸트가 『순수이성비판』, 「선험적 변증론」, 이율배반에서 정립한 선험적 자유개념은 실천이성의 실천적 자유의 근원이다. 이율배반에서 선험적 자유를 자연과 대립시켜 인간의 본질을 논구한 방식이 타당한 것인가? 하는 의문점은 칸트철학이 지닌 가장 난해한 과제이다.

실천이성의 실천적 자유에 앞서 선험적 자유를 칸트가 이율배반에서 자연과 대립시켰다면 그때의 자유성은 목적론적 인과율의 본질을 의미한다. 목적론은 칸트가 자연과 자유의 양 개념을 통합하여 하나의 존재원리로 구성하는 이론이다. 목적론이 기계적 인과율과 목적적 인과율을 통합 원리가 될 수 있기 위해서는 현상계를 구성하는 구성인자가 관념적 존재이어야 가능하다. 예컨대 자동차를 구성하는 부품들이 자동차의 설계에 맞추어 만들어져야 하는 사실에서 부품이 관념적인 존재로 일컬어지는 사실이다. 그러면 목적론과 관념론을 따지기 이전에 자유의 관념이 관념적 구성요소로부터 어떻게 가능한지가 논구되어야 한다. 이 과제가 해소되지 않으면 자연과 대립하는 자유의 선험성은 타당한 발상이 될 수 없다.

실천적 자유의 논구가 선과 악의 표상작용을 근거로 삼는 반면에, 선험적 자유개념의 논구는 현상계를 구성하는 근본요소가 초래하는 우연과 필연의 양상에 근거를 삼는다. 곧 필연과 우연의 양상이 양립하는 상황이다. 관념적인 구성인자의 특성은 양면적이다. 한편으로는 모든 개별자들의 형상과 운동방식이 결정적이고 또한 필연적이고, 다른 한편으로는 무한한 공간에서 펼쳐진 개별자들의 존재양상이 결정적이고 또한 필연적이 아닌 두 경우이다. 그들이 어떻게 펼쳐져 있든지 간에 결합과 분해하는 생성 · 소멸의 변화는 결정적이고 필연적인 법칙에 따라 진행한다.

자유의 당위성과 우연성 및 임의성

모든 개체는 어떻게 하도록 미리 예정된 계획에 따라 진행하지 않는다. 동질적이고 동일한 형상의 구성인자가 서로 간에 구별이 될 정도로 차별성을 가져야만 우주의 발생이 법칙적으로 진행되는 것이므로 그 이전의 단계에서는 모든 개체들의 관계는 임의적일 수밖에 없다. 예컨대, 그 상황은 태어난 모든 아이가 미리 계획된 순서에 따라 어떤 학교에, 어떤 정도의 성적으로 진학하여 사회에 진출하는 경우가 있을 수 없는 경우와 같다.

인간의 삶의 터전인 지구환경은 일정시간이 지남에 따라 자연법칙에 의해 조성되었다. 그리고 지구에서 발생한 새로운 사태는 비록 자연법칙에 의해 발생한 것이지만, 그 결과는 필연법칙을 바탕으로 한 임의적인 것이다. 임의적인 경우가 우연적인 사태이다. 만약 결과가 결정적인 것이라면, 동물과 식물의 종류가 결정적이고 변화가 없어야 한다. 지구의 진화는 결정론을 무색케 한다.

이런 양상은 인간에게도 똑같이 적용된다. 개인이 모두 필연적 구조를 똑같이 공유하고 있더라도, 각자가 처한 환경에 따라 적응하는 삶의 방식은 임의적이고 우연적이다. 그리고 생존방식의 우연성이 선천적 사유기능과 육체기능을 바탕으로 비슷한 삶의 구조를 형성하더라도, 존재의 본질에서 보면, 인간이 일상생활에서 직면하는 임의성과 우연성은 매번 결정성과 필연성과 더불어 작용한다. 그러므로 인간은 자신의 본성으로 간주하는 자유성에 대해 다음의 과정의 거쳐 논구할 수 있다.

첫째, 모든 사태를 구성하는 요소들이 미리 결정된 계획에 따라 진행되면, 자유성의 개념은 성립할 수 없다.

둘째, 모든 사태를 구성하는 요소들이 비결정적이고 임의적이고 우연적이면, 사태는 처음부터 혼란에 직면하면서 자유성의 개념이 성립할 수 없다.

셋째, 자유성 개념은 필연성의 관념으로 이루어진 구성요소들이 우연적이고 임의적인 상황에서 현상의 질서를 만들어가는 과정에서 작용하는 관념이다.

넷째, 필연성의 관념으로 이루어진 구성인자가 선천적으로 지닌 법칙성이 우연적이고 임의적인 상황에서 작용할 적에 필연적인 법칙에 의한 우연적인 다양한 사태가 발생한다.

다섯째, 인간의 자유의지는 우연적 사태에 적응하는 과정에서 여러 가지 양상을 전개한다.

① 자신의 쾌락을 행복의 기준으로 삼고 적극적으로 쾌락을 추구하는 경우

② 육체적 쾌락을 거부하고 정신적 쾌락을 적극적으로 추구하는 경우

③ 육체적 쾌락과 정신적 쾌락의 양립과 조화를 적극적으로 추구하는 경우

④ 스스로 쾌의 문제를 해결하지 않고 사태에 타율적으로 행동하는 경우

⑤ 일상생활에서 삶의 의욕을 잃고 맹목적이거나 목적 없이 살아가는 경우

이런 양상 속에서 육체적 쾌락은 인간의 자유성을 저급한 상태로 내 몰수 있는 요건이 된다. 그러나 인간의 본성은 그와 더불어 문명사회를 도덕적 사회로 이끌기 위한 선천적 요건을 갖추고 있다. 그것이 실천이성이 추구하는 최고선의 개념이다.

도덕적 관념에 의해 문명사회가 건설되고 그 과정에서 갖가지 불협화음과 부조리가 발생하는 것이므로, 도덕적 관념이 없는 문명사회의 여부는 논구대상이 아예 될 수 없다. 칸트가 논구한 자유성의 본질은 필연성과 우연성의 양면성을 논구하여 두 개념의 양립과 조화를 통해 인간본성과 문명사회의 본질을 명확히 규명하려는 과제였다. 그러므로 칸트철학에서 자유의지가 추구하는 최고선의 본질을 제대로 파악해야 하는 지적 작업은 현대철학의 당면한 과제가 아닐 수 없다.

목적론이 지향하는 예술론

비판철학의 구성은 사변이성과 실천이성의 논구과정에서 은폐되어 있었던 미의식을 논구해야 마무리될 수 있는 체계이다. 미의식은 이성의 논구대상이 아니므로, 미의식이 작용하는 인식가능이 의식에 내재해 있어

야 한다. 미의식은 개념을 구성하는 오성의 작용도 아니고, 감각을 통해 대상을 직관하는 감성의 작용도 아니다. 인간의 모든 창조적 행위에서 작용하는 미의식은 감성과 오성과 이성의 작용과 더불어 작용한다.

의식은 창조과정에서 조화와 균형 등의 관념으로 사물과 사태를 구성하려고 한다. 사물의 형상은 오성의 구체적 지식이 없으면 불가능하다. 조화, 균형, 질서 등의 공존의 관념은 실천이성의 규범의 지식이 없으면 불가능하다. 이 양자를 통합하여 사물과 사태에 관여하려면, 이 기능에 작용하는 공통분모의 특성이 필요하다. 그것이 다름 아닌 판단력이다.

판단력의 인식기능은 그 자체로는 오성작용의 판단이고, 이성작용의 판단이다. 오성과 이성의 인식기능을 통합하여 활용하려면, 양 기능이 작용하는 목적을 통합해야 한다. 그 구성은 판단력에 내재한 반성적 작용기능에 의해 이루어진다. 오성의 지식이 이성의 지식과 어울리고 적합한지를 판단하려면, 그 판단은 사물의 지식에 관한 오성적 판단도, 도덕의 지식에 관한 실천이성의 판단도 아닌 또 다른 작용의 판단이 필요하기 때문이다.

판단력의 반성기능은 사물을 창조하는 기술적 행위와 더불어 예술을 창조하는 기술적 행위로 작용한다. 반성의 기능은 오성이 이성을 거울로 삼고, 이성이 오성을 거울로 삼는 그런 방식의 반성적 작용이다. 그러므로 관념론의 본질은 마침내 칸트가 『판단력비판』에서 목적론과 합목적성을 논구하는 과정에서 명확히 해명된다.

목적론적 관념론은 다른 무엇보다 단적으로 예술분야에서 확인된다. 예컨대 음악의 소리는 사물의 속성이다. 그러나 음악의 작곡이 가능하려면, 오선지와 규칙적으로 정리된 7음계가 준비되어야 한다. 그 관계도 사물이 지닌 속성에서 비롯되었다고 간주할 수 있다. 그러나 그 음표들이 나열되어 하나의 악보가 되려면, 그 악보는 인간의 의식에서 이루어져야 한다. 자연은 결코 그 악보를 만들 수 없다. 인간의 의식이 의도적으로 악보를 구성해야 하다. 그것은 전혀 예상치 않게 우연적으로 등장하는 생성·소멸인 경우일 수 없다. 또한 미리 결정되어 준비된 필연적인 생성·소멸의 경우일 수 없다.

작품의 등장은 소리가 지닌 규칙의 필연적 조건과 작품을 착상하는 우연적 계기가 어울려 결정적 악보가 이루어진다. 하나의 작품의 등장이 개인의 착상이전부터 결정되어 있지 않은 사실에서는 우연적이지만, 작곡을 계획한 이래로 줄곧 의도한 노력의 결과인 사실에서는 필연적일 수 있다. 즉 음악이 존재하면 악보가 탄생한다는 형식적 틀이 필연적이고 결정적인 조건이다. 모든 창조행위는 개별적으로는 우연적일 수 있지만, 음악의 본질에서는 필연적이다. 개별적 행위가 우연적일 수 있다는 점은 모차르트가 요절하지 않았다면 더 좋은 작품이 탄생했을 것이라는 애석함에서 확인된다. 이런 모든 음악의 진행이 가능한 이유가 음악을 뒷받침하는 원리와 법칙의 틀이 미리 존재하는 선행조건 때문인 사실은 존재론이 해명하는 관념성의 의미와 부합한다.

칸트의 선험적 관념론

형이상학은 형이하학을 뒷받침하는 학문이므로 보편학이다. 본질이 현상의 본질임에도 불구하고, 본질과 현상을 구분하여 분리한다면, 본질은 현상 없는 본질이 되고, 현상은 본질 없는 현상이 된다. 그러면 현상과 본질의 개념은 모순에 직면한다.

진리를 파악하겠다는 지성이 현상계의 물질의 영역과 구별되는 정신의 영역만을 추구하는 방향으로 내닫기 시작하면서, 형이상학은 잘못된 방향으로 나아갔다. 중세의 신학은 형이상학과 형이하학이 서로 구분될 뿐, 결코 분리될 수 없음에도 불구하고 분리하였기 때문에 제일철학인 형이상학을 오도했다.

관념에 의한 사유작용은 본질을 해명하는 과정에서 현실에 없는 가정한 존재영역과 비유의 방식을 사용한다. 가령, 현상계와 구별되는 천상계를 설정하고, 그곳에 현상의 원인이 작용하는 기능을 부여한다. 철학의 사고방식은 이 설정을 이성의 월권으로 규정하고서 비판한다. 이 비판의 과정을 논리적으로 일관되게 진행한 입장이 칸트의 비판철학의 체계이다. 칸트는 상상력이 구성한 존재와 비유의 방법대신 인간의 도덕성을 바탕으로 하여 존재의 본질을 논구하는 선험철학의 방법론을 수립했다.

칸트는 그 과제를 수행하기 위해 내부의식과 외부대상을 연결하는 고리를 해명했다. 그것이 선험적 감성론이다. 외부대상을 개념으로 정립하는 내부의식의 관념은 선험적 감성론을 벗어나서는 안 된다. 칸트는 그 관점에서 순수오성개념을 범주로 확정했다. 그것이 선험적 논리학이다. 칸트는 이 조건의 바탕위에서 형이상학의 과제인 신의 존재를 해명했다. 그것이 도덕형이상학이다. 도덕형이상학은 도덕의 본질을 논구한 장소가 아니라, 도덕을 바탕으로 하여 형이상학을 논구한 장소이다. 인간이 신을 논구하는 장소는 자연이 아니라, 자신의 관념이 작용하는 의식의 장소이다. 의식이 지닌 객관적 근거는 보편적 특성을 지닌 실천이성의 산물인 도덕이다. 그래서 형이상학이 관념의 학인 한에서는 자신의 학적 정초를 실천이성의 도덕을 바탕으로 하여 논구해야 한다.

윤리학 또는 도덕학이 아닌 도덕형이상학(Die Metaphysik der Sitten)이 진정한 형이상학인 것이다. 그렇게 되어야만, 인간이 구축한 문명사회가 미의식의 관념이 추구하는 예술적인 형상임을 확인할 수 있게 된다. 인간의 지성이 자신의 행위가 도덕적이고 예술적인 사실을 파악할 적에 비로소 자신이 형이상학적 존재임을 자각할 수 있다. 칸트가 이 작업을 제대로 수행한 인물이다. 칸트의 철학이 항상 현대적인 이유가 여기에 있다. 비판철학의 형식적 체계를 선험철학의 토대로 구축한 작업이 칸트의 지대한 업적이다. 본서가 논구하려는 학적 과제는 이 과정을 해명하려는 논구작업이다.

1부

존재의 정체를 파악하려는 진리탐구의 작업은 존재의 전 모습을 처음부터 끝까지 살펴야만 올바르게 달성할 수 있다. 그런 맥락에서 보면, 칸트의 비판철학 또는 선험철학을 올바르게 이해하려는 입장은 3대 비판서의 체계를 다 함께 총체적으로 드려다 보아야 한다. 그러면 칸트가『순수이성비판』과『실천이성비판』에서 충분히 해명하지 못한 사항을 오히려『판단력비판』에서 마무리하고 있음을 발견할 수 있다.

비판철학의 구성은 짜임새 없이 개별 비판서가 각자 독립적으로 이론을 펼친 것이 아니라, 하나의 목적 하에서 총체적이고 통일적인 체계 속에서 통합이론을 펼친 것이므로, 비판철학의 전체 개요를 처음부터 끝까지 살피면 칸트의 의도를 올바르게 파악할 수 있다.

선험철학의 예비학인 비판철학의 특성

　미의식을 『순수이성비판』 및 실천이성에서 충분하 논구하지 못한 이유는 칸트가 그 주제의 논거를 충분히 인지하지 못해서가 아니다. 비판서의 구성이 유기적으로 구성된 통합체계이어서, 각 주제를 구분하여 순서적으로 해명해야만 했기 때문이다. 그 점을 유념하고 비판철학의 체계를 살피면, 『실천이성비판』의 이론과 판단력의 이론을 위해 『순수이성비판』은 머리 그 논거를 마련해 둔 사실도 파악할 수 있다.

　사변이성과 실천이성의 논구를 바탕으로 하여, 『판단력비판』이 비판철학의 체계를 완성한 결과는 새로운 형이상학을 수립하려는 목적을 적절히 마무리한 당연한 귀결이었다.

1. 형이상학의 위기와 극복방안

1) 형이상학의 위기를 초래한 두 가지 요인

(1) 자연과학의 발전이 야기한 위기요인

형이상학의 지위가 제일철학이기 때문에 형이상학의 위기는 철학의 정체성 위기와 일맥상통한다. 제일철학이 무력화되면, 그 대신 자연과학의 원리가 모든 학문의 토대가 되어야 한다. 그러나 자연과학은 모든 학문의 토대가 되는 보편학이 될 수 없다.

자연과학이 보편학이 되려면, 인간이 자연의 구성인자로부터 탄생한 존재이어야 하고, 사회과학을 비롯한 모든 인문, 예술학의 발상이 자연과학의 학적 원리에 의해 작용해야 한다. 그러나 인간은 자연의 사물에 의해 해명될 수 있는 그런 성격의 존재자가 아니다. 자연과학이 인간의 정체를 해명하려면, 자신의 학적 원리를 변경해야 한다. 곧 자연과학이 보편적 존재원리를 수립하려면, 자연과학의 원리가 형이상학의 원리로 격상해야 한다. 그러나 자연과학의 원리가 형이상학의 원리가 결코 될 수 없다.

자연과학의 실증성 때문에 형이상학이 위기를 맞이했다면, 그 해결의 방법은 거꾸로 형이상학이 자연과학의 본질을 해명하고, 형이상학이 자연과학의 원리를 자신의 이론체계로 편입하는 경우이다.

근대자연과학의 지식에 봉착한 철학자들 중 일부는 제일철학인 형이상학을 스스로 거부하는 사고발상을 갖게 되었다. 그런 경향의 입장은 철학에 고유한 보편학문의 역할을 포기하는 결과를 초래하였다. 그러면 철학은 진리를 탐구하는 학문의 지위를 상실하게 되고, 당연히 본연의 철학일 수 없게 된다. 그에 비해 자연과학은 수학의 계산방식과 기계론적 인과율에 의한 실증성을 내세워, 참된 학문의 지위를 계속 강화하였다.

그럼에도 불구하고, 형이상학의 학적 성격을 소홀히 하는 사고방식은 여전히 기존의 철학의 이름 하에서 자신의 학설을 진리로서 주장하였다. 특히 자연과학이 탐구하는 대상 이외의 분야에서는 철학의 역할이 변함없이 필요했다. 하지만 자연과학의 지식에 함몰한 철학인들은 스스로가 형이상학의 지적 사고방식을 거부한 여파로 인해 철학의 역할을 올바르게 수행하지 못했다. 그들은 그 대신 물리학, 정치학, 경제학 등에 철학의 이름을 덧붙여 물리철학, 정치철학, 경제철학의 이름 하에서 독립적으로 활동하였다. 총체적으로 과학철학, 사회철학, 예술철학, 문화철학, 종교철학 등의 명칭이 철학의 명칭과 대립하기에 이르렀다.

철학은 이러한 변혁의 과정에서 사태의 원인을 제대로 직시하고, 그에 대한 올바른 해결책을 제시해야 마땅했다. 그러나 그런 방향의 해결책은 현상학파 정도를 제외하고는 순수철학의 입장에서는 미약했다. 그 와중에 20세기의 물리학에서 등장한 불확정성의 이론은 경험론의 회의적 입장에게는 희소식이 되었다. 그에 편승한 반형이상학적 사고방식은 이념의 보편성을 주장하는 형이상학의 학적 성격을 비판하고 무너뜨리는 지적 운동에 앞장섰다. 그들은 자신들의 학문적 사고방식과 신념에 의한 지적 운동을 진리의 정체를 수호하는 과업으로 여겼다.

자연과학적 실증성에 함몰된 학적 경향은 현대에 이르러서도 형이상학의 학적지위를 거부한다. 형이상학의 정체성위기, 철학의 정체성위기는 학문의 영역에서 해소되지 않고 지속한다.

자연과 구분되는 문명사회

인간은 보편성을 추구하기 때문에 의식구조가 다른 개체와 구분된다. 인간의 의식구조는 한편으로는 인식구조와 다른 편으로는 심리적 구조와 어울려져 있다. 그 구조의 작용이 진·선·미를 추구하는 문명창조의 작업이다. 의식기능이 지향하는 삶의 목적이 인간의 욕망과 의지의 근본이다. 의식은 개인적 삶과 단순한 집단생활을 통해서는 목적을 달성할 수 없다. 의식이 자신의 목적을 위해서는 유기적 질서를 갖춘 공동체인 사회조직과 질서를 형성해야 한다.

문명사회는 여러 과정을 걸쳐 비로소 자유와 평등개념의 양립을 추구하는 단계에 이르렀다. 문명사회의 질서는 원천적으로 도덕성을 바탕으로 한다. 비록 인간이 인간을 수단으로 삼는 기간이 오랫동안 지속되었더라도, 인간이 구성한 사회의 원동력은 도덕성이었다. 사회의 지배가 일방적일 수 없는 사회조직은 속성은 자유와 평등개념을 기반으로 진행되었고, 서로 간에 타협을 하였고, 갈등과 투쟁을 겪으면서 유지되었다.

역설적으로 자유와 평등개념이 작용하지 않았다면, 사회가 유지되고 발전을 도모할 수 없었다. 자유와 평등이념이 선천적으로 인간의식에 내재해 있기 때문에, 인간은 부조리하고 불합리한 현상 속에서 방법을 꾸준히 모색했다. 윤리적으로 도덕적 의식을 강화하였고, 종교적으로 내세의 구원과 현생의 위안을 펼쳤다. 민주시민사회의 혁명은 항상 이와 같은 의식의 토양에서 벗어난 지도자를 축출하기 위해 발생했다.

공동체의 삶은 공동의 문명사회를 통해 가능하기 때문에, 인간은 문명사회를 거울로 삼아 끊임없이 반성하면서 발전을 도모한다. 인간의 지성은 자신과 자연과 신의 존재를 통합적으로 파악하려는 형이상학적 사고방식을 통해 문명사회의 발전을 도모한다.

자연과학의 사고방식이 관념적인 근거

① 사물의 형식적 틀

물리학자가 우주에 존재하는 물질에 대해 반물질 또는 암흑물질과 같은 특수한 관념을 설정하여, 우주를 합리적으로 해명하려고 시도했다.

반물질과 암흑물질과 같은 특수한 관념은 우주를 불가지론에 입각한 회의론을 펼치기 위한 물리학자의 발상이 아니다. 오히려 정반대로 그 관념은 우주의 생성소멸의 원리와 법칙을 해명하기 위한 물리학자의 발상이다. 물리학자의 이러한 발상은 자신의 의식구조가 합리적이고, 또한 우주가 합리적이지 않으면 불가능하다. 우주의 존재가 우연적이고 그리고 인간의 존재가 우연의 산물이라면, 물리학자는 어떻게 물질, 반물질, 암흑물질의 관념을 가질 수 있겠는가? 더 나아가 우연적으로 살아가는 인간에 불과한 물리학자가 우주를 그런 관념을 설정하고서 논구할 필요성을 왜 느끼겠는가?

공간과 마찬가지로 시간도 관념적이다. 의식이 변화를 이해하기 위한 방법을 갖추고 있지 않다면, 순수공간과 순수시간의 물음은 무의미하다. 의식이 질문하는 공간과 시간의 개념과 상관없이, 우주는 운동하면서 변화할 뿐이다. 인간은 대상을 인식하기 위한 방법으로 객관적 척도의 기준을 마련했다. 의식은 태양을 돌고 있는 지구의 공전과 자전의 주기를 기준하여, 객관적 도구인 시계를 만들었다. 인간은 무게, 거리, 크기 등을 인식하기 위해 객관적 도구인 저울과 자 등을 만들었다.

우주의 물질은 존재의 원리와 법칙에 의해 생성·소멸을 하는 운동과 변화의 특성을 가지고 있다. 이것이 공간과 시간의 근원이다. 인간이 질문하는 창조의 순간과 모습은 형이상학적 물음이지, 우주에 존재하는 사물에 관한 물리학적 물음이 아니다.

자연과학이 형이상학을 대신하여 묻고, 답하는 방식은 합리적으로 해명하려는 노력의 산물이다. 그러나 그 해명은 무한소급의 함정에 빠져 되풀이 할 뿐이므로, 그런 발상은 결코 본질에 접근할 수 없다. 그 이유는 자연과학이 해명하려는 궁극과제는 오로지 형이상학적 사고방식만이 접근할 수 있기 때문이다.

순수공간과 물질이 어울러 구성한 우주의 모습은 언제나 동일한 양상으로 이루어진다. 사물이 형성하고 소멸하는 과정은 질서와 혼란의 과정이다. 사물이 관념적이기 때문에 생성만 있고 소멸이 없거나, 질서만 있고 혼란이 없는 경우는 없다. 생성을 진행하려면 소멸을 동반해야 하고, 질서를 형성하려면 혼란을 동반해야 한다. 존재가 관념적이라는 의미는 원리와 법칙은 변화에 앞서 선결적으로 미리 결정되어 있다는 사실을 전제한다. 그러므로 변화가 다양한 모습을 전개하더라도, 그 과정은 동일한 형식의 틀 속에서 항상 되풀이 할 뿐이다. 우주가 생성소멸을 되풀이 하면서 모습을 달리하더라도, 순수공간과 사물로 이루어진 우주는 영원히 동일한 우주일 뿐이다.

인간이 설사 우주를 합리적으로 명확하게 해명하지 못하더라도, 그와 상관없이 존재가 관념적이며 합리적이라는 사실은 명확하다. 존재가 관념적이고 합리적이지 않으면, 의식의 합리성이 구축한 모든 학문이 거짓이게 된다. 인간자신이 존재의 본질을 모르는 사실과 상관없이, 인간이 합리적으로 존재의 본질을 추구하는 사실자체가 존재가 관념적이고 합리적이라는 사실을 입증한다. 인간이 존재를 영원히 합리적으로 해명하지 못하더라도, 그 취약점은 존재가 관념적이고 합리적인 사실을 부정하는 근거가 될 수 없다.

보편성을 추구하는 형이상학적 존재자인 인간은 스스로 반성을 통해 자신의 합리성을 비판하면서 진리를 추구하는 작업을 중단 없이 진행한다. 인간이 학문을 수립하는 과정에서 합리성을 비판하고 수정하는 지적 작업은 존재가 관념적이고 합리적인 사실을 부정할 수 있는 회의론의 근거가 될 수 없다.

② 의식의 형식적 틀

인간의 인식조건은 천태만상으로 존재하는 바깥대상과 인간 자신의 모습을 자신이 경험한 유한한 몇몇 사례를 바탕으로 무엇이라고 성급하게 단정지을 수 없다. 인간이 그런 갖가지 양상을 두고 존재의 본질을 규정하려면, 전체를 아우를 수 있는 보편개념의 사고방식이 필요하다. 철학은 이 사고방식은 논리학으로 확립했다. 천태만상의 모든 형태와 양상을 구분하고, 분류하고, 갖가지 유형으로 체계화하여 판단하는 사고방식이다.

근대합리론은 가설과 실험에 의한 탐구방식으로 실증성의 학적 토대를 수립했다. 그리고 근대경험론도 이 사고방식을 수용했다. 칸트는 자연과학에 의해 제일철학 곧 형이상학의 위기를 극복하기 위해 자연과학의 특성인 실증성을 바탕으로 하여 형이상학을 재건하려고 했다. 가설과 실험의 상관관계는 주체인 의식과 객체인 대상을 통합하는 사유구조와 방식을 해명해야 밝혀진다. 칸트의 비판철학은 선험철학이란 이름 하에서 그 작업을 완수했다.

철학이 보편학으로서 진리를 추구하는 근본학(Grundwissenschaft)이라면, 당연히 철학은 자연과학의 실증성을 자신의 특성으로 삼아야 한다. 칸트는 실증성을 토대로 형이상학을 재건하였는데, 가장 두드려지는 특성은 신의 존재를 요청(Postulat)이란 말로 입증한 방법이다. Postulat는 '공준'이란 의미로도 해석할 수 있다.

③ 극단적 사고방식의 한계

유물론과 유심론으로 나누어진 형이상학의 주된 논쟁은 현실에서 인간행동의 갖가지 양식이 그들이 내세운 주장에 부합하지 않기 때문에, 대상인식과 가치관에 심각한 혼란을 불려 일으킨다. 그런데 인간행동과 자연현상을 바탕으로 하여 모든 이론이 정립되었기 때문에 달걀이 먼저인가, 닭이 먼저인가 하는 물음처럼 역설적으로 정반대의 시각으로 진단할 수 있다.

인간행동이 부정, 부패, 부조리, 불합리한 상황을 일으키지 않으면, 인간은 형이상학적 문제를 심도 있게 논구할 필요성을 느끼지 않을 것이다. 그러므로 인간은 부조리한 양상에 대해 극단적인 해결방법을 모색할 수 있다. 그런 바람직하지 않은 양상이 애초에 발생하지 않았어야 할 뿐만 아니라, 인간의 노력으로 그 양상을 완전히 사회에서 제거해야 한다는 강박감에 집착할 수 있다. 그러나 문제점이 아예 발생하지 않는 상황을 도저히 기대할 수 없으므로, 인간은 그런 경직된 사고방식에서 벗어나야 한다. 사회는 바람직한 방향으로 수습할 해결방법을 모색하여 구성원들을 지도해야 한다. 그 방법은 존재의 본질과 인간의 본성을 명쾌하게 이해하면, 문제점에 대응할 적절한 수습방법을 합리적으로 마련할 수 있다. 즉 정신과 물질의 두 요소를 조화롭게 양립할 수 있는 새로운 발상만이 그 기대감에 부응할 수 있다.

형이상학이 직면한 정체성 위기는 근본적으로 유물론과 유심론이 대립하는 상황이 유발하였다고 평가해도 과언이 아니다. 곧 현상계에 존재하는 물질과 정신을 두고 일원론과 이원론이 대립하는 불편한 상황이다. 더 나아가 서구에서 중세기 동안 기독교의 신학이 줄기차게 유일신을 증명하려는 논증 방법이 너무도 사변적이고 현학적이어서 발생한 상황도 한 몫했다.

형이상학의 등장은 플라톤이 형상과 질료의 개념으로 존재론의 본질을 해명하는 지적 작업을 올바르게 정비한 시점이다. 물론 형상의 이론에는 작용의 원인과 목적의 원인이 포함되어 있음은 당연하다. 물질을 아무리 분해해도 물질은 물질일 뿐이다. 오히려 물질을 분해하면 할수록 정신의 정체를 해명하는 지적 작업과 멀어진다. 물질을 정신의 근원이라고 간주하려면, 물질에 정신을 이루는 근본요소를 첨가해야 한다. 그런데 물질의 근본요소를 정신의 근본요소를 첨가하는 시도는 실로 난망한 지적 작업이다. 사물을 분해한 근본요소가 인간의 의식구조를 갖추고 있다는 것은 어불성설이 되기 때문이다. 인간이 태어나서 흙으로 돌아간다고 설명하는 고대사상은 흙이 인간의 정신을 포함하고 있다는 주장을 고집할 수 없다. 그 주장은 인간의 영혼을 만드는 존재가 별도로 있어야 한다는 발상을 전제한다. 플라톤의 형상이론은 이런 종류의 사상을 집대성하여 하나의 이론체계로 정비한 합리적 결론이다.

그와 같이 정비된 형상이론은 곧바로 정신의 존재가 어떻게 존재하는지에 대한 질문에 시달려야 했다. 더 나아가 형상이론은 형이상학적 존재인 신의 본질을 논리적으로 입증해야 했다.

④ 유물론과 기계론적 인과율의 한계

현상계를 구성하는 근본요소는 거대한 하나의 기계론적 조직을 구성하는 작업을 한다. 근본요소의 기능은 현상계를 구성하는 작용 이외의 활동을 하지 않는다. 운동을 하면서 변화를 일으키는 근본요소는 생성소멸의 과정을 거쳐 거대한 현상계를 구성한다.

현상계의 구성이 존재이념을 실현하기 위한 목적을 위한 것이라면, 기계론은 당연히 목적론에 속한 이론이 된다. 기계론과 목적론은 대립적이고 모순적인 이론이 아니라 상부·상조하는 공생관계의 이론인 아닐 수 없다. 물질의 본성이 원리와 법칙적이지 않으면 현상계를 구성할 수 없다. 이 조건이 보편적이지 않으면 현상계는 유지될 수 없다. 이 조건에 예외가 없기 때문에 물질로 구성된 현상계는 하나의 단일기계와 같은 특성을 지니게 된다. 현상계를 구성할 목적을 지니고 작용하는 물질의 특성이 기계론의 본질이다.

기계론의 특성이 없는 조건에서 목적론의 실현이 가능할 수 없다. 방법과 수단과 도구가 없이 목적이 실현될 리가 만무하기 때문이다. 마찬가지로 목적이 없이 저 홀로 기계론적 근본요소가 작용할 수 없다. 목적에 의한 질서가 없는 작용은 혼란의 활동 이외의 작용일 수 없기 때문이다. 그러므로 기계론은 유물론의 속성을 설명하는 그런 특성의 개념이 아니다.

관념론을 부정하는 유물론은 현상을 설명하는 이론이 될 수 없다. 물질의 기본요소가 정신적 요소와 연관되어 있지 않으면, 정신현상이 존재하는 현상계를 설명할 수 없다. 원천적으로 정신적 요소와 무관한 물질이 생성소멸의 과정에서 정신현상을 발생시킬 수 있다는 주장은 어불성설이다. 그래서 정신의 실체를 부정하는 유물론은 관념론적 유물론으로 자신의 주장을 수정하지 않으면, 자신이 초래한 난감한 모순적 처지에 봉착할 뿐이다.

(2) 독단적 합리론이 초래한 위기요인

근대철학의 흐름에서 보면, 칸트에 앞선 데카르트, 스피노자, 라이프니츠는 전반부에 속하는 인물들이다. 진리를 탐구하는 합리론의 작업은 실체, 속성, 양상개념을 논구하였다. 그 논구의 바탕은 수학의 자명성이었다. 그러나 수학의 자명성만으로는 합리론이 추구하는 형이상학적 진리의 본질인 형이상학적 실체를 규명할 수 없다. 이 작업은 선행적으로 인식기능의 특성을 밝혀야만 제대로 진행할 수 있는 과제이다. 그러므로 전반부의 합리론은 인식론의 문제점에 봉착하여 난파당하지 않을 수 없었다.

연역적 사고방식은 선천적 인식기능의 자발적 작용에서 비롯한다. 그러나 연역적 사고방식이 원인을 규명하는 작업을 시도하더라도, 그 작업과정이 곧장 타당한 합리적 지식을 산출할 수 없다. 추상개념인 실체, 속성, 양상의 기본개념을 경험적 사실을 열거하는 작업방식으로는 연역적 사고방식의 특성을 제대로 보여줄 수 없기 때문이다.

합리론은 물질 속에서 작용하는 의식의 현상을 정신실체로 규정한다.

정신의 존재를 독립적인 실체로 해명하려는 합리론은 실증성이란 난공불락의 장애 앞에서 논증의 어려움을 항상 겪었다. 그런데 역설적으로 유물론도 정신이 물질로부터 발생했다는 사실을 입증할 수 없었기 때문에 그들의 처한 어려움도 대동소이하다. 정신이 물질과 달리 존재한다는 사실도 입증하기 어렵고, 마찬가지로 물질에서 정신이 발생한다는 사실도 입증하기 어렵다. 그렇다고 하여 현상이 원리와 법칙에 의해 진행되고 있는 상황에서는 회의론은 어불성설이다. 이런 와중에 이 난관을 극복하려는 시도는 원자론을 매개로 하여 정신적 기능을 갖춘 단자론이 라이프니츠에 의해 등장했다. 또한 이와 비슷하게 유물론도 관념성이 가미한 변증법적 유물론도 등장했다. 현대의 "심신수반의 이론"은 이런 시도의 아류이다.

그런데 이에 대한 해결책은 두 가지 방향에서 이루어질 수밖에 없다.

첫째는 정신의 실체를 명확히 밝히는 작업이다. 둘째는 그런 입증의 작업을 뒤로 미루고, 모든 현상을 총체적으로 통합하여 정신과 물질의 상관관계를 명백히 밝히는 작업이다. 그런 작업의 타당성을 위해서는 선결적으로 존재론의 본질을 명확히 논증해야 한다.

정신과 육체를 구분하는 이원성은 여러 가지 의문점을 유발한다. 가령, 소설에서처럼 개인의 의식에 다른 의식이 잠식하여 작용하는 경우, 또는 하나의 인격에서 다른 인격이 등장하는 다중인격이 되는 경우 등이다. 만약 이런 경우가 실제로 객관적이라면 이 사실은 의식의 동질성을 부정하고 거부하는 증거가 될 수 있다. 그런데 다중인격의 정신분열은 정신병에서 다루기 때문에 순수의식의 존재를 규명하는 인식론적 입장은 그 논구로부터 독립적이다. 인식론의 작업은 그런 상황에서도 순수의식이 그 자체로 유지되는지의 의문을 명확히 해명하는 철학의 과제이다.

더 나아가 식물인간, 기억상실, 꿈의 경우 등을 비롯하여 육체의 질병이 야기하는 갖가지 문제점과 마지막으로 죽음에 의한 의식의 소멸은 정신이 육체의 현상일 수 있는 발상의 근거가 되어 인식론의 작업에 부정적 영향을 끼칠 수 있다. 하지만 이런 현상은 육체의 작용에서 비롯한 문제점일 뿐 의식이 물질의 속성이라는 주장을 뒷받침하는 증거가 될 수 없다. 그 이유는 간단하고도 명백하다. 정상적인 의식의 활동은 인식의 구조가 불변적인 형식일 적에 가능하다. 비정상적인 인간이 정상적인 경우이라면 문명사회의 건설은 도외시하고 우선적으로 그들이 생존할 수 있는 방법부터 의문의 과제가 된다. 비정상적인 인간에 의해 정상적인 인간의 생존이 가능할 수 없다. 정상적인 인간에 의해 비정상적인 인간이 보호를 받는다. 철학의 논구는 의식의 인식구조와 정상적인 인식기능의 작용이 물질의 속성과 다르다는 사실로부터 출발한다.

필연성과 우연성

존재를 구성하는 근본요소가 생성·소멸을 시작하여 법칙을 구성하려면, 불변의 근본원리가 선행되어야 한다. 근본원리가 우연적이라면, 생성소멸에 작용하는 법칙이 법칙일 수 없기 때문이다. 그러므로 존재의 구성요소는 불변의 관념과 그 관념에 걸 맞는 원리와 법칙에 합당한 모습과 구조를 갖추고 있어야 한다. 불변의 조건을 충족해야 현상계의 모든 변화를 가능하게 하는 선결요건을 갖춘 근본요소가 된다.

근본요소가 필연적이고 우연적이 아니라면, 우연한 현상이 발생해서는 안 된다. 발생할 수 없는 우연이 현상에 존재한다면, 존재의 본질은 모순적이게 된다.

현상계에서 우연이 필연과 양립한다면, 반드시 합리적 관념론은 해명의 실마리를 필연에서 찾아야 한다. 존재의 본질은 우연이 아닌 필연이므로, 우연은 반드시 필연에서 발생한 것이 아닐 수 없기 때문이다. 관념론은 우연성을 관념적이고 필연적인 구성요소들이 공간에서 변화를 일으키는 작용방식에서 찾아야 한다.

의식이 내재하는 육체와 분리하여 의식만을 설명하는 지적 작업은 가당치 않은 어려운 지적 과제이다. 여하튼 물질이 의식을 창조했다고 하면, 물질의 근본요소가 의식의 요건을 갖추고 있어야만 한다. 물리학에서 다루는 근본입자의 기능에 사유기능을 하는 의식의 요소가 내재해야 한다. 그와 달리 의식의 존재가 물질과 별개로 존재한다면, 의식이 물질의 영역에 내재해야 할 타당한 필연적 이유가 있어야 한다.

2) 위기극복방안을 위한 근본방향

사유방식의 변증론

대립의 부정적 양상을 해소하고, 긍정적 양상으로 전환하려는 발상은 단순한 타협의 사고방식으로는 한계가 있다. 그 이유는 그런 타협은 일시적인 봉합으로서 현상유지의 수준을 벗어날 수 없기 때문이다. 현상이 대립의 정체국면을 벗어나 화합의 발전국면으로 나아가려면, 양자의 장점은 수용하고, 단점은 배제하는 포괄적 상위단계의 상황이 존재해야 한다. 이것이 변증론의 사고발상이다.

변증론을 가능케 하는 이론의 토대는 목적론이다. 대립하는 양 국면이 화해, 조화 균형, 견제, 협력, 발전의 개념에 부합하려면 동일한 목적의식을 공유해야 한다. 그러므로 자연과학에서는 궁극요소의 동질성을 파악하려고 시도하는 것이며, 사회철학에서는 인간본성의 동질성을 파악하려고 시도하는 것이다.

존재의 본질에 목적론적 인과율을 적용하려면, 형이상학적 이념이 전제되어야 한다. 존재의 작용에서 보면, 기계론적 활동도 하나의 요인에 해당한다. 기계론적 인과율이 목적론적 인과율의 토대가 되는 구조는 존재가 자신의 이념을 실현하는 과정의 단계이다. 이런 논리성은 자연과학의 가설처럼 실험에 의한 실증적 성격의 지식이 아니다. 그럼에도 불구하고 모든 존재가 관념적이므로 목적론과 기계론적인 인과율의 양립은 이로부터 타당성을 확립할 수 있다.

존재의 본질이 생성소멸의 변화를 토대로 삼기 때문에, 자연이 생성소멸의 원리와 법칙을 부정하는 작용을 할 수 없다. 인간도 자연의 원리와 법칙을 부정하고 파멸할 작업을 할 수 없고, 또한 그런 기능과 능력이 없다.

인간은 자연 속에서, 자연과 더불어, 자연을 이용하면서 살아갈 뿐이다. 인간의식에 내재한 삶의 목적의식은 이런 한계를 벗어날 수 없다. 설사 의식이 거부하는 기적에 대한 발상을 가지더라도 그 발상은 단지 언어적 표현에 지니지 않을 뿐, 의식에는 그런 능력과 기능이 없기 때문에 무의미하다. 자연의 원리와 법칙에 의한 방법, 수단, 도구, 진행과정을 무시하고 결과만을 짜깁기한 공허한 상상은 단순한 관념의 유희일 뿐이다.

목적론적 인과율이 자연에 작용한다고 가정하면, 자연의 기계론적 인과율과 인간의 목적론적 인과율은 모순되지 않고 양립해야 한다. 다양한 현상을 드려내는 자연의 변화과정이 오로지 하나의 대상을 위한 단순 기계적 작업이 아니다.

무한성에 근거한 공간이 현상을 수용하고 있는 한에서, 우주의 모습은 하나의 기계가 아니라 무수히 많은 기계들이 작동하는 현상이다. 우주는 다양한 사태를 발생하는 현상체이다. 궁극요소로부터 의식이 발생한 근원을 발견하지 못하더라도, 그럼에도 불구하고 명확한 사실은 우주는 관념적이고 또한 다양한 사태를 발생하는 현상체이다. 다양한 사태를 조화와 균형을 바탕으로 생성·소멸하는 우주의 모습은 목적론적 인과율을 입증한다. 자연에 목적론적 인과율을 해명하려면, 의식과 현상의 특성을 논구한 연후에 비로소 가능하다.

비판철학의 대두

중세의 신학이 형이상학의 지닌 보편학의 성격을 왜곡시켰다. 신학은 신의 논증을 위해 인간과 자연의 존재를 배재시켰다. 인간이 신의 논증하는 작업은 신과 인간이 하나로 연결하고 있다는 사실을 전제해야 한다. 그리고 인간의 인식기능이 신을 논증할 수 있다는 사실을 전제해야 한다. 그 이유는 신의 논증을 통해 인간과 자연을 설명하려는 형이상학의 사고방식과 역으로 인간과 자연을 통해 신을 논증하려는 사고방식이 서로 공통되어야 하는 조건 때문이다.

형이상학의 비판과제는 형이상학의 학적 기초를 수립하는 작업이며 동시에 전통의 형이상학을 새롭게 구성하는 작업이다. 그러므로 비판과정은 한편으로는 인식론의 작업이고, 다른 편으로는 존재론의 작업이다. 칸트가 수립하려는 새로운 형이상학은 한편으로는 형이상학적이고, 다른 편으로는 반형이상학적인 것처럼 보인다. 곧 전통적 입장에서는 반형이상학적일 수 있고, 자연과학의 입장에서는 형이상학적일 수 있다.

그러면 당연히 논구의 방향을 거꾸로 한 탐구방식은 경험론의 사고방식과 다를 바 없는 것이 아닌지에 대한 우려가 생길 수 있다. 또한 형이상학의 지식이 경험론의 주장하는 개연적 지식이 될 수 있는 의문에 봉착하는 문제점에 직면할 수 있다. 형이상학에 대한 경험적 성격을 배제하고 합리적 성격을 고스란히 유지하면서, 역발상을 달성하려는 목적의 발상이 선험철학의 체계이다. 인간과 자연, 인간과 신, 인간을 중심으로 하여 신과 인간과 자연이 통합하여 일체를 이루는 통일철학이 선험철학인 것이다. 칸트는 이런 비판적 논구의 발상을 거쳐 새롭게 거듭난 형이상학의 논구방식을 도덕형이상학으로 대체하였다.

『순수이성비판』을 고쳐 새롭게 구축된 형이상학인 도덕형이상학이 전통적 형이상학의 과제를 학적대상으로 삼을 수 있는 근거는 "인간이 반드시 인간이어야만" 비로소 "영혼불멸과 신의 존재"를 다룰 수 있는 인식론적 조건이기 때문이다. 인간이 스스로 인간이기를 거부하는 조건에서는 자신의 영혼불멸과 신의 존재를 논증하는 사유방식이 무의미해진다.

그러므로 도덕형이상학의 특성은 철학의 정체성위기와 형이상학의 학적 위기를 극복하려는 방법이므로, 그 명칭에 담긴 학적 정초작업의 의도를 도외시하고 좁은 시각으로 접근하면 통일적 체계성이 지닌 보편성을 깨달을 수 없다. 인간이 형이상학의 본질을 깨닫기 위해서는, 의식에 내재한 도덕성의 극점을 넘어서야만 가능하다. 왜냐하면 개체를 구성하는 형상의 존재본질은 인식기능이 사물을 해체하여 단순체로 되돌아간다고 하여 파악할 수 있는 존재가 아니기 때문이다. 마찬가지로 겉모습으로 개별화된 사물들을 총체적으로 통합한다고 하여 파악되는 것도 아니다. 인간의식이 형상의 본질, 존재의 본질, 진리의 본질을 파악하려면, 오로지 자신의 의식에 선천적으로 내재하고 있는 실천이성과 선의지가 도덕성의 객관적 실체인 최고선의 도덕법규에 도달하는 방법뿐이다.

영혼불멸 사상은 형상을 부정할 수 없는 발상의 단적인 예증이다. 영혼이 불멸하기를 바라는 목적은 영혼의 소멸을 지향하는 목적이 될 수 없다. 존재는 어떤 경우에서도 무로 돌아갈 수 없다. 무로 돌아갈 수 있다면, 무에서 유가 탄생해야 한다. 그러면 생성·소멸의 원리와 법칙이 불가능하다. 있는 것이 결합하고 해체하면서 형상의 세상을 구성한 결과가 현상이다. 구성인자는 존재의 출발이면서, 형상을 구성하는 근본요소이다. 구성인자는 복합체의 형상을 구성할 있는 요소를 갖추고 있지만, 복합체의 형상 그 자체는 아니다. 인간의 지성은 형상의 근원에 대한 의문에서 좌절한다.

칸트의 비판철학은 이 좌절 앞에서 가장 합리적인 방안을 제시했다. 그것은 지상이 찾을 수 없는 해답 대신에, 그 해답을 대신할 수 있는 사고방식이다. 인간이 찾을 수 없는 해답을 찾으려면, 칸트가 제시한 사고방식을 극복해야 한다. 헤겔이 그 정점에 서 있지만, 그는 결코 칸트를 극복하지 못했다. 앞으로도 그 해답을 찾지 못하는 한에서는, 칸트의 사고방식은 진리의 본질을 해명한 가장 합리적인 사상이 될 것이다. 칸트가 『순수이성비판』에서 독단론과 회의론을 논평한 내용은 비판철학의 성격을 여실히 보여준다.

"비판은 학으로서의 순수인식에 있어서의 독단적 방법에 반대하는 것이 아니라(학적 인식이라는 것은 언제든지 독단적인, 즉 확실한 선천적인 원리에 의해서 엄밀하게 증명된 인식이 아니면 안 되기 때문이다), 오히려 독단론(Dogmatismus), 즉 이성이 어떠한 방법과 권리를 가지고 거기까지 도달하였는지를 심문(Erkundigung)함이 없이, 오랫동안 사용하여 온 원리에 따라 성립하는 순수한 개념적(철학적) 인식만을 가지고 해 나간다고 월권(Anmaßung)을 반대하는 것이다. 그러므로 독단론이라는 것은 순수이성이 제자신의 능력을 무비판적으로 신뢰하는 독단적 방법이다.

그러므로 이 반대는 통속성(Popularität)이라는 명칭을 도용하는 천박한 수다나 또는 모든 형이상학을 간단히 해치우는 회의론을 변호하기 위한 것이어서는 안 된다.

오히려 비판은 필연적으로 독단적이고 가장 엄격한 요구에 따라서 체계적이고 학적(비통속적〈nicht populär〉)으로 완성되지 않으면 안 되는 학으로서의 근본적인 형이상학(gründliche Metaphysik)을 촉진하기 위해 필연적으로 선행하지 않으면 안 될 준비(die notwendige vorläufige Veranstaltung)이다." [1]

---

1 『순수이성비판』 B Ⅹ Ⅹ Ⅹ Ⅴ ～ B Ⅹ Ⅹ Ⅹ Ⅵ

(1) 형이상학의 정초작업과 현상론

모든 이론은 현상에 대한 해명의 도구이다. 현상은 원리가 작용하여 드러난 현실이지만, 이론은 인간지성이 원리를 파악하여 구성한 지식이다. 지성이 구성한 현상의 이론이 현상의 본질에 합당하려면, 현실에 대한 객관적 자료가 뒷받침되어야 한다. 모든 이론이 존재원리에 기초해야만 하는 이유는 원리의 보편성만이 시·공의 제약을 벗어나, 시·공을 앞질러 모든 현상에 적용할 수 있는 특성을 갖추고 있기 때문이다. 현상의 원리가 보편성을 갖추고 있지 않으면 이론의 위상을 유지할 수 없다. 논리학이 동일률, 모순율, 배중률에 라이프니츠의 충족이유율까지 더해 기본원리를 채택한 연유는 이론을 뒷받침하는 일관성을 확립하기 위함이다.

철학은 현상에 해당하는 자연에 대한 본질을 추구하는 근본학이다. 현상과 무관한 이론은 이론으로서의 가치가 없다. 인간이 현상과 무관한 세상을 추구하더라도, 그 발상은 현상을 바탕으로 하여 사물이 지닌 공간과 시간의 한계, 곧 생성·소멸이 진행하는 과정의 한계를 극복하려는 욕망이 전제되어 있는 입장일 뿐이다. 갖가지 약점을 제거한 발상은 좋고·아름다운 상태의 세상이 영원히 지속하기를 바라는 상상의 산물에 지나지 않는다. 그와 반대로 모든 현상이 소멸한 무의 상태를 지향하는 발상도 있지만, 그러나 그런 발상은 자기 자신뿐만 아니라 현상을 부정하는 것이므로 스스로 자가당착에 내몰릴 뿐이다.

그럼에도 불구하고 그런 발상은 현상계에서 발생한 갖가지 사태에 직면하여 느끼는 공포, 염려, 근심 등의 불안 심리를 진정시키고, 사태해결을 중용의 입장에서 해결할 수 있는 안목을 갖추게 할 수 있는 자극과 충동의 기능을 지니고 있으므로, 인간은 그런 심리안정의 방법을 선호하였다.

한 편으로는 인간이 존재를 부정하고, 존재가 소멸한 상태를 상정한 무의 상황을 설명할 수 없기 때문에, 다른 편으로는 현상과 본질이 분리될 수 없기 때문에, 형이상학과 형이하학은 일체감을 지닌 불가분의 존재이다. 가령 정신이 사물과 다르다고 하여 정신만의 세상을 설정하더라도, 그곳에서도 사물을 포용하는 공간의 특성에 해당하는 존재가 있어야 한다. 왜냐하면 공간과 같은 존재가 없다면, 정신을 구성하는 개개의 영혼들이 서로 구분될 수 없기 때문이다. 그러므로 사물의 공간을 넘어 정신의 세상이 존재한다고 가정하더라도, 그곳에 공간에 해당하는 것이 영혼을 포용하고 있는 것이라면 사물의 공간과 정신의 공간은 맞닿아 있어야 한다. 만약 영혼을 포용하는 공간과 사물을 포용하는 공간이 서로 달라야 한다면, 그 이유는 존재론적 모순에 직면하게 된다. 또한 영혼과 신의 존재를 설명하는 입장도 존재론적 모순에 직면하게 된다. 그러나 그런 장애 때문에 현상계의 본질이 유물론으로 귀착되어서는 안 되기 때문에, 합리론적인 사고방식은 이 문제를 해명하기 위한 사변을 계속한다.

물질은 목적의 형상을 드러나게 하는 도구이지만, 근원적으로 형상을 지니고 있지 않은 존재이다. 그럼에도 불구하고 현상계의 형상을 구성하는 도구이다. 그러면 물질에 형상을 부여하는 방법이 물질에 존재해야 한다. 형상은 물질의 근본인 구성요소에는 없다. 구성인자가 결합과 합성의 방법을 거쳐 복합체로 이행하는 과정에서 형상이 드러난다. 형상의 본질을 파악하기 위해 물질의 근본요소로 나아가면, 형상자체는 사물을 해체과정에서 아예 사라져 버린다. 형상의 본질을 파악하려면 물질 속에 내재하고 있는 작용방식을 파악해야 한다. 이런 특성을 포괄적으로 파악하는 기능이 형이상학적 사고방식이다. 칸트는 기계론적 인과율에 의해 작용하는 물질의 속성으로는 형이상학의 과제를 논구할 수 없음을 파악했기 때문에, 목적론을 전개했다. 그리고 칸트는 의식에서 파악하는 목적론의 타당성을 입증하기 위해, 자연과학의 지식을 논구의 근본토대를 삼아 철저히 인식기능을 해명했다.

(2) 형이상학의 정초작업과 인식론

형이상학의 과제를 새롭게 해명하려는 시도는 칸트의 비판철학체계를 새롭게 구성하는 출발이다. 칸트 이후에 자연과학의 의문을 해소하면서, 형이상학의 체계를 수정하는 작업으로서 합리론이 해명해야 할 근본과제이다. 칸트체계에 대한 모든 발상은 여기에서 비롯되었다. 칸트가 수립한 비판적 사고방식의 체계를 극복하려면, 인간이 당면한 모순을 해명하는 새로운 방식을 제시해야 한다. 그런데 독일관념론 이후 현대의 현상론까지 어떤 철학이론도 이 과제를 제대로 올바르게 해명하지 못했다. 새로운 이론전개는 여전히 과거로 되돌아갈 뿐이거나 아니면 자연과학의 지식을 바탕으로 현상을 비평적으로 해설할 뿐이다. 철학이 자연과학의 지식을 배경으로 형이상학의 과제를 백안시하고, 경험론적 실증주의의 입장을 취하는 한, 철학은 자연과학의 결과를 뒤쫓아 가면서 과학적 지식의 효용성을 해설하는 수준을 벗어날 수 없다.

과학을 범례로 삼아 철학의 과학화라는 미명을 쫓아간 반형이상학적 사고발상은 철학의 위상을 개별과학의 처지로 전락시켰다. 보편학으로서 지위를 상실한 철학은 도덕철학의 모든 과제를 새롭게 등장한 사회과학의 분야에 양보를 해야만 했다. 그리고 철학은 굳어버린 화석을 설명하는 철학사의 과목처럼, 현실로부터 전진하는 미래가 아닌, 현실로부터 거슬러 올라간 과거의 역사를 가르치는 과목으로 전락하는 처지에 이르렀다.

형이상학이 무기력해진 터전에서는 종교와 정치. 경제, 및 모든 분과과학은 공학적 사고발상에 주눅이 들어 사태를 총체적이고 통합적이고, 종합적으로 논구할 기반과 기력을 상실했다. 그럼에도 불구하고 칸트가 예견한 것처럼, 과학적 사고방식은 자신의 한계를 극복하기 위해 한 치라도 앞으로 나아가기만 해도, 곧바로 형이상학의 영역으로 진입하였다. 그러나 안타깝게도, 자연과학의 지식에 짓눌린 현대사회의 철학은 모든 과학의 분야에 탐구의 영감을 제시하지 못하고, 오히려 반대로 과학이 자신의 탐구를 개척해주는 상황에 내몰렸다.

정신과 물질이 이질적이라면, 철학은 어떻게 정신이 이질적인 육체 속에 내재하고서 물질을 조종할 수 있는가? 하는 의문점을 다루어야 한다. 그 이유는 정신과 물질이 이질적이면서 동시에 정신이 물질을 조정할 수 있다면, 굳이 정신이 육체 속에 내재하고서 육체를 조종할 필요가 없게 되는 사실 때문이다. 그 경우는 유체이탈한 정신이 육체의 외부에서 육체를 조종할 수 있게 되는 상황이다. 더 나아가 정신이 모든 물체의 외부에서 물체를 조종할 수 있는 경우가 현상계에 이루지는 상황이다.

3) 주체철학의 근본과제와 순수자아의 올바른 이해

중세의 신학이 현학적 형이상학의 논구로 치닫게 됨으로서 근대 주체철학이 등장할 계기와 발판이 마련되었다. 하지만 그 흐름을 완전히 탈피하지 못한 근대합리론은 신학의 영향력 앞에서 보편학의 성격을 지닌 제일철학 곧 형이상학의 위상을 제대로 회복할 수 없었다. 그러므로 합리론의 취약점을 극복해야 하는 형이상학의 처지는 중세의 신학을 반박하는 자연과학의 지식과 사고방식을 수용한 현상론을 철저히 논구의 근본토대로 삼지 않을 수 없었다.

칸트의 비판철학은 철저히 현상론을 바탕으로 형이상학을 새롭게 개편했다. 현상과 본질을 구분하는 이원론의 핵심개념인 물자체의 개념은 칸트를 반형이상학자로 오판하도록 만들었다. 물자체 개념은 형이상학이 반드시 현상론에 기초해야 하는 이유를 명백히 보여주는 개념인 동시에,

인간이 형이상학을 수립할 근거를 자신의 의식에서 찾아야 함을 명확히 보여주는 주체철학의 핵심개념이다.

현상론의 입장을 명료하게 확인시켜주는 칸트의 물자체 개념은 회의적 경험론의 입장을 수용하여 독단적 합리론의 취약점을 극복하려는 도구이다. 그러나 역효과를 가져와 경험론과 합리론의 취약점을 극복하고 진정한 형이상학의 토대를 수립하려는 비판철학의 체계를 비판의 대상이 되도록 만든 걸림돌이 되었다.

형이상학의 원리가 현상에서 합리적으로 작용할 수 없다면, 형이상학의 근본토양인 현상론은 불가지론의 회의론으로 전락하게 된다. 칸트의 형이상학 정초작업이 철두철미 현상론으로부터 출발한 이유는 바로 이 점 때문이다. 현상과 본질이 구분될 뿐, 분리되지 않는 존재의 실상이 한편으로는 현상론이고, 다른 편으로는 형이상학적이다. 따라서 현상과 본질의 구분을 이원론으로 평가해서는 안 된다.

현상과 본질의 구분을 이원론으로 간주하려면, 본질의 영역이 현상계와 전혀 다른 성격의 이질적인 영역이어야 한다. 그 입장은 현상계에서 전혀 포착할 수 없는 영향력이 현상계에 실제로 작용해야 함을 전제해야 한다. 그러면 현상계의 모든 이론은 불확실한 개연적 지식이 되어 불가지의 회의론이 되어, 문명사회의 질서는 신비주의에 입각한 종교적 사고방식에 의해 관리되어야 한다.

칸트는 현상론의 본질을 온전하게 담아 자신의 발상을 완수하기 위해, 현상의 대상들을 개념으로 객관화하는 오성의 인식기능을 철저히 논구하고 순수오성개념을 범주의 도식으로 정교하게 구성했다. 범주는 의식이 현상을 설명하는 개념의 지식들을 예외 없이 학문의 영역에서 통합하는 논리적 사고방식의 토대이다. 즉 범주는 의식이 현상의 모든 변화를 분석하고 종합하는 사유방식이 논리적으로 작용하게 만드는 토대인 것이다. 만약 범주가 그렇지 않다면, 의식의 선천적 순수오성개념이 모든 현상을 수용하는 참다운 범주가 될 수 없다.

칸트의 범주개념에는 종전의 형식논리학에서 주목하지 않는 개념인 개별성과 무한성을 양과 질의 강목 속에 포함시켰다. 그 이유는 사물의 근본요소인 원자의 존재를 자연현상의 근거로 삼기 위해서이다. 더 나아가 개인의 존재를 사회현상의 근거로 삼기 위해서이다. 이론이 실현된 현상의 실제가 개별적 사물이고 개인이기 때문이다. 이와 같은 칸트의 의도는 궁극적으로 근대자연과학의 학적 원천을 밝히고서 도덕형이상학의 학적 기초를 확립하기 위함이었다.

(1) 주체철학의 마무리 작업인 '코페르니쿠스적 인식전회'

코페르니쿠스적 인식전회는 데카르트의 "나는 생각한다. 고로 존재한다(cogito ergo sum)"로 압축된 인식전회를 마무리하는 단계의 발상이다. 물론 현상학에서 판단중지와 환원의 방법이 등장하였지만, 그것은 데카르트와 칸트의 입장을 재해석한 입장이므로, 주체철학의 체계를 더욱 발전시켜 확장하였다고 평가할 사인이 아니다.

칸트의 비판철학이 합리론과 경험론을 단순히 짜깁기한 이론이 아닌 근거는 주관과 객관의 의미를 철저히 논구하고, 주체와 객체의 관계를 명확히 해명한 논증 방식이다. 그 방식은 '코페르니쿠스적 인식전회'라는 용어로서 집약되는데, 주관적 인식구조가 한편으로 객관적 대상의 속성을 공유하고 있으면서, 다른 편으로 외부대상의 특성을 탐구할 기능을 선천적으로 갖추고 있는 사실을 명확히 해명한다. 칸트는 인식이 경험으로부터 시작하지만, 인식기능이 경험이 제공할 수 없는 인식요소를 선천적으로 갖추고 있는 사실이다.

인식기능은 외부대상이 없으면 외부대상을 인식할 수 없다. 외부대상의 인식은 경험으로부터 반드시 시작해야 한다. 하지만 한정된 경험의 방식으로는 대상의 본질을 정확히 파악할 수 없다. 감각의 인식조건이 대상의 본질을 전혀 경험할 수 없기 때문이다. 따라서 칸트는 감각기관이 경험으로부터 작용할 수 있는 한계로부터 두 가지 결론을 내린다.

하나는 외부대상에 대한 진술은 반드시 경험에 의존해야 하는 인식조건이다. 경험의 사실을 바탕으로 하지 않는 진술은 경험적일 수 없다. 외부대상에 대한 기존지식을 바탕으로 외부대상을 진술하더라도, 그것이 지식으로 타당성하려면 반드시 경험된 사실로서 입증되어야 한다. 그것이 가설과 실험의 호혜관계이고 실증주의의 근본입장이며, 자연과학의 지식을 수용한 철학의 입장이다.

다른 하나는 모든 경험적 사실을 학문으로 구성하는 학적 사고방식은 본질을 파악하는 선천적 인식기능에 있다. 이것이 '코페르니쿠스적 전회'에 담긴 의미이다. 그리고 의식의 상상력이 실험을 가능케 하는 가설을 만들 수 있는 지성의 토대이다. 미지의 사태를 파악할 수 있는 인식기능이 의식에 선천적으로 내재하고 있어야만 인간은 비로소 경험의 한계를 극복하고서 미래로 나아갈 수 있다. 이 관점이 독일관념론의 출발인 선험적 관념론의 핵심인데, 반드시 경험의 지식은 경험의 사실을 바탕으로 해야 한다는 원칙 때문에 칸트의 이론체계에서는 독아론에서 발생한 난점이 결코 나타날 수 없다. 칸트 이후에 '코페르니쿠스적 전회'의 참 의의를 간과하고서 독아론의 난맥상을 보이는 여타의 관념론은 칸트의 입장을 제대로 파악하지 못한 결과이다.

'코페르니쿠스적 전회'에 담긴 탐구방법의 전환은 다음과 같다.

첫째, 논리학에 의해 형이상학이 부정되는 것이 아니라, 탐구방법이 잘못된 것이다.

둘째, 형이상학을 논리학의 탐구대상이 되려면 탐구영역을 변경해야 한다.

셋째, 모든 대상을 지식의 개념으로 구성하는 작업은 선천적 인식기능이 선천적 표상을 작용하여 이루어진다.

넷째, 형이상학의 대상은 외부대상으로 간주하고 탐구하는 인식대상이 아니라 의식의 내부에서 탐구하는 대상이다. '코페르니쿠스적 전회'는 외부대상에서 내부대상으로 전환한 인식방식을 의미한다.

다섯째, 사변이성이 자연을 탐구하는 인식방법으로는 형이상학을 인식대상을 삼을 수 없다.

여섯째, 형이상학의 대상을 인식대상으로 탐구하려면, 사변이성의 탐구대상이 아닌 실천이성의 탐구대상으로 전환해야 한다. 형이상학의 대상은 인간의식이 추구하는 과제이고, 인간의 본질과 직결되어 있는 과제이다.

일곱째, 사변이성에서 실천이성으로 탐구영역을 변경하려면 사변이성과 실천이성을 연결하는 접점이 있어야 한다.

여덟째, 『순수이성비판』, 「선험적 변증론」, 이율배반의 장이 그 작업을 수행하는 장소이다.

아홉째, 이율배반은 인간을 자연과 달리 선험적 자유를 지닌 존재임을 확인한 작업이었기 때문에 사변이성을 대신하여 실천이성이 논리학의 토대위에서 형이상학의 대상에게 학적기반을 마련해 주어야 한다.

열째, 실천이성은 형이상학의 학적토대를 도덕법이 지닌 보편성을 통해 마련한다.

열한째, 형이상학의 본질인 보편성은 도덕법이 논증해야 하는데, 그것이 최고선의 개념이며, 보편적 정언명법이다.

주체철학과 순수자아

주체철학에서의 인간은 두 가지 의미를 지닌다. 하나는 사변적 인식기능을 지닌 인간이 존재 본질을 파악하는 지적 행위의 주체라는 사실이다.

다른 하나는 인간이 자신의 지성이 파악한 지식을 바탕으로 문명을 창조하는 실천행위의 주체라는 사실이다. 인간의 자아는 역설적으로 한편으로는 형태가 없고, 다른 한편으로는 형태가 있다. 자아의 구조는 사유구조와 육체구조가 통합한 형상적 구조이다. 사유기능의 지식도 변화하고 또한 육체의 모습도 변화하기 때문에, 어떤 한순간의 모습만을 내세워 자아를 규정할 수 없다. 환경에 따라 수시로 변화하는 자아는 항상 자신의 육체에서 작용하고, 작용의 근본 틀도 항상 동일하다.

순수자아를 파악하려면 그 입장은 육체를 형성하고서 문명을 창조하는 자신의 본질을 파악해야 한다. 그런 자아를 논구하려면, 그 입장은 형이상학의 영역으로 나아가야 한다. 그 작업을 가능케 하는 자신의 인식기능이 순수의식의 사유기능이다. 순수의식이 자신의 존재를 파악하기 위해 성급하게 의식자체를 곧바로 탐구대상으로 삼으면, 그 작업은 실패한다. 또한 외부대상의 경험을 탐구의 바탕으로 삼으면, 그 작업은 실패한다. 오로지 형이상학의 영역으로 나아가 존재의 본질을 거울을 삼아야만 비로소 성공할 수 있다.

형이상학을 거쳐 자아의 정체를 파악하려면, 올바른 방법이 필요하다. 칸트의 3대 비판과정을 구성한 체계가 그 방법론이다. 3대 비판서의 체계를 하나로 통합하여 존재의 모습을 바라 볼 적에 자신이 파악하려고 하는 자아의 본질을 이해할 수 있다.

그러면, 인식기능은 도대체 자신의 어떤 특성에 의해 이 작업을 추진할 수 있는지가 선결문제로 떠오르지 않을 수 없다. 존재의 전체성을 논구대상으로 삼아 전체를 관통하는 보편성을 수립하는 지적 특성을 해명하려면, 그 작업은 인식기능의 본질을 명확히 밝혀야만 한다. 그 결과에 따라 논증이 타당성을 갖출 수 있다.

(2) 주관의 인식기능을 형이상학의 중심에 놓아야 하는 이유

심리적 자아와 인식적 자아

인간은 전체를 인식대상으로 삼는 보편적 사유기능을 갖춘 존재자이다. 인간이 자기중심적 판단을 하면, 보편적 판단을 할 수 없고 서로간의 공동탐구가 불가능해진다. 인간이 동질적일 수 있게 되는 근거는 거꾸로 자신을 배제하고 판단을 해보면 확인할 수 있다. 내가 나를 빼고 타인을 바라보면 자신 이외의 나머지를 보는 것이 되지만, 마찬가지로 다른 사람도 자신을 빼고 나머지를 바라보면 동일한 경우가 된다. 상대방은 나의 사유 속에 존재하고, 나는 상대방의 사유 속에 존재하기 때문에 이 둘을 합산하면 전체가 형성되는 조건이다.

(전체-자기 자신A)=나머지, (전체-자기 자신B)=나머지, (전체-자기 자신C) = 나머지……를 되풀이 하면, 전체적으로 이 도식에서 예외가 될 수 있는 개체 곧 특정한 자기 자신만 존재할 수 없는 사실이다.

지성의 역사, 지식의 역사, 학문의 역사가 진보적일 수 있었던 토대는 무한히 진행하는 인식작업에 모두가 참여할 수 있는 조건이었다. 이런 공동 작업은 변증논리에 의해 객관성을 공유함으로서, 학문의 진보를 객관적으로 해명할 수 있었다.

보편적 사유기능을 갖추 인식적 자아는 대상과 직접 연관하여 표상이 발생하고 대상에 대응하는 심리적 자아가 아니다. 그 자아는 전적으로 자기 자신을 인식대상으로 삼는 순수자아이다. 순수자아가 제대로 작용하려면, 스스로 비판적 사고방식을 갖추고 있는 자신의 본질을 주시해야 한다. 하나의 자아에서 두 개의 기능이 구분되어 있는 사실은 인간의 본질을 이해하는 작업에서 가장 중요한 의미를 지닌다.

인간은 보편적 학문인 철학적 사고방식을 바탕으로 하여 통해 문명사회의 구조를 구성한다. 보편적 사고방식은 시간에 구애받지 않기 때문에 필연성을 수반한다. 그러므로 미래에 앞서 제도를 만들 수 있고, 미래를 위해 제도를 개혁하기도 한다. 보편적 사고방식은 모든 경험의 우연적 사건을 해결하는 지적 도구이고 또한 해결방법이다.

그러므로 존재론과 인식론과 논리학이 삼위일체를 이루는 존재의 본질을 파악하려면, 그 입장은 우선적으로 자아의 본질에 대한 확고한 이해를 확립해야 하고, 더 나아가 통합의 학적의의를 제대로 정립해야 한다. 자기 자신의 존재성에 대한 확신도 없으면, 어떤 논구도 논구다운 논구가 될 수 없다.

순수자아와 심리요인의 작용

대상을 인식하는 지성의 작용과정에는 심리적 요소가 함께 작용한다. 곧 의식이 대상과 관계를 맺는 순간, 희(喜)·노(怒)·애(哀)·구(懼)·애(愛)·오(惡)·욕(欲)인 칠정의 심리적 요소가 발생한다. 그리고 자기중심적이고 자기집착적인 사고방식은 자신의 생존에 대한 불안, 초조, 염려, 타인에 대한 질투, 미움, 사물에 대한 욕심 등의 심리현상을 초래하여 상황의 본질을 제대로 직시할 수 없도록 만든다. 그런 상태는 상황을 구성하는 요소들이 다함께 공존할 수 있는 방법에 따라 각자의 역할을 충실히 수행하는 논리적 판단기능의 작용을 마비시킨다.

순수의식은 심리적 요소를 억제하고 통제하지 않으면, 존재의 이념을 추구하는 형이상학적 과제를 수행할 수 없다. 인식기능이 심리적 요소와 무관하게 작용할 수 없는 의식의 구조에서 인식기능이 심리적 요인을 조정하고 조절할 수 있어야 하는데, 그 방법이 말처럼 쉽지 않다. 생각대로 자신의 행위를 통제할 수 있다면, 그런 문제가 발생하지 않을 것이다. '정신일도하사불성(精神一到何事不成)'이란 명제는 이 경우를 적절하게 대변한다. 그런데 의식은 이런 어려움을 극복하는 기능을 갖추고 있다. 동양사상에서 설파한 무아(無我), 무심(無心), 공(空)의 사상은 심리적 장애를 극복하고 사태의 본질을 올바르게 직시하려는 의식의 사유방식이다. 곧 존재의 본질, 존재의 원리를 파악하려는 형이상학적 순수의식의 작용은 심리가 심리를 통제하는 의지의 기능을 갖추고 있다.

순수의식이 심리적 요소를 극복하는 수양의 방법으로 무심, 무아, 공 등의 개념을 수립했지만, 그런 개념에 의한 수양의 노력은 순수의식이 심리적 요소에 구애받지 않고 전체를 대상으로 하여 보편적 진리를 파악하려고 개발한 사고방법이다. 그런 사고방식이 제대로 작용하여 진리를 파악하려면, 수양의 과정에서 일단 감성과 오성과 이성이 혼연일체가 되어 존재의 특성을 파악하려는 의지를 확고히 해야 한다.

인식론은 의식을 고찰하는 과정에서 일반의식에서 순수의식을 구별해야 한다. 단지 경험을 하지 않은 의식의 상태를 순수의식이라고 간주하는 경우는 성급하다. 의식의 다른 작용과 달리 순수의식은 형이상학의 과제를 수행한다. 그러므로 지성에서 오성과 이성이 구분되고, 이성에서 사변이성과 실천이성이 구분된다.

순수의식이 심리적 요소와 무관하면 순수의식은 인식기능과 무관하게 되기 때문에, 논증에 모순을 야기할 수 있다. 순수의식이 추구하는 과제를 실현하려는 목적의식은 심리적 갈등요인을 통제할 수 있는 의지의 작용을 할 수 있어야 한다.

인간의 의식이 형이상학적 과제를 포기하면, 인간은 도덕적 본능이 제대로 작동할 수 없게 되어, 자아는 스스로 자신의 정체성에 회의감을 느끼게 된다. 그러면 자아가 추구하는 삶의 목적의식이 혼란에 휩싸이게 된다.

형이상학적 인간과 순수자아

'형이상학의 정체성 위기'와 '인간의 정체성 위기'가 불가분의 관계를 맺고 있는 이유를 해명하려면, 그 논구는 몇 가지 수순의 과정을 거쳐야 한다. 그 이유는 이 두 가지 과제를 연결하는 접점이 '인간이 형이상학적 존재'라는 사실 때문이다. 물론 인간이 형이상학적 존재일지라도, 그 특성을 무시하고 살 수 있다면 그 연결은 절박한 것이 될 수 없다, 그리고 그 해명작업은 진리탐구의 작업에 가장 중요한 과제가 될 수 없다. 하지만 그 주제가 모든 지적 논구의 앞선 선결과제가 되지 않을 수 없는 필연적 근거에서 비롯되었는데, 그 요인은 인간의 모든 삶의 근본토대가 형이상학적 요소로 이루어져 있는 사실이다.

인간은 형이상학적 요소를 무시하더라도 존재할 수 있다. 그런 상태는 인간 아닌 동물에 해당한다. 동물은 형이상학적 인식이 없어도 살아간다. 바로 그런 동물의 삶의 현실이 비형이상학적 인간이 살아가게 될 모습을 연상케 하는 범례이다. 인간은 자신을 비하하여 벌레와 같다고 표현할 수 있다. 그런데 이러한 자괴감은 인간이 무엇이어야 한다는 판단의 기준이 성립할 때에만 가능하다. 인간의 삶이 동물의 삶과 같다면 그런 표현을 제기할 수 없고, 따라서 스스로 물을 수 없는 질문조차 의미를 가질 수 없다.

인간이 사회적 존재라는 의미는 자신이 문명을 창조하여 문명사회생활을 하는 존재라는 사실을 가리킨다. 인간이 결과적으로 문명사회를 건설하였던 간에, 인간은 문명을 창조하려면 선결적으로 지적 기능을 갖추고 있어야만 한다. 인간의 지성은 문명사회를 건설하는 과정에서 자신이 창조한 문명사회를 바탕으로 하여 자신의 본질을 파악한다. 인간이 문명사회를 건설하지 않는다면, 인간은 자기 자신이 어떤 존재인지를 파악할 수 없다. 문명사회는 자연이 아니기 때문에, 인간은 자신이 창조하는 문명사회의 본질을 규정하는 과정에서 자신을 비롯하여 현상계에 존재하는 개체의 본질을 추구한다. 문명사회의 건설은 인간본성을 규명하는 지적 작업의 경험적 사실이고, 동시에 인간의 지성이 자신을 반성할 수 있게 만드는 객관적 도구이다.

변화하는 현상을 부정하는 입장은 진리를 규명하려는 사고방식이 아니다. 현상에 대한 집착을 벗어나려는 이유가 현상을 집착하는 욕망 때문이라면, 욕망 자체가 부정의 대상일 수 없다. 욕망을 거부하고 도달하려는 목적이 없다면, 욕망을 부정해야 할 이유가 굳이 성립할 수 없다.

욕망을 극복하는 방식이 현상을 없앨 수 있는 방법은 아니다. 욕망에 집착하지 않으려는 바람도 욕망이다. 그 바람은 자신이 거부하는 현실의 욕망과 또 다른 욕망일 뿐이다.

인간의 깨달음은 존재자체의 소멸을 지향하는 사고방식일 수 없다. 순수자아의 상태가 현상을 모두 배제하고 오로지 텅 빈 공간에 불과하다면, 그 결론은 인간이 지향하는 깨달음일 수 없다. 모든 집착을 벗어난 깨달음의 경지가 텅 빈 공간이라면, 인간이 윤회도, 열반도 해탈을 추구해야 할 이유가 없다. 텅 빈 순수공간은 현상을 일으키는 모든 원인자체가 없는 곳이므로, 깨달음이 도달할 수 없는 불가능한 상황이다. 깨달음 자체가 영원히 소멸해야 가능한 순수공간이므로, 그 경우는 깨달음자체가 도달할 수 없는 상황이다.

순수자아는 자기 자신을 자각하는 통각의 원천이다. 순수자아가 없다면 깨달음 자체가 있을 수 없다. 깨닫기 전의 자아와 깨달은 이후의 자아가 같을 수 없다. 그런데 순수자아인 통각은 동일하다. 그러므로 자기 자신이 변하였음을 자각한다. 순수자아가 없다면, 깨달아야 하는 자아가 있을 수 없다. 깨달아야 할 필요성, 이유, 동기, 계기, 목적, 깨달음의 방법, 지켜야 할 규범 등이 있을 리 만무하다. 자아가 심리적 갈등으로 심정이 변화를 겪어도, 깨달음을 통해 자신의 지성이 변화를 겪어도, 신체가 성장이나 또는 사고 또는 병으로 외모에 변화를 겪어도 자신이 자신임을 자각하는 순수자아는 존재한다. 철학이 고민하는 문제가 정신분열, 치매, 망각처럼 자신을 알아보지 못하는 경우이다. 그런데 유물론이 그 의문의 해답이 되지 않는다.

부정과 부정을 거듭하여도 부정할 수 없는 것이 있다면, 한편으로는 그것은 유물론의 발상인 원자론이 도달한 궁극입자이고, 다른 편으로는 유심론이 도달한 순수자아이다. 집이란 형상이 존재해야만 무한한 수의 집들을 연상할 수 있듯이, 궁극입자가 있어야만 무한한 사물을 연상할 수 있다. 마찬가지로 순수자아가 있어야만 무한한 영혼을 연상할 수 있다. 형식과 내용이 서로 합쳐 통일체가 되어야만, 생성·소멸의 무한한 변화를 담을 수 있다. 궁극입자가 없다면, 현상계에서 진행하는 사물의 생성 소멸의 변화가 있을 수 없다. 순수자아가 없다면, 인간에게 존재를 깨달을 수 있는 인식기능이 있을 수 없다. 더 나아가 진리에 대한 깨달음이 있을 수 없다. 궁극입자와 순수자아가 있어야만. 인간은 비로소 변화의 특성을 파악할 수 있고, 창조의 본질을 이해할 수 있다.

순수의식과 순수자아

순수자아가 지닌 존재론의 의의는 대표적으로 데카르트의 "나는 생각한다. 고로 존재한다(cogito ergo sum, I think therefore I am)"의 명제에 명확히 드러나 있다. 진리를 찾으려는 명상에 잠겨 변화하는 현상의 가치를 부정하더라도, 그 입장은 깨달음의 순간의 자아는 부정할 수 없다. 깨닫는 순간의 자아를 부정하면, 깨달음 자체를 부정하게 된다. 깨닫는 과정을 부정하면, 깨닫는 과정을 온전히 보존한 존재의 합리성을 부정하게 된다. 존재의 합리성을 부정하면, 존재를 파악할 이유가 없게 된다. 파악할 이유가 없으면, 존재를 파악할 필요도 없어진다.

심지어 자아의 실체조차 부정하더라도, 실체의 부정을 진리로서 깨닫는 자기 자신을 마지막 순간에 직관하는 자아는 그 순간을 바라보는 자기 자신을 도저히 부정할 수 없다. 인간이 없어도 세상은 존재하므로, 존재하는 자신의 자아가 없다고 주장하더라도, 그런 주장과 상관없이 세상은 객관적으로 존재한다. 그 사실을 부정하면, 깨닫는 자아가 있을 리 만무하기 때문이다.

회의론자의 불가지론은 인간에게 자신의 깨달음조차 거짓으로 만드는 모순에 봉착하게 한다. 그러므로 일찍이 철학의 선각자들은 그 본질을 로고스(logos) 또는 누스(nous)와 같은 용어를 착안하여 존재의 본질을 이해하려고 했다.

데카르트의 명제는 존재의 본질을 파악하려는 인식기능의 방법과 결론을 압축하고 있다. 그 명제는 부정과 부정을 계속 거듭하면 더 이상 부정할 수 없는 지점에 도달하게 되고, 그 지점을 긍정의 출발점으로 삼을 수 있다는 발상을 담고 있다. 역으로 변화의 과정에서 현재를 부정하는 작업을 거듭하면, 과거도 미래도 부정하게 되어 부정은 어떤 결론에 도달할수 없다. 그러면 현상이 사라져 버린, 공허한 의식에서 자아가 존재에 대한 본유관념을 가진다는 주장은 어불성설일 수 있다.

허무는 존재론의 결론이 될 수 없다. 현상은 존재의 또 다른 모습인데, 그런 현상이 허무하다면, 그런 특성의 존재에게 허무한 생성 · 소멸을 진행할 방법, 이유, 기능, 목적이 있을 수 없게 된다. 더욱이 존재가 허무하다면, 허무에는 불변의 원리와 법칙조차 있을 수 없게 된다.

원리와 법칙이 없는 허무한 곳에서는 인간의 의식이 탄생할 수 없다. 허무는 인간이 자신의 정체를 깨달을 수 없게 만든다. 허무에는 인간자신이 탄생할 방법과 이유가 없으므로, 인간은 자신에게 스스로 자신이 존재하는 물음조차 던질 수 없다.

데카르트가 도달한 결론이 존재론을 논구하는 인식론의 토대가 되는 이유는 깨달음의 목적이 존재의 정체이고, 그 정체가 존재의 본질인 존재원리와 이념이기 때문이다. 이 깨달음에 도달하는 과정에서, 데카르트는 현상의 개체와 개별적 상황이 본질이 아니라고 여겨 방법적으로 그것들을 허무로 가정하였다. 데카르트의 회의적 방법은 외부의 대상에 대한 판단을 부정하는 경우일 뿐, 내부의 인식기능에 대한 판단을 부정하는 경우가 아니다. 내부의 인식기능을 부정하면, 외부의 대상판단을 부정할 수 없다. 자신이 존재한다는 판단은 의식의 내부에 선천적으로 자리 잡고 있는 인식기능이다. 선천적 인식기능이 외부대상과 무관하다면, 의식은 세상으로부터 고립되고, 세상을 포함하여 신과도 단절된다. 그러면 의식의 본유관념은 의식에서만 존재하는 관념일 뿐이다. 의식이 고립되지 않고 세상과 상관관계를 맺으려면, 의식의 본유관념은 세상의 원리와 동질성을 공유하고 있어야 한다. 데카르트의 방법적 회의는 개별대상을 부정한 경우일 뿐, 대상전체를 부정한 경우가 될 수 없다. 만약 그 부정이 대상전체를 부정한 경우가 되면, 본유관념인 신의 존재가 허무하게 된다. 그 이유는 고립된 의식에 존재하는 신이 허무한 세상을 창조할 존재가 될 수 없기 때문이다. 이런 난점을 극복하기 위해, 칸트는 비판철학의 모든 구성에서 선험적 감성론을 제일 먼저 논구하였다.

의식이 존재원리에 도달하고 나서 되돌아보면, 현상은 본질의 작용이기 때문에 허무한 것이 될 수 없다. 본질은 자신의 정체를 현상으로 드려내야 한다. 본질이 자신의 모습을 현상으로 드려내지 않으면 본질이 본질일 수 없다. 운동과 변화 및 생성소멸의 창조과정이 없는 그런 본질은 아무 것도 담고 있지 않기 때문에 결코 본질일 수 없다.

인간의 의식은 생성소멸 과정을 넘어서, 그 과정에 내재하는 존재적 의의와 목적을 알고 싶어 한다. 그 작업이 오로지 형이상학의 물음에서만 가능하다. 그러므로 인간이 형이상학의 물음을 포기한다는 의미는 인간이 문명사회를 창조하는 인간이기를 포기한다는 의미가 된다.

인간이 자신을 감싸고 있는 자연의 존재를 파악하는 인식작업을 객관적 대상을 경험함으로서 이루어지는 행위로서 당연하게 수용한다. 물론 이 작업은 자신의 의식에 의해 진행되므로, 인간은 의식의 구조도 함께 논구하면서 자연을 인식한다. 그런데 대상은 객관적이므로 공동탐구가 가능할 수 있었지만, 의식은 주관적이어서 공동탐구가 순조로울 수 없었다.

인간의 육체는 객관적 대상이므로, 자신의 현상을 탐구하는 작업은 공동으로 진행할 수 있었지만, 반면에 주관에서 이루어지는 사유의 내용은 객관적 대상이 아니어서 공동으로 탐구를 진행하는 과정이 쉽지 않았다. 그 이유는 두 말할 나위 없이 인간이 자신의 의식내용을 겉으로 표현하지 않으면 객관적으로 다룰 수 없는 조건 때문이다. 그러므로 존재의 본질을 논구하려면, 진리를 추구하는 주관의 의식구조, 작용방식, 사유목적 등을 객관화하는 작업이 선행되어야 한다.

주관을 객관화하려면 작업의 구체적 방법이 필요하다. 거울을 만들어 자신의 모습을 볼 수 있듯이, 주관을 객관화할 수 있는 작업의 추진방법이 필요하다. 고요한 물의 표면을 바라보고 거울의 필요성을 생각하였듯이, 합리적 선각자들은 경험 속에 내재한 주관의 인식요소를 추려내는 지적 작업을 착안하였다. 그러나 그 과제는 거울처럼 간단하게 해결될 수 있는 작업이 아니다. 반성하는 사유방법이 거울을 보는 것처럼, 주관의 모습을 쉽게 드려다 볼 수 없었기 때문이다.

(3) 지성을 감성, 오성, 이성의 3기능으로 구분해야 할 필연성

경험론의 약점은 자신들이 주장하는 이론이 이성의 산물임을 명확히 인식하지 못하는 한계이다. 즉 자신들이 주장하는 과학이론이 경험적 활동의 산물이라고 오인하는 것이다. 인간의 감각이 경험할 수 있는 범위는 현상의 일부분이므로, 경험의 지각을 귀납적으로 규정하였을 경우에는 경험의 현상을 결코 벗어날 수 없다. 예컨대 "까마귀는 검다"의 경험을 바탕으로 하여, 까마귀가 검다는 귀납적 결론을 내리는 사고방식이다. 그리고 그 경우의 검은 색조차 어두운 밤처럼 검은 것이라는 비유의 방식으로 결론을 내린다.

마찬가지로 경험론은 "인간이 호흡을 하지 않으면, 반드시 죽는다."는 경우에도 호흡을 하지 않으면 죽는다는 경험을 바탕으로 하여 공기의 존재를 확정한다. 경험론이 감각의 경험에 머물게 되면 경험론은 현상에서 공기의 개념을 설정할 수 있어도, 산소의 개념은 설정할 수 없는 한계에 봉착한다. 그 사실은 현상의 영역에서 경험적 개념인 공기를 넘어서 산소의 개념을 설정하려면, 의식이 관념적 물질개념을 상상하지 않으면 안 되는 취약점을 불러일으킨다. 따라서 경험론은 자신들의 주장을 뒷받침하는 자연과학의 지식들이 합리적 사유의 산물이며, 또한 사유가 상상한 관념적 산물의 지식임을 간과하는 잘못을 범한다.

자연과학에서 수학을 원리로 규정한 이유는, 자연을 구성하는 사물의 본질을 탐구하는 기능이 이성적 사유기능이기 때문이다. 오성의 사유기능에서는 경험적 지식을 해명할 수 있지만 경험의 본질을 해명할 수 없다. 수학은 경험을 앞서 경험적 사물의 형상을 구성하는 사유방식이다. 그러므로 인식론은 오성의 기능과 다른 사유방식을 해명해야 한다. 자연과학의 본질을 해명하는 과제를 안고 있는 인식론은 선결적으로 수학과 물리학의 사유방식을 규명해야 한다.

원자와 같은 구성인자가 귀납적 사고방식으로 구성할 수 있는 경험적 지식이었다면, 지구상의 모든 인종이 거의 다 함께 그렇게 생각했을 것이다. 마치 지구가 동쪽에서 뜨고 서쪽에서 진다는 그런 경험적 지식처럼 원자의 발상을 공유했을 것이다. 그런데 각 지역에 분포된 다양한 인종은 공기의 인식을 다함께 공유했어도, 원자의 인식을 다함께 공유하지 못했다. 그 이유는 원자의 개념이 선천적 인식기능의 이성이 작용해야만 상상할 수 있는 발상이었기 때문이다. 경험적 사실로부터 추상적인 지식을 구성하는 오성의 인식기능 만으로는 도저히 진리를 구성할 수 없음이 명백해진다.

실체, 속성, 양상의 개념들이 경험에 의해 이루어진 추상개념이라면, 당연히 경험론은 합리론에 앞서 원자론을 구성했어야 마땅하다. 하지만 원자론은 현상계의 대상을 아무리 경험하여도, 경험에서 획득한 대상의 인상으로부터 구성할 수 있는 오성적 지식이 아니다. 원자론은 물질의 본질을 따지는 발상으로부터 구성된 이성적 지식이다. 따라서 경험론이 원자론을 경험의 산물임을 주장하려면, 먼저 수학이 경험에 의해 형성된 지식임을 증명해야 한다. 이 점은 단적으로 고대 그리스에서 등장한 원자론이 경험적 사고방식에 의해 등장한 산물이 아닌 사실로부터 입증된다.

인간을 이성적 존재자로 규정하는 명제는 감성과 오성을 전제할 적에 가능한 지적 작업이다. 칸트의 비판철학을 총체적으로 파악하기 이전에, 『순수이성비판』의 체제를 먼저 파악해야 함은 이미 밝혔다. 그럼에도 불구하고, 여기에서 인식구조를 중복적으로 재차 해명해야 하는 까닭은 선험철학에서의 선험의 본질을 이해하려면, 이 구분을 명확히 이해해야 하는 기본조건 때문이다. 그 구분의 중대성은 첫째, 칸트가 『순수이성비판』에서 선험적 감성론을 별도로 독립한 학적 의의이다. 둘째, 선험적 논리학에서 오성에서 이성의 역할을 독립하여 논구한 학적 의의이다. 인식기능의 이렇게 구성되어 있는 사실을 논증해야만, 이율배반의 형식이 사변이성과 반성적 판단력의 본질을 논구할 수 있는 타당한 방법임을 밝힐 수 있다.

지성의 첫 단계인 감성의 선천성과 선험성의 존재적 의의를 간과하면, 인간의 상상력은 곧바로 물자체의 영역으로 치닫게 된다. 마찬가지로 이성의 기능이 오성의 영역을 벗어나면, 이념이 현상계를 벗어나 물자체를 영역으로 치닫게 된다. 인간의 사유가 물자체로 치닫는 경향은 자연소질이기 때문에, 그것을 막을 방법은 없다. 그것을 막을 방법은 본인이 스스로 억제해야 하는데, 그 방법은 선각자가 각 개인들에게 이성의 월권이 초래하는 문제점을 설명하고 이성작용의 오류를 방지하는 철학교육이다.

칸트는 물자체의 대상으로 치닫는 경향을 이성의 월권이라고 규정하였는데, 그 의도는 두 가지의 의미를 지시한다. 첫째는 이성의 월권이 지닌 의미는 의식구조의 선천적 본성이 형이상학적이기 때문에 인간의 삶도 형이상학적이라는 사실을 가리킨다. 둘째는 이성이 월권을 하면 그 행위는 현상계의 통합원리와 인간성의 본질을 잘못 이해할 수 있는 오류를 범할 수 있음을 가리킨다.

누구든지 "인간의 자연적 소질이 형이상학적이면서도 월권을 해서는 안 된다면, 인간은 형이상학적 삶을 포기해야 하는가?" 하는 의문으로부터 자유로울 수 없다. 인간이 형이상학적 발상을 억제하다면, 문명사회의 문화적 측면은 단조롭게 된다. 감성과 오성은 이념을 수립하는 기능은 아니다. 이념은 오로지 이성만이 수립한다. 미의식의 본질은 반성적 판단력이므로, 미의식은 이념을 수립하는 기능이 아니다.

2. 주체철학의 철학적 의의

1) 주체철학의 형식을 완성한 비판철학

(1) 보편학의 형식적 틀과 비판철학체계

제일철학과 선험철학

비판철학은 선험철학의 정초작업이며 동시에 제일철학인 형이상학의 정초작업이다. 선천적 인식구조를 논구한 비판철학의 기본입장은 다음으로 간략히 요약된다.

첫째는 인간은 선천적으로 형이상학적 존재자라는 사실이다.

둘째는 형이상학적 사유기능은 자연스럽게 이성의 월권을 하게 된다는 사실이다.

셋째는 이성의 월권은 올바른 비판을 통해 스스로 극복할 수 있다는 사실이다.

이 세 가지의 관점이 선천적 인식기능의 본질, 한계, 극복방법을 해명하려는 비판철학의 목적이다. 새로운 모습으로 거듭난 형이상학을 건축하려는 칸트의 비판철학은 순서적으로 먼저 인간의 선천적 인식기능의 진면목을 밝히고서, 형이상학적 인간성을 회복할 수 있는 합리적 방법을 논증하였다. 그런 연후에 비판철학은 형이상학의 진정한 모습이 "도덕형이상학"임을 천명하였다.

인간이 형이상학적 존재가 될 수 있는 의식의 토대는 자기 자신을 인식 대상 속에 포함시켜 전체를 조망할 수 있는 보편적 특성의 사유기능을 지 닌 순수자아이다. 순수자아는 자신의 정체를 논구하면서 동시에 전체의 상황을 조망할 수 있으므로, 형이상학적 관념의 존재인 도덕사회를 추구 하면서 문명사회를 건설할 수 있다. 그러므로 순수자아가 실천이성의 본 질인 선의지의 자유성을 논구에서 배제하면, 문명사회에서 문화적 창조 적 특성이 급격히 쇠퇴하게 된다.

인간의 개성은 특수할 뿐만 아니라 시간과 공간에 제약되어 있으므로, 자아가 심리적 요인에 억매이고 그 감정에 집착하면 약육강식의 동물처 럼 행동하게 된다. 인간은 특수한 개별적 경우에 처해서도 상황의 본질을 직관함으로서, 전체를 포괄한 인식을 바탕으로 사회질서를 구축할 수 있 었다.

도덕사회의 체제는 개인주의와 사회주의를 조화롭게 양립한 질서이므 로, 그 본질은 문명사회의 기반을 보존하려는 목적에 근거한다. 그러므 로 사회질서에 의해 피해를 보거나, 사회질서에서 소외되어 버림을 받는 경우가 발생하지 않도록 하는 의무가 사회질서를 관리하는 지도자들에게 부여되어 있다.

유기적 구조의 사회질서를 인위적으로 통제하려는 극단적 사회주의 발 상은 인간의 본질을 거역하는 발상이다. 소외계층을 보호하고 그들에게 재생·재기의 기회를 제공하겠다는 발상을 이용하여 획일적으로 사회질 서를 통제하려는 입장은 문명사회를 건설하고, 그 틀 속에서 공생·공영 을 추구하려는 사회본질을 정면으로 거슬리는 역발상에 해당한다.

평화를 추구하겠다는 명분을 공동체의 정면에 내세워도, 인간본성의 흐름을 억지로 막아야만 존립이 가능한 발상은 출발부터 개인을 억압하 고, 구속하고, 통제하지 않으면 안 되는 체제로 나아가지 않을 수 없다.

이런 사고방식의 폐단을 극복하려는 입장은 인간이 선천적으로 지닌 도덕적 형이상학의 본질을 직시할 적에 비로소 무엇이 잘못되었는지를 반성할 수 있다. 그것은 자신이 주장한 평등사회가 스스로 타인의 인격과 권리와 능력을 짓밟고 서있는 허위의식의 체제인 사실이다.

철학의 보편성과 비판철학의 통합체계

비판철학체계의 핵심은 합리론과 경험론이 봉착한 독단론과 회의론의 장벽을 극복한 사유방법에 있다. 그 방식은 크게 3가지 특성으로 압축된다.

첫째, 칸트의 발상은 양쪽의 장벽을 직접 부딪쳐 뛰어 넘는 것이 아니라, 역발상적으로 우회하여 극복한 작업방식이다. 그 방식의 특성은 이율배반의 구조에서 명확히 드러나는데, 칸트는 그 방식의 특성을 화해 · 조화(reconciliation)의 용어로서 압축하였다. 화해 · 조화는 합리론의 사고방식과 경험론의 사고방식을 양립시킨 칸트의 사고방식을 명확히 보여준다.

둘째, 칸트가 신의 논증이 직면한 형이상학의 난점을 극복하기 위해 Postulat의 용어를 채용하고서, 전통적 형이상학을 도덕형이상학으로 새롭게 개편한 작업방식이다. 도덕형이상학의 논구에서 채용한 Postulat의 용어는 '요청'뿐만 아니라, "계명", "공존", "공리"의 의미를 동시에 지니고 있어서, 신의 존재를 해명하는 논증에서 핵심역할을 지닌다.

칸트는 Postulat의 용어를 주관적 객관성으로 규정했다. 주관적 객관성은 상대적인 개성처럼 객관적 기준을 없음을 의미하는 것이 아니다. 그 의미는 주관에서만 존재하지만, 만인에게 모두 적용되는 의미에서의 객관성이다. 칸트의 도덕형이상학은 그 용어 때문에, 전통적 형이상학을 협소한 도덕이론의 체계로 변질시켰다는 오해를 유발했다. 그러나 그 용어는 신의 존재를 거부하거나, 더 나아가 신의 존재를 심리적 개념으로 전락하는 개념이 아니다.

칸트는 기존의 형이상학이 직면하여 좌절한 문제점을 해체하여, 그 과제의 성격에 부합한 장소로 배치하여 해명하였다. 그러므로 형이상학의 진정한 문제점을 제대로 추출하여 해명한 작업방식이 도덕형이상학의 체계로서 거듭난 것이다. 도덕형이상학은 인간이 지닌 도덕성의 본질을 철학의 지적 작업을 넘어, 인간과 신의 관계를 명확히 하고 신의 존재를 인식론적 입장에서 새롭게 논증한 이론체계이다. 그러므로 실천이성의 논증방식은 합리론의 다른 신의 논증방식과 구별된다.

셋째, 칸트는 사변이성과 실천이성의 조화하는 기능으로서 반성적 판단력을 내세워, 인간이 생존하는 목적을 명백히 해명하였다. 비판철학, 선험철학의 체계는 형이상학의 근본과제를 마무리한 새로운 형이상학의 체계이다

(2) 현상과 본질의 통합론인 비판철학체계

통합론의 철학적 의의

"진리는 하나의 원리로 통일되어 있다"는 관점에 부응하여, 모든 경험적 지식들을 통합하는 지적 작업은 너무나 엄청난 학적 과제이다. 학문은 개개의 지식들을 한 곳으로 수집한 지식의 집합체가 아니라, 통합원리에 따라 체계적으로 구성한 지식의 집합체이다.

원리가 변경되면, 체계도 변경된다. 그러므로 근본원리는 임의로 변경되어서는 안 된다. 근본원리가 불변적이기 때문에, 현상의 개체에 직접 작용하는 법칙도 불변적이다. 학문은 불변의 성질과 변화의 성질을 구분하여 해명해야 한다. 해명작업은 개별지식들을 체계적으로 구성할 논리적 법칙성을 제시하는 방법이고, 더 나아가 논리적 법칙성을 뒷받침하는 근본원리를 제시하는 방법이다.

칸트는 학문의 그런 성격을 해명하는 작업의 근저에 존재의 목적성이

전제되어 있음을 정확히 논증했다. 칸트는 학문의 통일성과 목적성을 『판단력비판』에서 적절하게 해명했다.

> "특수한(경험적) 자연법칙들에는 인간의 통찰에 대해서 우연적인 것이 있으나, 이 우연적인 것도 다양한 자연법칙들을 결합하여 그 자신 가능한 하나의 경험을 이루는 법칙적 통일을 내포하고 있다.
> 이러한 법칙적 통일은 우리들에게 물론 규명되지는 않지만, 그러나 사유될 수 있는 것이다.
> 그 결과 우리가 오성의 필연적 의도(요구)에 따라 인식하지만, 그러나 동시에 그 자신 우연적인 것으로서 인식하는 (다양한 법칙들의) 하나의 결합에 있어서의 이 법칙적 통일은 객체의 (즉 여기에서는 자연의) 합목적성으로 표상되기 때문에, 가능적 (이제 발견되어야 할) 경험적 법칙들 아래의 있는 사물들에 관해서는 판단력은 반성적이요, 따라서 이러한 판단력은 경험적 법칙들과의 관계에 있는 자연을 우리들의 인식능력에 대한 합목적성의 원리에 따라 사유하지 않으면 안 된다."[1]

칸트는 자연의 목적성을 사변이성의 인식대상으로 삼을 수 없음을 물자체의 개념으로 논구했다. 인간이 자연에 대해 목적성을 느끼는 감정과 발상은 주관적이다. 이것을 주관성으로만 규정하면, 자연의 목적성은 개인의 느낌에 따라서 자의적이게 된다.

칸트가 이 난제를 학문의 영역으로 끌고 들어온 방법은 두 가지 발상이었다. 하나는 '합목적성'의 개념이고, 다른 하나는 '반성적 판단력'의 개념이다. 역설적으로 이 개념들은 주관의 느낌과 발상을 객관적으로 통제할 수 있는 기능을 지닌다. 그 근거는 합목적성을 뒷받침하는 목적성을

---

1 『판단력비판』 ⅩⅩⅩⅢ~ⅩⅩⅩⅣ p37

『실천이성비판』에서 논구했고, 반성적 판단력을 뒷받침하는 판단력을 사변이성에서 논구했기 때문이다. 이 개념들은 한편으로 사변이성과 실천이성을 매개하는 역할을 하고, 다른 편으로는 미의식의 예술적 작용을 최고의 수준으로 격상시키는 역할을 한다.

"그런데 자연의 합목적성이라는 이 선험적 개념은 자연개념도 아니고 자유개념도 아니다. 왜냐하면 이 개념은 객체(자연)에 대해서 전혀 아무 것도 부가하지 않고, 단지 우리가 철저히 연관지운 하나의 경험에 도달할 목적으로 자연의 대상들을 반성함에 있어서 취해야 할 유일한 방식을 표시할 뿐이요, 따라서 그것은 판단력의 주관적 원리(격률)이기 때문이다." [2]

인간이 그런 불필요한 논쟁을 배제하려면, 그 방법은 우선적으로 진리개념을 객관적으로 확립해야 한다. 그 이유는 하나의 객관적 대상을 해명하는 상황에서 상반된 판단이 양립하면, 그 입장은 서로 충돌하여 공생·공영의 발전을 도모할 수 없기 때문이다.

사변이성의 터전에서는 형이상학의 대상을 논구할 수 없다. 현상계의 개별대상들이 보편적인 진리의 본질을 고스란히 그대로 보여주지 않기 때문이다. 더 나아가 개별적 경험들을 집합한다고 하여, 그곳에 진리의 본질이 드러나지 않기 때문이다.

경험적 탐구방식은 귀납적 추론방식에 의존한다. 외부관찰의 경험을 통해 발견하는 법칙의 모습은 우연적이다. 이 경우의 우연적이라는 의미는 필연성을 결여하고 있는 상황을 가리킨다. 우연성은 인간이 체계적이고 조직적인 방법으로 전체적 계획을 짜고, 분업적이고 협력적인 공동 작업을 통해 총체적으로 확립한 법칙이 지닌 필연성이 아니다.

---

2 『판단력비판』 ibid

각자의 입장에서 발견한 법칙들은 산발적인 상태이다. 그 법칙의 지식들이 체계적으로 통합하여 학문이 되기까지는 통일적 원리를 갖추어야 했다. 그 과정의 시간이 학문의 역사이다. 칸트는 학문의 그런 사정을 다음의 문장으로 요약했다.

"오성에 관한 한 우연적인 자연의 특수한 법칙들에도 자연의 어떤 질서가 있음을 오성에 요구한다." [3]

칸트가 확립하려는 사유방법론은 인간이 인식할 수 없는 영역과 인식할 수 있는 영역과의 통합을 위한 탐구방법을 확립하려는 것이다. 인간이 인식할 수 없는 영역으로 나아가려면 확장의 조건을 충족해야 한다. 칸트는 그 작업을 『실천이성비판』에서 '요청'과 『판단력비판』에서 '합목적성'의 방법으로 통합을 마무리 했다.

통합의 방법론

문명사회의 건설은 인간의 분업과 협동의 공동 작업을 통해 이룩된다. 문명사회의 구조가 유기적인 이유는 분업과 협동을 위한 체제를 이루는 질서 때문이다. 그러므로 인간은 진리에 합당한 이론을 일관된 통일적 통합원리로 간주한다. 인간이 생각하는 진리가 하나가 아니라면, 현상계의 모든 존재를 통일시키는 통합원리가 불가능하게 된다. 그러면 원리와 법칙에 따른 현상계의 변화도 불가능하게 된다.

칸트는 인간의식이 유기적 사회체제에서 분열하여 구성한 사회질서의 본질을 『순수이성비판』과 『실천이성비판』의 과정을 거쳐 마침내 『판단력비판』에서 결론지었다. 칸트는 그 점에 대해 각별히 『판단력비판』의 목

---

3 ibid X X X V

적론적 판단력의 방법론에서 "유기적 존재자들의 외적 관계에 있어서의 목적론적 체제에 관하여(Von dem teleologischen System in den äußeren Verhältnissen organisierter Wesen)"의 제목 하에서 논구했다.

철학은 자신의 지식이 효용성을 따지는 실용적인 측면에서 여타의 다른 개별과학의 지식처럼 일상인들에게 각별히 수용되지 못하는 배경을 주목해야 한다. 그 이유는 전체와 부분이 지닌 상관관계의 유기적 관계를 무시하고서는 어떤 현상의 요소도 결코 제대로 작동하고, 작용할 수 없기 때문이다. 언뜻 보면 존재하는 개체들이 자신이 속한 전체조직을 무시하여도 겉으로는 여전히 개인뿐만 아니라 전체도 잘 작동하고 있는 것처럼 보일 수 있다.

그러나 어떤 경우에서도 부분이 전체의 체계를 무시할 수 없다. 왜냐하면 전체를 총괄하는 통일적이고 체계적 원리와 법칙을 무시하고서는 지속적이고 안정된 변화의 과정이 불가능하기 때문이다. 그럼에도 불구하고, 일상인들은 너무도 안이하게 전체를 관통하는 원리와 법칙을 방치하고, 경험할 수 없는 원리를 일상생활에서 무시하고 살아간다.

일상인들이 그런 경향에 휩쓸리면, 그들은 철학이 확립하려는 지식의 보편성을 무용지물처럼 하찮게 여기게 된다. 마치 그 상황은 일상인들이 지구 속에 살면서 지구전체, 즉 지구자체를 의식하지 않고 자신이 생존하는 특정한 생활근거지만을 의식하는 편협한 사고방식에 익숙해지는 경우와 유사하다. 그리하여 철학이 추구하는 보편성은 실용성의 측면에 치우친 정치가와 일반대중의 생활습관에 의해 지적 관심의 권역 밖으로 떠밀려나 버린다.

제일철학의 근본주제가 철학의 영역에서 반형이상학적 발상의 움직임에 의해 학문으로서의 지위를 박탈당할 위기에 처한 상황에 이르게 된 이유는 자연과학의 발전과 더불어 실증적 사고방식이 등장한 시대적 상황 때문이다. 이점으로부터 다음의 몇 가지 의문점이 자연스럽게 대두한다.

첫째는 자연과학적 사고방식이 도덕과 종교의 과제를 해결할 근본적 방법을 제시할 수 있겠는가? 하는 관점이다.

둘째는 자연과학적 사고방식이 전통적인 도덕적 사고방식과 종교적 사고방식을 배제하고서도 인간사회의 각종 악성의 문제점들을 점진적으로 그리고 순조롭게 해결해나갈 수 있겠는가? 하는 관점이다. 이와 같은 비판적 의문은 현상계에서 무난하게 진행하는 자연과학적 탐구방식의 효용성에 긍정적인 방점을 두었을 경우에 발생한다.

셋째는 자연과학적 사고방식이 역설적으로 자신의 이론의 토양과 인문 · 사회과학의 이론의 토양이 매우 달라서 총체적 종합이론의 토양이 별도로 필요하다는 결론에 스스로 도달할 적에, 그 때에도 반형이상학자들이 여전히 합리론에 대한 전향적 자세를 전혀 취하지 않고 기존의 형이상학을 해체하려는 학문적 발상을 과연 유지할 수 있겠는가? 하는 관점이다.

전래의 제일철학의 이론을 거부하는 실증적 입장은, 경험론과 더불어 근대에 이르러 더욱 강화된 유물론적 사고방식에 기인한 사고방식이다. 그들은 도덕 및 종교적인 분야에서는 상대적이고 공리적인 입장을 견지하기 때문에, 결코 합리론의 문제점을 해결할 수 없다.

그들은 자신의 이론 속에서 스스로 합리론의 문제점을 완벽하게 해소하거나, 아니면 합리론의 문제점을 잘못된 문제제기라고 논리적으로 일축해야 한다. 그러나 그렇게 할 여지를 스스로 갖출 수 없기 때문에, 실증적 입장은 개연적 입장을 띠고서 종국적으로 회의론에 봉착할 수밖에 없다.

그런데 정작 해명되어야 할 문제점은 자연과학적 사고방식이 경험론적 주장과 수미일관된 인식론의 입장을 견지하고 있는가? 하는 관점이다. 자연과학의 탐구방식은 언제나 가설을 만들고 실험을 통해 확정해 나가는 작업이다. 그 작업은 실증적인 경험론의 취약점과 한계를 극복하는 사고방식이기 때문에, 오히려 자연과학의 특성은 근본적으로 경험론이 아닌 합리론에서 인식의 근원을 찾아야만 제대로 설명될 수 있다. 왜냐하면 자연과학의 언어인 수학이 경험론의 심리주의에 기인한 산물이 아닌 한에서는 그렇게 되지 않을 수 없기 때문이다. 칸트는 현상계를 통합하면 그로부터 진리의 형식적 틀이 완성될 수 있다고 판단했다.

동질성과 차별성

현상의 다양성과 차별성을 일관된 존재원리로서 파악하려면, 본질과 현상을 통합한 논리적 이념체계를 구성해야 한다. 무한성과 유한성의 문제는 동질성과 차별성의 문제를 야기한다. 존재론은 이질성에서 비롯된 동질성과 차별성뿐만 아니라 동질성에서 비롯한 차별성을 통합하여 해명해야 한다. 이 특성을 구별하지 못하면, 곧바로 본질이 현상이고, 현상이 본질이게 된다. 그러면 생성·소멸의 변화과정에서 원인, 과정, 결과 및 동기, 목적이 뒤범벅된다.

존재는 하나이지만 존재를 구성하는 근본요소는 개별적이면서, 독립적이다. 개별인자의 존재범위는 인간이 유한한 수로서 규정할 수 없는 무한의 개념에 해당한다. 생성·소멸의 과정에서 보면, 같으면서 다르고, 거꾸로 다르면서 같은 것이 본질과 현상의 관계이다.

본질과 현상의 이원성을 해명하는 작업이 형이상학의 과제이다. 본질과 현상의 차이점을 구별하지 못하면, 인간의 존재성을 파악할 수 없다. 동물은 형이상학적 물음을 제기할 의식구조를 갖추고 있지 않기 때문에, 운명에 대한 발상을 하지 않는다. 인간의식의 선천성은 영혼의 불멸성을 따지는 형이상학적 기능이기 때문에, 사후의 심판과 윤회의 발상을 한다. 모든 것이 동질적이면, 문명사회의 다양성과 도덕성이 존재할 이유가 없다.

먼지가 하찮아도 사물을 구성하는 근본입자들이 야기한 현상이다. 인간행위가 아무리 사악해도 인간의식의 발로이다. 현상계에 등장한 모든 상황은 존재의 근본요소와 근본원리와 근본법칙에 의한 결과물이다. 바람직한 모습이건, 바람직하지 못한 모습이건 간에 모두가 존재의 태두리

안에서 발생한 양상이다.

바람직한 상황과 바람직하지 않은 상황은 존재의 단일성에서 비롯된 상대적 모습이다. 비존재는 존재가 아니므로, 존재하는 모든 현상은 존재의 단일성에 속한다. 현상의 다양성은 생성·소멸의 변화과정을 통해 형성된다. 다채로운 개체, 사태, 상황은 단순체인 구성요소와 복합체인 현상체로 구분된다. 그러므로 상대적 상황은 동일하지 않을 뿐만 아니라 차별적 상황이다. 바람직하지 않는 상황은 발전을 지속하는 상황이 아니기 때문에 바람직한 경우처럼 취급될 수 없다.

발전의 원동력에서 배제된 양상은 차별적 질서를 형성한다. 바람직한 경우와 더불어 바람직하지 않는 경우가 상대적으로 수용되는 경우는 그것이 바람직한 경우를 뒷받침하는 긍정적 역할을 할 적이다. 그것은 물질의 순환과정에서 반대편에서 놓여있는 경우이다.

양립의 상황은 소비되어 쓰레기가 된 사물이 다시 새로운 생산품의 재료로 되돌아가는 순환과정의 모습이다. 그 단적인 예는 신진대사의 순환과정이 보여준다. 그러나 진정으로 바람직하지 못한 경우가 존재하는데, 그 상황은 발전의 변화를 부정적으로 방해하는 경우이다. 문명사회의 발전은 이 경우를 극복하려는 방법을 모색하면서 진행한다.

인간의 본성을 이해하는 작업은 문명사회의 본질을 이해하는 작업과 불가분의 관계이기 때문에, 이 작업의 이해는 반드시 바람직하지 못한 상황을 전제해야 한다.

동질성과 이질성

공간은 자신을 제한할 존재가 없기 때문에 무한하다. 순수공간이 물질적 존재와 정신적 존재를 동시에 포용한다. 정신이 물질의 내부에 존재하는 사실은 정신을 현상계의 개체를 구성하는 요소임을 입증한다. 공간이 양자를 동시에 포용한다고 하여, 곧바로 현상계의 구성요소가 처음부터 양자가 하나로 통합한 개체라고 단정할 수 없다.

정신과 물질이 서로 구분되는 실체로 입증하는 지적 작업은 실로 난망하다. 그럼에도 불구하고, 인간의 의식이 물질에서 작용하는 상황은 정신과 물질이 통합하여 공존하는 사실을 입증한다.

다음의 논구는 정신과 물질이 통합한 사실로부터 비롯한다.

첫째, 순수공간이 물질을 수용하고, 물질의 운동을 수용하는 방법에 대해서는 설명할 수 없다. 순수공간에서 운동하는 사물을 인식하는 의식의 인식기능에는 순수공간의 설명할 수단을 가지고 있지 않다. 의식은 순수공간이 유한한 사물의 개체와 개인의 영혼이 아니고, 더 나아가 순수공간이 사물과 영혼에 영향력을 미칠 수 없다는 사실만을 확실하게 파악할 뿐이다.

둘째, 순수공간에 영혼의 영역도 함께 공존하는지는 감각의 인식기능이 포착할 수 없다. 개체의 영혼이 서로 구별되고, 그 영혼들이 공존하려면 영혼 사이에 순수공간과 같은 존재가 있어야 한다. 인간이 감각에 의해 인식할 수 없기 때문에 입증할 수 없지만, 마찬가지로 영혼계가 존재할 수 있음을 부정할 수 없다.

셋째, 영혼이 물질에 내재하려면 불가입자의 내부로 들어갈 수 있고, 나올 수 있는 방법이 있어야 하는데, 인간의 감각기관은 그 방법을 입증할 수 없다. 물질의 내부로 진입할 방법이 없이 물질과 공존한다면, 인간의 육체에 정신이 내재할 이유가 없다. 영혼이 물질의 내부에 진입하여 인간의 육체를 구성했다면, 그렇게 하여야 할 마땅한 존재이유가 있어야 한다. 인간은 자신의 삶의 목적을 통해 존재이유를 논증할 방법을 추구한다. 인간의 합리적 의식이 논구의 장벽에 부딪쳐 좌초하고 난파한 지점은 정신이 물질에 내재하는 방법에 관한 과제였다

원초적으로 정신과 물질이 동질적이면 물질의 에너지가 정신적이어야 한다. 에너지를 담고 있는 물질의 내부가 정신적 구조로 구성되어야 한

다. 그와 달리 정신과 물질이 이질적이면, 정신이 이질적인 물질에 작용할 수 있는 방법을 갖추어야 한다.

넷째, 이질적인 실체로 구분된 정신이 물질의 외부에서 현상계의 변화과정에 영향력을 미칠 수 있다면, 인간은 감각으로 포착할 수 없는 미지의 원인 때문에 사물이 이루는 현상계의 질서를 기계론적 인과율로 설명할 수 없다. 미시물리학의 사고방식이 근본입자의 운동성을 파동설로 해명해도, 근본입자의 운동 이외에 작용하는 또 다른 종류의 작용을 해명할수 없다. 물리학의 이론은 영혼의 존재를 해명할 근거가 될 수 없다. 물질이 정신적 영혼의 구성요인이 되려면, 입자의 내부에 사유구조와 기능의 작용방식을 원천적으로 갖추고 있어야 한다.

인간의 의식은 영혼의 존재를 감각의 기능에 의존하여 직접적으로 입증할 수 없지만, 목적론적 의식의 활동에 의존하여 간접적으로 입증할 수있다. 두 개의 실체가 양립하는 존재방식은 한편으로 자연법칙 그 자체를 파괴하지 않고, 다른 편으로 자연법칙이 정신의 목적성을 수용하는 현상의 모습 때문에, 부당한 거짓이 아닌 타당한 진실이다.

다섯째, 정신의 존재를 부정하려면, 그 입장은 정신의 존재가 자연법칙에 위배되거나 아니면, 자연법칙이 영혼의 존재를 부정할 수 있는 근거를 제시해야 한다. 곧 그 입장은 물질의 근본입장인 단순체로부터 정신이 탄생하는 생성방법을 입증해야 한다.

2) 형이상학을 새롭게 정초한 비판철학

"이기적 인간은 모든 인간에게 적용되는 보편적인 도덕법칙을 결코 수립할 수 없다"는 논리적 사고방식은 타당하다. 이기적 인간이 보편적 도덕법칙을 수립하면, 그 경우의 인간은 이기적이 아니다. 이기적이 아닌 인간의 의식은 보편적 사유방식을 선천적으로 갖추고 있어야 가능하다. 개인이 자신을 넘어 모든 인간에게 타당한 도덕법칙을 수립하는 의식은 목적론적 선의지를 바탕으로 한 실천이성의 사유방식으로서 형이상학적이다. 이 사유기능의 특성을 규명함으로서, 인간이 추구하는 형이상학의 본질을 해명할 수 있다. 칸트는 개인이 자신을 넘어서 만인에게 통용되는 도덕법의 원칙을 순수한 실천이성의 근본법칙으로 제정했다.

> "너 의지의 준칙이 [주관적인] 동시에 보편적인 법칙수립이라는 원리로서 타당할 수 있도록 행위를 하라(Handle so, daß die Maxime deines Willens jederseit zugleich als Prinzip einer allgemeinen Gesetzgebung gelten könne)." [4]

(1) 새롭게 거듭난 형이상학인 도덕형이상학

목적론과 자유의지

칸트가 논증한 목적론은 크게 자연의 합목적성, 인간행위의 도덕적 목적성, 예술행위의 목적성 및 형이상학적 이념의 목적성으로 구성

---

[4] 『실천이성비판』 [55] p36

되어 있다. 칸트는 목적론을 전개하는 과정에서 대표적으로『판단력비판』에서 "선천적으로 입법적인 능력으로서의 판단력에 관하여(Von der Urteilskraft als einem a priori gesetzgebenden Vermögen)"라는 소제목으로 판단력의 입법능력에 대해 논구하였다. 그 다음으로 "오성의 입법과 이성의 입법과의 판단력에 의한 결합에 관하여(Von der Verknüpfung der Gesetzgebungen des Verstandes und der Vernunft durch die Urteilskraft)"라는 소제목으로 판단력의 기능을 한 단계 격상하여 오성과 이성의 입법능력으로 구분했다. 칸트가 이 장소에서 오성의 판단력이 현상계의 대상지식과 그리고 이성의 판단력이 형이상학적 이념을 정립하는 기능임을 요약했다.

목적론의 중심에는 인간이 존재한다. 목적론을 해명할 수 있는 유일한 존재자이다. 목적론을 거부하는 입장이 인간이 배제된 자연현상을 바라보았을 때, 스스로 반문할 수 있다. 인간이 배제된 상태에서 어느 개체가 목적론을 입증할 수 있는가 하는 의문점이다. 즉 어떤 개체가 목적론에 부합하는 존재가 있는가 하는 물음이다. 자연계의 어떤 존재도 목적의식을 가지고 문명을 창조하지 않는다. 목적론은 문명을 창조하는 인간만이 자기의식을 통해 입증할 수 있는 과제이다. 인간이 목적론은 배제하면, 자신의 정체성을 논구할 수 없다.

인간이 목적론을 논구하려면, 자신과 자연의 통합을 일관된 이론으로 입증해야 한다. 자신과 자연이 일맥상통하는 존재원리를 논증하려면, 형이상학적 개념인 신의 개념을 전제해야 한다. 신의 개념은 특정종교의 신앙의 대상이 아니라 인간이 정신적 존재이기 때문에, 인간의식이 사물의 특성과 구분하기 위해 요청한 개념이다. 유심론과 유물론이 진리가 되려면, 정신과 물질의 특성을 통합한 이론을 정립해야 한다. 신의 개념은 양자의 특성을 통합하는 이념이다.

목적론은 필연성과 우연성의 관계를 명확히 해명해야 한다. 필연성은 존재의 세계가 하나의 기계처럼 작동하는 것을 의미하지 않는다. 모든 변화가 하나의 기계처럼 작동하는 필연적 방식은 결정론이 된다. 절대시간과 절대공간의 발상도 이 이론으로부터 파생한다. 그러나 존재의 본질을 설명하는 관념론은 구성요소가 결정적이고 필연적이라고 하더라도, 공간에서 운동하는 방향이 무한대이므로 구성요소가 발생하는 사태는 우연적이며 비결정적이다. 변화하는 형상은 법칙에 따라 필연적으로 생성되지만, 개별적 구성요소가 반드시 그렇게 되도록 결정된 것이 아니기 때문에 사태는 혼돈과 질서의 양면성 속에서 진행된다.

인간의 자유성은 혼돈을 극복하고 질서로 나아가려는 의식의 결단이다. 혼돈과 질서가 혼재된 상황에서 질서를 형성하려는 자유의지는 필연성을 지니지만, 모두가 그런 목적을 지향하는 것이 아니기 때문에 자유의지의 실현은 우연성과 필연성, 비결정성과 결정성의 양면성을 종합적으로 고려해야 한다. 인간이 형이상학적 존재인 이유는 외부대상이 야기하는 사태의 본성과 사태를 파악하는 인식기능을 갖추고 있기 때문이다. 그러므로 칸트는 인식기능의 본성을 총체적이고 통합적으로 모두 아우르고서 존재본질을 파악하려고 시도하였다.

칸트는 전통적 형이상학을 도덕형이상학으로 명명해야함을 『순수이성비판』 선험적 방법론에서 "우리의 이성의 순수사용의 궁극목적에 관해서(Von dem letzten Zwecke des reinen Gebrauchs unserer Vernunft)"와 "순수이성의 궁극목적의 규정근거인 최고선의 이상에 관해서(Von dem Ideal des höchsten Guts, als einem Bestimmungsgrunde des letzten Zwecks der reinen Vernuft)"에서 자신의 입장을 요약했다.

도덕형이상학이 지닌 학적 의의는 사변이성이 형이상학의 대상을 인식할 수 없는 한계를 극복할 방법을 실천이성이 논구하는 터전이다. 주관에서 형이상학의 대상을 인식하는 사유방식은 인식의 확장에 해당한다. 그런데 실천이성에서의 확장은 사변이성의 대상인 자연의 본질에 어떤 영향도 끼치지 않는다. 인간과 자연의 양립은 목적론에서 이루어진다. 칸트의 선험적 변증론은 자연의 목적론이 인간의 사변이성에서 파악되는 것이 아니라, 실천이성에서 파악되는 사유방식을 논증한다.

칸트의 비판철학이 총체적으로 파악해야 하는 이유가 여기에 있다. 주관적 성격의 취미판단을 논구하는 『판단력비판』이 숭고의 관념을 다룬 이유와 목적론은 『실천이성비판』이 다룰 수 있는 주제가 아니다. 『판단력비판』이 숭고의 관념을 미의 관념으로 다룬 이유는 칸트철학을 총체적으로 파악하지 않고서는 드러나지 않는다.

도덕철학과 사회과학

칸트의 도덕철학은 사회과학의 이론적 토대이다. 도덕철학의 토대는 한편으로는 선의지와 실천이성이고, 다른 편으로는 자율성과 자유성이다. 칸트가 활동하던 때는 계몽의 시기였다. 절대왕정에서 민주체제로 이행하는 과도기였다. 권력과 법으로 다스려지던 국가에서의 통치자는 국민을 법에 의해 강제적으로 다스릴 권리를 지닌다. 그러나 그 권리는 국민을 위하여 통치를 해야 한다는 의무와 책임을 다해야 하는 조건을 충족해야 한다. 그것이 칸트가 정치철학에서 주장하는 자유론의 본질이다. 자유는 통치자에서만 부여된 권리가 아니라, 만민에게 부여된 권리이다. 왕권신수설에서의 자유권은 오로지 절대군주에게만 집중한다. 천부인권사상에서의 자유권은 만민이 공유한다. 법은 만민이 모두 자유권을 공유하는 원칙을 수립한다.

만민의 자유권이 법에 보호받는다는 사상이 평등사상이다. 자유와 평등의 이념을 성문화한 헌법이 그와 같은 법치주의사상에 의해 등장한다. 도덕은 주관적 정신이고, 법은 객관적 정신이다. 도덕과 법은 불가분의 상관관계를 이룬다. 도덕철학을 벗어난 사회과학은 자신의 학적 기반을 스스로 부정하는 격이다.

모든 사회과학은 "인간이 사회적 존재"라는 사실을 학문의 전제로 삼아 이론을 구성한다. 인간이 모여 사는 공동체는 동물이 무리지어 사는 경우와 구별된다. 인간의 공동체는 문명으로 이루어진 삶의 터전이다. 인간의 본성과 사회의 특성을 해명하는 과제는 인간들이 모여 문명을 건설하고 살아가는 목적을 해명하는 작업과 일치한다. 즉 인간의 선천적 의식구조가 지향하는 문명사회가 공동적으로 추구해야 가능한 작업이므로, 인간은 당연히 사회적 존재가 아닐 수 없다.

개인주의와 조화를 이루어야 하는 사회주의 이론도 "인간이 무엇인가?" 하는 주제를 도외시하고서는 자신의 이념을 제대로 해명할 수 없다. 사회조직의 정점인 국가의 기능을 극단적으로 부정하는 무정부주의 이론과 공산주의이론은 사회혼란이 심각한 상태에서만 등장하는 과도한 발상이다. 혼란한 상태에서 정상적 사회체제로 되돌아가는 과도기에 일시적으로 가능한 생존방식을 영원한 사회체제로 둔갑시킨 발상은 스스로 인간의 정체성에 대한 자신의 무지함을 입증할 뿐이다. 왕조체제, 과두체제, 민주체제, 공산체제이거나 간에, 그 체제는 인간이 형성하는 공동체의 질서이다.

사회체제가 지탱하고 몰락하는 원인은 도덕성의 토대 위에서 체제가 작용하는지에 달려 있다. 수많은 원인 중에서 도덕성이 근본 바탕인 까닭은 도덕성을 갖춘 사회만이 여타의 원인을 타당하게 통제하여 사회를 건전하게 이끌 수 있기 때문이다. 현대인이 도덕성을 도외시하면, 권모술수를 정치공학으로 미화하고 있는 약육강식의 논리가 그들이 관리하는 사회전반에 횡행하게 된다. 소피스트들의 궤변처럼 "강자의 이익을 대변하는 것이 정의"라면, 민주사회의 자유론은 수단과 방법을 가리지 않고 목표를 달성하려는 자기중심적 입장을 옹호하는 도구가 될 뿐이다. 도덕적 이념마저 권력을 달성하기 위한 수단으로 삼으면, 민주주의체제이건, 전체주의 체제이건, 자본주의건, 공산주의건 가릴 것 없이 정의는 강자의 이익을 대변하는 도구에 지나지 않게 될 것이다. 모든 개인은 인간적 삶을 누릴 수 있는 의식기능을 갖추고 있기 때문에, "인간이 평등하다"는 표현은 문명사회의 구성원으로서 부당하게 소외되지 않고 자신의 노력에 상응한 해택을 공정하게 받는 생존조건을 의미하는 형이상학적 명제이다. 평등은 개인이 자신의 개성을 부당하지 않고 불공정하지 않는 경쟁조건에서 발휘하는 상태를 전제한다. 고대신분사회에서 작용한 평등개념은 자유민에게만 적용되었다. 자유민이 아닌 노예계층에게는 개성을 발휘할 경쟁의 무대가 허용되지 않았다.

근대사회에 이르러 자연과학의 발전을 발판으로 하여 자유개념을 모든 개인에게 확산할 생활방식을 갖출 수 있게 되었을 적에 비로소 평등사회를 실현할 토대가 구축되었다. 평등사회는 자유권을 확보한 자유민들이 자신의 기능에 맞추어 사회질서를 형성할 적에 이루어진다. 그러므로 부조리와 불합리성을 해결하겠다는 목적의식에 함몰하여 개인의 기능과 능력의 차이를 무시하는 발상은 반사회적이고 반자유적이며 오히려 더 심한 불평등만 초래할 뿐이다. 참정권을 비롯한 자유권을 억압할 수 있는 법률적 근거는 오로지 공동선을 추구하는 인간의식의 선천적 도덕성뿐이다. 도덕성을 배제하고서 부패와 부정한 사회의 부조리를 해소하겠다는 사회체제는 인륜을 바탕으로 하여 유지하고, 발전하는 문명사회의 모습이 아니다. 도덕성을 상실한 인간이 역설적으로 도덕성을 바탕을 하여 구축된 문명사회를 다스리겠다는 정치적 발상은 후안무치한 위선적 야욕일 뿐이다. 자유의지의 자율성에 의해 자신의 이기적 욕망을 조절하지 못하는 인간이 타인의 욕망을 억제하겠다는 발상은 사회문제를 해결하기보다는 사회문제를 더욱 증폭시킬 뿐이다. 그 결과는 시간이 지나면 사물의 생성소멸의 법칙에 의해 당연히 입증된다.

만인 평등의 자유성

인간이 문명사회를 건설하려면 인간본성이 제대로 올바르게 발휘되어야 하는데, 그 경우의 생존방식은 선천적 자유의지가 근본원리에 합당하게 활동하는 것이다. 자유성을 토대로 이루어져야 하는 평등상태는 문명사회의 유기적 질서를 효율적인 체제로 형성한 인위적 상태이다. 계급사회는 계급의 세습사회와 구별된다. 계급사회 자체는 불평등한 의식의 모습이 아니다. 계급사회에서 작용하는 불평등의 의식은 계급사회가 부당하게 구성되었을 적에 작용하는 사고방식이다.

자유는 자연스러운 개념이고 평등은 인위적인 개념이다. 구성요소가 동질적이고 동일하다고 하여 평등한 것은 아니다. 생성·소멸의 과정에는 차별이 발생하기 때문에 인위적으로 평등을 추구할 적에는 판단근거를 달리해야 한다. 수학적으로 차별성을 없앤 형식적 경우가 평등한 상태가 아니라, 변증적이고 역학적으로 계급적 차별을 조화롭게 화합하여 사회질서의 균형을 갖춘 경우가 평등한 상태이다.

자유의지가 도덕적 질서를 지향하려면 자의적인 방자한 행위를 통제해야 한다. 다양한 사회조직에서는 상황에 따라 자유로운 행동방식이 정도껏 제한된다. 그 제한의 수준은 완전한 자유에서부터 완전한 통제의 정도로 나누어진다. 심지어 종교단체에서는 극단적으로 완전한 공동체의 생활방식을 채택한다. 문명사회는 자유를 통제하는 수준이 다양한 조직으로 이루어진다.

획일적으로 개인의 자유를 통제하는 공산사회의 제도를 채택하는 것은 인류가 건설하려는 문명사회가 아니다. 끝없이 통제하지 않으면 체제가 유지될 수 없는 공산사회는 일부의 종교적 성격의 단체 이외에는 인간의 선천적 본성에 위배되기 때문에 지속될 수 없다.

개성이 다양하게 어울려 공존하는 상태가 자유의 상태이다. 자유는 부당한 간섭이 없으면, 자연스럽게 저절로 이루어진다. 유기적 공동체의 질서는 개인의 능력 차이를 바탕으로 이루어진다. 유기적 공동체의질서가 불안하게 되는 상황은 능력의 차이를 조정하고 조절하는 기능이 부조리하여 불합리한 상황을 조성할 경우이다.

개인을 부당하게 억압하는 부조리한 사회질서를 정상적으로 회복하는 개념이 평등개념이다. 평등상태는 인간이 도덕성의 토대위에서 조화와 균형과 화합과 견제를 도모할 적에 비로소 이루어진다. 자유로운 인간본성이 도덕적 질서를 지향할 적에 구축되는 유기적 질서가 평등상태이다. 균형과 조화는 마치 탁자를 떠받치는 네 개의 다리의 역할과 같다. 부당하다고 여겨지는 계급질서를 인위적으로 해결하기 위한 사고방식이 일방적으로 획일적 질서를 구상하여 집행하려고 하면, 인간의 본성을 파괴하는 작업이 된다.

자유와 평등의식의 양립은 선천적 인간본성에 기인한 것이므로, 어떤 발상도 이 틀에서 벗어날 수 없다. 불평등을 해결하겠다는 발상이 자유의지에 의한 도덕성의 작용이 아니라면, 오히려 불평을 더욱 심화하는 결과만 초래한다. 모든 법률적 작용의 효력은 도덕성을 바탕으로 할 적에 정당한 결과를 실현할 수 있다. 비유컨대 평등한 상태는 라이프니츠가 관현악의 합주곡처럼 어우러져 조화로운 음률의 작용하는 것과 같다. 서로 대립된 상태가 공동목적을 달성하기 위해 각자의 기능을 조화롭게 작용하여 울리는 음률과 같은 모습이 평등한 상태이다. 의식과 육체의 구조와 기능이 작용하는 능력의 차이점을 무시하면, 개성의 다양성을 바탕으로 한 문명사회의 구축, 지속, 발전은 어불성설이다. 그러므로 문명사회의 토대는 먼저 개성의 차이를 평가하는 작업이 이루어져야 하고 그 평가가 공정해야 한다. 그것이 도덕적인 관점에서 정의로운 모습이다. 개성의 다양성과 차이점은 능력에 의한 성과의 차이점이고 유기적 체제를 구성하는 질서의 근본이다. 도덕적 문란함을 바로 잡겠다는 발상은 개성의 자유로운 판단과 다양한 행위를 인위적으로 조절하고, 조정하고,

결정하겠다는 발상이어서는 안 된다. 그런 입장과 태도는 문명사회의 체제를 왜곡하는 결과로 치닫게 된다. 권력의 집단이 전체의 질서를 일방적으로 결정하겠다는 발상은 평등의 개념을 스스로 오도하는 반인륜적 사고방식이다.

자유권과 사회체제

사회체제와 질서는 목적을 실현하는 방법이다. 올바르지 않은 방법은 목적을 실현할 수 없다. 올바른 목적을 제대로 실현할 수 없는 방법론은 허위의식이다. 허위의식의 방법론은 폐기되거나, 수정되어야 한다. 실현의 결과가 바람직하지 않은 것을 바람직하다고 주장하려면, 그 거짓을 은폐하기 위해 비판을 억압해야 한다. 비판을 불허하는 사고방식은 독재적이다. 자본주의건 사회주의건 간에 그들이 해명해야 할 최종적 과제는 자신들의 목적을 이룬 방법대로 인간이 영원히 그렇게 살아야 하는가? 하는 의문점이다. 자유와 평등의 가치관이 실현된 정의로운 사회는 자유와 평등개념을 올바르게 정립해야 가능하다.

구성원의 의식에 올바른 사고방식을 훈련하는 작업이 교육과정이다. 인간의 본성은 교육의 학습을 통해 도덕의식을 깨우친 구성원으로 거듭난다. 교육과정에서 끊임없이 발생하는 의문점은 비판의 상호토론을 통해 극복해야 한다. 비판을 허용하는 방식이 교육과정이지, 비판을 억압하는 방식이 교육과정이 아니다. 비판을 허용하지 않고 일방적인 주입은 독선적이다. 독선적인 방식은 비판을 허용하지 않기 위해 언제나 억압적이다. 영원히 억압적이어야만 유지되는 사회체제는 올바른 사고방식이 아니다. 사회주의자들은 구성원들에게 억압적으로 사는 것이 행복한 사회체제인지를 물을 수 있는지를 해명해야 한다.

사회단체는 인간과 마찬가지로 법으로 인정된 법인(法人)이다. 국가도 공공의 법인이다. 국가는 정치권력을 지닌다. 국가를 통치할 권력이다.

사회가 존재하는 곳에 정치권력이 작용하지 않는 경우는 없다. 그런데 그 과정에서 정치권력의 남용은 어느 시대, 어느 나라를 막론하고 항상 문제였다. "민주주의의 실현"은 권력의 남용을 해결하기 위한 해결책이 었다.

정치권력은 범죄를 예방하고, 처벌하는 임무 이외에 경제의 성장과 경제의 분배를 관리한다. 정치권력은 인재를 양성할 교육을 확산하고, 인재를 선발하고, 인재를 적재적소에 배치할 임무를 수행한다. 그 밖의 많은 사회문제를 해결하려고 노력한다. 정치권력의 효력은 지대하기 때문에 민주제도의 헌법은 개인의 방어권도 그에 상응하도록 규정하였다. 사회발전은 이와 같은 특성을 사회구성원들이 제대로 파악하고서 실천해야 가능하다. 그런 사정은 너무도 상식적이어서, "윗물이 맑아야 아래물이 맑다"는 속담이 정치권력의 임무를 단적으로 가리킨다.

자유주의, 신자유주의, 사회주의, 공산주의, 수정공산주의 이론은 모두 다 인간의 공생·공존을 위한 발상이다. 각 이론이 지향하는 목적이 공동체의 본질에 적합한 사회체제와 질서를 구축하는 것이라면, 당연히 각 이념의 지지자들은 자신의 방향에 대한 비판을 스스로 겸비해야 한다. 비판의 근거는 자신들이 개인의 자유를 바탕으로 하여 개인들의 공존을 도모하는 실천방식이다.

(2) 새로운 형이상학이 지향하는 주체철학의 현대성

예술론의 사회성

비판철학의 마무리 작업인 『판단력비판』은 예술론의 정초작업이다. 『판단력비판』은 사변이성과 실천이성을 하나로 통합하는 매개기능을 지니고 있다. 반성적 판단력의 통합기능은 형이상학은 관조의 대상이 아니라 실천의 대상이라는 사실을 가리킨다.

칸트의 비판철학은 철학이 논구해야 할 존재본질에 관한 근본 주제를 일관된 통합체계로 통일시켰다. 인간의 본질인 진·선·미의 의식구조와 존재원리의 본질적 작용이 서로 부합한다는 사실을 논증하였다. 비판철학의 마지막 과제인 미의식의 논구는 철학의 탐구 작업의 종착지가 현실에서 살아가는 개인의 삶의 현장임을 깨우쳐 준다. 인간이 형이상학의 지식을 추구한 이유는 자신의 현실적 삶을 올바르게 이끌기 위해서이다. 철학의 궁극목적은 개인의 구체적인 생활방식을 개선할 수 있는 지성의 방법을 제공하는 과업이다. 그래서 철학의 논구가 사변이성의 관조가 실천이성의 행위로 되돌아오게 되는 것이다.

개인은 공동체의 도덕적 질서와 쾌적한 생활공간을 기반으로 아름답게 살기를 원한다. 그리고 개인은 그 목적을 실현하려고 힘껏 노력한다. 그 목적의 실현된 현실이 현장의 생활공간이고 또한 개인의 삶의 모습이다. 즉 개인이 살아가는 개별적이고 구체적인 생활현장이 다름 아닌 존재가 자신의 본질을 실현한 현상의 모습이다. 철학의 효용성은 드러난 현상의 모습이 입증한다. "현실적인 것이 이성적이고, 이성적인 것이 현실적이다"라는 헤겔의 표현은 이 점을 잘 지적한다.

보편적 이론의 예술론은 현대인이 처한 시대적 갈등을 해결할 수 있는 방법론이다. 예술론은 현대철학을 넘어서 앞으로도 한 없이 인류사회의 모든 시대에 적용할 중요한 이론이다. 그 이유는 예술이 현실과 이념을 연결하는 가교의 역할을 담당하기 때문이다.

이념의 차이로부터 발생하는 갈등과 대립에 직면한 인간, 곧 가치관의 차이점과 간극에 직면한 인간에게는 자신의 행적을 되돌아보게 하고, 동질성을 확인하게 하고, 공존의 방식을 찾으려는 발상을 격려하고 추진하는 원동력이 필요하다. 그것은 예술의 영역에서 작용하는 미의식이다. 인간이 제대로 생존의 의미를 자각하려면, 예술의 상상력이 도덕의지를 각성하여 좋은 사회를 구성하려는 과정에서 올바르게 작용해야 한다. 설사 예술의 영역에서 표현된 수없는 발상들이 때로는 인간사회의 분열을 부추기더라도, 예술 그 자체는 인간들에게 공존의 사고방식을 확산하면서 인류의 평화를 도모한다.

그러므로 3대비판서를 마무리하는 『판단력비판』이 논구한 미의식의 본질은 현대문명을 구가하는 현대인들에게 으뜸 주목대상이 아닐 수 없다. 『판단력비판』의 이전 상태에는, 비판철학의 논구에서 자연이 지닌 자연법칙의 합목적성과 인간이 지닌 도덕법칙의 합법칙성이 여전히 분리되어 있다. 두 영역을 아울러 하나로 통합한 실마리가 의식에 내재하고 있어야 하는데, 그것이 선천적 의식기능인 미의식이다. 문명사회의 건설은 미의식이 사변이성과 실천이성의 양면성을 하나로 통합하여 실천할 적에 제대로 이루어진다.

하나의 의식이 3가지 요소를 구성되어 있기 때문에, 어느 하나가 작용할 적에는 나머지가 의식의 근저에서 더불어 작용한다. 그런데 문명사회의 건설을 마무리하는 종결은 미의식에 의한 작업이다. 미의식에 의해 마무리된다는 사실은 진·선·미의 3가지 본능이 분리되지 않고 유기적 구조로 일관되게 작동하고 있음을 입증한다. 이들 기능들이 일관되어 있지 않다면, 미의식이 자연의 개체를 이용하여 문명사회를 건설하는 작업이 동참할 수 없다. 또한 도덕적 사회질서가 아름답다고 평가할 수 없다.

자연의 존재이념과 인간의 존재이념을 통합한 존재이념자체는 도덕형이상학에서 논구될 수 있다. 자연에서 경험적으로 실증할 수 없는 이념의 존재는 의식이 자신의 영역에서 사유기능으로 확인할 수밖에 없다. 그런데 자연과 인간의 실존이 이념의 주체가 실행한 작업의 결과물이라면, 당연히 인간은 이념의 실천적 본질을 현실적으로 입증해야 한다. 자연과학의 지식과 도덕적 규범 및 정치적 법률만으로 이념의 정체를 해명할 수 없다.

미의식은 자연의 질서와 도덕의 질서 속에 작용하고 있고 확인된다. 그러나 의식은 그 정도의 객관적 사실만으로는 이념의 진면목을 해명할 수 없다. 의식은 모든 사태를 전부 통틀어 총체적으로 파악해야 한다. 『순수이성비판』과 『실천이성비판』이 파악한 사실을 놓고 다시 반추하는 작업이 『판단력비판』이 논구하려는 반성적 작업이다. 그러면 당연히 무엇을 반추하는가? 하는 의문이 가능하다.

이 작업은 두 가지이다. 하나는 이미 감성과 오성과 이성의 작용을 모두 검토하였기 때문에, 도대체 이 기능 이외에 어떤 기능이 반추의 역할을 하는가? 하는 의문과 또 다른 하나는 그 기능이 무엇을 지향하는가? 하는 의문이다. 이 의문에 대해 칸트는 다른 기능을 제시하지 않고 이미 논구한 판단력에서 반성적 판단력을 다시 구분하고, 실천이성이 논구하지 못한 예술영역을 바탕으로 하여 미의식의 본질을 논구하였다. 예술행위는 단순한 유희나 오락이 아닌 인간의 창조적 본질이 보여주는 이념의 표출이다. 미의식의 활동공간은 진리의 본질이 명확히 드러난 마지막 단계의 모습이다. 미의식에 의해 인간의 생존방식인 문명생활의 본질이 명확해진다. 인간의 형이상학의 기능은 미의식의 창조활동의 근원이다.

칸트는 이성의 월권에 의한 부정적 현상을 극복하고 정상적으로 작용할 수 있도록 만들기 위해 3대 비판서를 통해 인간의식의 구조를 명확히 해명하였다. 칸트가 도달한 결론은 인간이 비판철학의 체계를 바탕으로 하여, 형이상학의 활동을 정상적으로 개시할 수 있다는 입장이다. 반성적 판단력의 작용은 인간이 갖가지 이야기를 엮어 신에 대한 이야기를 할 수 있게 하고, 비극과 희극을 통해 의식을 정화할 수 있게 하고, 음악과 미술을 통해 형이상학의 느낌과 발상을 표현할 수 있게 한다.

문학, 음악, 미술, 연극, 영화 등의 모든 예술행위는 인간의 본성 즉 형이상학적 관념을 객관화하고, 그리고 그로부터 문명사회를 한걸음씩 앞으로 더 나아가게 하면서 문화사회를 구성한다. 문명사회에 부정적 사태가 끊임없이 발생하더라도, 인간은 형이상학적 발상을 통해 이를 순화하면서 미래의 시간으로 나아간다. 형이상학적 사고방식을 지닌 종교집단이 문화행위를 통해 자신의 교리를 설파하는 경우도 『판단력비판』의 논구를 간접적으로 입증하는 객관적 사례이다.

철학적 사유방법론에 내재한 실천적 효용성

선험철학의 방법론은 비판철학의 체계에서 소홀히 다루어질 수 있는 분야이다. 그러나 이 논구는 철학사에서 획기적인 학적 의의를 담고 있다. 그 이유는 선험적 방법론이 대중의 위한 교육론을 담고 있기 때문이다. 이론을 구성하고, 이론을 세상에 공개하는 것으로 철학자의 임무가 끝나는 것이 아니다. 사상을 개진하는 학자는 그 사상을 올바르게 실행할 수 있도록, 그 이론을 배우는 인간을 교육시켜야 한다.

칸트는 선험적 방법론, 순수이성의 규준에서 '방법론'의 본질에 관한 생각을 명확히 진술하였다.

> "……순수오성만이 참으로 선천적 종합적 인식능력이기 때문이다. 그러나 하등의 규준이 없으면 인식능력의 정당한 사용이 불가능하다. 그런데 순수이성의 사변적 사용에 있어서는 상술한 모든 증명에 의하면, 모든 종합적 인식이 불가능하다. 그러므로 순수이성의 사변적 사용에는 하등의 규준도 있을 수 없다(왜냐하면 그것은 어디까지나 변증적이기 때문이다). 이 점에서 보면, 모든 선험적 논리학은 훈련이의의 아무것도 아니다." [5]

뒤이어, 칸트는 모든 학문이 방법론에 있음을 천명했다. 방법론은 실천 이론이다. 사변이성이 관조한 신에 관한 이론도 신의 창조적 실천방법이

---

5 『순수이성비판』 B824

존재하지 않으면, 신의 존재는 문자로 기술되고, 언어로 말하여지는 단순한 발상에 지나지 않는다. 실천방법이 없는 이론은 공허하다. 철학의 모든 이론은 현상에 대한 본질을 해명한 내용이다. 철학의 이론이 살아 있는 인간과 전혀 무관한 이론이면, 모든 개체에 동일하게 적용되는 보편학이 될 수 없다. 모든 학문의 이론은 현실을 바탕으로, 현상의 본질을 해명한 지식이므로, 현실에서 작용하는 실천의 방법을 해명하지 못하는 이론은 학문의 본질에 합당한 이론일 수 없다. 자연과학은 역학적 지식으로 사물의 작용방식을 해명한다. 종교는 신에게 다가가는 방법을 믿음, 계율, 예배, 봉사, 등을 제시한다.

> "그러므로 만일 순수이성의 정당한 사용이 있다면, 그 경우에는 또 순수이성규준이 있어야 할 것이다. 그러나 이 규준은 사변적 사용이 아니라, 우리가 여기서 이제 논구하려는 실천적 이성사용에 관계있는 것이다." [6]

철학적 사유방식의 실천적 효용성은 칸트가 전개한 교육론에 압축되어 있다. 『순수이성비판』의 선험적 방법론은 훈련, 규준, 건축술이란 명칭으로 인간의 지성이 올바르게 사유해야 하는 실질적인 방법을 제시하였는데, 그것이 철학교육이 지닌 실천적 효용성의 해명이다.

칸트는 진리를 탐구하는 과정에서, 경험적 지식을 종합하여 올바르게 확장하려면, 먼저 사변이성이 월권을 하지 않도록 방지하는 작업이 선행되어야 한다고 파악했다. 왜냐하면 그런 바탕위에서 학문이 올바르게 발전해 나가야만, 사회발전이 정상적으로 진행될 수 있기 때문이다.

칸트가 규정한 훈련과 개발이란 용어는 철학이 지향하는 교육의 목적을 명확히 천명한다. 이 원칙은 철학에만 해당하지 않는다. 그것은 과학

---

6 『순수이성비판』 ibid

에도 해당한다. 철학이 보편학이기 때문에, 과학에도 적용되는 객관적 타당성은 당연하다. 칸트는 지식을 가르치는 과정에서 교육의 교시를 두 가지로 나누었다. 즉 소극적인 교시와 적극적인 교시이다.

소극적인 교시는 잘못을 방지하는 효과이다. 잘못은 잘못된 지식을 전달하는 경우이다. 잘못된 지식의 전달은 가르치는 사람의 무지에서 비롯될 수 있고, 잘못된 지시에서 비롯될 수 있다. 잘못이 어디에서 연유하던지 간에, 잘못을 극복하려면, 그 방법은 지식을 배우기 이전에, 먼저 잘못을 범하는 근원을 먼저 배우고 그리고 그 원칙을 지키면서 지식을 습득하는 입장이다. 칸트는 그런 상황을 아래와 같이 정리했다.

"우리의 가능한 인식의 한계는 매우 좁고, 판단하려고 하는 충동은 강하며, 나타나는 가성은 매우 기만적이고, 오류에서 빚어지는 불리는 지대한 것이다. 그러므로 다만 오류를 방지하기 위해서만 사용되는 소극적인 교시가 우리의 인식을 증가시킬 수 있는 많은 적극적 교시보다도 더 중요성을 갖는 것이다. 우리는 어떤 규칙을 위반하려고 하는 부단한 경향을 제한하며, 필경 이 경향을 근절시키려고 하는 강제를 훈련이라고 부른다. 훈련은 개발과 다르다." [7]

적극적 교시는 지식의 정체에 관한 의혹이 없는 상태에서, 의식을 집중하여 효율적으로 지식을 가르치고 또한 습득하는 효과이다. 지식의 본성에 대한 의혹이 있는 상태에서는 지식의 현장은 제대로 작동할 수 없다. 앞서 말한 소극적 교시는 지식을 확장하지 않는 경우이기 때문에 소극적이지만, 적극적 교시는 지식을 확장하는 경우는 적극적이다. 적극적 교시가 교육이 추구하는 구체적 효용이다. 그러나 전자가 없이는 후자가 가능

---

7 『순수이성비판』 B737

하지 않다는 정황은 양자가 불가분의 관계로 통합되어 있음을 보여준다. 비판철학은 교육의 이런 양면성이 직면하는 문제점을 동시에 해결하는 효과를 지닌 교육방법론이다.

"……개발이라는 것은 기존하는 다른 기능을 제거하는 것은 아니다. 다만 어떤 기능을 마련해 주어야 되는 것이기 때문이다. 그러므로 그 자체가 이미 밖으로 나타나려고 하는 충동을 가지고 있는 어떤 종류의 재능을 함양하기 위한 훈련은 소극적인 그러나 개발과 이설은 적극적인 기여를 하는 것이다." [8]

칸트는 방법론에서 교시의 결과와 상관이 있는 효용이란 용어를 사용하여, 교육론의 특성을 명확히 보여주었다. 그 용어가 지닌 구체적 논거는 『판단력비판』의 목적론적 판단력의 방법론에서 "도덕적 논증의 효용"이란 명칭으로 실천이성의 주제를 다루고 있는 내용에서 확인된다.

칸트의 비판철학의 체계는 다른 철학과 달리 크게 세 가지 점에서 특이하다.

첫째는 「선험적 원리론」에서 「선험적 변증론」을 「선험적 분석론」과 별도로 다룬 체제이다.

둘째는 『순수이성비판』에서 「선험적 분석론」에서 「선험적 감성론」을 「선험적 논리학」과 별도로 다룬 체제이다.

셋째는 전체구도에서 「선험적 원리론」과 대별되는 「선험적 방법론」을 구성한 체제이다. 「선험적 변증론」은 「선험적 원리론」과 「선험적 방법론」의 접점이다

일반적 의미의 방법론은 이론을 실현할 수 있는 구체적 수단, 도구, 과

---

8 『순수이성비판』 ibid

정, 단계 등을 포괄한 총체적 내용이다. 방법이 없으면 어떤 발상도 실현할 수 없다. 이론과 실천은 별개로 논구할 수 있어도, 분리하면 올바른 이론이 될 수 없다. 이론은 실천을 전제하고 있고, 실천은 이론에 입각하여 진행된다. 철학은 존재론과 인식론을 해명하는 과정에서 모든 학문의 근본토대인 논리학을 구축하였기 때문에, 논리학은 지적 탐구의 방법론의 역할을 지닌다.

2부

비판철학은 자연과학과 수학의 학적토대를 규명함으로서 철학의 보편성을 회복할 사고방식의 정체를 밝힐 단초를 마련했다.

선험적 관념론은 의식의 외부에 존재하는 사물을 실재하는 인식대상으로 전제한다. 의식이 현상계를 구성하는 대상을 탐구하는 경우에는 외부대상의 근저에 놓여 있는 공간과 시간의 존재를 전제해야 한다. 순수공간과 순수시간의 존재가 불가능하면, 구성인자의 운동과 변화가 불가능하다. 마찬가지로 공간과 시간의 존재를 전제하는 인식기능이 의식에

형이상학의 정초작업인
현상과 본질의 통합방법론

내재하지 않으면, 외부대상의 운동과 변화를 파악하는 인식작용도 불가능하다.

　공간과 시간의 존재를 해명한 칸트의 선험적 감성론은 존재론과 인식론 및 논리학을 하나의 체계로 통합해야 하는 철학과제에서 최우선적으로 해명되었어야 할 핵심적인 기초분야이다.

　철학은 칸트에 이르러서야 비로소 선험적 감성론이 진리의 본질을 추구하는 모든 논구의 선결작업임을 이해할 수 있게 되었다.

1. 선험적 감성론의 형이상학적 의의

순수직관형식의 인식론적 의의

현상을 자신의 내부에서 선분으로 그릴 수 있지만, 공간은 그릴 수 없다. 그림이 그려진 백지를 통해, 간접적으로 공간의 존재를 깨달을 뿐이다. 주체와 객체의 상관관계는 공간을 매개로 이루어지며, 공간이 없는 상황에서는 주체인 인간의 의식이 객체인 사물의 형상을 인식할 수 없다. 마치 벽이 인간의 모든 시야를 철저히 가로막고 있으면, 인간이 벽 넘어 존재하는 사물을 경험할 수도 인식할 수도 없는 경우와 같다.

공간은 사물이 아니기 때문에, 현상의 모든 대상을 인식하는 지적 작업은 공간과 시간을 바탕으로 하여 진행한다. 육체의 바깥에 사물을 포용하는 공간이 존재해야 하듯이, 인간의 의식 내부에도 사물의 형상을 포용하는 내적 공간의 존재가 자리 잡고 있어야 한다. 그리고 의식에 내재하고 있는 공간의 본질은 외부에 존재하는 공간의 본질과 동일한 특성을 공유해야 한다.

공간은 사물이 아닐 뿐만 아니라, 더 나아가 정신도 아니다. 고대철학 이래로 오랜 기간 동안, 철학자는 공간의 존재에 대하여 무엇이라고 해명할 수 없었다. 공간은 물질이 아니었기 때문에, 고대인은 물질과 비교하여 공간을 물질이 아니면서 물질을 포용하는 존재로서만 이해했을 뿐이다. 유심론자는 정신을 공간에 존재하는 사물처럼 용인하면, 정신이 물질에서 유래하였다는 유물론이 되는 것으로 여겨, 공간에 정신의 영역이 존재하는 발상을 수용하지 않았다.

시간은 공간에 존재하는 사물의 변화를 지각하는 인식조건이다. 공간은 사물이 정지해도 존재하지만, 시간의 존재는 사물이 영원히 정지하고 있으면, 결코 등장할 수 없다. 그런데 시간은 빛과 사물이 만드는 그림자와 같은 존재는 아니다. 사물이 변화하려면, 생성·소멸의 운동과정을 거쳐야 한다. 운동과 변화의 과정에는 관념적 원리와 규칙이 작용해야 한다. 운동과 변화의 규칙은 시간이란 관념적 조건에 맞추어 의식이 규정한다. 일체의 모든 시간성은 공간성과 더불어 의식의 인식기능에 순수직관 형식으로 내재해 있다.

1) "인간이란 무엇인가?"라는 논구의 출발, 선험적 감성론

의식과 대상이 공유하는 동질성을 해명하는 선험적 감성론

선험적 감성론은 인식론의 차원에서 감각에 의한 감성의 특성을 해명하는 단순한 성격의 논구장소가 아니다. 칸트는 그것이 지닌 특별한 인식론적 의의와 존재론적 의의를 '선험적 해명'과 "형이상학적 해명"의 용어로서 대변하였다.

칸트는 인간이 공간과 시간을 물자체로 규정하면, 지체 없이 현상과 물자체가 구별되지 않는 난점 때문에, 대상의 인식과정에 발생하는 문제점의 장애를 정확히 직시했다. 그것은 공간과 시간이 사물의 성질이 아니기 때문에, 공간과 시간이 사물의 본질인 물자체를 인식하는 조건이 될 수 없는 특성이었다. 그러므로 그 점은 다음의 내용으로 요약된다.

첫째, 칸트가 의미한 물자체의 개념은 개체의 본질을 뒷받침 하는 원리와 법칙을 넘어서 있는 현상의 근본원인을 내포한다. 근본원인은 감각에 의한 경험으로는 지각되지 않는다. 의식은 현미경이나 천체망원경과 같은 도구를 만들어 미시와 거시의 현상계를 경험한다. 의식은 그 경우에 미리 도구에 관한 인식을 가지고 있어야 한다. 사물의 제작과정은 기계론적 인과율을 보여줄 수 있어도 목적론적 인과율을 보여줄 수 없다. 게다가 인간은 존재의 본질에서 목적론적 인과율을 배제하면, 자신의 본성을 설명할 수 없다.

둘째, 공간과 시간을 물자체로 규정하면, 형이상학의 모든 지식은 대상의 경험을 바탕으로 구성되어야 한다. 경험에 전적으로 의존하는 경험론의 탐구방식은 종국적으로 불가지론의 회의론에 도달했다. 그 이유는 경험이 결코 물자체에 해당하는 자연현상의 본질을 파악할 수 없기 때문이었다.

인간은 목적론적 인과율을 바탕으로 하여 문명사회의 체제와 질서를 건설하고 유지한다. 그럼에도 불구하고, 인간이 의도적으로 그런 형이상학적 지식을 거부하면, 사회가 전반적으로 지적 혼란에 휩싸이게 된다. 칸트는 이런 난점을 극복하기 위해, 형이상학의 과제를 우회적으로 다루는 방법을 추구했다. 그는 다른 철학자들과 달리, 공간과 시간을 다루는 선험적 감성론에서 그 논구의 출발지로 삼았다. 공간이 사물이 아닌 사실을 주목하고, 공간을 현상계의 모든 사물을 지각하는 감각적 직관의 근저에 놓여 있는 순수직관의 형식으로 규정하였다.

칸트는 사물이 아닌 공간과 시간의 존재를 현상을 인식하는 직관형식으로 파악하면서도, 공간과 시간을 물자체와 전혀 무관한 존재로 단정하지 않았다. 칸트는 공간이 사물도 아니기 때문에, 공간이 물자체를 인식하는 역할을 할 수 없는 사실만 해명했다.

사물을 포용하는 공간은 사물과 마찬가지로 물자체에 전혀 영향을 끼칠 수 없지만, 사물을 포용하고 있기 때문에 물자체의 존재와 무관하다고 규정할 수 없다. 그 이유는 물자체가 공간에 존재할 수 있는 여지에 대해서는 그 결론이 미지수이기 때문이다.

칸트는 인식구조와 기능을 분석하는 과정에서 인간의 사유기능이 감성, 오성, 이성의 세 가지 인식기능으로 구성되어 있고, 세 가지 기능이 자신의 역할을 위해 각각 독립한 기능으로 작용하고 있음을 파악했다. 더 나아가 칸트는 인간의 감성적 직관의 특성을 현상계의 사물에만 한정하면, 인간의 의식이 어떤 경우에도 형이상학적인 존재본질에 접근할 수 없음을 직시했다. 그 점은 인식기능의 최고 단계인 이성에 의해 수립되는 이념이 경험적 사실을 종합한 개연적인 추상개념에 불과하게 되는 사실이다. 그래서 칸트는 인식기능의 본성이 선천적으로 형이상학적임을 논증하지 않을 수 없었다. 그 첫 번째 작업으로 칸트는 모든 현상계의 형식을 공간과 시간에 있음을 논구하였고 그 특성이 형이상학적임을 해명했다. 더 나아가 공간과 시간의 형이상학적 특성을 선험적으로 해명했다.

(1) 감각과 촉발작용과 감성의 표상작용이
서로 구별되는 인식기능의 구조

선험적 감성론은 선험적 논리학의 학적 성격을 확고히 구축하기 위한 토대이다. 선험적 감성론은 자연철학, 곧 물리학의 학적원리인 물질에 관한 근본특성을 확정해야 한다. 물질의 구성요소가 기계론적 인과율에 합당하기 때문에, 다음의 입장은 반드시 타당하게 된다.

물질의 근본구성인자는 생성·소멸의 변화를 진행한다. 물질의 근본구성인자는 불변의 원리를 바탕으로 하여 법칙적 운동을 하면서 점점 구조와 조직을 체계적으로 구성한다. 구성인자의 존재방식은 변화하는 현상의 모습이다. 구성인자들은 기계론적 인과율에 따라 복합체의 조직을 구성하는 과정에서 다른 모습의 상태로 전환한다.

인간은 이런 사정을 처음부터 알고 있지 않았다. 철학은 인간의 의식이 어떻게 그런 사실을 알아챘는가? 하는 인식론적 문제를 선결적으로 해명해야만 했다. 철학은 의식이 자신의 정체를 파악할 수 있는 방법과 기능을 갖추고 있음을 논증했다. 칸트는 의식의 선천성에 대해 다음과 같은 입장을 표명했다.

"감각을 정돈하고 어떤 형식 속에 들어갈 수 있게 하는 것은 그 자체가 또 감각적일 수 없기 때문에, 모든 현상의 질료는 다만 후천적으로만 주어지지만, 그러나 현상의 형식은 감각에 대하여 모두 다 선천적으로 심성에 갖추어져 있는 것이다. 그러므로 모든 감각과 분리하여 고찰할 수 있다." [1]

인식작용의 근본토대인 감각적 반응의 원천은 감성이다. 감성적 판단에는 오감, 즉 시각, 청각, 미각, 후각, 촉각에 의해 노랗다, 빨갛다, 둥글다, 네모지다, 크다, 작다, 뜨겁다, 맵다, 향기롭다, 구리다, 딱딱하다, 부드럽다 등의 직관적 표상이 발생한다. 더 나아가 감각적 판단기능을 바탕으로 하여, 의식적인 반응과 구별되는 무의식적인 반사작용의 반응도 발생한다.

감각적 반응이 의식의 판단으로 전환하려면, 감성에 인식기능이 작용해야 한다. 감성의 반응은 오성의 개념에 의한 판단작용이 아니다. 감성의 반응을 가능케 하려면, 오성의 순수오성개념과 마찬가지의 인식작용이 선천적으로 갖추어져 있어야 한다. 그것은 반응의 토대인 감각적 표상

---

1 『순수이성비판』 ibid

이다. 그 표상은 단순하기 때문에 직관적이다. 그것이 직관적이기 때문에, 칸트는 선험적 감성론에서 순수직관형식을 논증했다. 칸트는 『순수이성비판』의 선험적 감성론에서 감성에 대해 다음과 같이 규정했다.

"인식이 어떤 방식으로 또 어떤 수단을 통해서 대상과 관계를 가지든지 간에 인식이 대상과 직접적으로 관계를 가지며, 모든 사고가 수단으로서 목표로 하고 있는 것은 직관이다. 그러나 직관이라는 것은 대상이 주어지는 때에만 성립한다.

그런데 또 대상이 우리에게 적어도 우리 인간에게 주어진다는 것은 대상이 어떤 방식으로서나 심성을 촉발함으로서만 가능한 것이다. 우리가 대상에 의하여 촉발되는 방식여하에 따라서 표상을 받아들이는 능력(수용성)을 감성이라고 부른다." [2]

이 진술에서 주목되는 대목은 "대상이 심성을 촉발한다."는 문장이다. 이 표현의 의미는 육체를 자극하는 것으로 인식이 시작되는 것을 아니라, 반드시 심성을 자극해야만 인식작용이 시작한다는 사실을 가리킨다. 그 이유는 대상의 자극이 심성에 전달되지 않으면, 심성이 반응하는 인식작용이 발생할 수 없기 때문이다. 따라서 심성에서 직관의 반응이 올바르게 발생하려면, 한편으로는 심성에 자극을 전달하는 육체의 기능이 잘못되어서도 안 되고, 다른 편으로는 육체의 기관을 자극하는 물질의 존재가 잘못되어서는 안 된다.

그 다음으로 위의 문장에서 주목되는 표현은 표상이란 용어이다. 왜냐하면 칸트가 선험적 감성론에서 말한 다음의 규정 때문이다.

---

2 『순수이성비판』 A19, B33

"우리가 어떤 대상에 의해 촉발되어지는 방법을 통해 표상을 생기게 하는 (얻게 되는) 능력(감수성)을 감성(Sinnlichkeit)이라고 부른다." [3]

칸트가 설명하는 경험의 출발은 육체의 감성기관과 외부대상이 접촉했을 때에 감각이 자발적으로 어떤 수단을 활용하여 외부대상을 파악하는 경우가 아니다. 이것은 인간이 자연탐구의 수단을 개발하여 자연을 파악하는 경우와 전혀 다르다. 예컨대 빛이 시각을 자극해야만 사물의 인상을 획득하는 상황과 햇불을 만들어 외부를 밝혀 대상을 바라보는 상황이 서로 다른 성격의 경우로 구분되는 조건이다.

감각의 기관을 자극하여 발생된 인상이 인식으로 전환하려면 판단이 필요하다. 그 상태에서 발생하는 판단에는 인식의 가장 낮은 단계인 직관의 표상이 존재해야 한다. 그래서 칸트는 그 출발에 해당하는 선천적 직관능력과 표상을 해명했다. 칸트는 위의 문장으로 표상에 대해 해명했고, 아래의 문장으로 감각기관의 기능을 감각으로 해명했다.

"우리가 대상에 의해서 촉발되어지는 한에서, 대상이 표상능력에 미치는 작용이 감각(Empfindung)이다." [4]

이 문장에서 사용된 표상의 개념은 선험적 논리학에서 논구하는 그런 방식의 인식의 개념이 아니다. 이 표상은 논리학에서 정립된 대상의 개념이 아니므로, 감성적 직관에 의한 표상은 개념에 의한 지식과 구분되어야 한다. 칸트가 현상을 직관의 표상을 바탕으로 하여 규정하였기 때문

---

3 『순수이성비판』 A19, B33. Die Fähigkeit(Rezeptivität), Vorstellungen durch die art, wie wir von Gegenständen affiziert werden, zu bekommen, heißt Sinnlichkeit.

4 『순수이성비판』 A20, B34. Die Wirkung eines Gegenständes auf die Vorstellungs-fähigkeit, sofern wir von demselben affiziert werden, ist Empfindung.

에, 양자의 구분은 명확하다.

칸트는『순수이성비판』에서 오성에 의해 구성된 지식의 개념이전에 먼저 대상에 의해 촉발되는 감각적 표상이 무엇인지를 해명했다. 칸트는 대상과 감각기관의 접촉을 경험이라고 규정했고, 모든 경험의 대상을 포괄하여 현상이라고 규정했다.

> "감각을 통해서 대상에 관계하는 직관을 경험적이라고 한다. 경험적 직관의 무(無)규정적 대상을 현상(Erscheinung)이라고 한다." [5]

칸트는 이로부터 감각적인 경험대상 이외에 다른 대상이 인식의 대상이 될 수 없음을 아래와 같이 규정했다. 이 입장은 형이상학이 현상의 원리를 규정하는 학문이기 때문에, 현상과 무관한 형이상학적 이론은 타당할 수 없고, 또한 현상과 무관한 존재의 본질은 인간이 추구하는 형이상학의 진리가 될 수 없음을 의미한다. 그 이유는 현상과 무관한 존재가 현상으로 등장할 수 없고, 또한 현상과 무관한 존재는 현상의 존재인 인간과 무관하기 때문이다.

> "따라서 감성에 의해서 대상이 우리에게 주어지고, 감성만이 직관을 우리에게 제공한다. 이에 반해 오성을 통해서 직관들은 사고되고 오성에서 개념들이 발생한다." [6]

---

5 『순수이성비판』 A20, B34. Diejenige Anschauung, welche sich auf den Gegen-stand durch Empfindung bezieht, heißt empirisch. Der unbestimmte Gegenstand einer empirischen Anschauung heißt Erscheinung.

6 『순수이성비판』 A19, B33. Vermittelst der Sinnlichkeit also werden uns Gegen-stände gegegen, und sie allein liefert uns Anschungen; durch den Verstand aber werden sie gedacht, und von ihm entspringen Begriffe.

칸트가 주장하려는 요지는 모든 인식이 감성에 의해 제공되는 표상에 제한되어 있다는 객관적 사실이다. 칸트는 대상, 현상, 경험, 감각, 표상이 일관되게 하나로 통일되어 인식을 이루고 있는 사실을 강조한다. 인식의 작용은 경험의 의미가 명확해지면, 경험의 정확한 이해를 바탕으로 하여 경험적 대상의 탐구를 제대로 진행할 수 있다. 칸트는『순수이성비판』의 제2판 서론에서 경험을 아래와 같이 설명했다.

"우리의 모든 인식이 경험과 동시에 시작한다는 점에 대해서는 전연 어떠한 의문이 있지 않다. 왜냐하면 인식능력이 대상에 의해서가 아니면, 무엇에 의해서 그 활동을 개시하도록 환기되겠는가? 대상이 우리의 감능(Sinn)을 촉발하여, 한편으로는 표상을 야기하고, 다른 한편으로는 우리의 오성능력을 활동시켜서 표상을 비교하고 결합하고 또는 분리한다. 그렇게 해서 감성적 인상의 소재가 경험이라고 부르는 대상의 인식능력으로 다듬어지는 것이다. 그러므로 시간적으로 우리의 인식이 경험에 선행하는 것이 아니라, 경험 더불어 동시에 모든 인식이 개시한다." [7]

선천적 인식기능은 외부의 대상인식을 통하지 않고 스스로 자신을 파악할 방법이 없다. 그러므로 칸트의 비판론자들이 칸트가 구성한 범주의 도표에 대해, 그것이 순수오성개념이 아니라 경험적 개념이라고 부정했

---

7 『순수이성비판』 B1, Daß alle unsere Erkenntnis mit der Erfahrung anfangen, daran ist gar kein Zweifel, denn wodurch sollte das Erkenntnisvermögen sonst zur Ausübung erweckt werden, geschähe es nicht durch Gegenstände, die unsere Sinne rühren und teils von selbst Vorstellungen bewirken, teils unsere verstandestätigkeit in Bewegung bringen, diese zu vergleichen, sie zu verknüpfen oder zu trennen, und so den rohen Stoff sinnlicher, Eindrücke zu einer Erkenntnis der Gegenstände zu verarbeiten, die Erfahrung heißt? Der zeit nach geht also keine Erkenntnis in uns vor der Erfahrung vorher, und mit dieser fängt alle an.

는데, 그 입장은 극히 잘못된 이해이다. 칸트가 명확히 해명한 논점은 경험의 과정에서 순수인식기능의 작용을 외부대상의 특성과 구분해야 하는 방법에 관한 의문점이었다. 칸트는 대상의 특성과 불가분의 관계를 맺고 있는 인식기능의 특성을 구분하는 작업의 성격을 아래와 같이 해명했다.

> "비록 우리의 모든 인식이 경험과 더불어 같이 개시한다고 하더라도, 그렇다고 모든 인식이 경험에서 발생하는 것은 아니다. 왜냐하면 우리의 경험적 인식 그 자체가 우리가 인상을 통하여 수용한 것과 우리 자신의 인식능력이(감성적 인상이 다만 기회를 제공할 적에) 제 스스로 부가하는 것과의 결합된 것일 수가 물론 있을 수 있어서, 우리가 그 점을 유의하여 이것을 능히 분리하기에 익숙하도록 오랜 연습을 쌓기 전에는 인식능력이 부가한 것과 원래의 소재를 서로 구별하지 못하기 때문이다."[8]

칸트의 인식론은 그로부터 의식의 인식기능이 대상의 지식을 구성하다고 표명했다. 구성한다는 표현은 마치 의식이 외부대상과 무관하게 지식을 만들 수 있는 것으로서 오해를 유발할 수 있다. 그러나 구성의 이론은 객관성을 전제로 하고 있기 때문에, 오해의 여지가 있을 수 없다. 구성의 의미는 시각 따로, 청각 따로. 후각 따로, 미각 따로, 촉각 따로 진행하여 마지막으로 이들이 합쳐 지식을 형성하는 경우를 가리키지 않는다. 구성의 의미는 의식이 전체의 대상을 그 자체로 한꺼번에 파악할 수 없기 때문에, 전체의 인식을 위해 부분의 인상을 종합하여 인식하는 경우를 가리킨다. 그러므로 구성은 두 가지 선결조건을 충족해야 한다. 첫째는 하나의 전체인 인식대상이 그 자체로 의식에 주어져야만 하는 조건이다. 둘째는 하나의 전체로서 대상을 인식하려면, 의식이 대상의 특성을 선천적으

---

8 『순수이성비판』 B2

로 자신의 내부에 공유하고 있어야만 하는 조건이다.

칸트의 선험적 감성론은 부분의 촉발이 가능하려면, 먼저 대상전체가 촉발된다는 사실을 전제한다. 그 사실을 올바르게 파악하면, 구성에 관한 오해가 결코 발생할 수 없다.

(2) 선험적 감성론의 형이상학적 해명과
선험적 해명이 지닌 인식론적 의의

칸트는 선험성과 형이상학의 의미를 구별한 이유는 현상을 설명하는 사유방법이 선험적이라도, 그것이 형이상학의 이론을 수립하려면 다른 조건을 충족해야 하는 특성 때문이다.

> "선험적 원리란, 사물들로 하여금 우리들의 인식일반의 객체가 될 수 있도록 하는, 선천적, 보편적 조건을 표시하는 원리이다.
> 그에 반해 하나의 원리가 그 개념이 선험적으로 주어져 있지 않으면 안 되는 객체로 하여금 선천적으로 더욱 규정될 수 있도록 하는 선천적 조건을 표시하는 경우에는 그 원리는 형이상학적이라고 한다." [9]

칸트가 해명한 선험성과 형이상학의 구분은 인식론과 존재론의 차이이다. 전자는 인식하는 주체의 특성이고, 후자는 인식하는 객체의 특성이다. 양자의 차이는 아래의 글에서 분명해진다. 사물의 현상을 경험했을 때, 대상에 작용하는 인과율을 생각하는 경우는 인식론의 문제이고, 반면에 인과율이 작용되는 현상의 변화에서 결과를 야기한 원인의 존재를 생

---

9 『순수이성비판』 X X IX

각하는 경우는 형이상학의 문제이다. 칸트는 인과율과 인과율의 적용대상이 미리 존재하고 있어야 하는 조건을 선천성과 보편성의 개념으로 설명했다.

> "그러므로 물체를 실체로서, 그리고 가변적 실체로서 인식하는 원리가 "물체의 변화는 어떤 원인을 가지지 않으면 안 된다"고 함을 진술하는 것이면, 그 원리는 선험적이다.
> 그것이 "물체의 변화는 어떤 외적 원인을 가지지 않으면 안 된다"고 진술하는 것이면 형이상학적이다." [10]

인식론의 단초인 선험적 감성론

칸트는 인간이 자신의 외부에 독자적인 사물이 존재하는 사실을 실질적으로 인정하지 않으면, 데카르트의 '방법적 회의'가 그 자체로 불가능하다고 비판했다. 칸트는 외부대상의 영역에서 내부의식의 영역으로 탐구방향을 선회한 데카르트의 주관철학이 '방법론적 회의'의 논증과정을 전개하는 방식에서, 외부대상을 회의적인 관점에서 부정하고 배제하는 출발을 부적절하다고 판단했다. 그리고 현대에 이르러서는 현상학이 칸트가 해명한 인식론의 논증조차 매우 불충분하다고 판단하고서 '판단중지'와 '환원'이란 용어로 주관철학의 인식론을 해명하려고 시도했다.

그런데 그 발상은 데카르트 이래로 전승된 주체철학의 인식론적 해명작업으로서, 여전히 코페르니쿠스 인식전회를 거쳐 등장한 칸트의 비판철학의 입장과 조금도 다를 바 없다. 환원이란 개념이 그 이유를 명백히 입증한다. 환원은 분리하는 작업이므로, 주관과 객관의 분리작업이다. 주관과 객관이 분리되었다는 의미는 객관의 실재를 전제할 적에만 가능하

---

10 『순수이성비판』 ibid

다. 객관의 인식과 구별된 상황에서는 대상은 앞으로 인식되어야 할 미지수이다. 그 상태를 판단중지라고 규정한 것이므로, 그 개념에 특별한 인식론적 의의를 부여하여 칸트의 논증방식을 격하할 이유가 별도로 있을수 없다.

순수의식에서 곧장 신의 본유관념을 논구한 데카르트의 해명방식은 인식론의 토대가 부실했다. 그래서 칸트는 논구의 방향을 급선회하여 대상과 의식과의 관계를 원점에서 검토하는 탐구방식으로 전환했다. 그 작업은 주관적 의식이 외부에 객관적으로 존재하는 대상을 어떻게 인식할 것인지의 문제를 해명하는 과제이다. 이 과제는 한편으로는 객관에 관련된의문이고, 다른 한편으로는 주관에 관련된 의문이다.

첫째, 외부에 존재하는 대상의 특성을 인간 의식이 규정했을 때, 그렇게 규정한 인식기능의 판단이 대상의 지닌 고유한 특성을 어떻게 파악할수 있는가? 하는 의문점이다.

둘째, 대상이 감각기관을 촉발하여 뇌로 전달된 인상들을 집합하여 지식을 형성하는 인식과정에서, 인식기능이 객관적이고 정확한 판단을 어떻게 내릴 수 있는가? 하는 의문점이다.

의식의 주관이 대상의 객관을 인식하려면, 주관과 객관은 서로 공동의특성을 공유하고, 결합하고서 존재해야 한다. 공동의 특성은 사물이 지닌연장속성이다. 의식은 자신에게 선천적으로 내재하는 연장속성의 표상을바탕으로 하여 객관의 대상을 주관의 개념으로 규정한다. 그런데 연장속성은 이 의문을 제대로 해명할 수 없다. 또한 사유속성도 이 의문을 제대로 해명할 수 없다. 왜냐하면 인간의 인식기능은 대상을 접촉하는 동작만으로 사물이 존재하는 이유, 목적, 생성한 방법들을 파악할 수 없기 때문이다. 다양한 현상을 수용하여 분석하고 종합하는 과정을 뒷받침하는 인식기능이 의식에 선천적으로 내재하지 않으면, 의식은 생성·소멸하는변화과정을 체계적으로 인식할 수 없다. 그래서 칸트는 객관과 주관의 상관관계에 대한 의문점을 사물과 사유의 속성에 공통되는 공간의 존재로서 해명했다. 그 판단과정의 해명은 다음과 같다.

첫 번째 의문점에 있어서는, 객관적 인식대상인 우주의 존재는 의심의 대상이 아니다. 우주의 현존성은 변화하는 사물을 포용하는 공간성이 보장한다. 공간의 특성은 사물의 연장속성에 영향을 주지 않기 때문에 연장속성은 불변의 특성을 지닌다.

공간은 사물이 아니기 때문에 사물의 존재는 원리와 법칙에 따라 우주의 질서를 구성한다. 현존하는 사물(thing, Ding)은 그 사물의 근본성인 사물자체(thing in itself, Ding an sich)는 아니다. 사물이 사물 그 자체이면, 인간의 인식은 사물을 접촉하면서 사물의 모든 것을 그 순간에 파악할 수 있다. 그러면 인간의 감성적 직관과 신적 지적 직관은 서로 다를 바 없다. 생성·소멸의 변화를 겪는 구성인자는 서로간의 결합·분해의 과정을 거치면서 새로운 조직을 구성한 복합체로 이행한다.

인간의 의식은 변화하는 사물의 전 과정을 파악하고, 그 과정을 원인과 결과, 목적의 개념에 따라 기억하고, 그 기억을 총체적으로 통합하여 사물의 정체를 통일적으로 파악한다. 감각기관이 판단한 사물의 인상과 표상이 인간의 감각기관이 지닌 기능 때문에 주관적일 수 있다. 하지만 공간이 등장한 사물의 형상은 인간의 주관성과 달리 객관적이고 보편적이다. 그러면 인간의 의식이 '빨갛다'라고 판단한 색깔과 사물의 본래색깔이 동일한 빨간 색깔로서 일치하는가? 하는 의문이 가능해진다. 인간이 지닌 눈의 기능에 의해 사물의 색깔이 빨간색으로 규정된 사실처럼 공간에 존재하는 사물의 형상도 다르게 될 수 있기 때문이다. 하지만 감각적 판단의 주관적 차이와 달리 사물을 구성하는 근본인자의 형상은 논란거리가 될 수 없다. 근본인자의 형상이 불변이 아니고 변화를 계속한다면, 생성소멸의 과정은 법칙적일 수 없다. 따라서 사물의 형상에 적용하는 수학과 기하학의 학적 보편성은 변함없이 확고하다.

칸트가 두 번째 의문점에 대해 취한 입장은 의식이 지닌 인식구조와 기능이다. 칸트는 판단작용의 표상을 범주로 격상시켜 순수오성개념으로 규정했다. 데카르트, 스피노자, 라이프니츠가 인식구조와 기능을 철저히 다루지 않음으로서 합리론의 직업을 완수하지 못했다. 칸트는 그 취약점을 철저히 극복하여 합리론의 진정한 토대를 구축했다. 범주의 특성을 지닌 순수오성개념은 선험적 감성론을 토대로 삼아 수학과 기하학의 지식을 범주개념의 범례로 삼았다. 첫 번째 범주개념인 양의 강목은 철저히 수학적이고 기하학적이다. 외적사물의 특성을 판단함에 있어서 단일성, 다수성, 전체성은 질적 판단에서 예외를 배제하는 기능을 지닌다. 사물이 지닌 형상은 공간의 성격 때문에 혼란을 유발하지 않는다. 인간이 대상의 특성을 아직 모른다는 경우와 대상의 형상이 인식을 불가능하도록 불규칙하게 작용하는 경우는 전혀 다른 의미이다. 더 나아가 후자의 경우에서 인식의 불가능성은 대상의 형상이 복잡하여 분석의 시간이 걸린다는 것과 구별된다.

현대 미시물리학이 입자이론을 구성할 수 있었던 근거는 사물의 형상이론이다. 물리학은 사물에 대한 색깔, 냄새, 맛과 같은 감각과 전혀 무관하게 오로지 공간에 존재하는 사물의 형상만을 연구의 대상으로 삼는다. 즉 명확한 사물의 형상과 운동만이 탐구대상이었다.

존재론의 단초인 선험적 감성론

칸트가 논구한 선험적 감성론은 공간과 시간에 관한 논증의 장소이다. 칸트가 공간과 시간을 순수직관형식으로 해명한 장소이다. 직관은 개념이 아니기 때문에, 사물과 관계하고 사물을 규정할 적에 적용된다. 칸트가 공간과 시간의 존재에 붙인 명칭은 순수직관형식이다. 곧 사물의 성질이 아닌 존재이므로 사물에 속하는 성질일 수 없다. 단지 사물에 속한 성질이 아닌 사물을 수용하는 존재이므로 사물의 형식에 해당한다. 사물의 형상바깥에 존재하는 것이므로 사물의 형식이 된다. 공간은 형식이므로 변화하는 존재가 아니다. 사물이 없으면 인간은 공간을 직관할 수 없다. 마찬가지로 공간의 존재가 없으면 사물의 인식은 불가능하다.

공간의 존재는 객관적 사물을 포용하기 때문에 객관적 존재로 규정해야 한다. 그러나 사물을 공간에서 배제하고 나면, 공간을 달리 규정할 방법이 없다. 사물을 규정하는 언어를 술어로 사용하여 진술할 방법이 없다. 사물의 어떤 성질도 가지지 않은 존재이면서 사물과 더불어 있고, 사물에 어떤 영향도 미치지 않은 존재이므로, 공간의 존재를 규정하는 방식에는 칸트가 제시한 방법이 타당하고 적절한 해명이 아닐 수 없다.

칸트는 공간의 해명에서 "공간의 해명에 개념이 선천적으로 주어진 것이라는 설명이 포함되었을 때 이 해명은 형이상학적이다."[11]라고 진술했다. 그리고 "나는 어떤 개념을 다른 선천적 종합적 인식의 가능성을 이해할 수 있는 원리로 설명하는 것을 선험적 해명이라고 알고 있다."[12]고 진술했다. '형이상학적 해명'의 진술에서 주목되는 골자는 "개념이 선천적으로 주어진 것"이란 표현이다. 그리고 '선험적 해명'의 진술에서 주목되는 골자는 "선천적 종합적 인식의 가능성을 이해할 수 있는 원리"라는 표현이다.

선천적이란 의미는 공간의 개념이 순수오성 개념과 똑같이 선천적으로 인간의 인식기능에 갖추어져 있다는 사실을 가리킨다. 선천성이 형이상학의 의미를 내포하고 있는 근거는 형이상학적 궁극원인이 없이는 공간의 존재가 인간의 의식에 선천적으로 내재할 수 없기 때문이다. 공간은 사물이 아니기 때문에 감각을 촉발하는 사물의 속성에는 공간이 소속할 수 없다. 다시 말해 사물은 동일한 속성의 사물로 구성되어 있기 때문에

---

11 『순수이성비판』 B38
12 『순수이성비판』 B40

사물이 아닌 공간이 사물로 둔갑하여 사물의 속성이 될 수 없다. 공간은 오로지 인간이 사물을 접촉하는 순간, 사물과 사물을 서로 구분하는 간격에서 인간이 느끼는 존재감이다.

공간은 사물을 없애도 함께 없앨 수 없는 성격의 존재이다. 인간의 감각은 사물이 전혀 없는 순수공간을 전혀 인식할 수 없다. 인간의 감각에 공간의 존재를 전달할 수 있는 수단과 방법이 없기 때문이다. 그럼에도 불구하고 공간의 존재가 선천적으로 의식에 내재한다. 의식에서 사물의 존재를 인위적으로 모두 제거해도 의식에 순수공간의 존재가 그대로 남기 때문이다. 외부의 사물로서는 공간을 직접적으로 인식할 수 없어도, 의식에서는 공간의 존재를 간접적으로 인식할 수 있다. 공간의 존재는 의식이 인위적으로 제거할 수 없다.

칸트는 바로 그 점 때문에 순수공간을 선천적 인식기능으로서 순수직관형식으로 규정했다. 공간은 사물과 더불어 지각되기 때문에, 사물을 규정하기 위해 적용하는 순수오성개념일 수 없다. 순수공간은 개념이 아니라 사물을 직관하는 순간에 작용하기 때문에, 직관의 형식이다. 칸트는 의식에 선천적으로 자리 잡고서 사물을 인식할 수 있게끔 만드는 공간의 인식기능이 형이상학적임을 밝히는 논증을 가리켜 형이상학적 해명이라고 명명했다.

칸트가 형이상학적 해명에 연이어 선험적이란 명칭으로 공간을 논증한 이유는 선천성이 지닌 원리의 성격 때문이다. 현상계의 사물이 공간을 벗어나는 경우가 가능하면, 공간은 형이상학적 존재가 될 수 없다. 형이상학적 존재라는 의미는 공간의 특성이 현상계의 사물에 대해 작용하는 보편성을 가리킨다. 공간성이 보편적이어야 현상계를 구성하는 사물의 원리를 구성할 수 있다. 공간의 보편성은 사물의 법칙을 구성하는 학적 작업에서 수학과 기하학이 원리로서 작용하는 객관적 사실의 근본토대가 된다.

형이상학의 정초적업인 선험적 감성론

현상계가 하나의 원리로 통합하지 않으면 형이상학의 논구를 올바르게 진행할 수 없고, 형이상학의 논구가 제대로 진행되지 않으면 형이상학의 학적토대가 구축될 수 없고, 형이상학의 토대가 마련되지 않으면 제일철학이 붕괴된다. 그러면 학문은 보편학이 없는 상황에서 진리를 추구하는 모순상황에 빠진다.

칸트가 비판철학체계의 첫머리에서 선험적 감성론을 논구하면서 "형이상학적"과 "선험적"인 명칭을 붙인 이유는 비판철학이 선험철학을 예비하는 이론이고, 비판철학의 구성이 선험철학의 근본토대임을 보여주기 위함이다. 선험철학은 모든 이론의 근본토대를 비판철학에서 확보했기 때문에, 선험철학은 여러 가지 인간·사회·자연·종교의 문제들을 선험적 원리를 바탕으로 하여 그들의 지적 토대를 논구할 수 있게 되었다.

그러므로 이 논구에서 칸트가 붙인 두 명칭은 비판철학이 논구하려는 목적을 미리 보여주는 역할을 지닌다. 비판철학의 의도는 첫째는 새로운 형이상학의 체계를 수립하고, 둘째는 새로운 형이상학을 바탕으로 하여 인간의 본질을 규명하는 목적이다. 칸트는 형이상학으로 불리는 전통적 형이상학 대신 새로운 형이상학을 수립하여 그 목적을 달성하려고 시도했다. 칸트가 수립한 새로운 형이상학의 명칭은 도덕형이상학이다.

칸트는 처음에는 전통적 형이상학의 내용을 자연형이상학(Die Metaphysik der Nature)과 도덕형이상학(Die Metaphysik der Sitten)으로 나누어 양 체제로 구성하려고 생각했으나, 전자를 포기하고 형이상학을 도덕형이상학으로 일통하여 새로운 형이상학의 체제를 구축했다. 칸트는 새로운 형이상학인 도덕형이상학에서 전통적 형이상학의 주제인 신과 영혼불멸의 주제를 다루고 그 논증에 학적기반을 마련했다. 다시 말해 근대 자연과학에 의해 부정적으로 매도당한 형이상학에게 자연과학이 부정할 수 없는 학적기반을 구축한 것이었다.

칸트가 구성한 새로운 도덕형이상학의 체계가 자연과학의 학적 토대를 공유함으로써 자연과학과 충돌하지 않고 양립하는 학문적 특성을 갖추었다. 더 나아가 자연과학이 할 수 없는 과제이면서, 자연과학의 이론이 근본적으로 직면하는 자연의 합목적성까지도 거꾸로 논증하였다. 자연의 합목적성은 모든 자연과학의 지식들을 통합하는 통일의 원리이다.

그런 맥락에서 선험적 감성론을 바라보면, 칸트가 붙인 '선험적 해명'과 '형이상학적 해명'의 용어가 지닌 학적 의의를 직시할 수 있다. 전자인 선험적 해명이 새롭게 급부상하는 자연과학의 입장에 대한 해명이고, 후자의 해명이 자연과학에 의해 매도당하는 전통적 형이상학의 입장에 대한 해명인 학문적 의의이다. 그러므로 칸트의 궁극목적을 간과한다면, 이 명칭에 담긴 그의 의도를 파악할 수 없다. 통상적인 입장에서 바라보면, 굳이 두 개의 명칭으로 해명할 이유가 없다. '선험적 해명'이란 명칭으로 논구해도 충분할 수 있기 때문이다.

(3) 창조적 발상의 근본토대인 선험적 감성론

창조적 상상력의 토대인 순수직관형식

인간은 사물로 구성된 현상계에서 사물의 근본요소의 원천적 본질을 어찌할 수 없다. 인간의 인식기능은 인식대상의 원천적 본질을 변경할 수 있는 방법을 논구할 수 없다. 거시적인 측면에서나 미시적인 측면에서도 인식능력의 한계는 명확하다. 예컨대 그 한계는 소립자들의 특성을 마음대로 변경하여 현상계의 모든 변화를 전면적으로 통제하는 경우가 불가능한 사실이다. 곧 인간의 태양주변을 돌고 있는 지구궤도를 변경할 수 없는 사실이다.

인간의 인식기능은 태양이 동쪽에서 뜨고 서쪽으로 진다는 사실로부터 지구가 둥글고 태양의 주변을 돌고 있는 행성임을 천문학의 지식으로 확립할 수 있다. 사물을 구성하는 근본요소가 소립자임을 미시물리학의 지식으로 확립할 수 있다. 인간의 인식기능이 지구가 둥글고 스스로 회전하면서 태양을 돌고 있다는 사실을 확증하는 데에는 태양을 바라보는 경험만으로 불가능하다.

인간의 의식은 진·선·미의 관념과 그 관념을 작동할 수 있는 사유기능을 선천적으로 갖추고 있어야 한다. 인간이 자신의 두뇌 속에 태양과 지구를 그려 놓고 검토할 수 있는 상상력이 없으면, 지구와 태양의 관계를 규명할 수 없는 경우이다. 지구를 벗어날 수 없는 인간이 먼 거리의 태양을 바라보고, 낮과 밤의 현상을 관찰한 지식만을 가지고, 태양계의 정체를 밝히려는 지적 작업은 경험적 관찰행위와 전혀 다른 성격의 인식기능이 작용해야 한다. 지구와 태양의 관계를 여러 가지 경우로 따질 수 있는 인식기능이 선천적으로 있어야 하고, 그 기능의 작동은 선결조건으로 의식의 내부에 순수공간의 특성을 갖춘 기능이 있어야 한다. 순수공간의 기능은 그림을 그릴 수 있는 백지와 같은 특성이다.

창조적 발상의 선결요건

인식기능이 끊임없이 새롭게 등장하는 객체를 주체인 자신과 상대적으로 대립시켜놓고, 주체인 자신과 객체의 특성을 올바르게 파악하려면, 보편적 기초지식을 갖추어야 한다. 철학이 보여주는 지성의 역사는 인간이 두 가지의 지적 작업을 동시에 진행하였음을 적나라하게 보여준다. 그 작업을 잘못 평가한 입장은 두 가지의 작업이 동시에 진행된 과정을 무시하였다. 그 입장은 진리를 탐구하는 철학의 작업을 오류의 역사이고 더 나아가 불변의 진리는 없다고 오판했다.

인식의 본성은 창조적 본성이다. 자신의 외부에 존재하는 개체들의 존재방식을 파악한 연후에 그 지식을 활용하는 기능이다. 창조적 본성의 작용은 인간의 생존에 필요한 도구를 만드는 작업이다. 이 기능은 문명사회를 건설한다. 창조적 지적 본성은 언제나 상황에 필요한 도구를 만들고, 기존의 사태를 새롭게 변경하는 진보의 길로 나가려고 했다. 창조적 작업은 선결조건에 제약을 받는다.

첫째, 도구를 만드는 창조적 작업의 재료는 자연의 사물이다. 자연의 사물은 자연법칙에 의해 구속된다. 인간의 상상력이 자연법칙을 무시하고 창조물을 상상하더라도, 그 상상물이 의식의 외부에 실재하려면 자연법칙을 따라야만 실존할 수 있다.

둘째, 창조를 하려면, 다양한 발상이 필요하다. 창조의 과정에는 다양한 발상이 의식 내에서 상호비교가 가능해야 한다. 다양한 발상이 외부에서 실험을 거쳐 판정되더라도, 다양한 발상이 의식에서 상호비교를 거쳐 가설로 구성되어야 한다.

셋째, 다양한 발상을 종합한 가상이 실재로 실현되려면, 인간을 구성하는 육체의 구조처럼 세밀한 구성요소를 구상해야 한다. 이러한 다양한 구성요소를 나열하려면 의식에서 공간의 장소가 필요하다. 그리고 그것을 순서적으로 나열하려면 시간의 규칙이 필요하다

이러한 선결조건이 충족되지 않으면, 인간의 의식은 창조적 활동을 할 수 없다. 창조적 활동이 없으면, 문명사회의 건설뿐만 아니라 문명사회의 진보도 없다. 진보가 없는 인간 삶의 미래는 쇠퇴와 몰락으로 치닫게 된다. 사회를 구성하는 인간은 계속 바뀌는데, 인간사회의 환경은 그대로라면 인간은 투사로 돌변하면서 인간사회는 쇠퇴와 몰락의 길로 접어들게 된다. 예컨대 새로운 노래와 춤과 소설과 영화가 등장하지 않고, 한정된 작품만이 되풀이 된다면, 인간은 권태로움과 짜증을 유발하면서 생존의 의욕을 잃게 될 것이다.

순수의식의 공간과 시간은 다양한 발상을 가능하게 하고, 다양한 발상

끼리 충돌하지 않게 하고, 다양한 발상끼리 겹치지 않게 하면서, 인간을 창조적 주체로서의 역할을 자유롭게 수행할 수 있도록 만든다.

2) 인식론과 존재론의 정초작업인 선험적 감성론의 특성

주목

선험적 감성론의 현대물리학의 본질과 직결되어 있다. 그 이유는 현대물리학이 전래의 자연형이상학의 성격과 전혀 다른 독립성을 확립하였는가? 하는 의문점 때문이다. 그 의문점은 다음의 세 가지로 압축된다.

첫째, 현대물리학이 기계론적 인과율을 벗어나 있는가?

둘째, 현대물리학이 수학적 사고방식으로 벗어나 있는가?

셋째, 현대물리학이 입자이론을 벗어나 있는가? 하는 의문점이다.

(1) 선험적 감성론과 선험적 논리학을 분리한
   선험적 분석론의 학적 의의

초감성적 대상에 대한 사유방식을 통제하는 선험적 감성론의 공간개념

인간의 의식구조가 창조적 작업을 진행하기 위해서는, 우선적으로 창조적 생산과정에 이용하는 사물의 본질을 인식할 수 있는 지적 기능을 갖추고 있어야 한다. 이 기능이 없다면 사물의 원리와 법칙을 파악하는 인식이 불가능하게 되고, 문명을 창조하는 작업을 수행할 수 없다. 문명을 창조하는 작업에 선의식과 미의식이 작동하려면 그 근저에 외부대상을 개념으로 정립하는 지성이 함께 작동해야 한다. 지성과 선의지와 미의식이 통합하여 올바르게 작용하지 않으면, 창조적 작업이 순조롭게 진행될 수 없다.

비판철학은 의식의 진정한 본질이 창조적 활동을 하는 실천적 기능에 있음을 밝혔다. 창조적 실천행위의 정체는 사변이성의 한계성을 극복하고, 실천이성이 형이상학적 존재본질을 밝혀야만 명확히 드러날 수 있다. 감각의 판단작용에 반성적 판단력의 미의식이 작용해야만, 다양한 종류의 문명사회의 제품들이 함께 어울려 조화와 균형을 이룰 수 있다. 지성의 지식과 선의지의 도덕과 미의식이 어울러 형성한 문화가 인간의 행동양식을 뒷받침해야만, 인간의 공동체가 고도의 문명사회로 전환할 수 있다.

비판철학은 체계적 논증을 거쳐 감각기능에 은폐된 반성적 판단력이 미의식의 본질임을 해명하였다. 비판철학은 미감적인 판단력의 표상을 오성의 판단기능에서 작용하는 규정적 판단력의 표상으로부터 구분함으로서, 의식구조의 총체적 모습을 확연히 보여주었다.

실천적 자유의 본질을 논증하는 과정은 먼저 실천적 자유의 근원인 선험적 자유를 확립해야 한다, 인간이 선천적으로 갖춘 도덕적 자유의식은 개인의 주관적 기질이 보편적 도덕법을 바탕으로 하여 창조적 활동을 할 수 있어야 한다는 조건을 전제한다. 따라서 진정한 자유의 실현은 개인의 창조적 작업이 공존할 수 있는 생활공간이 가능해야 한다. 형이상학을 진정한 학문으로 새롭게 재건하려는 목적은 인간의 정체성을 밝힌 연후에 달성할 수 있다.

인간이 선천적으로 갖추고 있는 형이상학적 본능은 초감성적 존재영역을 구성한다. 형이상학적 본능의 작용은 데카르트가 해명한 본유관념에서 비롯한다. 칸트는『판단력비판』에서『순수이성비판』의 사변이성과 『실천이성비판』의 실천이성을 통합하는 역할이 반성적 판단력에 있음을 파악했다. 칸트는 사변이성과 실천이성의 인식능력의 한계를 다음과 같이 설명했다.

"…그러므로 우리들의 모든 인식능력에 대해서는 무한정의 그리고 또한 도달하기 어려운 분야가 있으니, 그것은 곧 초감성적인 것이다.

이 분야 안에는 우리들의 지반은 없으며, 따라서 거기에는 오성개념에 대해서도 이성개념에 대해서도 우리들의 이론적 인식을 위한 영역이란 있을 수 없는 것이다.

이 분야에 우리는 물론 이성의 이론적 사용과 아울러 실천적 사용을 위해서 이념들을 배치하지 않으면 안 되지만, 그러나 우리가 자유개념에 기인하는 법칙과의 관계에 있어서 이 이념에 대하여 허용할 수 있는 것은 실천적 실재성뿐이므로 이 이념에 의해서는 우리들의 이론적 인식은 초감성적인 것을 향해서 조금도 확장되지 않는 것이다." [13]

칸트는 당연히 인간의 사유기능이 학문적인 입장에서 초감성적 영역을 향해 나아갈 수 없지만, 그럼에도 불구하고 사유할 수 있는 상황에서 진리를 구축하는 방법으로 두 가지 방식을 제시했다. 하나는 인간의 지성적 기능이 초감성계인 물자체의 영역과 감성계인 현상계를 연결할 수 있는 실천이성의 도덕적 최고선을 추구함으로서 해결하는 방식이다. 또 다른 하나는 최고선을 추구할 수 있는 실천이성의 도덕적 지성을 바탕으로 하여, 미의식의 감성이 생활 속에 문화영역을 실현하여 해결하는 방식이다. 그 방식이 의도하는 의미는 초감성적인 사고가 선천적 도덕성을 바탕으로 하여 감성계에 작동한다는 사실이다. 칸트는 그 점에 대해 다음과 같이 지적하였다.

"그런데 비록 자연개념의 감성적 영역과 자유개념의 초감성적 영역과의 사이에는 거대한 심연이 가로 놓여 있기 때문에, 전자로부터 후자에로의(따

---

13 『판단력비판』 XⅣ p27

라서 이성의 이론적 사용을 매개로 한) 어떠한 이행도 불가능하여, 마치 두 영역은 전자가 후자에 대하여 어떤 영향도 미칠 수 없는 두 개의 상이한 세계인 것 같지만, 그러나 후자는 전자에 대하여 어떤 영향을 미쳐야 한다.

 즉 자유개념은 자기의 법칙에 의하여 부관된 목적을 감성계에 있어서 실현해야만 하며, 따라서 자연도 그의 형식의 합법칙성이 적어도 자유의 법칙에 따라 자연에 있어서 실현되어야 할 목적들의 '실현' 가능성과 합치하는 것으로 생각되지 않으면 안 된다.

그러므로 자연의 근저에 놓여 있는 초감성적인 것과 자유개념이 실천적으로 포유하고 있는 것과의 통일의 근거가 하나 있지 않으면 안 된다. 그리고 그러한 근 거에 관한 개념은, 비록 이론적으로나 실천적으로나 그 근거의 인식에 도달하지 못하며, 따라서 고유한 영역을 가지지는 못하며, 그러나 한쪽의 원리들에 따르는 사유방식으로부터 다른 쪽의 원리들에 따르는 사유방식에로의 이행을 가능케 하는 것이다." [14]

이로부터 『판단력비판』이 진행한 철학과제는 도덕법칙을 수립하는 실천이성과 선의지의 정신적 작용의 활동영역과 구별되는 또 다른 정신적 작용의 활동영역을 입증하는 작업이었다.

"그러나 상급의 인식능력이라는 가족 안에는 오성과 이성과의 사이에 하나의 중간 항이 있다. 곧 이것이 판단력인데, 이 판단력에 관해서도 우리는, 비록 그것이 하나의 고유한 입법을 포유하고 있지는 않을지라도, '오성이나 이성과' 마찬가지로, 법칙을 탐구하기 위한 자기의 고유한 원리를 ─결국 그것은 단지 주관원리에 지나지 않겠지만─ 선천적으로 포유하고 유비에 의하여 추측할 만한 이유를 가지고 있는 것이다.

---

14 『판단력비판』 X X

그리고 이 원리에는 대상들의 분야가 그의 영역으로서 귀속되어 있지는 않지만, 그러나 이 원리는 어떤 하나의 지반과, 바로 이 원리만이 타당할 수 있는 그 지반의 일정한 성질을 가질 수 있는 것이다."[15]

선험적 감성론과 선험적 논리학의 구분

감성의 표상에는 형식과 내용의 차이는 있을지라도 그 본질은 동질적이다. 그러나 대상을 인식하여 학문으로 정립하는 차원에서는 인간과 여타의 생물체의 인식기능은 동질적이지 않다.

순수직관형식을 논구하는 선험적 감성론에서의 공간과 시간의 존재는 사물의 변화를 통합하여 하나의 이론으로 정립하는 인간의 인식기능을 확립시켜주는 방식이다. 곧 인간이 대상을 마주치는 방법은 순간적으로 정지해 있는 존재이므로, 변화를 모두 총괄하려면 매 순간마다의 모습을 연속적으로 연결시켜주어야 한다. 그런데 그 방식에 잘못된 경우가 발생하면, 인식이 혼란스럽게 되어 극단적인 경우에는 인식이 불가능해진다. 그러므로 매순간의 연결이 결코 잘못될 수 없게 되어야 한다. 물론 대상이 제공하는 이런 경험의 순간을 변경할 수 있는 의식의 공간에서는 잘못을 저지를 수 있다.

선험적 논리학은 전통적 형식논리학과 달리, 인식기능의 근본 틀인 논리학의 형식적 법칙뿐만 아니라 인식대상의 근본존재도 함께 논구한다. 인식대상이 펼치는 갖가지 구체적 현상들은 과학의 논리적 사고방식이 다루고, 선험적 논리학은 모든 현상을 포괄하는 존재자체의 본성을 다룬다.

모든 현상들은 구성인자들이 생성소멸의 변화를 일으키면서 등장하기 때문에, 의식의 인식기능은 현상계를 구성하는 근본요소들을 뒷받침하는 근본원리와 법칙을 구성할 수 있다. 그로부터 사물의 근본속성인 연장속

---

15 『판단력비판』ⅩⅩⅠ~ⅩⅩⅡ

성을 다루는 수학이 의식에서 가능케 된다.

칸트는 현상을 모든 가능한 경험의 총체로 규정하고 또한 자연도 모든 가능한 경험의 총체로 규정했다. 그러므로 인식기능의 관심과 작용은 모든 물적 현상을 발생시키는 원인을 인식대상으로 삼기 때문에, 제일원인에 해당하는 초월적 존재자로 향하게 된다. 비판철학은 초월자의 존재이념과 사물의 속성을 다루는 수학의 본질이 서로 조화를 이루면서 양립할수 있는가? 하는 의문점을 범주개념의 선천성과 선험성, 형이상학적 특성을 논증하면서 해명한다.

칸트의 선험논리학의 특성은 경험론의 입장을 수용하여 철저히 물적대상에 한정되어 있다. 그러므로 정신과 물질을 구분하여 이원론적 입장에서 결합을 도모한 기존의 합리론이 난파한 사정을 극복하려고 하였다. 그 방식은 사물과 정신을 처음부터 이원론적 입장에서 실체론을 정립한데카르트의 경우를 비롯하여, 이원론에서의 실체론을 벗어나 실체의 존재를 하나로 통합한 스피노자와 라이프니츠의 경우가 발생하는 난관을 피하기 위해, 오로지 물질의 특성을 기계론적 인과율이 작용하는 연장속성에 한정하고, 선험적 변증론의 이율배반의 도식을 구성했다.

칸트는 현상계에서 작용하는 의식의 목적론적 인과율을 논구하기 위해, 정신과 구별되는 물질의 특성을 기계론적 인과율에 의해 작용하는 존재라고 명확히 해명했다. 그 논증이 가능한 이유는 기계론적 인과율과 목적론적 인과율의 출신이 동일하다면, 기계론적 인과율과 목적론적 인과율이 각각 별개로 존재할 수 없기 때문이다.

칸트는 인과율에 관한 근원지를 따지기 이전에, 그 특성의 차이를 명확히 규정하여 양립시켜 이원론의 근본문제를 해소하려고 했다. 두 개의 인과율을 양립시켜야 하는 이유는 칸트가 물자체의 개념을 설정한 이유를 해명하는 논거가 된다. 따라서 칸트가 기계론적 인과율이 작동하는 사물의 현상계에서, 사물의 특성을 지식으로 구성하는 인간의 지성이 물질의 특성과 근본적으로 다르다는 사실을 입증해야만 했다. 사물을 구성하는 근본입자로부터 의식이 탄생한 것이라면, 개별적 구성인자는 단지 복합체를 구성하는 요소에 지나지 않으므로, 사물이 구성하는 현상계의 전체를 인식할 기능을 갖출 수 없다. 사물은 인식기능의 구조를 구성하는 수단이고 도구일 뿐이므로, 현상계의 전체를 조망할 수 있는 인식기능의 구조는 사물의 구성요소와 다른 특별한 요인을 갖추고 있어야 한다.

칸트는 그 작업을 간접적으로 시도하는데, 그 터전은 현상계의 보편원리를 탐구하는 인식기능의 토대인 논리학이었다. 칸트는 기존의 일반논리학과 특성을 달리하는 선험논리학을 전개했다. 칸트는 선험논리학의 인식기능을 선천적이고 선험적으로 해명했는데, 일반논리학의 특성을 아래와 같이 규정하고, 해명했다.

> "일반논리학으로서의 이 학문은 오성적 인식의 모든 내용과 그 대상의 차이를 도외시하고 사고의 순수형식만을 다루어야 한다.[16] ……우리가 위에서 지적하였듯이 일반논리학은 인식의 모든 내용을 무시한다. 즉 인식과 객체와의 모든 관계를 무시한다. 그래서 한 인식이 딴 인식에 관계할 무렵의 논리적 형식만을 다룬다. 즉 사고 일반의 형식만을 다룬다. 순수논리학으로서의 이 학은 어떠한 경험적 원리도 가지지 않는다." [17]

이로부터 칸트는 명확하게 선천적이란 용어와 선험적이란 용어의 성격이 무엇인지를 명확히 보여준다. 이로부터 우리가 왜 이 용어를 초월적이라고 번역할 수 없는지를 파악할 수 있게 된다.

---

16 『순수이성비판』 B78
17 『순수이성비판』 ibid

"…모든 선천적 인식을 선험적이라고 말하는 것이 아니라 어떤 표상들이 선천적으로 사용되고 혹은 선천적으로만 가능하다는 것과 또 어떻게 그러하냐 하는 것을 우리가 인식하도록 하는 선천적 인식만을 선험적이라고 말해야 한다는 것이다." [18]

범주개념의 근본토대인 선험적 감성론

칸트가 선험적 논리학에서 전통적인 판단표가 모든 존재의 개념을 뒷받침하는 가장 기초개념인 범주론을 확정한 것은 경험론에 대해 합리론의 입장을 명확한 확증한 결과물이다. 그 이유는 첫째는 칸트가 스스로 밝혔을 뿐만 아니라 철학사에 공인된 바처럼, 경험론의 비판적 인식론의 입장을 칸트가 수용한 사실과, 둘째는 그런 경험론의 논구방식을 두고서 그들의 입장을 철저히 합리론의 입장에서 비판한 사실 때문이다. 만약 칸트가 앞선 합리론의 선각자들처럼 전통적인 실체론으로부터 경험론에 대한 반박을 시도하였다면, 결코 칸트의 독특한 발상이 철학사의 무대에 우뚝 서지 못했을 것이다.

칸트가 경험론의 입장을 그대로 수용하면서도 동시에 경험론의 한계를 극복하려는 시도를 뒷받침한 근본토대는 선험적 감성론이었다. 칸트는 그 연장선상에 선험적 논리학의 판단표와 범주표를 논증했다.

칸트의 합리론의 입장이 경험론을 비판할 수 있었던 배경은 당연히 보편개념의 본질에 근거한다. 왜냐하면 사물의 모든 현상에 전통적 합리론자들이 줄곧 견지한 실체의 속성인 연장속성을 벗어난 개체가 있다면 당연히 연장속성은 그 타당성이 전면적으로 부정될 것이기 때문이다. 다시 말해 현상계에 존재하는 사물들이 연장속성의 사물이 아닌 것이 있는가? 하는 관점이다. 그러므로 연장속성의 사물을 원리적으로 인식할 수 있는

---

18 『순수이성비판』 B80

필연적인 사유기능을 설명하려면, 당연히 공간과 시간의 순수직관형식이 인간의 인식기능의 근저에 자리 잡고 있어야 가능하다는 칸트의 입장은 반박될 수 없다.

인간의 몸체 바깥에 존재하는 각 개체들을 감싸고 있는 공간은 당연히 인간의 인식기능 속에 있는 순수직관형식의 공간개념 속에 포함되어 있을 뿐만 아니라, 두 개념은 결코 상충되어 서로를 부정하지 않는다. 공간은 각각의 사물이 아니기 때문에, 그런 연장속성에 의한 구체적 사물의 성질에 의해 순수공간의 존재가 결코 부정될 수 없다. 만약 순수공간을 부정하게 되면 공간이 물질이 되어 물질 상호간에 구분이 없어지고, 더 나아가 물질인 빛이 공간을 통과할 수 없어서 인식이 전혀 불가능하게 되기 때문이다.

칸트가 전통적인 형식논리학의 판단론에서 관계와 양상의 강목을 부가한 이유는 개념론과 판단론이 야기하는 인식의 근원성에 관한 정체성문제 때문이다. 즉 판단을 구성하는 문장의 형식에 필요한 말의 개념들이 어떻게 형성되는지를 우선적으로 해명하지 않고서는 판단론이 자신의 정당성을 올바르게 내세울 수 없기 때문이다. 곧 판단형식에서의 주어와 객어를 그 자체로 기술할 방법이 전혀 불가능하게 되는 상황 때문이다. 다시 말해 주어를 S라고 표현하면 그 S는 알파벳 속의 글자이기 때문에 S이전에 알파벳을 모르고서는 S를 사용할 수 없는 약점이다. 이 문제점을 해결하려면 당연히 칸트처럼 감각에서 비롯된 표상의 원천이 해명되어야 하고, 그 표상이 개념으로 형성되는 인식과정이 해명되어야 한다. 그러면 인간은 인간이 형성되기 이전에 세상의 대상을 인식할 수 있는 선천적 기능을 가지고 있어야 하고, 더 나아가 만물의 근원인 기본입자들에게도 그런 기능이 있어야 한다. 그 조건은 모든 물질이 원리와 법칙에 의해 만들어진 관념의 존재로 나아가지 않을 수 없도록 만든다. 하지만 칸트는 곧바로 그런 논리의 주장을 펼치지 않는다. 오히려 칸트는 그런 문제를 차후에 주장할 수 있는 과제로 간주하고, 역발상적으로 먼저 선험적 감성론에서 순수직관의 형식 및 그로부터 발생하는 감성적 직관에 의해 표상의 인식토대를 밝히려고 했다, 그 다음으로 그 표상을 통일된 개념으로 전환하는 인식토대를 밝히려는 방법을 선택했다.

그러면 당연히 선험적 감성론과 선험적 논리학의 연결고리에서 반드시 규명되어야 할 과제는 주어 S와 술어 P를 지칭하는 판단형식의 틀이 아닐 수 없게 된다. 그 과제는 앞서 지적한 바대로, 대상을 마주하는 인간에게 공간에 펼쳐진 서로 다른 개체들이 한꺼번에 시각으로 들어올 적에, 인간의 인식기능이 이것과 저것과 그것들을 서로 구별하고서, 감성적 직관의 표상을 발생시키는 인식과정의 해명이다. 만약 대상에 대한 인식의 출발에서 인간의 인식기능이 이것과 저것을 구별하지 않는다면 당연히 인식이 가능해 질 수 없다. 그 뿐만 아니라 이것과 저것이 자연스럽게 이루어지는 것이 정상적이라면, 당연히 저것에 대해 이것이 무엇이라고 직관할 감성적 직관판단의 근본 틀이 인간인식기능에 주어져 있어야 한다. 가령 이것을 붉다고 직관하려면 반드시 상대적으로 저것의 푸른 것이 동시에 존재해야 하는데, 그러면 결국 인간의 시각 및 판단기능에는 모든 색깔을 구분하여 직관할 수 있는 인식기능이 선천적으로 주어져 있어야 한다. 또한 그렇게 되어야만 변태적인 색맹과 색약의 설명이 가능해질 수 있다.

이 설명과정에는 색맹과 색약의 원천인 시각의 조직이 먼저이고 판단기능에 있는 색깔구조가 나중이라는 주장도 가능하다. 그러나 어떤 변화에도 그 과정에는 필요성이 존재해야만 가능하기 때문에, 앞 선 주장은 색깔의 필요성에 대한 관념이 우선적이라고 해명해야만 정당하게 된다. 만약 그렇지 않다고 반박하게 되면, 그 입장은 예컨대, 갈라파고스의 거북이 목이 동종의 다른 거북이와 비교하여 길게 된 이유를 두고서 거북이 목이 우연적으로 길게 되면서 높이 있는 먹이를 먹게 되었다는 주장을 하는 꼴이 된다.

그러므로 이로부터 도출되는 결과는 명확하다. 그것은 모든 인식작용의 과정에는 대상으로부터 야기되는 표상들을 가능케 하는 감성적 판단기능이 선천적으로 의식의 내부에 갖추어져 있다는 사실이다. 그리고 이 사실은 오성적 판단기능이 개념을 형성하고 학문의 이론도 구성한다는 논증을 가능케 한다. 따라서 판단론의 범주개념은 대상에 대한 표상을 발생시키는 감성적 직관의 구조를 고스란히 그대로 수용하고서 확장한 경우로 설명해야 정당한 해명이 된다.

(2) 물리적 공간을 포용하는 순수직관형식인 공간

순수공간의 관념성

칸트가 구축한 새로운 형이상학의 본질은 선험적 감성론을 제대로 파악해야만 제대로 이해할 수 있다. 공간이 존재하지 않는 사물의 세계는 불가능하다. 공간이 없는 상태의 사물은 하나의 덩어리일 뿐이고, 그 크기조차 규정할 수 없다. 덩어리 상태에서는 사물의 변화가 불가능하다. 변화가 불가능하면, 자연과 인간의 등장도 불가능하다. 인간이 없다면, 당연히 인간의 인식이 있을 리 만무하다. 순수공간이 존재하지 않는다면, 사물의 구성인자가 존재하더라도 구성인자의 개체는 무의미하다. 운동과 변화가 불가능한 사물은 하나의 덩어리로 존재할 뿐이다. 순수공간이 존재하지 않기 때문에 그 경계선을 정할 수 없다. 설사 덩어리가 개체로 구성되어 있더라도, 개체들은 서로 간에 다른 개체가 무엇인지를 알 수 없다. 그런 상태에서는 서로가 교류하면서 자신을 다른 존재에게 알려줄 수 없다. 사물만이 존재하는 상태에서는 사물 이외의 다른 존재자가 존재할 수 없다. 상황을 변화시킬 수 있는 다른 요인이 없기 때문에, 그 상태 이외의 다른 경우가 발생할 수 없다.

그러므로 현실계에 사물들이 존재하고, 사물을 인식하는 인간들이 함께 존재하는 사실은 더할 나위 없이 순수공간이 존재하는 사실을 입증하는 직접적 논거이다. 공간은 사물이 아니면서 동시에 무한하게 사물을 수용하는 특성을 지니고 있기 때문에, 내용이 아닌 형식이다. 그러므로 칸트는 인간의 인식기능이 선천적으로 순수공간을 순수직관형식으로 갖추고 있다고 논증했다.

공간이 사물을 포용하고, 공간이 포용하는 육체에 정신이 존재하고 있으므로, 논리적으로는 정신이 공간에 존재한다고 규정되어야 한다. 하지만 칸트는 공간을 사물과 동일한 실체로 규정하지 않았다. 공간이 물자체이면 공간은 물자체의 존재까지 포용하는 존재가 된다. 정신의 실체도 공간에 존재해야 한다. 신은 공간이 아니다. 신은 물자체이다. 그러면 신이 물자체인 공간에 존재해야 한다. 그러면 신은 무한한 공간을 창조한 존재가 될 수 없다.

칸트는 공간을 의식에 자리 잡고 있는 순수직관형식으로 규정함으로써 두 가지 문제점을 해결했다. 하나는 공간이 영혼의 세계를 감싸고 있는지의 논쟁을 우회적으로 피해나갈 수 있게 된 이점이다. 다른 하나는 공간이 의식에 자리 잡음으로서 인간의 상상력이 영혼의 영역에까지 미칠 수 있게 된 이점이다. 즉 공간이 외부세계에 놓여 있는지의 물리적·종교적 논쟁을 슬기롭게 극복하면서 예술의 영역에서 영혼불멸과 신의 영역을 상상력으로 펼칠 수 있게 된 이점이다.

선험적 감성론을 논구하려면, 칸트가 해명한 선험적 관념론의 특성을 먼저 이해해야 한다. 선험적 감성론은 비판체계의 논리성 때문에 선험적 관념론의 특성을 자세히 해명할 수 없다. 그래서 칸트는 그 점을 「선험적 변증론」에서 전개했다.

칸트는 선험적 관념론과 선험적 실재론이 서로 대립하는 입장을 해소하기 위해, 선험적 관념론과 경험적 관념론을 구분했다.[19] 칸트는 이 구분에서 선험적 감성론에서 논구한 공간의 존재를 재차 물자체의 존재가 아님을 강조했다. 칸트가 이곳에서 공간과 시간을 언급한 이유는 이들이 물자체라면, 대상을 경험하는 순간 그 표상이 곧바로 물자체이어야 하는 문제점을 극복하기 위함이었다.

> "……모든 현상의 선험적 관념론(transzendentalen Idealism)이라는 것은 모든 현상을 다만 표상에 지나지 않는 것으로 보고 물자체로 보지 않으며, 따라서 시간과 공간은 우리의 직관의 감성적 형식이지, 독립적으로 주어지는 규정이나, 또는 물자체로서 존재하는 객관의 제약이 아니라고 보는 교설이다. 이 관념론과 대립하는 것이 선험적 실재론(transzendentaler Realism)이며, 시간과 공간을 (우리의 감성과 관계없이) 그 무엇자체라고 본다." [20]

순수공간이 사물을 단지 수용하고 있듯이, 순수직관형식인 공간개념은 지향적 기능을 지닌 존재가 아니다. 순수공간은 감각이 대상과 접촉하면서 발생하는 표상을 뒷받침하는 수용적 기능을 가진 존재이다. 순수직관형식인 공간은 물리적 공간을 포용할 뿐만 아니라 더 중요한 인식기능을 내포하고 있다.

의식의 공간기능이 외부에 실재하는 공간기능과 동질적이다. 의식의 순수공간이 외부의 실재공간을 제한 없이 수용하지 못하면, 의식은 외부 대상의 본질을 추구할 수 없다. 그 이유는 외부공간에 실재하는 사물은 변화하는데, 그 사물은 변화과정에서 사라진 자신의 과거모습을 타자에

---

19 『순수이성비판』 A369~370
20 『순수이성비판』 ibid

게 보여줄 수 없기 때문이다. 의식은 기억이 경험한 만큼의 과거의 모습을 간직할 수 있지만, 그 한도를 벗어나면 경험하지 않은 미지의 존재들을 제한 없이 상상할 수 없다.

인간의 인식기능은 경험의 벗어난 대상의 모습을 상상력에 의해 추구해야 한다. 그렇게 하려면, 의식에는 새로운 모습이 들어설 공간이 있어야 한다. 현재를 기준으로 하여 과거의 모습과 미래의 모습이 들어설 공간이 있어야 한다. 실재하는 외부의 공간에는 과거와 미래와 현재가 동시에 공존하지 않는다. 오로지 의식의 공간만이 그렇게 할 수 있다. 예컨대 그것은 과거의 사진과 현재의 사진과 미래의 청사진을 한꺼번에 나열하는 방식이다.

순수공간은 사물이 아니기 때문에 변화와 무관하다. 그러나 순수공간은 어떤 변화라도 수용할 수 있기 때문에 변화를 뒷받침하는 근본토대이다. 근본토대란 의미는 이미 건물이 들어선 공간에 그 건물을 해체하지 않고서는 새로운 건물이 들어설 수 없는 경우에 의해 단적으로 확인된다. 물자체는 사물의 본질을 가리키는 용어이지, 사물이 아닌 순수공간에는 적용하지 않는다.

사물의 특성과 무관한 공간은 사물의 본질이 될 수 없음에도 불구하고, 공간의 논구는 물자체의 논구와 불가분의 관계로 얽힌다. 그 이유는 공간이 사물의 존재뿐만 아니라 정신의 존재도 포함할 수 있는지의 의문 때문이다. 즉 신의 창조 작업은 사물을 창조할 수 있어도, 공간을 창조할 수 없는 선결조건 때문이다. 신이 공간을 창조했다면, 공간이 없는 곳에 신이 어떻게 존재할 수 있는가? 하는 의문이 발생한다. 또한 신이 공간을 창조했다면, 그 공간은 신이 존재하는 방식 안에서만 가능하다. 만약 공간이 신이 존재하는 방식을 벗어난다면, 신의 창조력을 벗어난 존재가 가능케 된다. 그러므로 인식론에는 이런 의문을 직접 부딪치는 방법보다는 우회적인 방법이 절실해진다.

순수직관형식으로서의 공간은 어떤 의미의 공간인가? 하는 의문점은 칸트철학이 잉태한 주요한 의문점 중 하나이다. 칸트의 주장은 사물과 공간이 서로 다른 존재임을 전제한다. 그 점은 칸트가 말한 다음의 글귀에서 확인된다.

"공간은 모든 외적 직관작용의 근저에 있는 필연적인 선천적 표상이다. 공간 안에 대상이 없는 일은 넉넉히 생각될 수 있으나, 우리는 공간이 전혀 없다는 생각을 가질 수 없다. 따라서 공간은 외적 현상에 의존하는 규정으로 보아지지 않고, 외적 현상을 가능하게 하는 조건으로 보아진다. 즉 그것은 외적 현상의 근저에 반드시 있어야 하는 선천적 표상이다." [21]

칸트가 위의 상론(Erörterung, 詳論)에서 논구하고자 한 핵심주장은 공간은 물질이 아니라 모든 물질적 개체들을 포용하고 있는 또 다른 별개의 존재라는 요점이다. 즉 공간은 물질이 아닌 존재이므로, 공간은 물질로서 설명될 수 없는 존재이다. 칸트는 물질과 공간을 구별할 수 있는 논거로서, 물질이 아닌 공간은 공간내의 개체들을 모두 제거한 상태에서도, 제거된 사물처럼 결코 제거되지도 또한 사라지지도 않는다는 사실을 제시했다. 더 나아가 물질인 개체와 개체들을 하나씩 인식하기 위해서는 반드시 개체사이에 물질이 아닌 공간이 매개되어야 한다는 사실을 제시했다.

사물인 개체를 인식하기 위해서는 먼저 경험의 대상인 개체의 인상이 의식내부로 전달되어야 하고, 인식기능은 그것을 지식으로 정립하기 위해 갖가지 가능성을 검토해야 한다. 인식기능이 대상의 표상을 검토하려면, 그 작업에는 반드시 순수공간이 전제되어야만 한다. 만약 순수공간이 의식 내에 존재하지 않는다면, 대상에 대한 인상 및 표상들을 지웠다가

---

21 『순수이성비판』 B39

또 다시 만들 수 있는 상상이 불가능하게 된다. 그러면 지식의 축적에 의한 학문적 체계의 구축이 불가능해진다.

인식기능은 물질인 개체들이 배제된 순수공간을 인식조건으로 전제되어야만, 그 순수공간위에 갖가지 사물들을 배열할 수 있다. 그렇게 되어야만, 바깥대상에서 발생하는 변화의 원인과 결과 및 목적을 탐구할 수 있다. 그 경우는 마치 백지의 도화지 위에 그림을 그리는 과정에서 그 순수백지 위에 얼마든지 그림을 지웠다가 그릴 수 있고, 그리고 그리는 모든 그림들을 차례대로 또는 필요에 따라 선택해서 들어다 볼 수 있는 상황도 포함한다. 심지어 지워버린 그림조차 재생하여 들어다 볼 수 있는 상황도 포함하다.

의식의 바깥쪽에 실재하는 공간과 의식의 공간은 사물을 포용하고 있는 점에서는 동일하다. 그러나 인간의 인식기능이 외부공간에 실재하는 사물들은 마음대로 없앴다가 재생할 수 없지만, 의식내의 공간에서는 인식기능이 그렇게 할 수 있기 때문에, 양자는 차별된다.

이러한 의식에 내재하는 순수공간의 직관형식은 의식의 상상력이 현재·과거·미래를 통틀어 대상의 본질을 논구하는 작업을 할 수 있도록 해준다. 순수공간의 특성은 순수시간의 특성과 더불어 인과적으로 사물을 탐구할 수 있는 논리적 사유를 할 수 있도록 해준다. 순수공간의 존재는 사유작용이 현실에서 감각적으로 경험할 수 없는 갖가지 형상을 구상할 수 있도록 해준다. 그로부터 상상력은 구체적 형상으로 구성된 가설을 만들고 실험을 할 수 있다. 더 나아가 상상력은 자신을 실험에 필요한 방법과 수단과 도구를 고안하고, 그것을 제작하도록 이끈다.

이런 공간성으로 이루어진 직관형식의 기능은 마찬가지로 수학과 기하학에서 그대로 작용한다. 그 이유는 개념을 창조하는 인식기능이 수학과 기하학의 인식기능을 가능케 하는 근원적 사유기능이기 때문이다. 공간 속에 차례로 나열한 개체들을 구분하기 위해 명칭을 만드는 의식의 인식과정에는 언어적 부호와 마찬가지로 수학적 부호도 함께 포함된다. 예컨대 그 사실은 대상을 인식하는 과정에서, 숫자로 표시한 특정한 다섯 번째의 사물과 다섯 개의 사물에 대한 개별적이고, 구체적이고 객관적인 인식이 가능케 되는 경우이다. 이런 점으로부터 "순수수학은 어떻게 가능한가?"의 근본적 질문이 등장한다. 칸트의 해명은 인간이 공간 속에 존재하는 손가락을 경험의 대상으로 삼아, 선천적 순수직관의 작용이 십진법을 착안하였다는 사실이다.

이런 칸트의 입장에 대해 수학자들은 논박을 시도할 수 있다. 그러나 칸트의 입장에 대해 근본적인 의문을 제기하지 않는 한에서는 칸트의 순수직관형식은 논박대상이 될 수 없다. 왜냐하면 칸트가 설명한 취지는 인간이 곧바로 순수직관형식에 의해 십진법을 파악하였다는 의미가 아니었기 때문이다. 칸트는 직관의 지각기능이 논리적 판단처럼 개념을 만든다고 결코 말하지 않았다. 칸트는 외부세계의 개체들에 의해 촉발되는 대상의 표상이 직관에 의해 발생한다고만 말했을 뿐이고, 결코 촉발에 의한 표상작용을 곧바로 개념적 판단작용이라고 말하지 않았다.

칸트의 선험적 감성론은 표상의 단계에서 등장하는 단순판단을 어떻게 설명할 것인가? 하는 난점을 해소했다. 더 나아가 칸트는 그 의문점이 지닌 인식론의 중대성을 잘 파악하였기 때문에, 인상의 수용성을 넘어서 의식의 자발성의 정체를 밝히는 작업을 진행했다. 감성적 인식기능도 의식에 자리 잡고 있으므로, 대상의 인상을 수용하는 작업도 당연히 의식 지향성의 작용에 포함되어 있어야 한다. 그러므로 의식의 자발성이 지닌 지향성의 문제는 『순수이성비판』의 논구를 통해 해소되어야 한다. 칸트는 의식의 자발적 지향성을 제한한 것이 아니라, 단지 대상의 인식이 촉발을 벗어나서는 이루어지지 않는 사실을 지적했던 것이다.

가령 눈먼 자가 바깥대상을 보려고 해도 눈이 멀기 때문에 대상을 볼 수 없다. 그러므로 바깥 대상을 보려는 사람은 바깥대상을 볼 수 있는 인식조건을 갖추어야 하는 전제조건을 충족해야 한다. 하물며 정상적 눈이 더라도 빛이 전혀 들어오지 않는 지하실에서는 그 눈이 바깥대상을 전혀 볼 수 없기 때문에 두말할 나위가 없다. 따라서 인간이 바깥대상을 인식하려면, 반드시 바깥대상이 바깥대상을 바라보는 눈을 자극하여 인식기능속에 표상을 발생시켜야 한다는 인식조건이 우선적이지 않을 수 없다.

하지만 이런 인식조건이 우선적이라고 하더라도, 그 인식기능이 그와 같이 작동하기 위해서는 그 이전에 그런 인식조건을 가능케 한 존재이유가 반드시 있어야 한다. 즉 인식기능이 작용하려면, 인식기능에 앞서 더 근원적인 인식의 이유와 목적, 원인과 동기가 존재해야 한다. 인간이 살아 있어야만 인식기능이 작동할 수 있고, 인식기능이 제대로 작동하기 위해서는 개인이 지향하는 삶의 목적이 우선적으로 전제되어야 한다. 문명사회의 구축은 의식이 지향하는 삶의 목적을 해명하는 근본토대이다.

그런 관점에서 보면, 의식의 지향성에 관한 비판철학의 입장은 『순수이성비판』의 첫머리에서 찾을 수 있다. 칸트는 의식의 근본성이 자발적이라는 사실에 두었다. 칸트의 진술은 의식작용이 지향하는 근본목적이 바깥대상에 존재하는 대상을 인식하려는 오성의 인식작업에 국한되어 있지 않다는 사실을 표현하였다.

"인간의 이성은 어떤 종류의 인식에 있어서 특수한 운명을 지니고 있다. 즉 이성은 자신이 거부할 수도 없고, 그렇다고 해서 대답할 수도 없는 문제로 괴로워하는 운명이다. 거부할 수 없음은 이성자체의 본성에 의해서 이성에 과해져 있기 때문이다. 대답할 수 없음은 그 문제가 인간이성의 모든 바깥에 있기 때문이다." [22]

---

22 『순수이성비판』 A Ⅶ

인간이 살아 있다는 사실은 의식과 육체가 동시에 활동하는 사실을 의미할 뿐만 아니라, 더 나아가 두 기관이 외부대상과 원천적으로 상관관계를 맺고 있는 기관임을 가리킨다. 칸트는 인식의 자발성이 작용하는 진정한 목적은 자연과 인간과 신을 포괄하는 형이상학적 존재본질과 이념이라고 판단했다. 칸트는 그런 인식기능을 오성과 구별하여 이성이라고 해명했다. 칸트는 인간이 자신의 제한적 인식조건을 극복하고 그 목적을 달성할 수 있는 기능을 선천적으로 갖추고 있다고 해명했다. 칸트는 그 기능을 사변이성과 실천이성으로 구분하였는데, 그 논증을 통해 인식론과 존재론과 논리학의 삼위일체를 추구했다.

선험적 감성론의 공간개념과 범신론의 공간개념

선험적 감성론에서 논구된 순수직관형식으로 의식에 내재하는 순수공간의 특성은 기독교의 초월적 입장뿐만 아니라, 스피노자의 동일철학적 입장을 다 함께 부정하는 입장을 견지한다.

특히 스피노자가 공간을 이분한 주장은 칸트의 입장이 도저히 용인할 수 없는 내용이다. 왜냐하면 공간이 물질과 다른 존재이기 때문에, 무한한 공간에 존재하는 물질은 무한의 공간에 비해 유한의 존재이어야 마땅하다. 그런데 유한한 개체들이 무한한 공간에 존재하는 한, 인간의 인식기능은 그 양을 유한하게 규정할 수 없다. 그 이유는 유한한 수를 결정하는 순간마다 그 다음의 수가 계속 덧붙을 수 있기 때문이다. 즉 그 경우는 무한 수를 표시하는 기호 ∞에 1을 더한 $\langle\infty+1\rangle$의 수식이 가능해지기 때문이다. 그러므로 인간은 공간을 양의 개념으로 규정할 수 없는 상태에서는 수의 크기를 무한하다고 말해도 논리적으로 하등 문제가 될 리 만무하다고 여길 수 있다. 그러나 순수공간은 수식으로 규정이 불가능하지만, 수는 유한한 수식으로 표현될 수 있기 때문에 이 차이점이 수의 본질을 유한하다고 판정할 근거가 될 수 있다.

스피노자의 표현대로 무한한 공간에 존재하는 물질을 양분하는 가정은 곧바로 양분될 수 있는 물질을 전제해야만 가능하다. 그 경우에서만 공간은 유한하게 되고 그 반쪽도 유한하게 된다. 마찬가지로 무한한 물질이라면, 어떤 경우에도 그 물질을 양분할 방법이 전혀 없다.

그럼에도 불구하고, 스피노자의 발상은 억지로 분할을 시도한 지점의 경계선을 기준으로 삼아 각각의 공간에 유한한 개념을 적용시킬 수 있다는 입장이다. 그러나 장벽이 되는 경계선의 반대편을 유한하다고 규정할 수 없기 때문에, 결국 순수공간의 무한성을 분할의 방식으로 논구하는 발상은 스스로 모순만 야기할 뿐이다. 공간을 양분하려면, 원천적으로 공간 자체가 유한해야 한다. 그렇지 않다면 공간을 분할하려는 선분은 무한한 공간 속에 뻗어 나가는 선분에 불과할 뿐이다. 무한한 공간을 분할하는 선분은 무한하게 뻗어나갈 뿐, 결국 종착지에 도달할 수 없다. 무한한 공간에서는 종착지가 결코 없기 때문에, 무한한 공간을 분할하려는 발상은 어불성설에 지나지 않는다.

결론적으로 요약하면, 칸트가 말한 바의 순수공간은 물질이 전혀 아니기 때문에 연장속성에 둘려 싸인 물질의 부분은 항상 유한한 반면에, 폐쇄된 유한한 물질을 제외한 나머지 공간의 부분은 항상 무한하다. 그리고 유한한 존재자가 무한한 공간의 어디에서도 존재할 수 있는 한, 역설적으로 물질계는 한계가 없는 무한한 속성을 지닌 존재자가 된다.

그뿐만 아니라 순수공간을 제한하려면 물질과 같은 연장속성의 존재자가 있어야만 가능하다. 공간을 유한하게 제한하려면 물질이 아닌 존재자가 물질을 둘려 싸고 있어야 한다. 그런 성질의 존재자는 사물의 특성으로 해명할 수 없기 때문에 물질처럼 유한한 선분의 경계선을 지니고 있지 않은 순수공간은 무한한 존재자가 아닐 수 없다. 그 점은 다음으로 요약된다.

① 공간은 분할되지 않는 존재이다. 그러므로 공간은 단일적 존재이다.

② 공간을 제한할 수 있는 존재는 없다. 공간을 분할할 수 있는 존재는 오로지 연장속성의 선분인데 선분이 공간을 분할하는 순간, 그 자체로 유한하다.

③ 공간에서 무한히 나아가는 선분은 무한한 공간 속을 달리는 선분일 뿐 공간을 분할하는 선분이 아니다. 공간을 분할하려면 선분의 끝과 끝을 하나로 연결해야 한다. 연결을 하는 순간, 선분안의 존재와 선분 밖의 존재로 서로 구분된다.

④ 선분안의 존재는 사물이 되고 선분 밖의 존재는 여전히 순수공간이다. 그러므로 사물이 공간 안에 존재할 뿐, 거꾸로 유한한 사물의 속성이 무한한 공간을 제한할 수 없다.

⑤ 공간은 단일적 성격의 무한한 존재로서 유한한 사물이 제한할 수 없다. 설사 공간을 유한한 존재로 가정하더라도, 그 경우 현상계의 유한한 존재는 공간의 한계를 규정할 방법이 없다. 그러므로 현상계의 사물을 포용하는 공간은 무한하다.

⑥ 공간의 단일성은 변화를 일으키는 존재가 아니므로, 공간속에서 변화를 일으키는 유한한 사물이 변화를 일으키지 않는 공간의 무한한 성질을 부정할 수 없다.

⑦ 만약 공간을 부정할 수 있는 존재가 있다면, 그것은 공간을 제한하는 경계선을 가져야 한다. 공간을 제한하는 존재도 공간처럼 단일한 존재이어야 한다. 그것이 공간처럼 단일한 존재가 아니라면, 공간을 제한한 자신의 바깥에 공간과 또 다른 존재를 가져야 한다. 바깥을 가지지 않으면 변화할 수 없다. 변화가 가능하려면 변화하는 틈새인 공간이 필요하다.

⑧ 공간을 제한하는 존재가 변화하지 않은 단일적인 특성이라면, 공간과 별반 다른 존재일 수 없다.

⑨ 사유기능은 순수공간과 다르면서, 순수공간에 연이어 존재하는 단일적 존재를 무조건 가정할 수 있다. 그곳이 정신적 실체가 존재하는 영

역이라고 가정할 수 있다. 그런데 이 영역에 존재하는 정신은 현상계로 진입할 수 있는 반면에, 현상계의 사물은 비공간의 영역으로 진입할 수 없다면, 오로지 정신만이 현상계의 공간과 비공간의 영역을 모두 진입할 수 있는 존재가 된다.

⑩ 정신이 현상계의 공간과 비공간의 영역을 동시에 진입할 수 있다면, 정신은 공간과 비공간의 공동특성을 모두 갖추고 있어야 한다. 정신이 두 영역의 이질적 특성도 동시에 갖추고 있어야 하는 경우는 모순에 해당한다.

⑪ 비공간의 영역은 정신만을 수용하고 사물을 수용하지 못하는 데 비해, 공간의 영역은 정신과 사물을 모두 수용하는 존재가 되어, 순수공간이 더 포괄적 존재가 된다. 물질이 정신을 수용하듯이 거꾸로 공간은 정신만을 수용하는 비공간의 영역을 수용할 수 있는 경우이다. 그 경우는 순수공간에 물질의 영역과 정신의 영역이 공존하는 가설이다. 그런데 이런 가설은 아직까지 학문의 영역에서 타당한 이론으로 용인되지 않는다.

그러므로 순수공간의 개념은 기독교의 신의 존재를 세상의 질서를 창조한 존재자로 규정하게끔 만든다. 만약 창조주인 신이 세상을 창조하기 이전에 순수공간을 유한하게 만들었다면, 신은 그 공간의 외부에 존재하는 존재자가 된다. 그러면 그 주장은 적절한 논리를 갖추어 해명할 수 없는 한계상황에 부딪히게 된다. 더 나아가 차후에 전개할 모든 주장조차 억지 논리를 점철하면서 스스로 모순적 상황을 노출할 수밖에 없게 된다. 그런 상황에서 기독교가 돌파할 수 있는 유일한 방법은 신비주의로 나아가는 경우뿐이다. 그 경우는 믿기 위해서 알아야 하는 것이 아니라, 알기 위해서 믿어야 하는 신앙의 자세인데, 그 입장은 상식적 입장에서 바라보면, 대단히 역설적이다. 그렇더라도, 선·후가 전도된 그런 사고방식은 종교의 코페르니쿠스적 발상이 아닐 수 없다.

(3) 물리적 시간을 포용하는 선험적 감성론의 순수직관형식인 시간

시간과 사물의 상관관계

주관에서의 시간개념과 객관에서의 시간개념은 운동과 변화의 측면에서 바라보면, 양자는 동질성을 공유한다. 시간은 주관적 의식이 대상을 파악하는 감성적 순수직관형식이다. 의식은 자신의 시간관념을 운동과 변화의 현상에 대응하기 위해 시간 측정의 객관적 장치를 고안했다. 시간 측정의 기준을 지구의 공전과 자전의 주기율을 바탕으로 하여 년, 월, 시, 분, 초의 단위로 구분하였다.

시간의 개념을 논구하는 과정에서 주의해야 할 사항은 인식적 입장과 심리적 입장을 구분해야 하는 요건이다. 주관의 인식기능이 외적으로 객관화시킨 결과물이 시계라고 일컫는 측정 도구이고, 측정 도구에 의한 객관적 시간의 인식이 물리적 시간이다. 심리적 시간관념은 감정적인 느낌으로서 좋은 일에는 그 간격이 짧고, 나쁜 일에는 그 간격이 길다. 일각이 여삼추[23]와 같은 느낌은 의식의 인식적 기능에서 비롯된 것이 아니라 심리적 기능에서 비롯된 현상이다.

시간은 언뜻 보면 사물에 속한 속성이 일으킨 문제처럼 여겨진다. 마치 변화하는 사물의 운동성이 초래한 문제로 여겨지기 때문이다. 그래서 철학자와 물리학자뿐만 아니라 상식적 여타의 인물들은 시간이 사물의 속성들처럼 간주하게 되었다. 또한 그런 학문분야의 전문가들은 급기야 우주에 작용하는 보편적 시간조차 생각하기에 이르렀다. 그 발상은 첫째는 우주의 시초를 생각하려는 경우이고, 둘째는 우주의 시초를 기준으로 삼아 생성·소멸의 진행과정을 객관적 시간의 단위로 파악하려는 방법을 고려

---

23 사전에서 설명한 내용은 기다리는 마음이 간절하여 기다리는 마음이 간절하여 아주 짧은 시간도 삼 년같이 길게 느껴진다는 의미인데, 곧 기다리는 마음이 간절하여 아주 짧은 시간도 삼 년같이 길게 느껴진다는 이 뜻은 애타게 기다리는 마음이 몹시 간절함을 이르는 표현이다.

하는 경우이다. 곧 방사능의 연대측정을 통해 우주생성의 비밀을 추적하는 사고방식이다. 이 발상은 우주의 시초를 빅뱅이론으로 해명하였고, 우주의 생성소멸의 과정을 탄소동위원소를 활용하여 시간을 측정하였다.

칸트가 다룬 시간의 정체는 내적 의식에서의 순수직관형식인데, 이 말은 시간이 객관적 대상처럼 별개의 형상적 개체처럼 존재하지 않는다는 사실을 의미한다. 의식의 내적 직관형식인 시간은 사물의 표상을 동시적으로 파악하고 계기적으로 파악하는 근본요소를 갖추고 있다. 만약 시간이 순수직관형식이 아닌 사물의 속성이라면 의식은 변화를 총체적으로 파악할 수 없다. 그 이유는 자신이 인식하지 않고 있는 사물들이 자신이 인식하는 사물들과 동시에 존재하고 있다는 동시성의 인식작용이 불가능하기 때문이다. 즉 독립적인 개별사물이 자신이 아닌 다른 사물이 다른 공간에서 동시에 존재한다는 사실을 알려줄 수 없기 때문이다.

공간은 외부사물에 대한 외적 직관형식이라면, 시간은 의식에서 대상의 표상에 대한 내적 직관형식이다. 공간과 시간은 불가분의 관계를 맺고서 선험적 감성론을 구성한다. 시간을 논구하려면 공간의 논구가 선행되어야 한다.

공간은 사물이 아니므로 어떤 경우에도 공간 자신은 변화할 수 없다. 그러므로 변화의 양상은 사물들이 이동하여 장소를 변경하거나 아니면 복합적 물체로 전환하면서 위치를 변경하고 단순한 물체가 서로 결합하여 복합체의 형태로 변경하는 경우이다. 그러면 상대적으로 사물들끼리 서로 구별되어 앞의 모습과 뒤의 모습 사이에 공간적 변화를 형성하게 된다. 사물들이 일으킨 형태가 어떤 모습으로 바뀌든지 간에, 사물이 아닌 공간은 스스로 변화해서는 안 된다. 공간은 변화하는 사물의 속성이 아니므로 사물의 어떤 변화도 수용할 수 있고, 그래서 공간은 사물의 양과 질을 수용하여 사물의 존재와 이동에 따른 변화가 무한하도록 가능케 한다.

시간에서도 공간의 특성은 고스란히 그대로 적용된다. 즉 공간은 물질이 아니므로 공간이 어떤 사물도 수용하는 것과 마찬가지로, 시간도 그런 사물들의 변화를 있는 그대로 모두 반영한다. 시간은 순수공간에서 운동하는 사물이 변화한 모습이 없이는 불가능한 존재이기 때문이다. 그러면 시간의 특성이 사물의 변화에서 비롯한 것인지 아니면 공간의 수용성으로부터 비롯한 것인지의 원천적 문제가 급부상한다. 하지만 이 문제는 사유과정에 별다른 혼란을 일으키지 않는다. 시간의 의식은 사물들이 더불어 구성하는 사태와 직접 연관되어 있기 때문이다. 곧 시간이 공간에서 사물들이 펼친 사태가 발생해야만 의식에서 작용하는 인식기능이기 때문이다. 그 점은 다음의 다섯 가지의 사항과 더불어 요약될 수 있다.

첫째, 시간은 공간이 사물을 무제약적이고 무한하게 수용하는 성질과 그런 공간에서 존재하는 사물들의 운동성과 이동성을 바탕으로 삼고 있다. 그러므로 객체의 시계에서 표시되는 객관적인 성격의 시간은 사물의 내부에 도사리고 있는 운동과 이동의 특성으로 환원한다.

둘째, 사물이 아닌 공간에서 단 하나의 사물이 홀로 존재하고, 홀로 운동하고, 홀로 이동하여도 그 변화는 상대적이지 못하기 때문에 시간의 관념이 성립할 수 없다.

셋째, 만약 그런 경우에는 시간의 의식을 가질 수 없는 또 다른 존재자가 없으므로, 오로지 시간의 의식을 가질 수 있는 존재는 그런 존재자를 운동하고 이동하도록 그 내부에 그런 특성의 구조를 만든 존재자만이 가질 뿐이다. 곧 사물을 만든 창조자만이 시간의 의식을 가질 수 있다는 의미이다. 다시 말해 사물의 내부에 구성된 구조를 만든 원리와 법칙은 오로지 창조자의 의식에만 존재한다는 의미이다. 그러므로 사물의 근본구성요소에 원천적으로 존재하는 운동의 법칙성은 그 자체로 절대적이라고 말할 수 있다.

넷째, 사물의 근본구성요소에 해당하는 운동의 특성을 절대적이라고 말할 수 있고, 더 나아가 그것을 절대시간이라고 말할 수 있더라도, 그러나 무한한 공간에서 펼쳐지는 개개의 구성요소들이 만든 현상계에서 발생한 객관적 시간은 상대적인 시간일 뿐이다.

다섯째, 객관적으로 구성된 시간의 표시는 다른 우주의 장소에서는 그곳에 알맞게 구성된다. 지구에 사는 인간이 지구에 적합한 시간을 표시하기 위해 만든 시계와 같은 도구에 의해 객관성을 갖추기 위해서는 반드시 시간의 시침과 분침과 초침이 가리키는 사실을 판단 기준으로 삼아야 한다. 그 도구를 이용하여 거꾸로 절대적 운동과 절대적 시간의 관념의 의미도 논구할 수 있다. 즉 무엇을 판단 기준으로 삼아 궁극 실체의 움직임을 무엇이라고 판단하는 그런 사고방식이다. 그렇게 될 수 있는 이유는 지구에서의 시간을 측정하는 객관적 도구인 시계가 다름 아닌 사물을 구성하는 절대적 구성요소를 바탕으로 하여 구성된 사물이기 때문이다.

그러므로 당연히 인식론과 존재론의 근본문제를 해명하기 위해서는 먼저 의식에서의 시간관념과 순수직관형식의 논구가 이루어져야 한다. 인식론은 우선적으로 시계와 같은 상대적이고 객관적인 도구가 어떻게 가능한지를 해명해야 한다. 시계에서의 시침과 분침과 초침은 객관적인 상황 곧 사태를 가리키고 있고, 그 사태는 여러 가지 사물들을 함께 참여하여 구성하였기 때문이다.

시간의식이 가능하려면, 반드시 그런 사태가 객관적으로 존재해야 한다. 시계의 시침과 분침과 초침이 해가 뜨고 지고, 춘하추동의 계절이 바뀌는 그런 객관적 현상을 일으키는 자연법칙과 부합해야 한다. 만약 그렇지 않으면, 결코 그 경우는 시간을 나타내는 시간의 도구가 될 수 없다.

인간의 의식이 현상계에서 외부대상을 인식하기 위해서는 반드시 여러 가지 사물들의 움직임과 그 움직임들이 만든 변화의 결과를 모두 수용할 수 있어야만, 시간의 관념은 존재의 의의를 갖출 수 있다. 의식은 시간을 나타내는 시계라는 도구를 만들 수 있다. 또한 사태 및 상황을 가리키는 용어에 어울리는 감상적 직관의 표상이 가능해지려면, 의식의 인식기능이 변화의 매순간을 차례로 연결해야 한다. 더 나아가 의식구조는 원인과 결과라는 개념 아래에서 동일한 성격의 사건으로 구성할 수 있는 인식기능을 갖추고 있어야 한다.

의식은 공간에 산재하는 개체들에게 전체라는 개념을 적용하여 하나의 사태로 파악한다. 감성적 인식기능이 동시적(zugleich)[24]인 특성의 직관형식을 갖추고 있기 때문이다. 의식은 우주의 공간에서 물리법칙에 따라 생성·소멸하는 개체들의 변화과정을 제각각 구분하고 또한 독립적으로 파악할 수 있다. 감성적 인식기능이 동시성과 더불어 계기적(nacheinander)인 특성의 직관형식을 갖추고 있기 때문이다.

이로써 의식은 전체를 아우르는 총체적이고 통일적 원리를 구성할 수 있다. 의식은 사태의 진행과정에서 변화의 상황에 적절한 특정한 사태의 해결방법을 구성할 수 있다. 하지만 인간의 의식은 무한한 우주공간에 산재하는 모든 사물들에 대해 보편적으로 적용할 수 있는 절대시간을 구성할 수 없다.

물질의 운동과 변화가 원리와 법칙에 의해 진행하는 사실은 절대적이다. 우주에서 물질이 만드는 공간의 시간의 모습은 상대적이다. 의식은 지구의 공전과 자전을 측정하기 위해 일정한 시간표를 갖춘 객관적 시계를 만들 수 있다. 그러나 모든 우주를 관통하여 동일하게 적용할 수 있는 그런 기능을 갖춘 객관적 시계와 보편적 시간표를 결코 만들 수 없다. 그럼에도 불구하고 현재 사용되는 객관적 도구의 시간관념을 바탕으로 우주의 갖가지 변화가 일으킨 생성·소멸의 시기를 물리법칙에 맞추어 상대적으로 비교하면서, 상대방과의 차이점을 가늠할 수 있다. 그에 대한 타당한 근거는 모든 사물이 보편적 성격의 형이상학적 존재이념, 존재본질, 존재원리, 존재법칙에 의해 움직이고 변화하기 때문이다.

---

24 『순수이성비판』 B 46

(4) 자연과학, 수학, 논리학의 학적 토대로서의 선험적 감성론

기수와 서수의 특성

직관에 의존하여 이성적으로 사고하는 수학적 사고방식은 철저히 공간과 시간의 직관형식을 바탕으로 한 의식이다. 사물을 수용하고 있는 공간의 직관형식은 수동적이지만, 시간의 직관형식은 능동적이다. 공간과 시간의 존재방식은 불가분의 관계로서 일체화되어 있다. 그러므로 수동적인 공간이 능동적일 수 있고, 반면에 능동적인 시간이 수동적일 수 있다.

의식은 당면한 사태를 순수공간의 직관형식에 의해 전체적으로 조망하면서, 그 사태를 구성하는 상관관계 속에서 각 대상들을 개별적으로 인식할 수 있어야 한다. 의식은 전체와 부분을 혼동하지 않고 대상을 혼란 없이 대응하기 위해서는, 공간개념과 더불어 시간개념의 순수직관형식을 갖추어야 한다. 의식이 사태에 속하는 모든 구성요소들을 논리적으로 사유하기 위해서는, 공간과 더불어 시간의 특성에 속하는 동시성과 계기성의 직관기능이 작용해야 한다.

의식의 인식기능에 그런 두 가지 직관형식의 기능이 존재해야만, 비로소 수에서 서수와 기수의 구별 및 기수와 서수의 배열이 가능해진다. 더나아가 개별숫자들에 의한 계산과 수식이 가능해진다. 의식은 사물에 전혀 없는 공간에 하나 다음에 하나를 무한히 배열해 나갈 수 있다. 의식은 그 과정에서 수가 가리키는 앞의 사물과 뒤의 사물이 서로 동일한 연장속성의 사물임을 전혀 의심하지 않는다.

수학과 기하학은 사유기능에 선천적으로 내재하는 개념에 의한 선험적 학문이다. 수학과 기하학은 객관적 사물의 형상이 없는 곳에서는 적용할 수 없는 지식의 학문이다. 수학과 기하학은 공간과 시간의 순수직관형식에 의존하는 수의 개념에 의한 선험적 학문이다. 객관적 사물의 형상이 전혀 존재하지 않는 곳에서는 수학과 기하학을 적용할 방법이 전혀 없기 때문에, 수학과 기하학은 사물이 없는 곳에서는 공허하다. 그러므로 수학과 기하학은 오로지 연장속성의 사물이 존재하는 곳에서만 가능하기 때문에, 직관에 의한 개념적 학문이다.

칸트는 선험철학을 구축하는 첫걸음에서 우선적으로 순수직관형식을 논구했다. 칸트의 선험적 감성론은 수학자들이 제기하는 무한 수에 대한 논증과 직결한다. 칸트의 순수공간이론은 무한수의 해명과제와 직결한다. 수학에서 {1, 2, 3, 4, 5, 6, 7, 8, 9, 10……∞⟨무한 수⟩}의 계열과 짝수의 계열 {2, 4, 6, 8, 10…∞}이 과연 1:1로 대응할 수 있는가? 하는 물음과 그에 대한 올바른 해명이 가능한가? 하는 물음은 칸트가 논증한 순수공간의 특성과 직결한다. 짝수의 계열이 전체의 수의 계열에서 빠져 나왔기 때문에, 당연히 그 양이 반밖에 안 된다는 결론은 타당하다. 그러면 1:1의 대응이 결코 있을 수 없다. 그러면 무한수의 증명은 불가능해진다. 무한수의 개념은 단지 무의미한 수의 반복에 불과할 뿐이기 때문이다.

수가 물리학의 기본원리의 특성을 갖추어야만, 수로서 설명하는 물리학이 진리가 될 수 있다. 자연수의 계열과 짝수의 계열이 1:1로 대응한다면, 무한수의 문제는 사물과 무관한 특성을 지니게 된다. 그 대응이 모순되지 않아야, 수학이 물리학의 기본원리의 역할을 할 수 있다. 칸트의 선험적 관념론이 바로 이 모순을 해명하는 기능을 지니고 있다.

자연수 전체와 짝수의 전체가 1:1의 대응한다고 주장하려면, 당연히 전자의 계열과 후자의 계열이 결코 동일한 특성의 수의 집합이어서는 안 된다. 서수와 기수는 특성이 구별되는 다른 종류의 수이므로, 서수와 기수는 동일한(서수=기수) 종류의 수가 결코 될 수 없다. 수의 진행을 중단시켰을 적에는 그 중단된 지점이 어떤 경우일지라도 반드시 1:1로 대응해야만 수학자들이 주장한 무한수의 주장이 정당해진다. 그러면 수의 개념은 두 개의 다른 성격을 지닌 서수와 기수의 개념으로 나누어져야 마땅하다. 왜냐하면 아래의 두 가지 경우에서 위의 경우는 절대로 1:1로 대응할 수 없지만, 아래의 경우는 언제나 1:1로 대응할 수 있기 때문이다.

기수의 배열에서 어떤 지점에 수의 진행이 중단되었을 적에는, 기수의 짝수 배열은 반드시 전체계열의 수의 양에 비해 반밖에(1/2) 지나지 않는다. 그러나 위의 자연수 계열이 서수이고, 아래의 짝수배열이 기수인 경우에는 서수계열에 기수계열이 항상 1:1로 대응할 수 있으므로, 양 계열의 배열은 항상 동일하게 된다. 전자에서는 자연수의 집합이 무한수이면, 짝수의 집합은 유한수가 된다. 그러나 후자에서는 자연수의 집합이 무한수이면, 짝수의 집합도 무한수가 된다.

〈기수〉1 2 3 4 5 6 7 8 9 10 11 12 13 14 15 16 17 18 19 20 21 22 23 24 25 … ∞

〈기수〉2 4 6 8 10 12 14 16 18 20 22 24 … ∞ /₂

〈서수〉1 2 3 4 5 6   7   8 9 10 11 12 13 14 15 16 17 18 19 20 21 22 … ∞

〈기수〉2 4 6 8 10 12 14 16 18 20 22 24 26 28 30 32 34 36 38 40 42 44 … ∞

수학의 정초개념인 순수직관형식

계기성과 동시성의 순수직관형식이 의식에서 작용하지 않으면, 1 다음에 2, 2 다음의 3의 연속이 전혀 불가능해진다. 그러면 무한하게 진행하는 수의 계열에서 각각의 수는 어느 수의 뒤에서 출발하여 어디까지 진행하는지를 스스로 확증할 수 없게 되어 혼란에 빠지게 된다. 그리고 수와 기하학은 어떤 경우에서도 자신이 계산한 결과에 대한 진실을 확인할 수 없게 된다.

1, 2, 3, 4, 5, 6, 7, 8, 9, 10 ……으로 진행되는 수의 계열은 각자가 서로 동일한 성격의 자연수라고 확인할 수 있는 조건을 갖추어야 한다. 수학은 수의 계열에서 각자의 숫자는 동시적으로 존재하는 하나의 계열에 속해 있고, 그리고 그 계열이 무한하게 진행할 수 있다는 근거를 입증해

야만, 물리학의 토대가 될 수 있다. 수학은 1로부터 시작한 자연수의 계열에서 수의 배열이 어디에서 멈추더라도, 모든 수는 무한하게 진행하는 수의 계열에서 앞뒤로 동일한 성격의 수가 배열되어 있다는 계기적 특성을 갖추어야만 타당할 수 있다.

만약 수학이 독립적인 각각의 수가 동시적으로 존재하고 있다는 사실과 그리고 연속되어 있다는 사실을 확증하지 못한다면, 당연히 과학의 기초학문일 수 없게 된다. 그러므로 수학은 독립적인 각각의 수가 공통의 연결고리에 의해 서로가 연속되어 있다는 사실을 입증해야 한다.

수의 관념이 물리학의 근본토대가 되려면, 당연히 철학의 논증을 거쳐야 한다. 철학이 아니면, 생성·소멸을 하는 현상계에서 전체성에 입각한 동시성과 개별성에 입각한 계기성의 인식작용을 논증할 수 없다.

칸트는 수의 개념을 여타의 오성적 학문과 마찬가지로, 개념에 상응하는 외적 대상이 없으면 성립할 수 없는 수학의 구성인자로 파악했다. 그는 수학이 지닌 지적 보편성을 이성적 인식기능의 특성으로 규정했다. 그는 수의 개념으로 대상의 양을 정확히 측정하는 인식작용을 다른 이성적 개념의 인식작용과 마찬가지로, 오성이 규정한 개념의 지식을 바탕으로 하여 진행한다고 규정했다.

수학의 학문적 특성은 대상의 개별적 특성을 배제하고 오로지 대상이 지닌 연장속성의 특성에 의거하여 구성한 지식의 체계성에 있다. 위의 자연수의 계열에서 보듯이, 어떤 수라도 각 수의 전·후에 하나의 숫자가 더해지거나 감해진 숫자가 반드시 있어야 한다. 만약 그런 연속된 숫자가 없으면, 어떤 경우에서도 수의 계열을 바탕으로 한 수학은 불가능하게 된다. 따라서 칸트는 수학을 의식의 인식기능에서 동시성과 계기성의 직관형식이 가능해야만 이루어지는 수 개념의 학으로 파악하였다.

수의 무한성은 순수공간의 무한성에 의존한다. 수의 무한성은 무한한 공간이 존재하는 한, 사물의 대상과 1;1로 대응하면서 진행할 수 있다. 수의 계열이 무의미하게 반복하는 단순작동이 아니라면, 수의 계열은 공간과 더불어 진행해야만 존재의 의미를 지닐 수 있다. 따라서 공간의 영역을 제한하게 되면 물질의 양이 유한하게 제약되듯이, 수의 계열도 그와 마찬가지로 유한하게 제약될 수밖에 없다. 그 의미는 곧바로 하나의 콩알을 두고서 무한하게 분할할 수 있다고 주장하는 것과 같은 경우에서 확연히 판명된다. 왜냐하면 그 경우는 실제로 불가능하기 때문이다.

하나의 숫자를 분수로 표시할 적에 분모의 숫자를 무한하게 표시할 수 있기 때문에, 무한 분할의 착각이 발생할 수 있다. 그러나 공간에 해당하는 백지의 표면위에 숫자를 하나하나씩 배열시켜 놓은 경우처럼 바늘을 가지고서 콩알을 분할하듯이 연속적으로 조금씩 콩알을 관통시켜 나갈 수 있다. 그러나 바늘의 통과가 불가능하게 되는 경우는 결코 있을 수 없다. 그러므로 공간의 성격을 무시하고서 수의 무한성을 정당화시키면, 그로부터 모순된 착각이 발생한다. 그런 착각의 경우는 제논의 역설처럼 거북이 뒤를 쫓는 토끼가 결코 거북이를 붙잡을 수 없다는 주장과 동일한 성격의 오류이다.

칸트가 수학과 기하학을 순수직관에 근거한 개념적 학문이라고 한 이유는 명확하다. 1, 2, 3, 4 …… 숫자는 대응하는 사물의 형상이 없다면 숫자의 형상은 단지 선분으로 그려진 의미 없는 그런 존재에 불과하게 된다. 왜냐하면, 그 숫자는 객관적 의미를 지닌 독립적 개체의 상태에서 수의 계열을 이루는 구성요소가 결코 될 수 없기 때문이다.

기하학은 수학보다도 그 이유가 더 명쾌하게 증명될 수 있다. 왜냐하면 기하학은 피타고라스의 증명을 예로 삼아 다음의 의문을 해명할 수 있기 때문이다.

첫째, 피타고라스가 기존의 삼각형에서 3개의 변에 정사각형을 그리지 않고서 어떻게 증명을 할 수 있겠는가? 하는 관점이다.

둘째, 세 개의 변과 세 개의 각으로 구성된 삼각형만이 경험되는 상황에서 어떻게 의식이 자연수의 수의 계열을 증명하기 위해 각 변에 정사각형을 그릴 수 있는가? 하는 관점이다.

이와 같은 의문은 세 개의 각($\angle a$, $\angle b$, $\angle c$)과 세 개의 변(A, B, C)만을 보여주는 직각삼각형에서, 삼각형의 각 변의 외부에 사각형을 덧붙여 빗변의 길이를 구하는 사고방식($A^2+B^2=C^2 \rightarrow C=\sqrt{A^2+B^2}$)은 결코 경험적일 수 없기 때문에 발생한다. 이 논증을 사변적이 아니라고 억지로 부정하더라도, 그 입장은 피타고라스가 삼각형의 변을 연장하여 그 위에 실제로 정사각형을 그릴 수 있었던 사고방식마저 부정할 수 없다.

그러면 이 증명은 피타고라스가 어떻게 감각적 경험이 알려주지 않은 사실을 스스로 착안하여 "피타고라스 증명"에 필요한 그런 그림을 작성할 수 있었는가? 하는 인식론적 의문을 야기한다. 이 의문점은 유클리드 기하학에 대한 비유클리트 기하학, 뉴턴 역학의 거시물리학에 대한 현대 양자역학의 미시물리학의 차이점이 칸트의 선험철학의 체계를 부정할 수 있겠는가? 하는 의문점과 직접 연관된다.

물리학의 정초와 순수직관형식

미시물리학과 거시물리학이건 간에 상관없이, 물리학의 지식은 순수공간에서 무한한 방향으로 펼쳐진 물질 상호간의 관계일 뿐, 결코 물질을 포용하고 있는 순수공간의 특성과는 전혀 상관이 없다. 만약 그렇지 않다면, 물질이 아닌 공간이 물질의 법칙에 간여하는 존재가 된다.

공간이 물질에 관여할 수 있는 방법은 두 가지 경우이다.

첫째는 부분이 없는 하나의 덩어리인 공간이 동일하게 사물에 작용하는 방식인데, 그 경우는 공간이 물질에 영향을 끼친 효과가 발생하지 않기 때문에, 순수공간의 특성과 다를 바 없다. 즉 그 경우는 마치 이동하는 배속에 있는 모든 개체들이 동일하게 목적지에 도착하는 결과와 다를 바 없다.

둘째는 공간이 사물처럼 분할하면서 각각이 사물에 영향을 미치는 경우이다. 그러면 물질의 원리와 법칙에 의한 학문이 성립할 수 없다. 공간이 사물의 구성인자처럼 동일하게 분할하든지 혹은 불규칙한 모양으로 분할하든지 간에 상관없이, 그 공간의 부분이 제각각 작용하면 사물의 작용은 그 작용 때문에 법칙을 구성할 수 없게 된다. 즉 공간의 작용과 사물의 작용이 혼재하는 상황에서는 사물의 특성을 규정할 수 없게 된다.

그러므로 사물에 원리와 법칙이 존재하는 사실은 공간이 물질에 영향을 주는 존재가 아님을 실증한다. 순수공간이 물질에 역학적인 작용을 한다면, 결코 뉴턴의 3가지 원리가 성립할 수 없다. 더 나아가 양자역학도 성립할 수 없다.

수학이 물리학에서 근본원리의 역할을 하려면, 비유클리드 기하학과 유클리드 기하학의 차이점을 명확히 정리해야 한다. 기하학은 공간에서 발생하는 사물과 사물 간의 관계를 해명하는 논증방법이기 때문이다. 또한 이 해명은 칸트의 이론이 유클리드 기하학에 대한 비유클리드 기하학의 반론 때문에 허물어지는 것인가? 하는 의문점과 직결되기 때문이다. 결론적으로 요약하면, 그것은 비유클리드 기하학의 이론이 사물이 지닌 특성을 변경할 만한 새로운 사실을 제시한 논증이 아니라는 사실이다.

이 의문점의 논구는 우주공간에 직선으로 나아간 빛 과연 직선으로 계속 나아갈 수 있는가? 하는 그런 역학적 문제점과는 전혀 다른 성격의 의문이다. 이 논구의 핵심은 평면에서의 직선과 곡선이 구의 곡면에서 그 크기의 차이가 역전되는 것인가? 하는 의문점이다. 평면에서 가장 짧은 두 점간의 거리가 직선이라고 하는 정의가 곡면에서 부정될 수 있는가? 하는 의문점이다.

평면상의 직선과 평면상의 곡선을 곡면 위의 두 점 사이를 잇는 곡선에 갖다 붙였을 때 그 길이의 차이가 거꾸로 역전되는가? 에 대한 의문은 곧바로 확인되는데, 평면에서의 곡선이 곡면에서의 직선과 같은 성격의 선분인 사실이다. 평면에서 구부린 선분이 곡면에서는 직선이 된다. 평면에서 구부린 선분이 곡면에서 직선이 된다면, 당연히 곡면의 직선은 평면에서 직선이 될 수 없다. 평면에서의 직선과 곡면에서의 직선의 차이점은 평면에 그려진 원에서 원주와 지름의 차이(원주의 ½ = πr〉 지름 2r)에서 명백히 입증된다.

그러므로 유클리드기하학에 대한 비유클리드의 특성은 두 가지로 정리된다. 첫째는 그것은 평면에서는 최단거리가 직선 하나뿐이지만, 구의 표면에서는 최단거리의 선분이 원주(2πr)의 수만큼 존재한다는 사실이다. 둘째는 원의 표면에서는 직선이 곡선보다 길 수 있다는 주장은 성립할 수 없다는 사실이다. 평면의 직선보다 구면의 직선이 짧을 수 있다는 주장은 다음의 경우에서 비롯하는데, 그것은 잘못된 발상이다. 그 주장은 원의 표면의 직선의 길이는 πr이지만, 원의 표면에 평면의 직선개념을 적용하면, 그 길이는 옆의 그림(◉)이 보여주는 경우처럼 반지름 r이 아니라 반지름에 반지름을 더한 2r(r+r=2r)되어, 구면에서의 직선이 평면의 직선보다 거리가 짧을 수 있다(2r〉πr)는 발상이다. 그러나 이 경우의 비교는 직선의 조건을 무시한 주장일 뿐, 선분자체의 길이가 변했다는 주장이 될 수 없다.

비유클리드 수학의 발상은 우주공간에서 작용하는 에너지작용의 역학적 관계를 설명하는 사유방법은 될 수 있지만, 철학에서 논구하는 존재론과 인식론의 근본원리를 부정하는 사유방법은 될 수 없다.

선험적 감성론이 자연형이상학에 해당하는
물리학의 원리를 정초하는 근거

칸트가 선험적 감성론을 선험논리학에 앞서 논구한 의도는 두 가지로 압축된다. 하나는 주관적 인식기능이 객관적 외부대상을 파악할 수 없으면, 그 논구가 제대로 된 인식론이 될 수 없다는 입장이다. 다른 하나는 선험적 논리학만으로는 진정한 형이상학을 새롭게 정초할 토대를 마련할 수 없다는 입장이다. 이와 같은 칸트의 발상은 인식론이 존재론을 탐구할 수 없으면 진정한 인식론이 될 수 없고, 마찬가지로 존재론이 인식론의 토대를 벗어나 있다면 진정한 존재론이 될 수 없다는 입장이다. 인식론은 존재론을 위한 인식론이고, 역으로 존재론은 인식론을 바탕으로 하여 구성된 이론이어야 한다. 존재론과 인식론이 공통요소를 공유하고서 통합체계의 학문이 되어야만, 그들의 주장이 허구가 아닌 진리의 지식이 된다.

대상을 인식하는 오성기능은 순수오성개념인 범주개념을 바탕으로 작용한다. 자연의 근본원리를 파악하는 인식과정은 객관적으로 명백해야 한다. 칸트는 그 과제를 첫째, 이미 논구한 선험적 감성론을 바탕으로 하여 인식의 토대를 마련하였고, 둘째 선험적 논리학과 일반논리학의 차이점을 논구하여 명백히 입증했다.

『순수이성비판』에서의 선험논리학은 인간의식이 어떻게 자연형이상학의 원리에 해당하는 원칙을 구성하였는지를 보여준다. 비판철학을 구성한 칸트의 발상은 인식론과 존재론을 일관되게 하여 통합이론체계를 구성하려는 의도이다. 통합이론의 과제는 인간과 신의 존재를 일관된 이론체계로 구성하는 작업이다. 그 작업은 논증의 객관적 근거를 확보해야 가능하다. 칸트가 확립한 선험적 감성론과 선험논리학은 통합이론의 객관적 근거이고, 인식작용의 방법이고, 수단이고, 도구이다.

2. 선험 논리학의 형이상학적 의의

주목

어떤 지식도 논리학의 논리규칙에 부합하지 않고서는 체계화된 학문의 지식이 될 수 없다. 진리가 존재하더라도, 인간의 인식기능이 진리를 탐구할 보편타당한 기능을 갖추고 있지 않으면, 인간의 지성은 객관적 진리를 확립할 수 없다. 이성적 인식기능을 갖춘 인간 이외에는 어떤 생명체도 진리를 추구하지 않는다. 다른 생명체는 그런 기능을 갖추고 있지 않기 때문에, 그들이 진리를 추구할 수 없다고 말하는 경우는 타당하다.

인간의 인식기능이 형이상학적 진리를 올바르게 파악할 수 없으면, 존재의 진리가 존재하더라도 존재하지 않는 꼴이 된다. 진리를 파악하려는 지적 작업은 인간의 인식기능이 진리를 제대로 올바르게 파악할 수 있는지를 반드시 검토해야 한다. 그러나 인식기능의 작용은 이 과제를 우선적으로 시도할 수 없다. 거울이 없으면 자신의 모습을 볼 수 없는 경우처럼, 인간의 의식이 곧바로 자신의 인식기능을 객관적으로 다룰 수 없기 때문이다.

선험논리학은 순수오성개념에 의한 인식작용을 보여준다. 오성의 인식작용이 대상의 경험에만 의존하게 되면 인간은 존재의 궁극본질을 다룰 수 없다. 논리적 사유방식이 진리의 정체를 밝히려면, 외부의 경험과 달리 선험적 인식기능을 선천적으로 갖추고 있어야 한다.

의식이 외부대상을 인식하는 오성작용을 넘어서 이성작용에 의해 형이상학적 과제를 다루려면, 전통의 형식논리학은 부적격이다. 인식론은 선험논리학이 그 방법을 갖추고 있다고 논증하는 지적 작업이다. 선험논리학이 인간의 인식기능이 진리의 정체를 밝힐 수 있는 사유방법론을 갖추고 있음을 논증했기 때문에, 형이상학은 다른 과학처럼 학문으로서의 자격을 갖출 수 있게 되었다.

범주의 철학적 의의

칸트는 「선험적 원리론」에서 선험적 분석론과 구분한 선험적 변증론을 논구하였다. 선험적 변증론은 비판철학의 중심에 놓여 있는 핵심이론이다. 인간이 갖추고 있는 형이상학적 본성은 선험적 변증론을 거쳐야만 명확히 드러날 수 있다.

인간의 선천적 의식구조는 문명을 창조하는 인식기능을 갖추고 있다. 문명창조의 본질을 논구하려면, 인간의 자유성을 전제해야 한다. 인간의 자유성만이 수동적인 자연의 생존방식에서 능동적인 문명의 생존방식으로 전환할 수 있다. 문명창조의 인식기능의 근저에 놓인 자유성은 인간이 형이상학적 존재임을 입증하는 논거이다. 인간이 자연의 존재가 아닌 형이상학적 존재임을 논증하는 사고방식은 자연을 형이상학적 산물로 전환하는 반전(反轉)의 방식이다.

선험적 논리학에서 선험적 분석론은 선험적 변증론에 앞서 확립되어야 한다. 선험적 변증론이 타당하려면, 변증적 사고방식이 논리적이어야 한다. 변증적 사고방식을 뒷받침하는 모든 지식이 논리적으로 타당해야 한다. 선험적 변증론을 구성하는 모든 지식은 선험적 분석론에서 형성되었다. 선험적 변증론의 모든 논거는 순수오성개념의 작용에 의해 형성된 지식이다. 형이상학의 지식을 비롯하여 모든 과학의 지식은 순수오성개념곧 범주의 개념을 벗어나서 이루어지지 않는다.

자발성의 인식론적 의의

인간이 의식적으로 의도하더라도, 사물이 감각을 촉발하지 않으면 사물에 대한 인식이 시작될 수 없다. 사물이 감각을 촉발했음에도 불구하고, 의식이 판단을 잘못하는 경우는 이 논구와 무관한 다른 종류의 문제이다.

인식기능의 감성적 수용성(Rezeptivität, receptivity)에 대응하는 개념은 '인식기능의 자발성(Spontaneität, spontaneousness)' 과 '의식의 지향성(Intentionalität, intentionality) 개념이다. 인식론은 이 개념을 철저하게 해명한다. 인식기능이 자신의 당면문제를 해명하려면, 먼저 자신의 근본구조와 본질을 파악해야하기 때문이다. 칸트의 선험철학은 선험적 감성론과 선험적 논리학에서 이 개념들을 본격적으로 논구하였다.

자유성은 자율성과 연계되어 있다. 자율성은 자발성과 연계되어 있다. 자발성은 목적성과 연계되어 있다. 의식은 그 관계를 바탕으로 삼아 생활세계에서 활동하는 인간생존의 본질을 설명할 수 있다. 이런 주제의 총체적 논구가 칸트가 규명하려는 "인간이 무엇인가?" 하는 주제이다. 인식의 모든 판단작용이 목적성을 갖추고 있지 않으면, 의식은 자신의 판단과 행위를 현상계에 흩어져 있는 사물의 조각처럼 한낱 파편조각의 움직임처럼 간주할 뿐이다.

칸트가 말한 인식의 자발성은 외부의 대상에 의해 인식기능이 작동되는 것이 아니라, 인간의 인식기능이 스스로 작동한다는 것을 의미한다. 그 기능의 근저에는 목적의식이 항상 놓여 있다. 목적의식인 의식의 지향성은 의식의 근본기능이다. 그것은 생존을 위한 의·식·주의 기본 활동을 바탕으로 하여 작용하는 문명사회의 문화적 활동을 의미한다. 역설적으로 그 의미는 의·식·주의 당면문제를 해결하는 문명사회의 생활방식은 진·선·미의 의식적 활동과 불가분의 관계로서 통합되어 있음을 가리킨다.

칸트는 그와 같은 의식의 전체구조를 세 가지 기능으로 구분하여 순수이성비판, 실천이성비판, 판단력비판의 순서대로 논구하였다. 칸트가 이렇게 방법적으로 구분하여 논증한 이유는 의식이 문명을 창조하는 방식 때문이다.

자발성의 선험적 특성

칸트가 인식이 경험으로부터 시작하고, 그런 연후에 의식의 자발성이 작용한다는 입장을 피력했다. 그런데 현대철학과 심리학은 의식의 자발성에 대해 불충분성을 지적하고서 칸트의 인식론을 비판한다.

의식은 목적 지향적이므로 외부대상을 향해 항상 열려있다. 의식이 의식적이건 무의식적이건 간에 항상 열려 있지 않으면, 의식은 촉발작용에서 발생한 대상의 인상을 두뇌 속으로 수용할 수 없다. 칸트는 대상과의 촉발작용이 없으면 개념작용을 할 수 없는 오성의 특성을 자발성으로 해명했을 뿐, 의식이 대상을 향해 항상 열려 있지 않다고 말할 적이 없다. 의식의 근본목적이 생존에 있으므로, 의식의 목적이 생존을 위해 대상을 향한다는 사실은 더 이상 언급할 필요가 없는 전제조건이다. 칸트를 비판하는 입장도 그런 사안을 문제 삼아서는 안 된다.

인간의 인식기능은 대상을 제한적으로 인식하는 정도의 능력이 아니다. 그것은 존재본질의 특성인 보편성을 탐구하는 인식능력이다. 더 나아가 인간의 인식기능은 그 목적을 제대로 추진하기 위해, 자신의 인식기능을 스스로 비판한다. 인간은 자신이 수립한 지식을 가설과 실험의 방법을 통해 입증한다.

인식기능의 자발성이 보편성을 추구하는 특성을 확인하려면, 그 방법은 인간이 자신의 인식기능을 모방한 인공지능의 로봇을 범례로 삼아 논구할 수 있다. 그 작업은 인공지능의 로봇을 만드는 과정과 절차를 비교해보는 입장이다. 로봇의 제작과정은 인공지능이 스스로 인간처럼 존재본질인 보편성을 추구할 수 없는 조건을 보여준다. 로봇의 인공지능이 보편성을 추구해야 할 목적을 지닌 주체가 될 수 없다. 그 점은 다음의 조건으로 입증할 수 있다

첫째는 인간이 로봇에게 두뇌에 해당하는 하드웨어의 구조를 만들어도 그것을 작동시키려면, 인간이 작용방식을 갖추어 주어야 한다. 둘째는 그 다음으로 인간이 하드웨어의 기능에 대상을 식별하고 자신의 목적을 달성할 수 있는 각종 프로그램의 체제를 매번 입력해야 한다. 마지막으로 셋째는 그 기능을 작동하기 위해서는 인간자신이 작동을 시작하는 스위치를 눌려야 한다.

이 점에서 명확한 것은 로봇이 탄생하여 작동하기 이전에 먼저 인간에 의해 모든 것이 준비되어 있어야만 한다는 것이다. 이 모든 과정이 목적 지향적이라는 사실이다. 로봇이 지닌 기능은 목적적이지만, 인간이 부여한 목적 이외에는 다른 작용을 할 수 없다. 로봇은 욕망을 해소하려고 목적 지향적 존재가 아니므로, 인간이 자신의 욕망을 해결하기 위해 프로그램을 개발하지 않으면 더 이상의 기능이 발생할 수 없는 존재인 사실이다. 그러므로 의식의 자발성은 욕망을 비롯한 다른 동기가 더불어 작용하는 기능이므로, 인식기능의 자발성을 논구한 칸트의 입장은 이런 측면과 전혀 무관한 경우이다.

이 사실은점은 다른 경우를 원용하면, 더욱 분명해진다. 하나는 인간이 세상에 등장하기 이전에 엄마의 뱃속에서 엄마와 정보를 공유하면서 이미 자신의 인식기능을 작동하고 있는 사정이다. 또 다른 하나는 인간이 현재와 같이 진화하려면 반드시 인간이전의 유인원의 상태의 존재자를 거쳐야 하는데, 그러면 인간의 인식이 인간이전의 유인원에게서 전수받았다고 판단해야 하는 사정이다. 더 나아가 성경에서 기록되어 있는 바대로, 신이 직접 창조했을 때에도 신이 인간이 지닌 세상에 관한 정보는 신이 미리 입력해 주어야 하는 사정이다. 따라서 인간의 인식기능은 자신의

존재가 살아가는 방식에 대한 목적론적 인식기능을 갖추고서 탄생했고, 그 선천성이 모든 인식작용의 근저에 선행적으로 작용하고 있다고 판단해야 한다.

칸트의 인식론은 이런 정황에 대해 전혀 무지하지 안 했다. 단지 칸트의 시대가 현대와 다르기 때문에 구체적인 사정만 다를 뿐이다. 칸트의 이론을 비판하려면, 그 입장은 두 가지 측면을 고려해야 한다. 하나는 자연의 원리와 법칙이 획기적으로 달라져야 하는 측면이다. 다른 하나는 인간 이외에 인간과 동일한 특성을 갖춘 의식적 존재자가 등장할 수 있어야하는 사정이다.

칸트의 발상은 이런 정황이 발생하지 않는다면, 여전히 유효하다. 이런 정황과 관련한 다음의 범례는 칸트의 인식론을 옹호할 수 있다. 목적을 수행하기 위해 컴퓨터를 켜놓았을지라도, 인간이 컴퓨터의 자판기에 명령어를 주입하지 않으면 작동할 수 없는 경우와 마찬가지로, 외부대상이 자기존재를 인간의 감각에 전달하는 촉발현상을 발생하지 않으면, 외부대상에 대한 인간의 인식이 시작할 수 없는 조건이다. 그 경우는 컴퓨터에 불이 깜박이고 있어도, 컴퓨터가 작동하지 않고 그대로 있는 것과 마찬가지라는 사실이다. 다시 말해, 의식이 생존을 위해 자발적으로 항상 외부대상으로 지향하더라도, 외부대상이 인식의 첫 통로인 감각기관에 자기존재를 알리지 않는다면, 인간은 그 외부대상을 인식할 수 없는 사정이다.

칸트의 인식론에 대한 비판은 먼저 다음의 조건을 정리해야만 앞으로 나아갈 수 있다. 첫째, 삶의 동기가 목적적으로 작용하고 있는 상태가 의식의 정상적 작동상태라는 사실이다. 둘째, 삶의 동기 및 목적은 의식이 그것을 자각하는 인식작용과 무관하게 의식의 근저에서 작용하고 있는 사실이다. 셋째, 삶의 동기와 목적은 먼저 대상의 인식을 시작하고, 차후에 의식이 그것을 자각하는 사실이다. 넷째, 인식기능이 자신을 자각하기 위해서는 먼저 외부대상에 대한 경험이 인식기능에 쌓여야 하는 사실이다. 인간이 살아가는 생존의 목적과 동기가 인식기능의 근저에서 선행적으로 작동하더라도, 갓 태어난 어린아이의 인식기능은 그 사실을 미리 알고서 작용하지 않기 때문이다.

이 사실은 비판철학의 체계를 이해하는 작업에 대단히 중요하다. 비판철학에서의 논구순서가 인식작용의 순서와 동일하기 때문이다. 즉 인식기능이 의식이 선의지의 도덕성을 깨닫고, 미의식의 예술성을 깨닫는 과정은 한꺼번에 이루어지는 것이 아니라, 순차적으로 이루어지기 때문이다. 이 점은 실천이성에 의한 도덕성의 인식과제와 반성적 판단력에 의한 미적 예술성의 인식과제는 먼저 대상에 대한 인식기능이 진행된 이후에 비로소 논구되는 작업임을 밝히는 논거이기도 하다.

1) 선험철학이 선천적 인식기능을 입증해야 하는 이유

(1) 판단의 도표를 범주의 도표로 격상한
논증의 성격이 연역적이어야 하는 이유

인식대상과 인식기능의 불가분성

칸트는 형식논리학에서의 판단표를 선험논리학에서 순수오성개념의 범주표로 확립하였다. 칸트가 순수오성개념을 확립한 지적작업을 연역적이라고 한 이유는 이 개념들이 경험적 사고방식인 귀납적 추론의 결과물이 아니라는 점을 명백히 밝히려는 목적 때문이다.

선험논리학은 일반논리학과 달리 인식기능을 비판하는 과정을 거친다.

인식기능은 인식대상과 불가분의 관계를 맺고 있으므로, 칸트는 불가피하게 선험논리학에 앞서 선험적 감성론을 반드시 다루지 않으면 안 되었다. 그 이유는 대상의 특성을 명확하게 확정하지 않으면, 인식기능의 특성을 논구할 수 없기 때문이다.

일반논리학의 형식성은 모든 사유작용의 타당성을 보장하는 세 가지 원리를 정립했다. 동일률, 모순율, 배중률이다. 존재론과 인식론도 이 원리를 동일하게 적용한다. 이 원리가 완전하려면, 인식기능과 인식대상이 일관되어 있음을 해명해야 한다. 형식논리학은 인식대상의 특성을 다루는 방법을 논구에서 배제하였기 때문에, 형식논리학은 칸트처럼 자유의 범주 도표를 확립할 수 없었다. 형식논리학은 감정을 다룰 수 없었고, 더 나아가 미의식의 예술론을 다룰 수 없었다. 그러므로 사유규칙의 형식적 틀에서 다루어지는 인식대상의 특성을 해명해야만, 인식론과 존재론의 연결점이 확실하게 드려날 수 있다.

존재론의 이면에는 논리학이 일관되게 자리 잡고 있어야 하고, 마찬가지로 논리학의 이면에는 존재론이 일관하게 자리 잡고 있어야 한다. 존재론과 논리학이 공통분모를 공유하고 있어야만, 인식론은 의식의 사유기능이 형이상학적 진리를 탐구할 수 있음을 논증할 수 있다. 이 작업을 추진하는 과정에는 논구순서가 차례로 결정되어있다. 그 절차는 자연으로부터 인간으로, 그 다음으로 인간에서 다시 신의 개념으로 이행하는 단계이다.

칸트는 선험적 원리의 논구에서 감성과 오성의 차이점을 분명히 논구했다. 칸트는 선험적 감성론과 선험적 논리학을 구분한 이유부터 먼저 명확히 해명하고, 그 기능들을 논구하는 과정을 차례차례로 진행했다.

그 작업을 순조롭게 진행하기 위해, 우선적으로 오성에 의한 모든 지식들이 감성의 대상에 국한된다는 점부터 명확히 해명했다. 그 해명은 자연과학의 지식들이 감성의 순수직관형식인 공간과 시간의 직관형식을 바탕으로 하여 구성된 지식임을 논증했다.

인식기능의 작용에서 발생하는 각종 표상들은 모두 자아라는 통각에 속해 있는 표상이다. 인식기능의 정체를 밝히는 인식론의 작업은 통각인 자아의 정체를 밝혀야 한다. 이 주제는 선험적 감성론의 순수직관형식을 논증해야만 해명을 시작할 수 있다. 자아가 외부의 인식대상을 경험해야만, 자신을 파악할 수 있기 때문이다. 칸트는 인식기능과 인식대상의 불가분의 관계를 적절히 구분하여 순차적으로 논구했다.

개인의 존재는 전체 속에서 개별적인 구성요소에 지나지 않는다. 개인의 현존성은 항상 현시점이다. 개인은 일정한 시점에서 일정한 공간을 체험하고 있다가, 다른 시점에서 다른 공간을 체험한다. 개인은 현시점에서 지나간 시점인 과거의 사실을 망각할 수 있다. 그러면 인간은 과거와 현재를 연결하여 총체적인 전망의 도안을 그려낼 수 없다. 더 나아가 체험하지 못한 미래시점의 공간을 가상한 가설을 구성할 수 없고, 그 가설의 실험도 할 수 없다.

인간의 사유기능이 가설을 구상하려면, 부분을 벗어나서 전체를 상상할 수 있어야 한다. 예컨대, 설계도면을 작성하려면 모든 공간의 요소를 결합해야 하는 조건이다. 이런 결과를 도출하려면, 당연히 공간과 시간의 순수관형식이 그 작업의 밑바닥에 놓여 있어야만 한다. 그 사실은 달에 가본 적이 없는데도 불구하고 달에 우주선을 발사하여 예측된 장소에 착륙시키기 위해서는, 몇 가지 과정을 충족해야 하는 조건에서 입증된다. 즉 달과 지구의 움직임을 도면위에 작성하고, 태양과 달과 지구를 기학학적 모형으로 만들고, 마지막으로 수학적인 방식으로 착륙시점을 확정하는 학문적 작업이다.

의식기능의 작용을 관찰하고서 해명하는 심리학은 인식기능의 타당한 논거를 전혀 제시할 수 없다. 두뇌의 작용능력만으로는 논리학과 인식론과 존재론이 하나로 합일되어 있는 인식구조와 기능을 설명할 수 없다.

심리학은 시간과 공간의 순수직관형식에 의해 생성된 두뇌의 기억들을 경험적 지각현상으로 간주한다. 두뇌의 심리작용을 탐구하는 방식은 철학에서 이루어지는 학적 작업의 성격과 기능을 설명하는 학문의 방법론이 될 수 없다. 두뇌의 심리작용을 연구하는 심리학은 형이상학적 대상을 지향하는 인식작용을 설명할 명백한 존재이유와 근거를 확립할 수 없기 때문이다.

범주개념의 토대인 순수직관형식

자연형이상학의 모든 지식은 선험적 감성론의 공간과 시간의 개념을 바탕으로 하여 구성되어 있다. 자연과학의 특성을 주목하면, 선험철학의 학적 의의를 제대로 파악할 수 있다. 물리학의 토대인 자연철학의 본질이 공간과 시간의 학문이기 때문이다. 하지만 사물의 원리를 탐구하는 물리학자 및 수학자들은 칸트가 해명한 공간과 시간의 순수직관형식이 무엇을 의미하는지를 제대로 이해하지 못했다. 그들은 사물을 배제한 순수공간과 사물을 수용하고 있는 우주공간을 구분하지 못했기 때문에, 칸트가 순수공간을 인식기능의 순수직관형식이라고 설명한 취지를 도저히 이해할 수 없었다. 그들은 순수공간을 단순한 관념으로 간주하였기 때문에 순수공간의 순수직관형식을 고찰할 수 없었다. 그들은 자신의 인식결과가 순수직관형식에서 비롯되었음을 무시하였기 때문에 순수공간이 지닌 존재론적 의의를 고려할 수 없었다.

칸트는 순수공간과 우주공간이 서로 다른 존재일 수 없음을 전제한다. 순수공간이 별도로 존재하고, 사물이 별도로 존재하는 경우는 있을 수 없기 때문이다. 순수공간의 영역이 일부에 존재하더라도, 순수공간의 영역에 사물이 존재하는 한에서는 양자는 불가분의 관계로서 공존하는 존재이다. 그러나 양자를 구분하지 않으면, 의식이 외부대상을 인식하는 방법을 해명할 수 있다. 의식이 형이상학적 특성을 갖추고 있는 사실은 의식이 우주공간에서 순수공간과 사물을 구분하는 자신의 사고방식에서 입증된다. 칸트는 양자의 불가분의 상관관계를 명확히 해명했다.

"가능한 경험의 개념에 속하는 것도 아니고, 또 가능한 경험의 요소로 성립하는 것도 아닌 개념이 완전히 선천적으로 산출되며 대상과 관계를 가진다는 것은 전혀 모순이며 있을 수 없는 일이다." [1]

우주공간에 작용하는 원리와 법칙이 생성소멸의 모든 양상을 포괄할 수 있기 위해서는 두 가지 조건을 충족해야 한다. 첫째는 모든 구성요소가 동일한 속성으로 이루어졌고, 동일한 속성을 벗어난 현상이 발생하지 않아야 한다는 보편성이다. 둘째는 동일한 속성을 지닌 개별자들은 서로 어울려 다양한 구조의 복합체를 구성할 수 있어야 한다는 운동과 변화의 성격이다. 그러므로 무한하게 지속하는 변화의 모습은 미리 결정되어 있지 않다. 그러나 그 변화는 원리와 법칙을 벗어날 수 없다. 칸트는 변화의 무한성과 유한성을 해명했다.

"……그러므로 만일 순수한 선천적 개념이 있다면 이 개념은 물론 하등의 경험적인 것도 포함할 수 없을 것이다. 그러나 그것은 가능한 경험의 순수한 선천적 제약인 동시에 그 객관적 실재성의 유일한 제약이 되지 않으면 안 된다." [2]

칸트는 외부의 대상과 내부의 인식기능이 서로 동질성을 공유하고서, 결코 분리할 수 없는 불가분의 관계를 이루고 있음을 감성과 오성의 상관

---

1 『순수이성비판』 A95
2 『순수이성비판』 B136

관계를 논증하면서 해명했다.

"감성과의 관계에 있어서 모든 직관의 가능성의 최고원칙은 선험적 감성에 의하면 직관의 모든 다양이 공간과 시간이라는 형식적 제약에 따르고 있다는 것이었다. 그러나 오성과의 관계에 있어서는 모든 직관의 가능성의 최고원칙은 직관의 모든 다양이 통각의 근원적·종합적 통일의 제약의 따른다는 것이다." [3]

의식이 어떤 인식대상을 경험하더라도 부분적인 개별표상을 종합하여 대상의 개념을 정립할 수 없다면, 지식을 체계화한 통합학문을 구성할 수 없다. 칸트가 순수오성개념을 연역하기 이전에 선험적 감성론을 논구해야만 했던 이유는 단일성과 종합성의 개념을 논증하여 인식과정의 일관성을 해명하기 위해서였다. 즉 인식이 시작하기 이전에 현상계는 순수공간의 동질성 및 단일성, 사물속성의 동질성과 단일성, 시간의 동질성과 단일성을 선결적으로 갖추고 있어야 하는 전제조건을 해명하기 위해서였다.

이런 조건이 해명해야만, 의식은 존재론과 인식론과 논리학을 하나로 통합하여 진정한 형이상학을 정초할 수 있다. 형이상학이 가능해야, 진·선·미의 의식구조와 작용을 해명할 수 있다. 그러면 철학은 인간의 삶이 지향하는 목적과 함께 문명사회를 건설하는 인간의 본성을 차례로 해명할 수 있다. 칸트는 그 해명의 출발은 다음과 같이 논구했다.

"공간이나 시간과 그 모든 부분은 직관이다. 따라서 제 자체 속에 다양을 내포하는 개별적인 표상이다……. 따라서 동일한 의식이 다양한 표상 속에 들어있는 것처럼 발견되는, 다만 개념이 아니라 도리어 다수한 표상이

---

3 『순수이성비판』 ibid

하나의 표상과 그 의식 속에 포함된 것으로, 따라서 결합된 것으로, 그러므로 의식의 통일성이 종합적이기는 하지만 그러나 근원적인 것으로 발견되는 직관이다. 공간과 시간의 이 단일성은 적용에 있어서 중요한 것이다……." [4]

칸트가 규정한 인식의 대상이 직관의 대상인 현상의 사물들이라면, 당연히 그들에게 적용되는 법칙과 원리는 결국 공간과 시간의 순수직관형식에 근거한 것이 아닐 수 없다. 곧 공간과 시간의 특성을 바탕으로 삼아 인식기능이 작용한다면, 마찬가지로 모든 사물에 적용되는 원리와 법칙도 공간과 시간의 이 원칙에 따라 작용한다. 무한한 공간에서 운동하면서 변화하는 사물의 구성요소들이 합성과 분리를 통해 생성·소멸을 진행하기 때문이다.

인식기능의 종합적 사고방식이 작동하지 않으면, 사유기능은 결코 복잡한 학문의 지식을 탐구할 수 없다. 그러면 순수직관형식이 반드시 그 지점의 근저에 놓여 있어야 한다.

"만일에 모든 표상이 각자 서로 다른 표상과 아무런 관계없이, 말하자면 고립되어 있어서 서로 떨어져 있다면, 비교되고 연결된 한 전체표상으로서의 인식이란 결코 발견할 수 없을 것이다.
그러므로 내가 만일 감성의 능력이 그 직관 중에 다양을 포함하고 있다는 이유로 이에 일종의 개관능력이 있다고 본다면, 이에는 언제든지 일종의 종합능력이 대응하여, 수용성은 자발성과 종합하여서만 인식을 가능하게 할 수 있을 것이다." [5]

---

4 『순수이성비판』 ibid
5 『순수이성비판』 A97

의식이 기능장애를 일으켜 인식의 혼란을 일으키거나 심지어 정신분열의 장애를 일으키더라도, 인식기능의 형식적 구조와 그 작용은 불변이다. 인식기능의 구조가 형식적으로 불변이기 때문에 정상적인 인식기능이 가능하다. 문명사회를 건설하는 작업은 개념의 지식에 의한 오성의 작용에 의해 진행한다.

칸트는 오성작용이 대상을 개념으로 전환하는 과정을 종합이란 용어로 해명한다. 인식기능에 개별적이고 특수한 경험적 표상을 종합하여 일반적인 개념을 구성하는 방법이 없다면, 체계적인 학문이 불가능하고 문명사회가 불가능하다.

> "…이 종합은 모든 인식 중에 필연적으로 나타나는 세 가지 종합, 즉 직관에 있어서의 심성의 변용인 표상의 각지와 구상에 있어서의 표상의 재생과 개념에 있어서의 재인식의 기초가 된다.
> 그리하여 이러한 종합이 세 가지의 주관적 인식원천으로 이끌고 가서 오성을 가능하게 하고, 그렇게 함으로서 오성의 경험적 산물인 모든 경험을 가능하게 하는 것이다." [6]

그러면 물리학의 원리와 법칙들이 공간과 시간의 특성과 어떻게 연관되었는지를 살펴야만 이 점이 확인될 수 있다. 당연히 그 점이 논구되어야만, 모든 수학과 물리학의 원리와 법칙이 선험철학의 감성론과 논리학에 포섭되는 사실이 입증될 수 있다. 더 나아가 자연과학에 대한 철학의 보편성이 입증될 수 있다. 수학과 물리학의 지식이 보편성을 갖추고 있는 사실은 외부의 개별경험에 의한 것이 아니라, 개별경험을 종합하는 의식의 기능에 의한 것이다. 외부대상의 개별경험이 의식에서 종합되는 근거

---

6 『순수이성비판』 ibid

는 의식이 외부의 대상이 존재하는 방식을 그대로 재생하는 공간과 시간의 직관형식을 갖추고 있기 때문이다. 칸트는 그 사실을 다음과 같이 해명했다.

> "우리의 표상은 그것이 외적 사물의 영향을 통하여서든지 또는 내부의 원인을 통하여서든지, 또 그것이 선천적으로든지 또는 경험적 현상으로든지, 즉 어디서 어떻게 발생하든지 그것은 심성의 변용으로서 내감에 속하는 것이다. 그리고 그렇기 때문에 우리의 모든 인식은 결국 내감의 형식적 제약인 시간에 종속한다. 즉, 시간 중에서 모두 정돈되고 결합하고 서로 관계를 갖지 않을 수 없는 것이다. 이 점이 이후 어디까지나 기초가 되어야 할 일반적인 주의사항이다." [7]

한 점에 불과한 육체에 존재하는 의식이 사물이 무한한 방향으로 펴져 있는 공간의 모습을 총체적으로, 체계적으로 통일적으로 파악할 수 있는 근거를 갖추고 있어야만, 수학과 물리학을 비롯한 자연과학이 가능하다. 의식에 우주의 현상을 연결하여 총체적으로 바라 볼 수 있는 기능이 없다면 불가능하다. 칸트는 그 기능을 가능케 하는 조건을 시간의 직관형식이라고 해명했다.

인간이 왼쪽에서 본 것을 오른쪽을 바라 볼 적에 잊어버린다면, 인간은 우주를 통일적으로 바라볼 수 없다. 인간이 바라보는 경우를 바라볼 수 없는 경우에 연장하여 총체적으로 바라 볼 수 없다면, 인간의 인식결과는 언제나 부분적일 수밖에 없게 된다. 의식은 사라져 버린 과거와 다가오지도 않은 미래를 상상하여 통합적으로 사태를 바라보려는 기능을 갖추고 있어야 한다. 칸트는 의식의 구상력이 구성할 수 있는 기능을 순수직관형

---

7 「순수이성비판」 A99

식인 시간의 작용에서 비롯되었다고 해명했다.

그러면 모든 사물의 성격을 파악하여 학문을 정립하는 사고방식은 공간과 시간의 형식에 맞추어 인과율을 적용할 수 있다. 인과율은 분해와 결합의 방식을 활용하여 사물의 본질을 탐구해 나가는 인식작용의 특성이다. 의식은 인과율을 바탕으로 하여 원리와 법칙을 논증한다.

"……오성의 기타 모든 사용의 기본이 되며, 동시에 또 감성적 직관의 모든 제약에서 완전히 독립한 순수오성인식이 통각의 근원적 · 종합적 통일의 원칙이다. 그리하여 외적 · 감성적 직관의 단순한 형식에 지나지 않는 공간은 아직 하등의 인식이 아니라, 다만 공간은 가능한 인식에 선천적 직관의 다양을 제공할 뿐이다." [8]

칸트가 논구하려는 관점은 명확하다. 한편으로는 공간에 존재하는 인식대상을 개념으로 규정하는 작업을 순수오성의 기능으로 논증한 사실이다. 다른 편으로는 모든 인식대상이 오성기능에 의해 개념의 지식으로 정립하기 이전에, 그 대상이 제공하는 다양성을 수용하는 인식기능을 감성의 순수직관형식으로 논증한 사실이다.

의식이 미시와 거시의 영역에서 존재하는 사물들을 인식하기 위해서는 어떤 장애와 제한도 없이 그들에게 접근할 수 있는 순수공간의 수용능력을 갖추고 있어야만 한다. 대상을 인식하는 사유기능의 구상력(상상력)은 거시영역의 대상을 탐구대상으로 삼던, 또는 미시영역의 대상을 탐구대상으로 삼던 간에 그들 모두는 차별 없는 순수공간의 직관형식을 바탕으로 하여 작용한다. 갖가지 모양으로 변형할 수 있는 순수공간의 직관형식이 없다면, 인식의 구상력(상상력)은 불가능하다. 즉 백지의 여백에 어

---

8 『순수이성비판』 B1137~138

떤 모습도 그릴 수 있고, 어떤 상황일지라고 그것을 지우고서 또 다시 그 백지에 전혀 다른 그림을 그릴 수 있고, 더 나아가 앞서 지운 그림과 뒤의 그림을 무제한적으로 서로 비교할 수 있는 방식은 순수공간의 직관형식으로 존재해야 하는 조건을 전제해야 한다. 그렇게 되어야만, 인식기능은 과거의 모습과 현재의 모습과 미래의 모습을 서로 상충되지 않고 다함께 수용할 수 있다. 그러면 인식기능은 모든 사태를 인과율의 법칙에 의해 분석하고 종합하여 진리로서의 학문을 수립할 수 있다.

범주개념이 구성한 자연형이상학의 원리

수학과 물리학은 칸트의 철학체계를 비판하려면, 칸트가 논증한 인식론의 발상이 잘못되었음을 논증해야 한다. 즉 칸트가 범주개념에 맞추어 수립한 명제들이 보편적인 원리가 될 수 없음을 입증해야 한다.

칸트는 전통적 형식논리학이 직접 언급할 수 없었든 자연형이상학의 근본원리를 『순수이성비판』에서 '선험적 판단력일반'의 제목으로 논구하였다. 칸트는 "순수오성의 모든 종합적 원칙의 체계적 표상"의 제목 하에서 구체적으로 다음의 명제를 제시하였는데, 그것이 자연형이상학의 원리에 해당하는 명제들이다. 칸트는 이 명제들을 선험적 감성론의 공간과 시간의 개념을 바탕으로 하여 구성하였다.

1. 직관의 공리 – "이 원리는 외연량이다"
2. 지각의 예료 – "이 원리는 모든 현상에 있어서 감각의 대상이 되는 실재적인 것은 내포량, 즉 도를 가지고 있다는 것이다"
3. 경험의 유추 – "이 원리는 경험은 오직 지각의 필연적 결합의 표상을 통해서만 가능하다는 것이다"
   • 제1유추 – 실체의 지속성의 원칙 : 현상은 아무리 변천하여도 실체는 지속하고, 그 분량은 자연 속에서 증감하지 않는다.

- 제2유추 – 인과성의 법칙에 따르는 시간적 계기의 원칙. 모든 변화는 원인과 결과의 연결의 법칙에 따라서 일어난다.
- 제3유추 – 상호작용 또는 상호성의 법칙에 따르는 동시존재의 원칙. 모든 실체는 그것이 공간에서 동시에 지각되는 한, 전반적으로 상호작용한다.

4. 경험적 사고일반의 요청
   (1) 경험의 형식적 제약(직관과 개념에 관한)과 일치하는 것은 가능적이다.
   (2) 경험의 질료적 제약(감각)과 관련이 있는 것은 현실적이다.
   (3) 현실적인 것과의 관련이 경험의 일반적 제약에 의해 규정되어 있는 것은 필연적(실존한다)이다.

현대물리학은 자연현상을 일관되게 해명하기 위해 기존의 이론을 수정하거나 새로운 발상을 추가하여 통합이론을 구축하려고 시도한다. 그런데 이 과정은 명백한 사실을 전제한다. 그것은 물리학이 다루는 대상이 사물이고, 사물은 연장속성의 사물인 사실이다.

자연과학의 대상이 연장속성의 사물이 아니라면, 사물이 서로 구분될 수 없기 때문에 자연현상이 불가능해진다. 사물이 덩어리로 존재하여도, 그들은 입자들이 형성한 현상일 뿐이다. 복합체를 이루는 구성요소가 독립적인 개별입자가 아니면, 사물은 에너지를 소유할 방법이 없다. 태양이 스스로 빛과 열을 내고, 지구가 스스로 자전과 공전을 하는 이유를 설명할 수 없다. 칸트가 요약한 위의 결론은 한편으로는 연장속성의 사물이 벗어날 수 없는 근본원칙이고, 다른 편으로는 의식이 사물을 인식하는 근본원칙이다.

자연과학의 발상은 결코 형이상학의 발상을 대신할 수 없다. 사물의 현상을 기계론적 인과율로 파악하는 사유방식은 목적론적 인과율의 현상을 해명할 수 없기 때문이다. 그럼에도 불구하고 만약 자연과학자들이 물질 현상의 변화과정에서 목적론적 인과율의 작용을 밝히기를 원하면, 제3의 방식을 제시해야 한다. 그 방식은 사물에는 기계론적 인과율의 구성요소와 목적론적 인과율의 구성요소가 있음을 명확히 입증해야 한다.

철학에서는 라이프니츠가 단자론의 발상으로 그런 방식을 시도했다. 그러나 구분하는 경우가 쉽지 않기 때문에 실패했다. 칸트가 그 대신 우회적인 방법으로 기계론적 인과율과 목적론적 인과율이 양립하고 공존하는 방식을 선택했다. 칸트는 그것을 이율배반의 형식으로 제시했다. 칸트가 정립한 우회적인 방법의 해명은 목적론적 인과율의 작용이 기계론적 인과율의 기반위에서 작용한다는 특성이다. 만약 칸트가 목적론적 인과율이 기적과 같은 작용방법으로 기계론적 인과율을 무력화할 수 있다고 주장하였다면, 비판철학의 체계가 형이상학의 새로운 정초가 될 수 없었다.

사유과정의 형식적 틀을 넘어서서 그 틀이 다루는 인식대상의 존재를 규명해야, 인식론과 존재론의 연결점이 확실히 드러난다. 인식론이 제대로 자기 역할을 수행하려면, 존재론의 이면에 논리학이 일관되게 자리 잡고 있어야 하고, 마찬가지로 논리학의 이면에 존재론이 일관하게자리 잡고 있어야 한다.

오성의 개념은 대상이 없는 상황에서는 작용할 수 없다. 대상이 존재한다면, 오성의 대상이 될 수 있는 조건을 갖추고 있어야 인식이 가능하다. 칸트의 주장은 인식기능이 인식의 대상으로 삼는 현상에 영향을 끼치면서 현상과 무관한 존재는 불가능하다는 입장이다. 영향을 미칠 방법이 없는 상황에서 영향이 발생하는 모순 때문이다. 모순을 방어하기 위해 신비로움을 가정하면, 그 가정은 인식에 의한 학문적 지식이 될 수 없다. 즉 신비로운 대상의 작용이 현상에 영향을 미칠 방법과 수단을 갖추어야만, 비로소 현상과 연결될 수 있다. 현상과 연결되지 않는 신비로운 존재는 존재론에서 배제된다.

"가능한 경험의 개념에 속하는 것도 아니고, 또 가능한 경험의 요소로 성
립하는 것도 아닌 개념이 완전히 선천적으로 산출되며 대상과 관계를 가
진다는 것은 전혀 모순이며 있을 수 없는 일이다. 왜냐하면 그러한 개념은
하등의 내용도 없기 때문이다. 즉 이런 개념에는 하등의 직관도 대응하지
않기 때문이다." [9]

칸트는 의식이 인식기능을 선천적으로 갖추고 있지만, 그 기능은 외부
대상의 본질과 부합한다는 사실을 분명히 진술했다.

"……그러므로 만일 순수한 선천적 개념이 있다면 이 개념은 물론 하등의
경험적인 것도 포함할 수 없을 것이다. 그러나 그것은 가능한 경험의 순
수한 선천적 제약인 동시에 그 객관적 실재성의 유일한 제약이 되지 않으
면 안 된다." [10]

칸트는 외부대상의 본성과 부합하는 인식기능의 특성을 선험적 감성론
이 논구하는 공간과 시간의 직관형식으로 해명했다. 칸트가 선험적 감성
론에서 구축한 모든 인식의 토대는 개별현상을 하나의 개념인식이 되도
록 하는 방법을 통각의 종합적 통일로서 해명한 내용이다.

"감성과의 관계에 있어서 모든 직관의 가능성의 최고원칙은 선험적 감성
에 의하면 직관의 모든 다양이 공간과 시간이라는 형식적 제약에 따르고
있다는 것이었다. 그러나 오성과의 관계에 있어서는 모든 직관의 가능성
의 최고원칙은 직관의 모든 다양이 통각의 근원적 · 종합적 통일의 제약을

---

9 「순수이성비판」 A95
10 「순수이성비판」 B136

따른다는 것이다." [11]

칸트는 감성과 오성의 관계에서, 감성이 오성에 앞서 있는 인식기능이며, 인간의 인식작용은 감성적 순수직관형식을 결코 벗어날 수 없음을 근원이란 용어로 명확히 해명했다.

"공간이나 시간과 그 모든 부분은 직관이다. 따라서 제 자체 속에 다양을 내포하는 개별적인 표상이다……. 따라서 동일한 의식이 다양한 표상 속에 들어있는 것처럼 발견되는, 다만 개념이 아니라 도리어 다수한 표상이 하나의 표상과 그 의식 속에 포함된 것으로, 따라서 결합된 것으로, 그러므로 의식의 통일성이 종합적이기는 하지만 그러나 근원적인 것으로 발견되는 직관이다. 공간과 시간의 이 단일성은 적용에 있어서 중요한 것이다……." [12]

칸트가 규정한 인식의 대상이 직관의 대상인 현상의 사물들이라면, 당연히 그들에게 적용되는 원리와 법칙은 공간과 시간의 순수직관형식에 근거해야 한다. 곧 공간의 무한성과 시간의 동시성 및 시간성이 인식이 작용한다면, 당연히 모든 사물에게 적용되는 원리와 법칙은 공간과 시간의 특성에 따라 구성되어야 한다. 그 이유는 무한한 공간에서 운동하면서 변화하는 사물의 구성요소들이 합성과 분리를 통해 생성·소멸을 진행하기 때문이다.

인식기능의 종합적 사고방식이 작동하지 않으면 복잡한 학문의 지식을 탐구할 수 없다. 순수직관형식은 바로 그 지점의 근저에서 작용하는 인식기능이다.

---

11 『순수이성비판』 ibid
12 『순수이성비판』 ibid

"만일에 모든 표상이 각자 서로 다른 표상과 아무런 관계없이, 말하자면 고립되어 있어서 서로 떨어져 있다면, 비교되고 연결된 한 전체표상으로서의 인식이란 결코 발견할 수 없을 것이다.

그러므로 내가 만일 감성의 능력이 그 직관 중에 다양을 포함하고 있다는 이유로 이에 일종의 개관능력이 있다고 본다면, 이에는 언제든지 일종의 종합능력이 대응하여, 수용성은 자발성과 종합하여서만 인식을 가능하게 할 수 있을 것이다." [13]

칸트는 의식에서 진행되는 기억의 모든 과정을 인식의 종합적 작용과정에서 재생과 재인식의 용어로서 해명했다.

"……이 종합은 모든 인식 중에 필연적으로 나타나는 세 가지 종합, 즉 직관에 있어서의 심성의 변용인 표상의 각지와 구상에 있어서의 표상의 재생과 개념에 있어서의 재인식의 기초가 된다. 그리하여 이러한 종합이 세 가지의 주관적 인식원천으로 이끌고 가서 오성을 가능하게 하고, 그렇게 함으로서 오성의 경험적 산물인 모든 경험을 가능하게 하는 것이다." [14]

물리학은 유한한 인간이 무한한 공간에서 물질이 무한한 방향으로 펴져있는 공간의 모습을 총체적으로 체계적으로 통일적으로 파악할 수 있는 근거를 지니고 있기 때문에 탄생할 수 있었다. 물리학의 모든 발상은 의식 내에 모든 우주의 모습을 총체적으로 연결시켜 통합적으로 연상할 수 있는 인식기능이 없는 동물에게는 불가능하다. 칸트는 그 기능을 공간과 시간의 직관형식과 더불어 오성의 구상력(상상력)으로 설명하였다. 순

---

13 『순수이성비판』 A97
14 『순수이성비판』 ibid

수직관형식과 순수오성개념작용이 문명창조의 원동력이 되려면, 양자는 구상력의 기능에서 통합적으로 작용해야 한다.

인간이 왼쪽에서 본 것을 오른쪽을 바라 볼 적에 잊어버린다면 결코 인간은 우주를 통일적으로 바라볼 수 없게 된다. 인간이 바라볼 수 없는 쪽을 바라보는 쪽과 연결하여 전체를 총체적으로 바라 볼 수 없다면, 인간의 인식기능은 언제나 부분적이게 된다. 그러므로 의식이 사라져 버린 과거와 다가오지도 않은 미래를 구상력에 의해 구성할 수 있는 토대는 공간과 시간의 직관형식에서 비롯되었다고 판단해야 한다. 그러면 의식은 모든 사물의 성격을 파악하여 정립한 학문적 지식이 공간과 시간의 형식에 맞추어 인과율을 적용하고 그리고 분해와 결합의 방식을 활용하여 사물의 본질을 탐구해 나가는 자신의 인식기능에서 비롯되었다고 논증할 수 있다.

이로부터 칸트가 지적하려는 요점은 명확하다. 공간에 존재하는 인식대상을 개념으로 규정하는 작업은 순수오성의 기능이지만, 모든 대상이 오성기능에 의해 지식으로 인식되기 위해서는 먼저 대상의 다양성을 수용할 수 있는 감성의 인식기능이 마련되어 있지 않으면 안 된다는 사실이다. 즉 거시의 영역이건 미시의 영역이건 상관없이, 백지의 여백에 어떤 모습도 표현할 수 있고, 그리고 어떤 상황일지라고 그것을 지우고서 또 다시 그 백지에 전혀 다른 표상을 표현할 수 있고, 더 나아가 앞서 지운 표상과 뒤의 표상을 무제한적으로 서로 비교할 수 있는 방식을 뒷받침하는 순수직관형식이 존재해야만 하는 인식의 조건이다. 왜냐하면 그렇게 되어야만, 과거의 모습과 현재의 모습과 미래의 모습이 서로 상충되지 않고 다함께 수용되어 분석되고, 그리고 인과율의 법칙에 의해 종합적으로 정리되어 진리로서의 지식과 체계화된 학문이 오성기능에 의해 탄생할 수 있기 때문이다.

(1) 판단표가 범주로 격상되는 논증과정의 성격이
   연역적이어야 하는 이유

범주의 구성

　칸트의 선험논리학의 체계에서 가장 주목되는 사항은 다름 아닌 아래의 표가 보여주는 바대로 기존의 논리학의 판단표에 '관계와 양상'의 항목을 부가한 사실이다. 왜냐하면 기존의 형식논리학에서의 양과 질의 항목과 비교해 볼 적에 각각에 첨가한 단칭판단과 무한판단은, 비록 그것이 수긍되든지 거부되든지 간에 기존의 논리학의 성격을 크게 변경시키지 않지만, 관계와 양상의 항목첨가는 기존의 판단표의 성격에 전혀 그렇지 않은 인식론적 문제점을 야기하기 때문이다. 곧 그것은 기존의 판단 표를 통해서는 개념론에서 다루는 개념의 발생을 논리학적으로 설명할 길이 없게 된다는 점이다.

　전자는 『순수이성비판』 선험적 논리학에서의 범주표이고 후자는 『실천이성비판』 자유의 범주표이다. 판단력에서는 별도로 범주표를 제시하지 않고 미감적 판단력, 미의 분석론을 범주표에 맞추어 분석하였고, 숭고의 분석론을 수학적 숭고와 역학적 숭고로 나누어 분석하였다. 목적론의 판단력의 분석론은 범주표에 따라 분석하지 않았다. (다음쪽 별첨)

범주의 특성

　선험적 감성론을 거친 선험적 논리학에서의 범주론은 칸트철학의 근본 골격으로 작용한다. 범주론은 『실천이성비판』에서 자유론을, 『판단력비판』에서의 목적론을 해명하는 논증의 토대이다.

　칸트는 『판단력비판』의 목적론에서 '자연의 목적적 성격'을 명확히 해명했다. 칸트는 자연의 목적적 성격을 『판단력비판』의 방법론에서 "목적론은 자연학에 속하는 것으로 다루지 않으면 안 되는가" 하는 명칭으

판단표		범주표	
양	① 전칭판단 ② 특칭판단 ③ 단칭판단	양	① 단일성 ② 다수성 ③ 전체성
질	① 긍정판단 ② 부정판단 ③ 무한판단	질	① 실재성 ② 부정성 ③ 제한성
관계	① 정언판단 ② 가언판단 ③ 선언판단	관계	① 속성과 실체성(실체와 우성) ② 인과성과 의존성(원인과 결과) ③ 상호성(능동성과 수동자의 상호작용)
양상	① 개연판단 ② 실연판단 ③ 필연판단	양상	① 가능성과 불가능성 ② 현존재와 비존재 ③ 필연성과 우연성

자유의 범주표	
양	① 단일성 – 주관적 준칙을 따르는 것(개인 의지의 사견들=준칙들) ② 다수성 – 객관적 원리를 따르는 것(훈계들)=[행복에 관한 가언적 명령] ③ 전체성 – [자유의]선천적·객관적인, 또 주관적인 원리(법칙들) … 무상 명언
질	① 실재성 – 행위 하기의 실천규칙들 ② 부정성 – 행위 안하기의 실천규칙들(금지) ③ 제한성 – 제외하기의 실천규칙들(제한)
관계	① [도덕적]실체성 – 인격성[도덕적 실체]에 대한 관계 ② 인과성 – 인격의 상태[행복의 증진이나 손해]에 대한 관계 ③ 교호성 – 한 인격과 다른 인격의 상태와의 상호적 관계
양상	① 가능성과 불가능성 – 허락된 일과 허락 안 된 일 ② 현존성과 비현존성 – 의무와 의무에 위반하는 일 ③ 필연성과 우연성 – 완전한 의무와 불완전한 의무

로 논구하였다. 칸트는 목적론의 논구에 앞서 오성작용의 근본골격인 범주론이 존재론의 정체를 논할 수 있는 근본개념인가? 하는 의문을 해명했다.

인식론과 존재론을 딱 부러지게 분리하는 지적 작업은 셰익스피어가 쓴 『베니스의 상인』에서 포오셔가 유태인 고리대금업자인 샤일록에게 1파운드의 살을 몸에서 떼어 내되, 피는 결코 흘리게 해서는 안 된다고 판결한 경우처럼 실로 난망한 일이다. 더욱이 이 작업에는 논리학이 이 구분의 작업에 차지하는 역할이 무엇인지를 해명하는 과제도 겹쳐 있다.

칸트의 선험논리학은 전통적 형식논리학과 달리 논리적 사고가 자연과학적 지식뿐만 아니라 형이상학적 학문의 지식을 구성할 수 있는지를 논구하는 터전이다. 비판철학은 순수오성개념인 범주개념이 실천이성과 반성적 판단력의 본질을 구성하는 근본 골격이며, 인간의 목적적 행위가 이것을 바탕으로 하여 실행된다는 사실을 논증하는 철학의 체계이다.

비판철학은 자연을 이해하는 사유기능의 근본구조인 논리적 범주가 어떻게 인간의 목적론의 영역의 활동을 뒷받침할 수 있는가? 하는 의문점을 해명한다. 더 나아가 그로부터 기계론적인 세계관과 목적론적인 세계관을 바탕으로 하여 현상계의 모든 변화가 어떤 계획된 설계도면에 따라 진행하는 것인가 혹은 아닌가? 그러면 변화하는 존재의 영역에서 필연적인 경우와 우연적인 경우를 어떻게 구분할 것인가? 하는 의문점도 해명한다.

칸트의 해명방식은 범주를 재차 수학적 범주와 역학적 범주로 나눈 방식에 고스란히 담겨 있다. 그의 발상은 정신의 활동이 어떤 경우에서도 사물의 영역에서 진행되는 만큼 정신의 작용방식이 사물의 존재방식과 무관할 수 없다는 입장이다. 의식이 물자체의 근원인 신의 존재를 상상한 결과는 어떤 경우에서도 사물의 성격으로 묘사되고 사물의 형상을 바탕으로 표현되는 문학과 예술에서 입증된다. 그 경우는 신이 꿈속에서 등장했을 때, 꿈속의 신이 인간의 오감 중 시각이나 청각을 선택해서, 인간과 교감하는 성경의 글귀가 단적으로 입증한다.

칸트의 선험적 논리학이 자연형이상학의 원리를 정립하는 과정에 앞서 인식론의 성격에 부합하는 순수오성개념의 도식인 논리적 사고의 근원인 범주의 틀을 연역하였는데, 이로써 칸트는 선험적 논리학의 근본골격을 확립했다. 그런데 칸트는 이 작업만으로 인식기능의 성격을 총체적으로 논구할 수 없었기 때문에, 그 기능이 작동하는 방식을 더 자세히 구체적으로 논구했다. 곧 구상력, 종합, 선천적 종합, 통각의 개념이 작동하는 인식기능의 역할이다. 이 개념들이 작동하는 방식은 자연형이상학의 원리가 구축되는 과정과 일관된다. 이 양자의 연관성은 자연철학의 원리가 지닌 객관적 성격과 부합한다.

이 사실은 순수오성개념이 외부대상의 개별적 경험을 모두 포괄하는 보편적 지식으로서의 물리적 원리를 어떻게 구축할 수 있는가? 하는 물음의 해명이다. 인간의 사유기능이 공간과 시간적으로 사물의 변화를 앞질러 예상하고, 더 나아가 가설을 만들 수 있는 인식기능의 본질이 무엇인가? 하는 물음의 해명이다.

이 해명에는 두 가지 요소를 전제한다. 하나는 수학과 기하학적 인식기능이 선천적이라는 사실이다. 또 다른 하나는 모든 사물의 보편적 특성이 연장속성이라는 사실이다. 그런데 이 조건만 가지고는 인식기능이 사물의 원리를 구성하기에는 불충분하다. 더 세분화된 또 다른 요인이 필요한데, 그것은 순수오성개념인 범주[15]다. 칸트는 범주개념의 구성을 이원화

---

15 『순수이성비판』 B107. 칸트는 범주에 대해 다음과 같이 언급했다. "……그(아리스토텔레스)는 아무런 원리도 가지고 있지 않았기 때문에 이 근본개념들을 닥치는 대로 주워 모았다. 그리고 우선 열 개를 찾아내서 범주(술어)라고 불렀다. 그 뒤에 그는 또 다섯 개를 발견하였다고 믿었다. 그는 이를 후술어(後述語)라는 명칭으로 추가하였다. 그러나 그의 범주표는 아직도 여전히 불완전한 채로 남아 있다. 그 속에서는 또 그밖에 순수감성의 몇 가지 양식[시(時), 장소(場所), 위치(位置), 전시(戰時), 동시(同時)]과 오성의 계통표에 속하지 않는 경험적 개념[운동(運動)]이 발견되며, 또는 파생적 개념[능동(能動), 수동(受動)] 근본개념 속에 산입되기도 약간의 근본개념이 전

하여 양과 질의 강목을 수학적 범주라고 명하고 나머지 관계와 양상의 강목을 역학적 범주개념이라고 명하여 범주구성을 완성했다. 칸트는 그 구분의 이유를 아래의 내용으로 설명했다.

"순수오성개념을 가능한 경험에 적용함에 있어서, 그 종합의 사용은 수학적이든가 역학적이다. 왜냐하면 종합이 한편으로는 현상일반의 현존재에 관계가 있거나 직관에 관계가 있기 때문이다.

그러나 직관의 선천적 제약은 가능한 경험에 관해서 전적으로 필연적이지만, 현존의 선천적 제약은 가능한 경험적 직관 자체의 객체에 관해서 다만 우연적이다.

그러므로 수학적 사용의 원칙은 무제약적으로 필연적이지만, 그러나 역학적 사용의 원칙은 물론 선천적 필연성의 성격을 지니고 있기는 하지만, 그러나 그것은 다만 경험에 있어서의 경험적 사고의 제약 하에서만, 따라서 간접적으로만 그렇고, 그리하여 전자에게 특유한 직접적 자명성이 후자에게는 없다(하기야 그런 점은 경험에 보편적으로 관계있는 역학적 원칙의 확실성을 해치는 것이지만)." [16]

범주의 구성은 인간의 의식이 사유 속에서 구성하는 기하학 및 수학적 논증이 경험과 상관없이 사물의 세계를 앞질러 갈 수 있기 때문에 가능하고, 더 나아가 모든 사물의 변화가 연장속성의 변화와 일치하기 때문에 타당하다. 칸트는 범주의 중요성을, 범주로부터 파생하는 또 다른 개념은 범주의 근본적 특성을 명료하게 보여준다.

혀 누락되기도 하였다."
16 『순수이성비판』 B199~200

"……만일 근원적이고 일차적인 개념이 있다면, 이에 파생적이고 이차적인 개념을 부과하여 순수오성의 계통을 완전하게 그려내기가 용이할 것이다. 여기서 문제가 되고 있는 것은 체계의 완전성이 아니라 체계에 대한 원리의 완전성이기 때문에 나는 이 보충을 다른 기회로 미루어 준다.

그러나 이 의도는 실체론의 교재를 들고, 가령 예를 들어 인과성의 범주에 힘·동작·수동 등의 용어에 종속시키고, 양상의 범주에 생기·소멸·변화 등의 객어를 종속시키면 어느 정도 달성될 수 있을 것이다.

범주가 서로 결합하거나 또는 순수감성과 결합하면 다수의 선천적 파생개념이 성립한다." [17]

선험논리학의 논구는 종국적으로 인간의 사고능력, 곧 그 기능이 형이상학적 원리를 올바르게 다룰 수 있는가? 하는 의문점의 해소에 초점을 맞추고 있다. 오성적 인식기능이 감각의 체험이 아예 불가능한 형이상학의 대상을 이성적으로 파악하기 위해서는 "이념"이라고 불리어지는 형이상학적 표상이 오성의 개념작용과 연관되어야만 하는 사유방식의 조건 때문이다.

이 논구는 기계가 각 단계별로 기관이 작용하여, 차례차례로 전달된 미완성의 제품을 마침내 완성하는 공정과정과 비견할 수 있다. 즉 그것은 기계의 공정과정을 거쳐 생산되는 제품은 오로지 그 과정에 투입된 재료만으로 만들어지며, 그 과정에 미리 투입되지 않은 재료로 구성된 제품이 결코 생산될 수 없는 사실이다. 그러므로 이 논구는 오성이 감성에서 수용한 인식재료와 전혀 다른 인식재료로 구성된 개념을 만들 수 있는가? 하는 의문점을 해소한다.

이 논구는 인간의 인식기능의 존재방식과 기계의 생산기능의 존재방

---

[17] 『순수이성비판』 B108

식이 서로 다른 점을 명확히 보여준다. 곧 인간의 인식기능은 오성이 만든 사물의 개념들을 바탕으로 하여 사물의 원리를 포함한 형이상학적 개념을 스스로 만들 수 있는 기능을 입증한다. 이 논구는 종국적으로 형이상학의 개념들이 현실의 대상이 촉발시킨 인식재료로 만들어진 개념들이 아니라 전혀 이질적인 다른 종류의 개념들인가? 하는 의문점을 해명한다. 형이상학의 개념들이 현상의 실재와 변화를 설명하는 원리의 설명용어이다. 만약 형이상학의 이론을 구성하는 이성이 현실세계와 전혀 무관한 형이상학의 존재를 만들어 현상을 설명하는 용어로 채택하였다면, 그것은 학문의 지식이 될 수 없다.

　감성이 대상에 의해 촉발될 적에 발생한 표상들의 성격은 오성의 판단기능의 개념 및 범주의 강목들과 차이가 있을 수 없다. 표상의 발생은 오성의 판단기능의 개념들과 무관하게 이루어진 인식작용의 요소일 수 없다. 그러면 역설적으로 오성의 순수개념을 명확히 이해하려면, 감성의 인식재료인 표상을 제대로 다루어야 한다.

　햇빛이 들어오면서 눈앞에 펼쳐진 대상의 인상들이 눈에 전달될 때의 경우와 마찬가지로 갖가지 대상들이 다섯 가지의 감성을 촉발할 때에 발생하는 감각의 재료인 표상들이 과연 오성의 판단기능과 전혀 무관하게 발생할 수 있는 원초적인 인식재료에 해당하는 것인가? 하는 의문점 때문이다. 가령 신이 인간을 만들었다고 가정했을 경우에, 신이 표상을 발생하는 감각을 구성한 방식이 오성의 순수개념으로 이루어진 판단기능과 전혀 무관한 상태에서 구성할 수 있을까? 하는 그런 종류의 의문점이다. 즉 빨간색, 주황색, 노란색, 초록색, 파란색, 남색, 보라색, 흰색, 검은색 등등을 구분할 수 있도록 구성된 시각의 감각기능이 전체와 부분(개체), 긍정과 부정, 무한성과 유한성(제한성) 등의 판단개념과 무관하여 감각의 구조로 구성될 수 있는가 하는 의문점이다. 그런데 감각이 촉발될 때에 발생한 표상들이 단 하나의 요소 즉 하나의 단일색깔, 하나의 단일냄

새, 하나의 단일 맛, 하나의 단일소리, 하나의 단일촉감이 아니라 복합적인 요소로 이루어져 있기 때문에, 그들이 종류별로 구성되어 있는 사실은 오성의 판단개념과 일치한다고 말할 수 있다. 곧 그 점은 다음의 경우로서 명확해진다.

가령 인간이 꽃을 바라보았을 때에 그 꽃으로부터 빨간색을 표상했다면, 당연히 그 빨간색은 다른 색깔에 의해 구분되어 있어야만 가능하고, 마찬가지로 그 구분된 빨간색을 빨간색으로 구분하기 위해서는 선천적으로 시각의 기능이 색깔을 구분할 수 있는 구조를 갖추고 있어야 가능하다. 그 경우는 칸트가 판단표에서 제시한 양과 질의 개념이 고스란히 표상의 근저에 놓여 있어야 타당해진다. 이로부터 변화하는 과정을 표상하는 경우는 관계와 양상의 개념이 그 근저에 놓여 있어야 한다. 관계와 양상강목의 개념들이 왜 양과 질의 강목처럼 그 근저에 놓여 있어야 하는지는 감각적 표상이 구성한 전체의 구조를 살펴보면, 즉각 유추할 수 있다.

하나의 외부대상이 촉발을 통해 인간의 감각적 인식기능에 수용되려면, 공간의 시간의 직관형식의 틀 속에서 수용된 대상의 표상들이 동일한 하나의 대상에 속한 것이어야 한다. 그에 상응하여 오감의 각각의 표상들이 하나의 대상에 속한 성질이라는 것을 지각하는 인간의 인식기능은 동일한 사람의 인식능력으로서의 자아라는 통각이다. 그러면 개별적 감각표상은 형식논리학의 입장에서는 양과 질의 강목에 해당하는 것이지만, 오감의 표상들을 전부 통일하려는 경우에는 당연히 양과 질의 강목으로만 부족하고 반드시 관계와 양상의 강목에 해당하는 개념적 인식활동이 그 근저에 놓여 있어야 한다.

역학적 범주개념

감성의 표상이 오성의 순수개념인 판단표의 개념들에 의한 사유작용은 아니다. 그러나 그 표상들의 구성이 그 개념들에 의거하지 않고서는 도저히 구성될 수 없다. 즉 각 부분의 표상들이 하나로 통합되지 않고서는 하나의 대상을 다른 대상과 구별하여 직관할 수 없기 때문이다. 따라서 각 표상들을 통합한 감성적 지각활동의 근저에는 범주의 관계와 양상의 강목의 작용이 선행되어야 한다. 감성적 직관행위가 언어로 표현되는 개념적 활동은 아니지만, 그 표상의 발생은 범주가 작용한 활동의 결과이다. 표상은 원천적으로 범주에 의해 구성되어진 존재이다. 따라서 그 관점을 정리해보면, 다음의 결론에 도달한다.

첫째, 독립적이고 독자적으로 존재하는 개체들에 관한 오감의 각 표상들을 수렴하여 종합적이고 통합적인 인식체계로 구성하여 존재의 원리와 법칙을 수립하려고 하는 인식활동은 표상을 통합하는 방법과 똑같은 방법으로 진행한다. 따라서 오성의 순수개념을 구성하는 판단표의 강목들은 오감의 각각의 표상들이 체계적으로 구성된 방식과 일관될 수밖에 없다.

둘째, 오감의 각각의 표상들이 하나의 대상에 속해 있는 표상들인 것으로 직관하거나 또는 오감의 각각의 표상들이 또 다른 대상에 속한 표상들인 것으로 직관하는 경우든 간에, 그 경우에 오감이 촉발되어 발생한 감성적 직관은 복합적이고, 종합적이고, 통일적일 수밖에 없다. 따라서 이런 통일적이고 체계적인 구조 속에서 발생한 표상들을 더 높은 인식단계의 학문적 지식으로 격상시키려는 오성의 인식활동은 근본적인 입장에서는 감각에 의한 직관활동의 구성방식과 결코 다를 바 없다.

셋째, 그럼에도 불구하고 오성이 감성과 다른 인식기능을 가지고 있다면, 당연히 그것은 오성의 단계에 이르러 발동하는 인식능력이 아닐 수 없다. 곧 공간과 시간의 순수직관형식에 근거한 감각적인 표상들을 나열한 후에 관계와 양상의 강목에 해당하는 개념들에 의한 사유를 하는 경우들이다. 즉 그 중의 대표적인 경우로서는 관계에서는 인과율의 개념에 의한 판단이고, 양상에서는 필연성의 개념에 의한 판단이다.

이 점에서 각별히 주목하지 않을 수 없는 관점이 있다면, 감각적 표상을 발생시키는 경험에 의해 발생하지 않는 원인에 관한 문제점이다. 결과에 대한 원인이 미시적이거나 또는 거시적이어서 인간의 감각적 경험으로는 도저히 접근할 수 없는 상황인 경우들이다. 인간의 인식기능이 이 영역으로 나아가기 위해서는 반드시 인간의 인식구조 속에 갖추어진 기능에 의하지 아니하고서는 불가능하게 된다.

미시적인 사물과 거시적인 사물의 공간을 학문적 관점에서 고찰하려면, 인식기능이 착안하고 고안한 개념을 적용시켜야 한다. 그것이 고대 그리스 시기의 자연철학에서 등장한 원자와 같은 인위적 용어들이다. 그 용어들은 인식대상인 사물과 인식주체인 인간 사이에 비어있는 공간을 두고 공기가 존재한다고 추측하는 사고방식을 극복하기 위해 등장했다. 그런 혁신적 사고방식은 감각의 경험적 한계를 극복하고서 공기가 산소와 수소로 구성되었다는 사실을 실증하고서, 원소의 개념을 화학의 지식으로 정착시켰다. 즉 오늘날의 자연과학지식은 합리적 사고방식의 토대인 오성과 이성의 인식기능이 감각으로 포착되지 않는 미시적 원소들을 인위적으로 상상하고서 그것을 빈 공간에 적용하였기 때문에 가능했다.

그와 같은 발상은 대상의 촉발이 직접 제공한 경우도 아니고, 오성에서 개념을 구성하는 논리적 사유과정에서 등장하였기 때문에, 논리학의 순수오성개념에 주목하지 않을 수 없다. 그런데 대상의 표상을 구별하고 판단하는 양과 질의 개념들은 그런 작용을 할 수 없다. 왜냐하면 양과 질의 개념들은 감각에 촉발되지 않은 대상의 특성에 적용할 수 있는 개념이 아니기 때문이다. 그와 같은 발상은 당연히 양과 질의 강목과 구별되는 또 다른 기능의 순수오성개념인 관계와 양상의 강목의 개념들에 의한 사유기능이 작동해야 가능하다. 그러므로 자연과학의 정체를 논구하려면, 순수오성개념의 역학적 범주개념을 주목해야 한다.

역학적 범주개념의 특성

선험논리학의 특성을 파악하려면, "관계와 양상"의 역학적 범주개념이 창조적 발상을 가능케 하는 인식근원인가? 하는 의문점을 반드시 해소해야 한다. 고대의 피타고라스의 증명은 그 요건의 철학적 의의를 정확히 보여준다. 직각삼각형의 변을 결정하는 과정에서 탄생한 루트(root, $\sqrt{}$)의 무리수의 경우와 그리고 이 루트의 무리수를 증명하는 추론과정이다. $30°$에서의 변의 길이 $2:1:\sqrt{3}$에서 성립하는 $[2^2=1^2+{}^2\sqrt{3}]$의 수식, $45°$에서의 변의 길이 $\sqrt{2}:1:1$에서 성립하는 $[{}^2\sqrt{2}=1^2+1^2]$의 수식이 보여주는 추론과정이다. 그 이유는 시각은 각이 3개인 삼각형의 표상과 각이 4개인 사각형의 모습을 구별시킬 수는 있어도 삼각형이 $180°$이고 사각형이 $360°$라는 표상을 전혀 보여줄 수 없기 때문이다.

따라서 피타고라스가 $\sqrt{}$ 안의 숫자를 발견한 인식작용은 양과 질의 범주개념대신에 다른 범주개념이 작동하였음을 보여준다. 즉 그것은 관계와 양상의 범주개념들이다. 왜냐하면 피타고라스가 $\sqrt{}$ 안의 숫자를 발견하기 위해 작동한 사고방식은 삼각형의 내각이 $180°$라고 논증한 사고방식의 연장선상에 놓여있는 것이었기 때문이다. 그리고 더 나아가 오성의 인식기능에서 $\sqrt{}$에 의해 표기된 무리수의 개념을 정립한 사고방식은 관계와 양상에 속한 범주개념들이 작동하지 않으면 안 되었기 때문이다. 따라서 인간의 인식기능은 무리수를 발견하는 과정에서 오성개념이 어떻게 작동하였는지를 논구할 수 있다.

각각의 숫자는 일렬로 정리된 선분으로 연결될 수 있는데, 그 선분은 정수로서 파악되지 않는 지점일지라도 선으로 연결된 수의 배열에서는 반드시 어떤 수로서 표시되어야 한다. 그러면 정수가 아닌 지점에서는 정수가 아닌 수가 필요하다. 그러면 인간의 인식기능은 그런 필요성을 충족하기 위해 그런 경우를 표시할 수 있는 특정한 숫자를 찾아내려고 시도할 수밖에 없게 된다.

그 시도는 1의 숫자를 기준으로 무한히 분할되는 경우와 무한히 진행되는 경우를 따지게 된다. 가령 사과 하나를 또 다른 사과 하나와 비교하고 그 차이를 숫자로 저울질하려면, 반드시 분수가 필요해지는 경우이다. 그러면 1의 숫자가 지시하는 기준의 의미가 대단히 중요해진다. 왜냐하면, 사물이 무한히 분할되더라도 그 기준은 항상 1이기 때문이다. 즉 마치 논리학에서 "이것", "저것", "그것"이 장소와 대상과 상관없이 무차별적으로 적용되는 경우와 유사하기 때문이다. 더 나아가 1의 숫자와 개념이 있어야 그 개념을 바탕으로 하여, 더 이상 분할되지 않는 궁극의 구성인자를 생각할 수 있기 때문이다.

그러므로 이런 경우 때문에, 범주의 타당성을 논구하려는 방향은 칸트가 정리한 관계와 양상강목의 개념들이 어떻게 적용되고 있는지를 따지지 않을 수 없다.

이 인식과정에서 가장 주목되는 관점은 수의 본질과 삼각형의 본질이 아닐 수 없다. 왜냐하면 수의 본질과 삼각형의 본질을 인식하려는 기능과 능력이 사고의 속성으로 갖추어져 있지 않다면 결코 인식기능이 자발적이고 능동적이고 적극적으로 그런 √ 안의 숫자를 발견할 수 없기 때문이다. 다시 말해 그 인식과정에서 관계강목의 개념 중에 속해 있는 속성과 실체에 관한 관계의 개념이 우선적으로 작동해야 하는 점 때문이다. 즉 √ 안의 숫자발견은 인간이 단순한 동물적 삶을 살아가는 과정에서는 결코 나타날 수 없는 현상인 반면에, 고도의 문명생활을 할 적에만 나타날 수 있는 현상이기 때문이다. 문명을 창조하는 기술이 필요할 적에만 나타날 수 있는 사고발상이기 때문이다.

하지만 경험론의 철학자들은 원인과 결과에 관한 인과관계를 심리학적으로 이해하기 때문에 오성의 범주개념으로 설명하는 칸트의 사고방식을 도저히 수용할 수 없었다. 왜냐하면 경험에 의해 촉발한 각각의 독립적 표상은 어떤 경우에도 인과성의 개념에 해당하는 표상을 의식에 제공하지 않기 때문이다. 그럼에도 불구하고 경험론의 철학자들도 사유기능이 경험에 의해 발생한 표상들을 차츰 축적하여 인과율에 관한 법칙을 정립하고 인과성의 개념을 구성한다. 그러면 그들은 대상에 대한 인식의 욕망을 심리기능에서 제대로 해명해야 한다.

칸트의 범주개념에서 여전히 미심쩍어 할 수 있는 부분은 양상강목의 개념들이다. 왜냐하면 양상강목의 구성요소인 가능성과 불가능성, 현존재와 비존재, 필연성과 우연성의 개념들이 도대체 개념 중의 개념인 범주개념이 될 수 있는가? 하는 의문점 때문이다.

양상강목의 개념은 두 번째 강목인 현존재의 개념을 중심으로 하여 구성된 개념들이다. 대상의 인식은 대상으로부터 감각이 촉발함으로서 시작한다. 인식기능의 상상력은 실제로 없는 어떤 대상을 새롭게 구성한다. 아직 탄생하지 않은 가상의 사태를 가정하고, 그에 관한 가설을 구성하는 상상력은 현존재를 인식하는 경우와 마찬가지로 동일하게 작용한다.

인식주체는 인식객체인 현존재를 마주보면서, 현존재와 다른 특성의 존재자가 있다고 가정할 수 있다. 그러면 대상을 인식하는 사유기능은 자발적으로, 능동적으로, 적극적으로 새로운 존재를 상상할 수 있어야 한다. 그리고 인식의 사유기능은 현존재의 영역에 다른 형상의 존재자가 등장할 수 있는지, 더 나아가 그런 존재자의 등장이 우연적인지 또는 필연적인지를 판단할 수 있어야 한다.

범주개념에서 양상강목의 개념이 중요한 이유는 인식대상인 현상계의 사물들이 지속적으로 변화하고 있는 사실 때문이다. 아직 도래하지 않은 미래에 관한 전망을 배제하고, 현재와 과거의 사실만을 바탕으로 하여 구성한 존재론은 미완성의 진술일 수밖에 없다.

진리의 본질이 보편성의 개념이므로, 진리는 일관되어야 한다. 과거와 현재와 미래를 통합할 수 있는 존재원리가 필요하다. 어제와 오늘에는 한결 같이 존재하지만, 내일에는 그렇게 존재한다는 보장이 전혀 없다면,

의식은 보편성의 개념을 현상계에 적용할 수 없다. 보편성의 개념을 충족시키기 위해서는 현존재의 변화과정은 양상강목의 하나인 필연성의 개념을 반드시 전제해야 한다.

(2) 선험적 분석론이 자연형이상학의 지식을 논구하는 장소가 되는 이유

수학의 근본토대인 범주개념

선험적 분석론이 자연형이상학의 지식을 논구하는 장소가 되는 까닭은 모든 자연과학의 지식이 순수오성개념인 범주개념을 토대로 이루어지기 때문이다. 지식의 개념을 구성하는 경우와 마찬가지로 해체하는 경우에도 범주개념이 작용한다. 범주개념에 벗어나는 사유작용이 있을 수 없다.

오성의 순수개념이 작용하려면 작용의 동인이 필요하다. 지식의 탐구는 대상을 탐구해야 할 목적과 방법으로 이루어진다. 칸트는 『순수이성비판』에서 인식작용의 방법과 그 근저에 놓인 목적을 모두 논구했다. 칸트는 그 작업방식으로 인식기능에 물리학과 수학의 탐구방식의 요인이 선천적으로 내재해 있음을 해명했다.

형식논리학의 판단론이 성립하려면, 주어가 다른 개체와 구별되는 선행조건을 충족시켜야 한다. 각 개체들의 구분은 선험적 감성론의 순수직관형식에 의해서 이루어진다. 순수직관형식에 의해 구분된 각각의 표상들은 범주개념에 따라 진행하는 인식과정의 소재에 불과하다. 동질의 대상과 동질이 아닌 대상을 구분한 직관의 과정을 거쳐 지식의 개념을 구성하려면, 인식기능은 전체를 구성하는 종합판단의 과정으로 나아가야 한다. 순수직관형식은 개념을 만드는 오성작용의 근저에서 직관의 표상에 혼선이 발생하지 않도록 줄곧 뒷받침해야 한다.

선험논리학의 특성은 양과 질의 개념을 수학적 범주로, 관계와 양상의 개념을 역학적 범주로 구분한 작업에서 확연히 드러난다. 사유기능이 감성의 순수직관에 의한 표상들을 고도의 학문적 지식으로 격상하기 위해서는 선천적 순수오성개념들을 자신의 내부에 갖추고 있음을 입증해야 한다.

그 과제는 경험론이 설명하는 인식의 추상작용과 추상개념으로는 전혀 설명할 수 없는 작업이다. 현상의 인상들을 아무리 모아도 그곳에 추상개념에 부합하는 현상의 원리와 본질이 발견될 리 만무하다. 그럼에도 불구하고 경험론은 보편개념의 정체를 경험에서 추상한 일반개념으로 설명했다. 그들은 보편개념을 의식이 시시각각으로 사라져 버린 앞선 상황의 인상들을 기억했다가 나중에 그 인상들을 순서대로 병렬하여 정리하는 과정에서 일반화한 개념일 뿐이라고 해명했다. 경험론은 보편적 인과율의 개념에 심리적 연상법칙을 적용하여, 보편개념을 변화의 전후관계를 해명하는 용도로 사용했다.

연상법칙의 특성은 의식의 상상력이 범주개념들을 활용하여 새로운 도구와 수단과 방법을 끊임없는 구상하고, 실험을 통해 실증하는 선제적인 지적활동을 제대로 설명할 수 없다. 경험론은 인과율의 개념조차 경험의 축적과정에서 되풀이한 현상을 두고 인간심리가 인과율의 관념을 구성하였다고 주장한다. 그러나 인과율의 관념은 경험에 앞서 인간의 인식기능에 존재하는 선천적 관념이다. 경험론의 연상법칙은 인식론에서 타당한 논리적 설득력을 확보할 수 없다.

경험론은 합리론에 대응하여 인간의 심리기능이 추상작용을 할 수 있는 능력을 갖추고 있기 때문에 연상법칙은 타당하다고 주장한다. 그러면 경험론은 심리기능이 자연현상에 일반적으로 적용할 수 있는 인과율의 보편성을 구성할 수 있는 명확한 방법을 설명해야만, 그 주장은 인정받을 수 없다.

경험론은 수학의 숫자조차 외부경험을 바탕으로 하여 인간의 심리기능이 연상법칙을 통해 만든 것이라고 주장한다. 그러면 그 주장은 너무도 심한 비약이 될 수밖에 없다. 인간의 삶의 조건에 문명창조를 해야 할 타당한 이유가 없다면, 인간의 의식에 숫자가 필요가 있을 리 만무하다. 즉 인간이 창조적 문명생활을 할 필요가 없다면, 그런 수학이 필요할 경우가 발생할 수 없다. 인간의 삶이 수학적 지식을 필요로 하는 동기와 이유는 선천적으로 의식에 내재해 있어야 한다.

모든 사물들이 모두 다 동일할 뿐만 아니라, 게다가 불규칙적인 상태에서 수시로 뒤섞이면서 혼란스럽다면, 인간은 찾고자 하는 대상을 그 속에서 쉽게 식별할 수 없다. 이것이 저것인지, 저것이 그것인지, 아니면 그것이 이것인지가 도저히 구별되지 않는 상황에서는 특정개체를 인식하는 작업은 아예 불가능해진다. 식별은 똑같은 모습의 개체들을 별도로 표시하여 구별을 쉽게 할 수 있도록 만들어야만 가능하다. 인식판별의 과정에서 등장한 여러 방법 중에서 가장 효율적인 방법은 각 개체에 하나하나씩 부호를 부여하고 구별하는 방식이다. 그 중에서 가장 편리한 방식은 수의 기호를 사용하여 구별하는 방식이다. 더욱이 숫자는 통일적이고 체계적인 일관성을 확보할 수 있게 해주기 때문에 가장 편리하다. 인식기능의 작용과정에서 이러한 편리성은 의식에 내재한 선천적 수학적 사고방식에 대한 원천을 파악하는 실마리가 된다.

인식론이 규명해야 하는 수학의 근본과제는 "수의 근본형식인 된 십진법이 어떻게 가능했는가?" 하는 의문점이다. 십진법이 처음부터 수학의 연산방식으로 자리매김하였던 것이 아니기 때문에 그 논구는 중요하다.

칸트는 『순수이성비판』에서 수의 개념을 분석적 판단이 아니라 종합적 판단으로 규정했다. 더 나아가 칸트는 손가락을 이용하여 십진법을 입증했는데, 그 방식은 순수직관형식에 의한 논증이다. 숫자가 순수직관형식과 불가분의 관계를 맺고 있다는 논증은 연장속성의 사물의 특성이 수학적임을 의미한다. 더 나아가 그 논증은 수학이 자연과학의 원리가 될 수 있는 현상의 근거를 입증한다.

숫자의 원천인 서수와 기수의 방식이 양과 질의 관념에 기초하고 있는 사실은 순수직관형식과 순수오성개념의 동시작용이다. 대상을 구분해야 하는 인식과정에서는, 이것이 저것과 섞이고, 저것이 그것과 섞이더라도, 항상 이것은 이것이어야 하고, 저것은 저것이어야 하고, 그것은 그것이어야 한다. 설사 이것을 그것이라고 지칭해도, 그 경우에 이것은 이전의 그것이 되어서는 안 된다. 그 경우에는 '이전의 그것'은 '그것'이 아닌 다른 명칭으로 바뀌어야 한다. 이와 같이 의식은 대상을 혼란케 하지 않는 인식방식을 선천적으로 갖추고 있다. 그것은 동일률에 근거한 존재의 속성에서 비롯한다. 인식의 순수직관형식은 존재의 동일률을 보증한다.

숫자에서도 마찬가지로, 이것인 1과 저것인 2와 그것인 3이 섞여져 혼란스럽게 되어도, 항상 1에 해당하는 것은 1인 것이고, 2에 해당하는 것은 2이고, 3에 해당하는 것은 3이다. 따라서 1, 2, 3, 4, 5의 숫자에 해당하는 개체들을 모아 양적으로 5개라고 말하는 경우는 1, 7, 11, 15, 99의 숫자에 해당하는 개체를 모아 5개라고 말하는 경우와 동일하다.

수의 본질을 논구한 칸트의 인식론은 "2진법이나 3진법, 4진법에서 2와 3 그리고 4의 범위를 넘어설 경우에는 1·2·3·4이상의 숫자에 해당하는 대상을 어떻게 인식해야 하는 것인가?" 하는 의문점을 해명할 수 있어야 한다. 곧 〈1, 12〉, …, 〈123, 123〉 …등으로 되풀이 하는 진법들과 십진법과의 상관관계이다.

앞선 의문점은 "삼진법의 3을 넘어서 등장하는 4번째의 집단을 앞선 1, 2, 3의 집단과 어떤 방식으로 구별하고서 표현할 것인가?" 하는 의문점과 같은 맥락의 물음이다. 곧 12개의 개체를 (123), (123), (123), (123)의 4개의 집단으로 나누었을 적에 4번째 집단을 어떤 숫자로 표현할 것인가? 하는 의문점이다. 십진법은 마지막 집단을 4번째 집단이고, 전체의 양은 12

라고 말할 수 있지만, 3진법에서는 4의 숫자가 없기 때문에 발생하는 표현에 관한 문제점이다.

그런데 10진법 이전의 과정에서 부딪치는 이런 인식의 어려움에서 각별히 유념해야 할 사항은 인식대상을 합리적인 양의 관념으로 표현하려는 의식의 선천적 동기이다. 인간의 심리에서 그런 동기의 욕구가 표출하려면, 그 경우는 인간에게 반드시 그렇게 하지 않으면 안 되는 생존방식을 전제해야 한다. 그렇지 않으면, 수로서 양을 측정하고 계산하려는 행동양식이 나타날 수 없다. 그러므로 수의 본질을 해명하는 과제는 역설적으로 인간에게는 문명을 창조하는 의식구조, 문명생활에 걸 맞는 신체구조, 다른 행동양식으로 살아갈 수 없는 삶의 방식이 있음을 전제해야 한다.

이와 같은 인간의 특성은 진화론 또는 창조설과 무관한 인간본성의 전제조건이다. 인간이 진화의 산물이건, 창조의 산물이건, 또는 다른 존재로 전환할 수 있건, 몰락해서 지상에서 사라지건 간에, 그와 상관없이 인간이 문명사회를 건설하고 살아가기 위해서는 반드시 이 조건을 갖추어야 하는 전제조건이다.

인간이 이 조건을 벗어나서 살아갈 수 있는지의 물음은 이 물음과 전혀 다른 종류의 별개의 물음이다. 그 이유는 유인원이 인간으로 진화할 수 있다고 가정하더라도, 유인원이 그 전제조건을 반드시 충족해야만 비로소 인간이 되기 때문이다. 그러므로 인간은 스스로 자신의 정체성에 대해 "인간은 무엇인가?"라는 질문을 자신에게 던진다.

인간의 인위적 삶의 방식은 동물이 살아가는 자연의 방식과 정반대의 형태이다. 가령 동물의 신체는 털갈이를 하는 기능 때문에 옷이 필요 없지만, 인간의 신체는 털갈이를 하지 않는 기능 때문에 옷이 필요한 경우이다. 그러므로 의식이 문명을 창조하지 않으면, 동물이 아닌 인간의 삶은 불가능하다. 인간의 형상과 비슷한 동물이 문명을 창조하지 않고 살아가는 존재는 오로지 유인원인 경우일 뿐이다. 인간이 문명을 창조할 기능을 선천적으로 갖추고 있지 않았다면, 현생인류는 아예 처음부터 탄생하지 않았을 것이다.

수학의 십진법을 구상할 인식능력은 선천적인 인식기능이지 후천적인 인식기능일 수 없다. 수학의 인식기능이 선천적인 사실은 날개가 없는 인간이 후천적으로 날개를 갖출 수 없는 사실과 일맥상통한다. 원천적인 DNA의 구조에 없는 신체의 기능이 추후에 나타날 수 없는 경우와 같은 이치이다. 이진법에서 십진법으로 나아간 과정은 경험을 통한 발전이라고 주장할 수 있지만, 수의 인식기능자체는 결코 후천적일 수 없다. 만약 후천적이라고 주장을 하면, 그 입장은 바로 날개가 없는 인간이 후천적 운동을 통해 두 팔을 두 개의 날개로 바꿀 수 있다는 논리와 마찬가지가 된다. 그러므로 수학의 선천적 인식기능을 부정할 합리적 조건이 불가능하다면, 다음의 주장은 타당하지 않을 수 없다.

1. 인간의 사고방식에 애초부터 수학적 기능의 선천적 능력이 없었다면 수의 개념을 만들고, 그런 연후에 이진법을 넘어서 십진법으로 나아갈 수 없다.

2. 비록 십진법이 처음부터 인간생활에 나타나지 않았더라도, 수의 인식이 이진법과 같은 낮은 단계의 진법에서 점차 십진법으로 발전하기 위해서는 당연히 진법을 만들어낼 선천적 지적 동기가 반드시 인간의 행동양식의 근저에 본질적으로 놓여 있어야 한다.

숫자의 체계에서 수의 무한성의 개념을 따지는 과제는 인식론에서 중대한 지적 작업이다. 인간의 사유구조가 형이상학적 개념인 무한성을 추구하는 인식능력을 선천적으로 갖추고 있지 않았다면, 그런 수학적 계산기능이 인간의 사고방식에서 작동할 리 만무하기 때문이다. 수학에서의 무한수의 개념이 인식작용에 등장할 리 만무하기 때문이다.

자연형이상학의 근본토대인 범주개념

수학에서의 무한소와 무한대의 개념을 표현하는 기호들은 인식본성의 선천적 특성을 보여주는 명백한 증거이다. 무한성을 고려하는 인간의 사고방식은 유한한 실제생활을 뛰어넘어 영혼불멸의 사상으로 연장된다. 무한성의 개념은 인간이 죽음이 지닌 존재론적 의의를 파악하는 지적 작업의 근본토대이다.

윤회와 영혼불멸을 추구하는 종교적 경향은 이 관념을 전제하지 않고서는 성립할 수 없다. 종교에서의 무한성개념은 수학과 물리학에서의 무한성개념과 불가분의 관계로서 연결되어 있다. 물리학이 자연철학의 명칭대신에 독자적인 명칭으로 독립하였을 적에, 물리학자들은 자신들의 지적 작업이 어떻게 가능한지를 논구할 수 없었다. 그 작업이 물리학의 과제가 아니라 철학의 과제였기 때문이다.

물리학의 탐구대상인 물질이 물리학자들이 구성한 원리들을 고스란히 보여주지 않는데도 불구하고, 물리학자들은 그 원리를 구성했다. 경험의 대상으로 외부에 존재하는 물질에서 원리를 구성한 사고방법은 물리학자들의 의식이 자발적이고, 능동적이고. 적극적으로 물질의 원리를 상상했기 때문이다. 물리학의 이론은 물리학자가 가설을 구성하고, 가설을 실험을 통해 증명할 수 있었기 때문에 가능했다.

물리학의 이론은 물리학자의 의식에 순수공간의 직관형식이 없었다면 불가능했다. 순수공간의 직관형식의 작용이 없었다면, 물리학자의 의식에서 이론구성을 위한 상상이 불가능했다. 물리학의 이론은 물리학자가 개별적 사물들의 움직임을 체계화하여 기하학의 도형과 수학의 수식으로 정립한 결과의 산물이다. 물리학과 불가분의 관계를 이루고 있는 수학과 기하학은 물리학과 더불어 사물의 변화모습을 정확한 수의 양으로 측정할 수 있는 계산방법을 함께 개발했다. 수학의 사고방식은 물질의 동적인 모습을 정확히 파악하려는 물리학의 사고방식과 더불어 역학적 해석방식을 공동으로 개발했다.

　물리학은 운동과 변화를 가능케 하는 힘의 실체를 다룬다. 물질을 구성하는 근본요소인 힘의 활력은 원천적으로 물질내부에 내재해 있다. 만약 그렇지 않다고 부정하면, 물질들이 상호 결합하고 분해하면서 이루는 생성·소멸은 불가능하게 된다. 그리고 복합체를 구성하는 사물의 구조가 불가능하게 된다. 더 나아가 중력, 자기력, 전기력, 중력, 인력 등의 힘의 작용이 불가능하게 된다.

　물질의 현상을 설명하는 지적 사고방식이 물질의 원리와 법칙을 수립하기 때문에, 당연히 물질은 관념적 존재가 아닐 수 없다. 물질의 원리와 법칙이 우연적으로 발생하였다면, 원리와 법칙의 제일성(齊一性)과 기계론적 인과율이 불가능하게 된다. 그러면 인간은 자연세계뿐만 아니라 물질을 사용하여 만든 문명세계의 모든 사물의 안전을 예측할 수 없게 된다. 수학과 물리학이 수학자와 물리학자의 의식에 의한 산물이라면, 칸트가 형식논리학의 판단개념을 범주개념으로 격상시킨 논증이 모든 지식의 근원을 밝히는 작업임을 명확히 입증할 수 있다.

　인식기능이 대상을 파악하는 방식에서, 인식객체인 대상의 속성과 인식주체인 인식기능의 속성이 동일한 성격을 바탕으로 하여 일관되어 있지 않다면 개념의 형성과정이 명확해질 수 없다. 칸트는 범주표의 근거를 선험적 감성론의 순수직관형식에 있음을 미리 논증했다. 칸트는 인식주체인 인간과 인식객체인 대상이 똑같이 물질로 구성되어 있고, 현상계의 모든 구성인자들이 물질이 아닌 순수공간의 형식에 의해 파악되는 연장속성의 개체들인 사실을 근거로 삼아 논증했다. 그 근거의 확실성은 인간과 사물 사이에 공간이 없다면, 색깔을 지닌 개체의 형상을 식별할 수 없는 사실에서 곧바로 확인된다. 인식하는 주체인 인간과 인식되는 객체인 사물사이를 미시적인 물질들이 차지하더라도, 순수공간이 존재하지 않으면 사물의 형상을 전달하는 빛이 통과할 여지가 전혀 없게 된다. 순수공간이 없어서 빛이 통과할 수 없다면, 빛은 인식하는 주체인 인간의 감각을 촉발할 수 없게 된다. 순수공간이 없으면, 물질이 하나이건 아니면 개체들로 뭉쳐 있든지 간에, 그 상태에서는 물질은 도저히 활동을 할 수 없게 된다. 그러면 그 속에서 빛이 나타날 수 없다. 더 나아가 에너지가 있다고 한들 운동이 불가능하기 때문에 생성·소멸의 현상이 발생할 수 없다. 빛의 원천인 광자가 이동하여 사물의 형상을 전달하려면, 물질이 아닌 순수공간이 존재해야 한다.

칸트가 말한 바대로, 선험논리학에서의 판단도표와 범주도표는 감성의 영역에서 발생한 감각자료 곧 대상에 관한 정보가 사유기능인 오성의 영역으로 들어와야 비로소 효력을 발생한다. 대상으로 발생한 감각자료는 순수직관형식에 의한 표상이므로, 결국 오성의 바탕은 표상이 아닐 수 없다. 오성의 판단표가 감성의 표상과 구별되는 특성이 무엇인가? 하는 의문점을 해명하려면, 그 입장은 사물의 속성과 정신의 속성간의 일관성을 확립해야 한다. 그 이유는 오성의 판단표가 작용하는 판단활동이 다른 무엇보다도 공간과 시간에서의 상황변화를 결코 혼란스럽게 만들지 않아야 하는 조건을 충족시켜야하기 때문이다.

대상에 관한 표상들을 나란히 정렬해놓고 개념을 생성하는 경험론의 추상작용은 오성의 영역에서 이루어진다. 그러나 대상의 개념을 구성하는 오성의 추상작용은 결코 경험론이 주장하는 심리작용이 아니다. 그 작용은 합리론이 말하는 선천적 인식작용이기 때문에, 양측이 주장한 심리작용과 인식작용의 방식에는 분명한 차이점이 있다. 양자의 차이점은 두 가지 측면에서 다루어져야 한다. 심리기능과 인식기능이 겹치는 정신구조와 심리기능과 인식기능이 별개로 구분되는 정신구조의 차이점이다.

의식에 내재하는 인간의 인식기능은 형이상학을 구성하는 인식기능을 이해하지 못하면, 인식기능과 심리기능의 차이점을 구별할 수 없다. 심리기능의 특성을 인식기능이 통제하는 구조를 도저히 파악할 수 없다. 그런 이유 이외에도 사유구조를 정확히 파악하려면, 그 학적 작업은 의식의 용어를 명확히 한정해야 한다. 의식에 내재하는 인식작용과 심리작용은 서로 다르기 때문이다.

의식에서 무의식적이고 조건반사적인 반응은 개념을 형성하는 인식작용과 무관한 경우이다. 무의식적인 조건반사작용이 의식구조와 무관하다면, 의식이 무의식의 반응을 즉각적으로 알아챌 수 없다. 그 반응은 내장기능의 작용을 의식이 알아채지 못하는 경우와 다르므로, 의식기능에 속해있다. 그 이유는 무의식적이고 조건반사적인 행동이 의식적 반응과 직접적으로 무관하지만, 그럼에도 불구하고 촉발작용이 직접적으로 뇌에 전달하지 않으면 반응할 수 없기 때문이다. 그 대응방식은 인식기능에 선천적으로 내재해 있다. 인식기능을 논구하는 과정에서는 무의식의 조건반사작용을 굳이 별도로 다룰 필요가 없다.

칸트가 말한 바처럼, 감성의 수용성과 오성의 자발성이 작동하려면, 반드시 그렇게 하려는 목적적 의식 내지 의지가 선행해야 한다. 칸트는 그 점에 대해 자아라는 통각의 개념으로 설명했다.

(3) 선험적 분석론이 논리학의 본질을 논구하는 장소인 이유

현상론이 변증론과 어울러 인식론을 구성해야만, 존재론의 학적 토대가 올바르게 구축될 수 있다.

직관의 표상을 지식의 개념으로 형성하는 범주개념의 작용에는 분석과 종합, 통일의 개념이 필요하다. 칸트는 그 사정을 선험적 감성론을 뒤이어 선험적 논리학으로 논구하는 과정에서, "공간과 시간은 선천적인 순수직관의 다양을 포함하고 있다. 그러나 그것은 우리 심성의 수용성의 제약에 속하는 것이며, 이 제약 하에서만 우리의 심성은 대상의 표상을 받아들일 수 있고 또 언제나 대상의 개념에 영향을 주지 않을 수 없는 것이다. 그렇지만 사고의 자발성은 다양한 것을 인식이 되도록 만들기 위해서는 우선적으로 이 다양한 것을 일정한 방식으로 통찰하고 수용하고 결합시킬 필요가 있다. 나는 이러한 활동을 종합이라 부른다."[18]라고 요약하였다.

종합과 분석

칸트는 종합을 설명하는 과정에서, 인식론에서 가장 주목해야 할 점을 표현했다. 그것은 "우리가 인식의 최초의 근원에 대하여 판단하기를 원할 때 제일 먼저 주의를 돌려야 할 것이 종합이다."[19]라는 해명이다. 곧 표상의 발생이 인식의 근원이 아니라 표상의 종합이 인식의 근원이라고 말한 입장이다.

칸트는 종합을 또 다른 표현인 종합일반이란 용어로 바꾼 연후에 오성에서의 인식과정을 자세히 세분화하여 설명했다.

"종합일반은, 우리는 이 뒤에 알게 되는 바와 같이, 다만 구상력의 작용, 즉 맹목적이기도 하지만, 그러나 불가결한 마음의 기능이어서, 이것이 없으면 우리는 어떠한 인식도 가질 수 없다."

칸트가 말한 바의 요지는 인간의 의식은 항상 종합을 하는 존재이며, 그 의미는 인간이 이 기능을 제대로 작동시켜야 함을 지적하고 있는 것이다.

"여러 가지 표상은 분석에 의해서 하나의 개념으로 들어간다(그것은 일반 논리학이 취급할 일이다). 그러나 선험논리학은 표상이 아니라 표상의 순

---

18 『순수이성비판』 B102
19 『순수이성비판』 B103

수종합이 개념이 되는 것을 가르친다." [20]

칸트는 인식론에서 가장 중요한 순수오성개념의 본질을 "종합"과 "통일"의 개념으로 규정했다.

"한 판단 속에서 여러 가지 표상에 통일성을 부여하는 기능은 또 한 직관속에서 여러 가지 표상의 단순한 종합에 통일을 부여한다. 이 기능을 일반적으로 표시하여 순수오성개념이라고 부른다." [21]

칸트가 순수오성개념을 설명한 표현에는 선천적 종합판단의 설명과 서로 충돌하는 문제가 발생할 수 있다. 칸트는 그 의혹을 스스로 납득할 수 있도록 하는 해명의 내용을 첨부했다. 그 의혹을 해소하는 구절은 분석적 통일이라는 표현이다.

"이 오성은, 그가 바로 분석적 통일에 의하여 판단상태의 논리적 형식을 개념으로 가져오는(성립되게 하는) 동일한 그 활동을 통하여, 직관일반에 있어서의 다양성의 종합적 통일에 의하여 그 표상에 선험적 내용을 끌어들이는 것이다(그렇기 때문에 그것은, 선천적으로 객관과 관계를 가지고, 일반논리학이 성취할 수 없는, 순수오성개념이라고 부른다." [22]

---

20 『순수이성비판』 B105
21 『순수이성비판』 B105
22 『순수이성비판』 ibid. "…Derselbe Verstand also, und zwar durch eben dieselben Handlungen, wodurch er in Begriffen, vermittelst der analytischen Einheit, die logische Form eines Urteils zustande brachte, bringt auch, vermittelst der synthetischen Einheit des Mannigfaltigen in der Anschauung überhaupt, in seine Vorstellungen einen transzendentalen Inhalt. Weswegen sie reine Verstandesbegriffe heißen, die a priori auf Objekte gehen, welches die allgemeine Loglk nicht leisten kann."

여기에서 분석적이란 표현이 의미하는 내용은 체계적으로 대상에 관한 표상들을 순서대로 정리하여 체계화하는 개념구성의 작업이다. 그렇게 되지 않으면 순수오성개념이 작동하지 않을뿐더러 더 나아가 순수오성개념이 발견조차 되지 않을 것이기 때문이다. 만약 이와 같은 작업이 없다면, 개념을 구성하는 과정에서 분류와 구분의 작업이 결코 이루어질 수 없다. 또한 이와 같은 체계적 구성작업이 불가능하면, 인간은 결코 학문적 지식을 가질 수 없다.

선험적 종합판단과 역학적 범주개념

양상개념은 관계개념과 더불어 실천적 당위법칙을 수립하는 사고방식의 토대이다. 실천이성이 도덕적 당위법칙을 수립하려면, 이 개념의 작용 없이는 불가능하다. 당위법칙은 먼저 현실에서 발생할 수 있는 여러 가지 경우를 미리 상정해야 가능하다. 그런 연후에, 의지의 인식작용이 보편성의 입장에서 가장 타당하고 적절한 행동양식을 법칙으로 수립한다. 좋은 법이든 나쁜 법이든 간에 결과와 상관없이, 법의 제정은 미래에 대한 전망을 논리적으로 구상할 수 있는 인식능력을 전제하지 않고서는 앞으로 나아갈 수 없다. 따라서 당위법칙의 근저에 놓여 있는 양상개념은 당연히 선천적인 범주개념으로서 논리학의 기본개념이 아닐 수 없다.

양상강목의 개념을 논리학의 범주개념으로 자리매김하게 된 근거는 다른 무엇보다도 논리학이 추구하는 일관성에 있다. 인식기능이 현존재를 기준으로 하여 변화하는 현 상태의 사물들이 다가오는 미래를 두고서 선험적으로 예측을 할 수 없으면, 경험적인 과거와 현재의 사태를 종합한 지적 판단은 정확한 지식이 될 수 없다. 인식기능이 과거부터 현재까지의 진행사태를 바탕으로 하여 앞으로 어떻게 변화할 것인가를 진술할 수 없으면, 그 경우의 인식작용은 과거와 미래와 미래를 통합한 법칙과 원리를 일관되게 제시할 수 없는 저급한 인식기능이 될 수밖에 없다. 따라서 가설로 이루어진 미래예측이 가능한 것인지 아니면 불가능한 것인지, 또는 필연적인지 아니면 우연적인지를 진술할 수 없는 경우의 인식기능은 제대로 된 인식기능이 될 수 없다.

양상강목의 개념은 변증적 사고의 근거가 되어, 「선험적 변증론」에서 수학적 강목과 구별되는 역학적 강목의 개념이 된다. 그 이유는 양상강목의 개념들이 변화하는 현상의 세계를 설명할 수 있는 논리적 사고방식의 길잡이기 때문이다. 더 나아가 실천이성에 의해 미래를 위한 당위법칙을 수립할 수 있는 논리적 사고방식의 길잡이기 때문이다.

논리학에서 특히 유념해야 할 논점은 다음의 난점이다. 그것은 만약 인식기능이 여러 사태를 종합하면서 내린 결론을 비롯하여 앞으로의 전망에 대해 필연성의 개념을 적용할 수 없다면, 그때의 인식기능이 진리를 파악할 기능으로 적합할 수 없게 되는 난점이다. 진리는 생성·소멸을 진행하면서 변화하는 현상계의 사물들에 대해 반드시 필연성을 적용해야 한다. 그렇지 못하면, 궁극의 원리와 궁극의 구성인자 대한 인식의 타당성은 허물어지게 된다.

궁극원리에 해당하는 기본의 구성인자에 대해 불변의 성격을 부여할 수 없거나 또는 부여하지 못한다면, 모든 변화의 진행과정은 예측 가능한 변화의 틀을 갖출 수 없다. 모든 과정이 우연적이라면, 앞으로의 진행과정도 예측 불가능한 우연적인 사태가 언제든지, 어느 장소에서 발생할 수 있다. 게다가 우연적인 사태에 대해서는 그 원인을 결코 따질 수 없으므로, 미래의 예측은 아예 성립할 수 없다. 그러면 인간은 모든 변화의 사태를 인과율을 바탕으로 하여 일관되게 설명할 수 없게 된다. 더 나아가 인간은 목적론적 인과율에 의한 당위의 실천적 강령을 추구할 수 없게 된다.

실천이성에 의해 작동하는 도덕영역의 목적개념은 여러 가지 경우의 사태를 두고 올바른 경우를 선택하려고 할 적에 적용되는 용어이다. 도덕영역에서 실천이성이 지향하는 목적은 최고선(最高善)을 추구하려는 선의지(善意志)를 바탕으로 한다. 선의지가 선하지 않은 상황을 제외하고 바람직한 선한 경우를 선택하려는 의식작용이기 때문에, 칸트는 당연히 필연성과 우연성을 적용하는 방법을 해명했다.

존재의 본질이 생성·소멸의 변화과정을 무한하게 영원히 진행하려면, 반드시 원리와 법칙에 걸맞게 진행하지 않으면 안 된다. 존재하는 각 현상들은 최상의 원리와 그 원리에 의한 각종의 법칙에 따라 등장한다. 그러나 우연적으로 탄생하여 일시적으로 존재하는 경우라면, 그런 상황은 영원성에 속한 필연적 현상이 될 수 없다. 현존재의 상황을 미래의 시점을 넘어 무한대의 시간까지 연장하여 판단하는 경우에만 영원한, 무한한, 불변적인 존재법칙이 적용된다. 존재법칙에 관한 해명과 필연성과 우연성에 관한 해명은 불가분의 관계로서 서로 일치한다.

필연성의 개념이 이와 같은 조건에 부합하는 개념이라고 말하면, "이 개념이 어떻게 도덕철학이 추구하는 근본개념인 최고선의 내용을 구성하는 기초토대가 될 수 있는가?" 하는 의문점으로 나아가지 않을 수 없다. 최고선이 상대적인 개념이라면, 그 때에는 이 개념은 상대적인 선택적 개념이 되어 어떤 경우에는 추구해도 되고 어떤 경우에는 추구하지 않아도 되는 개념이 된다. 최고선의 개념이 상대적인 개념이 되는 경우에는, 역설적으로 최고선의 개념은 최고의 위치에 놓일 수 없다. 그 이유는 최고선이 다른 어떤 개념에 의해 결코 부정될 수없는 독보적인 위치를 지닌 절대적인 성격의 개념이 아니라면, 당연히 그 개념은 인간이 필사적으로 그것을 추구하고 수호할 필요가 없기 때문이다.

최고선으로 불리는 도덕적 원칙이 다른 원칙처럼 상황에 따른 선택적 개념인 한에서는, 최고의 위상을 차지할 수 없다. 최고로 좋은 것을 선택하지 않을 이유가 합리적이지 않으면, 그런 이유는 최고의 개념을 부정할 자격을 지닐 수 없다. 대상을 선택함에 있어서 나쁜 것보다 더 좋은 것을 반드시 선택할 필요가 없다면, 좋은 것과 나쁜 것을 구분하는 기준과 근거가 타당할 수 없다.

대상을 선택하는 경우에, 좋은 것 대신에 오히려 나쁜 것을 선택한다면, 형식논리학의 판단형식에서는 역설적으로 나쁜 것이 좋은 것보다 더 좋은 것이 된다. 따라서 최고선의 개념은 상대적인 개념이 아니라 절대적인 개념이어야 한다. 그리고 최고선은 반드시 그것을 추구해야 하는 당위성을 지닌 개념이어야만 필연적으로 타당한 개념이 될 수 있다.

2) 선험논리학의 범주가
수학적 범주와 역학적 범주로 구별되어야 하는 이유

(1) 선천적 종합판단의 지닌 철학적 사고방식의 본질

선천적 종합판단의 합리적 논거

인식기능이 형이상학의 주제를 다루려면, 판단기능의 특성을 명확히 해야 한다. 판단작용은 분석판단과 종합판단으로 나누어지지만, 형이상학의 대상을 다루는 사고방식은 경험적 판단작용으로는 불가능하다. 형이상학의 지적 작용은 경험과 별개의 의식이 선천적으로 갖추고 있는 종합적 사고기능에 속한다. 모든 경험을 총괄하여 통합적이고 통일적인 하나의 존재이념과 존재원리를 파악하려는 사고방식은 선천적 종합판단의 기능의 구조를 갖추어야 한다. 인간 이외의 다른 동물의 의식은 이런 기능을 갖추고 있지 않다.

형식논리학은 판단작용에서 감성적 판단을 배제하였다. 그러면 인간은 예술의 영역에서 객관적 지식의 학문을 구성할 수 없다. 판단작용에는 논리적 판단기능과 구별되는 반성적 판단기능이 존재한다. 그러므로 의식이 예술영역의 미의식을 다루려면, 감성적 판단의 본질을 심도 높게 검토해야 한다. 비판철학은 반성적 판단력을 논구하여 미의식의 영역을 객관적 학문의 영역으로 편입하였다.

선천적 종합판단의 기능은 인간이 형이상학의 지식을 추구하는 존재임을 입증하는 논거이다. 인간이 경험에서 촉발된 대상에 관한 인상을 바탕으로 하여 형이상학적 지식을 형성한다는 발상은 어불성설이다. 유물론자들이 형이상학의 지식을 배척하기 위해 형이상학의 지식을 심리기능이 만든 개념으로 환원시켰지만, 그런 주장은 사실뿐만 아니라 논리에도 적합하지 않은 억지발상에 불과하다. 예컨대 대표적인 경우가 인간의 불안한 심리가 신의 개념을 만들어 내었다는 주장이다.

경험으로부터 인과법칙의 원인개념을 얻을 수 있다. 그러나 경험에서 유추한 원인의 개념은 형이상학의 대상을 논구할 수 없다. 경험론은 원인개념을 경험으로부터 추상화한 개념으로 규정한다. 그러므로 경험론은 인과율의 형이상학적 본질을 논구할 수 없다. 그 이유는 존재의 본질을 논구하는 형이상학을 경험에 의존해서 정립할 수 없기 때문이다.

신의 존재는 현상계의 개별존재와 구별되는 별개의 외적 존재이다. 신의 관념은 심리적 요인으로 설명할 수 없는 형이상학적 요인이다. 신은 경험적 사실을 종합하여 구성할 수 있는 그런 성격의 존재가 아니다. 경험적 사실을 건너뛰어 보편적 관점에서 파악하는 인식작용의 대상이다. 신에 관한 모든 진술은 심리기능이 경험적 사실을 바탕으로 상상한 가공의 이야기가 아니다. 그 동기와 계기가 경험에 작용하는 심리적 요인일지라도, 신의 관념은 원인을 추론하는 인식작용의 산물이다.

심리기능은 신의 개념을 근원적이고 본질적인 원인의 최상개념으로 이끌고 갈 수 없다. 신을 생각하게 만든 동기가 경험적 심리현상일지라도,

그 발상이 실체로서의 신의 관념에까지 도달하려면 인식기능의 작용이 없으면 불가능하다. 비록 촉발은 경험적일지라도 궁극원인의 개념에 도달하려면, 그 작업은 선천적 인식작용이 없이는 불가능하다.

선천적 종합판단은 판단작용이기 때문에 순수오성범주를 바탕으로 하여 진행한다. 그리고 종합은 여러 가지 존재자들이 공존하는 상황을 전제한다. 현상계의 대상을 파악하는데 있어서, 선천적 종합판단에는 경험의 인상 이외에 기하학과 수학의 지식이 함께 섞어 종합적으로 작용한다.

분석판단은 A의 대상을 구성하는 요소들을 별개로 분해하는 방식이지만, 그에 반해 종합판단은 A를 구성하는 요소들에게 새로운 요소를 첨가하거나 또는 A대상과 B대상을 합치는 결합방식이다. 칸트는 이 과정을 거쳐 선천적 종합판단을 경험적 판단과 선천적 판단이 결합한 방식으로 규정하였다. 경험적 사물의 지식에 선천적 수학의 지식을 결합하는 방식은 그 경우의 전형이다.

형이상학의 대상은 현상계에서 직접 경험되는 개별대상이 아니기 때문에, 의식에서 존재의 근원을 찾아야 한다. 형이상학의 논구방식이 의식에 근원을 두고 있기 때문에, 형이상학의 대상은 선천적 인식기능의 논구대상이다. 이 대상은 필연성의 근거가 되는 대상이다. 이 대상은 우연적 특성의 경험적 사실을 모아 구성되는 일반적 추상개념이 아니다. 경험론은 인식의 결과인 지식의 본질을 개연적이라고 주장한다. 그런데 이 주장은 역설적으로 고스란히 합리론의 입장을 정당화시키는 결과를 유발한다.

첫째, 경험론의 인식과정도 원인개념을 도출할 수 있지만, 경험론은 경험이 지닌 한계 때문에 원인에 해당하는 근본원인을 해명할 수 없다.

둘째, 심리적 요인은 의식의 상상력을 자극하여, 근본원인에 해당하는 존재를 상상하도록 유도할 수 있다.

셋째, 상상력이 근본요인의 존재를 가공하려면, 대상을 창조할 수 있는 인식기능을 갖추어야 한다.

넷째, 자연의 경험대상이 합리적 법칙에 의해 부합하듯이, 인식기능도 합리적 법칙에 부합해야 한다. 만약 그들이 합리적이지 않으면, 생성·소멸의 과정이 이루어질 수 없다.

다섯째, 인식기능이 근본원인을 구성하는 방식은 논리적이어야 한다.

여섯째, 인식기능은 논리적이지 않은 근본원인에 대한 설명을 끊임없이 의심하고 수정한다. 이것이 학문의 역사이다.

일곱째, 근본요인에 해당하는 신의 관념이 심리적이라고 주장하는 입장은 자연현상의 법칙적 특성과 인식기능의 논리적 특성을 해명할 수 없다. 심리기능이 학문의 토대를 수립하는 과정에 작용하지 않으면 심리학은 형이상학적 대상한 비판을 할 수 없다. 근본원인에 대한 논구는 선천적 인식기능에 의한 합리적 사유과정이다.

따라서 선천적 인식기능이 존재의 근본원인을 논구하려면, 그런 기능의 구조를 갖추고 있어야 한다. 즉 모든 개별적 사태를 통일적 종합할 수 있는 인식기능이다. 칸트는 그 기능의 판단구조를 범주로 격상시켜 순수오성개념으로 제시했다. 순수오성개념은 심리의 요인이 자극하여 상상력이 작동하여 근본원인을 탐구하려고 할 적에 상상력을 지도하여 대상을 상상할 수 있도록 만드는 조건이다.

선천적 종합판단의 작용에서 범주가 양분되어야 하는 이유

선험철학의 토대는 주관과 객관이 불가분의 관계로 통합하고 있는 사실이다. 의식이 외부대상의 특성을 공유하고 있기 때문에, 오성과 이성의 인식기능이 존재본질인 형이상학의 이념을 논구할 수 있다. 감성과 오성과 이성의 인식구조가 논리적으로 일관되어 있기 때문에 의식은 존재본질과 형이상학의 이념을 정립할 수 있다.

칸트가 인식과정을 설명하기 위해 사용한 종합이란 용어가 무엇을 의미하는지가 명확하다. 종합의 용어는 먼저 공간과 시간의 순수직관을 거쳐

들어온 각각의 표상들을 집합하고, 그 사물의 생성·소멸되는 전 과정을 인과율의 표상에 맞추어 순서별로 정리하고, 마지막으로 그것을 각각의 개체들이 서로 구별될 수 있도록 명칭을 만드는 모든 과정을 통칭한다. 이 과정을 올바르게 진행하도록 이끄는 선천적 표상이 범주라고 일컬어지는 선천적 순수오성개념이다. 칸트는 형식논리학의 판단개념을 현상계의 모든 현상을 아우르는 근본개념으로 격상하여 범주개념으로 명명했다.

칸트는 순수오성개념을 수학적 범주와 역학적 범주로 구분했다. 자연과학의 관점에서 보면, 전자는 순수수학의 지식을 뒷받침하는 개념이지만, 후자는 물리학의 지식을 뒷받침하는 개념이다. 더 나아가 후자는 자연의 대상뿐만 아니라 인간에게도 적용되는 개념이므로, 칸트는 사변이성과 실천이성의 특성을 염두에 두고서 구분하였다.

자연과학을 뒷받침하는 수학과 기하학은 물질의 원리를 탐구하는 물리학과 연관하여 역학적 현상을 설명할 수 있는 방법을 개척하였기 때문에, 칸트철학의 현대성을 논구하려면 이와 같은 구분의 이유를 미리 검토해야 한다. 수학에서 좌표기하학, 위상기하학, 미분, 적분, 확률, 통계, 행렬이 연이어 등장한 역사적 사실은 칸트가 범주개념을 수학과 역학으로 양분한 근거를 반드시 파악하도록 만든다.

칸트가 범주를 양분한 의도는 현대수학과 물리학의 발전과 전혀 배치되지 않는다. 칸트가 "수학적 범주"와 "물리적 범주"로 구분하였다면 즉각적으로 문제가 될 수 있지만, 역학적이라고 명명한 경우에는 그런 시각으로 바라보아서 안 된다. 칸트도 당시에 좌표기하학, 물리학의 역학적 운동법칙을 익히 알고 있었다. 칸트는 한편으로 자연과학의 모든 지식이 엄밀하고 정확하고 확실하려면 수학적으로 해명되어야 한다는 원칙을 고수했다. 다른 편으로 사물이 변화하는 생성·소멸의 현상을 현실에 알맞게 해명하기 위하여, 즉 대상의 움직임이 변화를 야기하는 상황을 해명하기 위하여, 오성의 인식기능이 갖춘 관계와 양상의 범주를 역학적 범주개념으로 명명하고서 구별했다.

현상계에서 변화하는 대상을 파악하려면, 대상을 관찰하고, 분석하고, 종합하려면 판단기준이 있어야 한다. 판단기준은 변화하는 대상의 근본 모델이어야 한다. 즉 움직이지 않고 고정된 형상이어야 한다. 구조와 조직과 체계를 보여주는 설계도면과 같은 형식적 형상이다. 그러면 이런 사물들이 운동을 하면서 움직이더라도, 그 물체의 운동궤적을 정적인 형상을 바탕으로 하여 기계적 인과율로 다룰 수 있다. 모든 변화를 기하학적 모형과 수학적 모형으로 분석하려면, 그 작업에는 양과 질의 범주개념이 작용해야 한다. 따라서 칸트는 양과 질의 개념에 의해 파악되는 지식들을 수학적으로 간주했다.

인간의 육체는 물질로서 구성되어 있다. 육체의 구조에서 정신적 요소를 배제하고 나면, 육체는 물리학의 대상인 물체처럼 기계적 인과율의 방식으로 탐구할 수 있다. 그 결과를 해부학으로 구성할 수 있다. 육체에 관한 여러 가지 지식들은 해부학을 비롯하여 인체에 관한 각종 학문으로 구성된다.

양과 질의 개념에서 배제된 대상의 인식작업은 인간자신의 의식에 의해 진행되는 목적적 행위이다. 목적적 사유기능을 파악하는 지적 작업은 수학적 사고기능을 경험대상의 사물과 결합시키는 방식과 구별된다. 목적적 의식기능을 가진 인간이 자신의 정체를 파악하려는 지적 작업이다.

수학적 사유기능은 인식기능의 선천성을 객관적으로 증명할 수 있는 논거이다. 그런데 목적적 사유구조의 선천성을 객관으로 입증하는 작업은 그것과 구별되는 또 다른 논증과정을 거쳐야 한다. 그 작업은 다음의 전제를 바탕으로 하여 진행된다.

첫째, 의식이 외부대상을 탐구하는 작업은 목적적 활동이다.

둘째, 의식내부에서 작용하는 주관적 목적성을 객관화하기 위해서는 의식은 그 목적성을 외부대상으로 전환해야 한다.

셋째, 의식의 주관성은 튜브의 안과 밖을 뒤집는 그런 방식과 비슷한 방식으로 의식의 내부를 외부로 노출시켜 객관화시킬 수 없다.

넷째, 의식의 정체를 논구하는 발생론은 논구대상이 될 수 없다. 마찬가지로 의식의 내부에서 진행되는 발상은 밖으로 드러나지 않는 한 탐구대상이 될 수 없다.

다섯째, 의식의 구조는 뇌를 구성하는 물질을 분해하는 방식으로 파악할 수 없다. 뇌의 기능을 파악한 방법은 밖으로 드러난 의식행위를 바탕으로 하여 거꾸로 탐구한 방법이다.

여섯째, 인간은 자신의 의식적 행위를 표현하는 객관적 방식을 선천적으로 갖추고 있다. 그것은 언어이다. 인간의 의식이 작용한 행위는 인간이 언어로서 기술한다. 언어는 의사소통의 수단으로서 객관적 구조를 갖추고 있다. 인간은 언어를 통해 의식의 구조를 객관적으로 탐구할 수 있다.

일곱째, 인간은 언어의 구조를 분석하여 인식기능의 선천성을 파악할 수 있다.

여덟째, 인간의 선천적 사유구조는 자신의 논리적 사유기능에 의해 학문적 체계로 정립되고, 그 실체가 완전히 드러난다. 사유기능이 감성과 오성과 이성으로 구성되어 있고, 의식은 지성 이외에 감성적 심리기능을 갖추고 있음을 파악한다.

아홉째, 의식의 사유기능은 자신의 본질이 형이상학적임을 파악한다. 형이상학적 목적이 문명사회를 건설하는 것이므로, 의식의 사유기능은 목적을 달성하기 위한 자신의 사유구조가 도덕적이고, 예술적이고 그리고 그 작용이 욕망과 의지임을 파악한다.

열 번째, 의식은 자신의 형이상학적 본성이 자신의 이성에 의해 작용함을 파악한다. 이성이 제대로 작용하지 않으면, 도덕적 욕망과 의지가 왜곡되고 변형된다.

열한 번째, 비이성적이고 반도덕적이고 반사회적인 판단과 행동을 방지하기 위해 인간사회는 인성교육을 통해 이성적 사고를 위한 훈련을 시행한다. 그럼에도 불구하고 사전에 예방하지 못한 경우를 수습하기 위해, 의식은 법률적 제도를 통해 사회를 통제한다.

이런 과정을 거쳐 인간은 자신의 선천적 종합판단의 정체를 파악할 수 있다. 이러한 논구과정에 작용하는 표상들이 범주의 관계, 양상개념들이고, 이 개념들은 목적적 인간들의 상호작용을 전제해야 하는 조건 때문에 역학적이다. 그런데 이런 과정을 거쳐 선천적 종합판단의 특성이 드러났다고 하더라도, 여전히 남는 문제점은 이런 본성을 파악하고서 인간사회를 이끌고 가야 하는 지도층이 그렇게 하지 않을 경우에 발생하는 혼란의 수습방법이다.

칸트의 비판철학을 이해하려는 독자는 "선천적 종합판단"이 왜 이런 문제와 연결되는지를 의아스럽게 여길 수 있다. 인간이 실천이성에 의한 준법정신을 고수하려면, 인간은 당연히 형이상학적 의식을 가진 존재자가 되어야 한다. 순수자아가 심리적 자아를 통제하고, 조정하고, 지도해야 한다. 의식기능이 이렇게 작용하지 않으면, 결코 인간은 실천이성에 의한 목적적 행위를 올바르게 실행할 수 없다. 이기적인 인간은 쾌락의 탐닉을 행복의 조건으로 삼고, 반사회적인 행위를 서슴없이 자행한다.

선천적 종합판단은 자아의 형이상학적 정체를 파악할 수 있는 인식기능이다. 만약 인간이 이 기능을 선천적으로 갖추고 있지 않았다면, 인간은 형이상학적 이념을 추구하는 존재자가 결코 될 수 없었다.

비판철학에서는 어떤 사상, 집단, 세력들도 비판의 무대 위에서 비판을 회피할 수 없다. 근대시민사회가 확립한 언론, 표현의 자유는 비판의 기능이 없으면 불가능하다. 비판기능은 자유의식의 근본토대이며, 헌법정신의 토대이며, 민주주의 토대이다. 비판철학이 지닌 그와 같은 의의는 여전히 현대적이다.

(2) 형이상학을 새롭게 정초하는 방법론의 수단인 역학적 범주개념

목적론적 인과율의 정초인 역학적 범주

칸트는 선천적 종합판단에 의한 인식기능을 설명하는 과정에서 순수오성개념을 수학적 개념과 역학적 개념으로 구분했다. 이 구분은 근대에 이르러 눈부시게 비약하는 자연과학의 지식과 그 이외의 다른 학문의 지식을 통합하기 위한 선행 작업이다. 의식의 사유구조와 인식기능을 파악하는 과제는 그 이유를 밝히는 작업이다.

동적인 사물이 자신의 움직임을 인간의 감각을 연속적으로 촉발하더라도, 그 움직임의 하나하나는 의식의 판단기능에 정지된 상태와 마찬가지로 전달된다. 마치 정지된 화면을 연속적으로 돌리면 영화가 되는 경우이다. 움직임의 모든 과정을 총체적으로 연결하여 사물의 근본성격을 파악하는 작업은 형식논리학으로도 가능하다. 그 논거는 하나하나의 움직임이 별개로 그려진 막대그래프를 서로 연결하면, 곧바로 그것은 하나의 선분그래프로 전환되는 점에서 확인된다. 따라서 범주가 수학과 역학적 범주로 세분되어야 할 필요성은 사물의 움직임이 아닌 의식의 움직임에서 발생한다. 역학적 범주의 사고방식은 의식작용의 본질에서 비롯한다.

수학과 역학으로 구분하여 해명한 선험적 변증론의 방법론은 인간의 인식기능이 형이상학적 과제를 해결할 수 있음을 입증하는 과제이다. 물론 그 능력의 토대는 이미 밝힌 바대로, 인간의 삶을 이끄는 의식의 원동력이 원천적으로 형이상학적이기 때문이다. 다시 말해 자연 속에서, 자연과 더불어 살면서, 자연의 개체를 이용하여 인간이 창조한 문명의 결실이 형이상학적 표상에 의해 탄생한 것이기 때문이다. 그러므로 의식의 진·선미의 관념이 자연에 대해 통합적으로 작용하지 않으면, 인간은 인간 아닌 다른 존재가 되어 문명생활이 아닌 자연의 상태에서 동물수준으로 생존할 수밖에 없다.

칸트가 논증한 수학적 범주개념과 역학적 범주개념의 구분에는 근대성이 그대로 반영되어 있다. 형이상학에 대한 반형이상학적 경향이다. 전통적 형이상학의 지식을 무기력하게 만들고, 또한 배척하는 자연과학의 지식들은 합리론의 철학자들에게 형이상학의 위상을 새롭게 정립하도록 내몰았다. 합리론의 입장이 그 작업을 제대로 이루지 못하면 철학은 정체성 위기를 벗어나지 못하고 지연과학의 거센 파도에 난파당하게 된다. 그 여파로 형이상학의 몰락과 더불어 문명사회를 지탱하는 근본토대가 허물어지는 불행이 닥치게 된다.

근대의 시대적 정황은 형이상학의 이론이 새롭게 거듭나지 않으면 자연과학의 발전에 의한 눈부신 미래가 열리기보다, 오히려 가치관의 분열에 의한 극심한 혼란에 휩싸이게 될 처지였다. 자연과학의 발전을 발판으로 하여 등장한 새로운 관점의 정치이론과 정세변동은 급기야 유럽에서 1차 세계대전과 2차 세계대전을 야기하였고, 그 참상은 전례가 없을 정도로 끔찍했다.

선험논리학에서 역학적 범주개념이 지닌 학문적 의의는 첫째는 인문·사회·문화과학이 자연과학의 눈부신 발전을 수용하고, 둘째는 자연과학의 지식과 조화와 양립을 도모하도록 만드는 사유방식의 특성이다.

칸트의 의도를 파악하려는 학적 작업은 다음의 관점들을 논증의 근저에 두어야 한다.

첫째, 수학적 범주와 역학적 범주는 모두 자연을 탐구하는 작업에 그대로 적용된다.

둘째, 자연의 기계적 인과율과 인간의 목적적 인과율의 양립을 위한 토대를 범주에 있어야 한다. 그 장소가 역학적 범주개념의 영역이다.

셋째, 『순수이성비판』에서 정립한 범주개념은 그 자체로 직접 실천이성과 판단력의 영역에 작용하지 않는다.

넷째, 범주개념이 실천이성과 판단력의 영역에 작용하기 위해서는 이율배반의 논증을 거쳐야 한다.

다섯째, 이율배반의 논증에서 역학적 범주개념은 선험적 자유개념을 자연과 양립시킨다.

여섯째, 역학적 범주개념에 의해 정립된 선험적 자유개념은 실천이성에서 실천적 자유개념의 역할을 수행할 수 있게 된다.

일곱째, 실천이성의 사고방식은 『순수이성비판』에서 정립한 모든 범주개념을 실천적 자유개념에 적용한다.

여덟째, 범주개념을 자연과 인간을 탐구하는 학문에 모두 적용함으로서, 인간은 자연과 인간의 존재방식에 일관된 통일성을 확보할 수 있게 되었다.

아홉째, 사변이성의 선천적 종합판단은 범주개념을 활용하여 통제적 이념을 형성할 수 있다.

열째, 실천이성의 선천적 종합판단은 범주개념을 활용한 이율배반의 논구를 거쳐 형이상학의 대상에 주관적 객관성을 부여하여 요청할 수 있다.

열한째, 실천이성이 형이상학적 대상의 실재성을 도덕형이상학에서 요청할 수 있기 때문에, 사유기능에서 규정적 판단력 대신 반성적 판단력이 인간과 자연과 신을 통합하여 목적론을 전개할 수 있다.

역학적 범주의 형이상학적 사유기능

"형이상학적 대상은 인식될 수 없지만, 사유될 수 있다"는 칸트의 표현은 역학적 범주개념의 정립을 이해하는 과정에서 명확해진다. 인식과 사유의 차이는 인간의 사유기능을 자연과학적 사고방식과 형이상학적 사고방식으로 구분할 수 있는 근거를 제공한다. 이 차이점은 이성의 기능을 다시 구분하여 형이상학적 사유방식의 특성을 해명할 수 있는 방법의 단초를 제공한다.

인간은 지성에서 오성과 이성의 사유방식을 완전히 구분하지 않으면,

인간은 어떤 경우에서도 형이상학의 대상에 관한 이해를 올바른 학적 지식으로 구축할 수 없다. 형이상학의 대상은 사유는 할 수 있지만, 인식은 할 수 없다는 인식의 제약에 구속된다. 그럼에도 불구하고 그 대상을 반드시 인식의 영역으로 끌고 들어와야만, 비로소 형이상학의 지식이 현상계의 근본원리가 될 수 있는 학적 지위를 인정받을 수 있다.

형이상학적 사고방식이 실제로 현상계에서 작동되고 있는 상황에서 의도적으로 형이상학적 사고방식을 배척하면, 인간은 자신의 삶의 목적을 설정하는 작업에서 구심점을 상실하게 되고 그리고 그 여파는 사회질서의 근본골격을 무너뜨리는 혼란을 초래한다.

칸트는 사유와 인식을 접목할 탐구방법과 그 학적 근거를 찾으려고 했다. 그 작업은 자연과학과 사회과학과 인문과학을 비롯한 모든 문화과학을 하나의 통일체계로 통합하는 사유방법을 구축하는 과제였다. 그는 자신의 의도를 선천적 종합판단의 틀을 바탕으로 하여 선험철학의 틀 속에서 추진했다.

칸트는 선천적 종합판단의 진행과정에서 작동하는 순수오성개념인 범주개념을 수학과 역학으로 나눈 방식에서 자신의 목적을 실현하려고 착안했다. 칸트의 의도는 기계론적 인과율의 원리에 의해 탐구되는 자연대상과 달리 목적론적 인과율의 원리에 의해 탐구되는 형이상학적 대상을 학적으로 탐구할 수 있는 사고방식을 논증하려는 목적이었다. 칸트는 그 목적이 인간 스스로가 자신의 사유방식 및 행동양식 사이에 놓인 서로간의 차이점을 극복하고서 상호 공존할 수 있는 존재방식을 갖추어야만 달성될 수 있음을 파악했다.

칸트가 논구한 존재본질의 해명과제는 기계론적 인과율이 작용되는 자연의 대상에 어떠한 혼란을 야기하고 않으면서, 동시에 기계론적 인과율과 더불어 목적론적 인과율이 다 함께 공존하는 존재원리의 궁극성격을 밝히는 작업이었다. 존재의 작용원리는 한편으로는 기계론적 인과율이 현상에 작용하고, 또 다른 편으로는 목적론적 인과율이 현상에 작용하는 양면성이다. 양면성의 입증은 문명사회의 여러 사물들이 지닌 형상을 구상하는 인간의 사고방식이 목적적이고, 동시에 그 구상의 실현을 뒷받침하는 인간의 사고방식이 물리·화학의 법칙에 의한 기계론적인 측면에서 확인된다.

선천적 종합판단은 인간의 자연소질이 형이상학적이라는 성격에 의해 확인되고, 형이상학적 본성을 실행할 수 있는 선천적 인식기능의 선험적 방법은 삶의 모든 영역에서 작용하는 보편적 원리를 파악하는 과정에서 확인된다. 그러므로 칸트가 논구한 종합판단이 선천적이 아니라 후천적이라면, 당연히 인간이 수립한 모든 보편법칙은 경험적 사실을 추상화한 개연적 개념에 지나지 않게 된다.

3. 합리론과 경험론의 통합초석인 선험변증론

1) 형식논리학과 변증논리학의 양립을 실현한
   선험논리학의 특성

주목

인간은 생성·소멸의 과정을 되풀이 하고 있는 현상계의 모든 변화를 현재와 미래의 단위로 구분할 수 있는 공간과 시간의 개념에 의해 파악한다. 인간은 선험적 감성론의 순수직관형식을 바탕으로 하여, 오성과 이성이 모든 현상을 통합하는 존재원리를 구축한다.

칸트는 최상의 존재원리를 구축하는 인식의 최고단계인 순수이성의 인식기능을 체계적으로 설명함에 있어서 이성의 작용방식을 둘로 양분했다. 즉 존재의 보편적인 본질과 이념을 파악하려는 사변이성과 변화하는 현상계의 갖가지 상황에 맞추어 적절하게 행동하려는 실천이성의 기능이다.

현상계의 공간과 시간의 양상은 생성·소멸에 의해 구성원들을 교체하는 변화의 과정을 되풀이하는 형태이므로, 현상계의 미래는 현재의 지점에서 바라보면 아직 다가오지도 않았고, 미래의 모습은 아직 실현되지도 않은 미지의 영역이 아닐 수 없게 된다. 그런데 미래는 현재의 구성원들이 생성·소멸의 과정을 거치면서 스스로 변화한 현상이므로, 다가올 미래는 현재의 구성원들이 현존하는 그 자리에서 자신들이 행동하여 만든 실천의 결과이다.

(1) 형이상학 과제의 탐구방법론으로서 변증논리학

형이상학이 제일철학인 만큼 형이상학의 탐구과제를 철학의 궁극과제로 판단하는 입장은 정당하다. 형이상학의 과제를 탐구하는 과정은 현상의 원리를 파악하는 지적 작업이므로, 철학은 반드시 기계론적 인과율과 목적론적 인과율을 무리함이 없이 통합할 수 있는 사유방법을 찾아야 한다. 형이상학의 사유방법은 존재의 본체와 본질이 자신의 이념 및 목적을 전개하는 현실의 진행방식과 부합해야 한다.

형식논리학의 체계에서는 기계론적 인과율과 목적론적 인과율은 서로 모순적이다. 그런데 현상계는 기계론적인 것은 목적론적일 수 없고, 목적론적인 것은 기계론적일 수 없는 특성 때문에 가능하다. 이 사실은 지금까지 줄곧 논구된 과제의 내용이었다.

철학은 일찍부터 이 모순적 국면을 반드시적절하게 해명해야만 했다. 그 이유는 모순을 극복하지 못하면, 현상과 본질을 하나로 통합할 방법론을 제대로 구축할 수 없었기 때문이다. 모순을 극복할 철학적 발상은 오래전부터 등장했지만, 그 발상을 뒷받침할 성숙한 학문의 여건이 여전히 충분하지 않아 학문의 중심부로 나아가지 못했다. 그 여건은 근대자연과학의 태동기까지 기다려야 했다. 그 발상의 실현은 근대합리론과 경험론을 거쳐 칸트의 선험철학에서 비로소 결실을 맺었다.

형식논리학의 취약점을 극복하고 서로를 배척하는 두 가지 인과율을 하나의 통합체계에서 양립하려면, 그 성취는 형식논리학을 탈바꿈시킨 선험적 변증론의 방법밖에 없다. 선험적 방법론이 유일한 이유는 주체철학의 본질에서 비롯한다.

자연은 그 자체로 존재한다. 자연은 인간이 있으라고 해서 있고, 없으라고 해서 없어지는 존재가 아니다. 존재론적 경우는 인간이 존재하지 않으면 자연이 인식대상이 될 수 없고, 인간이 존재하면 비로소 자연이 인식의 대상이 될 수 있는 인식론적 상황과 구별된다. 자연에는 기계론적 인과율만이 작용하는지, 아니면 목적론적 인과율이 함께 작용하는지의 정체는 자연이 인간에게 그 자체로 보여주지 않는다. 인간도 자연이 보여주는 현상을 경험하는 정도의 제한적인 인식조건으로는 그 정체를 파악할 수 없다.

인간이 이런 의문을 해명하는 과정에서 파악한 분명한 사실은 원리와 법칙에 의해 작동하는 현상계에 두 가지 이외의 다른 인과율이 존재하지 않는다는 사실이다. 그러므로 인간이 탐구한 인과율의 특성은 다음의 경우로 요약된다.

첫째, 자연의 사물에는 명백하게 기계론적 인과율이 작용한다.

둘째, 자연의 사물에도 기계론적 인과율과 양립하는 목적론적 인과율이 작용할 수 있다.

셋째, 자연의 사물에 목적론적 인과율이 작용하지 않는다고 주장하면, 그 입장은 자연의 다양성을 설명할 수 없다. 그 이유는 자연의 다양성을 설명할 수 있는 원리와 법칙이 관념적이기 때문이다.

넷째, 인간의 판단과 행위에는 이 두 가지 인과율이 동시에 작용한다.

다섯째, 자연의 사물은 목적론적 인과율의 작용방식을 보여주지 않는다.

여섯째, 인간은 자연에서 탄생하고, 생활하고, 소멸한다. 자연에서 목적론을 배제하면 인간의 다양한 개성과 자유의 원천을 설명할 수 없게 된다.

일곱째, 인간의 인식기능은 자연이 진행하는 작용방식에 목적론적 인과율이 함께하는 존재방법을 논구해야 한다.

여덟째, 인간은 자연에서 경험을 통해 밝힐 수 없다면, 자연 속에 존재하는 자기 자신에게서 그 근거를 찾아야 한다. 그 지적 작업이 존재론과 인식론과 논리학을 통합하는 형이상학의 과제이다.

이 요약의 핵심은 목적론적 행위를 실천하는 인간의 의식만이 양자를 하나로 통합한 통일이론을 확립할 수 있다는 객관적 사실이다.

칸트가 이런 경우의 분석을 바탕으로 하여 전래의 변증론을 선험적 변증론으로 전환한 사유방법론을 정립했다. 그래서 그의 발상이 근대이래로 현대까지 철학논구의 중심에 서있게 되었다.

방법의 타당성에 대한 판정근거

문제해결의 과정은 문제가 지닌 의문을 해명하는 진술의 과정이 아니다. 해결을 위한 방법론은 당해의 문제를 발생한 원인을 파악하여 의도하는 목적을 결과로서 이루어야 한다.

칸트의 선험철학은 근대철학이 봉착한 한계를 극복할 방법을 제시했다. 칸트가 구성한 이율배반의 특성은 관계와 양상의 강목과 앞서 양과 질의 강목을 포함하여 범주전체를 논증의 토대로 삼고 있는 구조에 있다. 칸트가 구축한 이율배반의 형식이 중요한 까닭은 인간의 의식이 자신의 목적론적 관념을 자연에 곧바로 적용하면 인식론에 중대한 잘못이 발생하기 때문이다.

데카르트의 방법론적 회의는 근대철학의 특성인 인식론의 중요성을 확연히 보여준다. 데카르트 이후에 합리론의 입장이 지속적으로 '방법론적 회의'의 사유방식에 수정작업을 해야만 했던 근본이유는 '방법론적 회의'가 전개한 논구의 불충분성 때문이었다. 그 뿐만 아니라 스피노자와 라이프니츠도 데카르트 발상의 취약점을 극복하지 못했는데, 그 이유는 의식의 본유관념으로부터 곧바로 형이상학적 존재인 신을 직접 논구해서는 안 되는 인식론의 제약을 간과하였기 때문이다. 즉 의식에서 실체개념과 속성개념 및 양상개념을 바탕으로 하여 존재의 본질을 곧장 논증한 그들의 방법론이 인식론이 지닌 중요성을 간과한 치명적인 오류를 범했기 때문이다. 그들은 자신들이 논구의 대전제로 내세운 실체, 속성, 양상의 개념이 현상을 인식하는 사유기능에서 비롯하였다는 사실을 철저히 파헤치지 않고, 곧바로 형이상학적 존재인 신의 개념에 맞추어 이론의 모든 내용을 구성하였다. 그러므로 처음부터 그들의 발상에는 전통적 논리학이 지닌 취약점을 제대로 살펴볼 여지가 없었다. 칸트가 비판철학에서 구성한 선험적 감성론과 선험적 논리학은 그들에게 주된 관심거리가 될 수 없었다.

칸트에 앞선 근대합리론의 논증방식은 철저히 수학적이었다. 수학의 지식이 지닌 확실성, 정확성, 엄밀성은 논증의 타당성을 결정할 판정의 기준이었다. 그와 같은 입장은 스피노자의 주저인 "기하학적 순서로 증명된 윤리학(Ethica in Ordine Geometrico Demonstrata)"의 제목에 여실히 드러나 있다. 칸트도 그들처럼 수학을 형이상학의 지식을 학문으로 확립하는 범례로 삼았다. 그런데 칸트는 수학을 뛰어넘어 수학의 인식적 근거와 타당성을 논구하면서 형이상학의 정초작업을 진행했다. 그 논증과정이『순수이성비판』의 체계이다.

칸트는 공간과 시간의 개념을 바탕으로 하여 현상론의 토대를 확립하고, 그것을 발판으로 삼아 순수오성개념인 범주개념을 확증하고, 다시 그것을 활용하여 이율배반의 도식을 구성하여 도덕형이상학의 토대를 확립하고, 마침내 인간의 미적 활동의 본질을 해명하고서 생활세계의 근거를 확립했다. 이로써 칸트는 진리의 정체를 밝힌 지적 작업의 모든 과정을 전개할 수 있었다. 물론 칸트의 이론형성에는 당연히 대륙철학의 합리론의 요소와 영국철학의 경험론의 요소가 함께 공존하고 있지만, 그것은 외형적으로 철학의 두 입장을 절출한 공존일 뿐 칸트의 발상은 내면적으로 그의 표현대로 합리론의 입장에서 시도한 코페르니쿠스적 전회였다.

새로운 형이상학을 정초(定礎)작업의 터전인 「선험적 변증론」

문명사회를 구축하는 진·선·미의 의식구조는 선험적 변증론을 바탕으로 하지 않으면 명백하게 드러날 수 없다. 선험적 변증론을 거치지 않으면 철학의 어떤 발상일지라도, 그 이론은 전통적 합리론과 경험론이 직면한 독단론과 회의론에 부딪치지 않을 수 없다. 칸트의 선험적 변증론을 거부하려면, 그 입장은 선험적 변증론을 대체할 수 있는 새로운 극복방안을 제시해야 한다. 변증론의 취지에 부합하지 않는 이론은 어떤 입장을 펼치더라도 결코 합리론과 경험론의 화해를 추진할 수 없다.

칸트가 사용한 화해의 용어는 일상적 의미의 타협이 아니다. 변증론의 특성은 대립적 이론에서 각각의 부정적 측면을 배척하고, 각각의 긍정적 측면을 서로 융합하여 새로운 고차적 개념을 생성하는 사고방식이다. 단순한 혼합방식이 아닌 화학적 화합방식이다. 모든 상황이 부정의 혼란을 극복하고 긍정의 발전단계로 진입하려면, 변증적 융합과정이 아니고서는 다른 방법이 있을 수 없다.

선험적 변증론은 두 가지 상반된 상황을 전제한다. 그 전제는 부정과 긍정의 양면성이다. 양면성을 화해하는 방법은 한편으로는 형이상학의 불가능성을, 다른 편으로는 형이상학의 가능성을 논증한 학적 방법론에서 명확히 드러난다. 부정과 긍정의 대립국면을 새로운 상위의 수습단계로 이끌고 가서 화해시키는 단계는 불가능성을 가능성으로 전환하는 반전(反轉)의 사유방식이다.

그와 같은 진보적 사고방식은 인간의식이 지닌 창조적 발상의 근원이 아닐 수 없다. 그 특성은 단적으로 예술의 영역에서 명확하게 입증된다. 예컨대, 문학의 작품이 연극영화가 되는 과정은 의식의 창조성을 단적으로 보여준다. 인간이 구상한 신화의 줄거리는 문학의 창작으로 끝나지만, 글로 쓰인 문학의 내용이 영화가 되려면 로 만들기 위해서는 도구와 수단을 갖춘 제작과정이 필요한데, 그와 같은 모든 요인은 의식에 선천적으로 내재한 객관적 창조성을 적나라하게 보여준다. 인간의 상상력을 실현하는 제작과정은 수단과 도구를 갖춘 실행을 바탕으로 하여 이루어지기 때문이다. 그러므로 진·선·미의 의식이 추구하는 문명의 본질은 진·선·미의 의식이 작용하는 모든 과정을 해명한 3대 비판서의 체계를 하나로 통합했을 경우에 비로소 파악된다. 칸트는 감성과 오성, 오성과 이성. 이성과 감성을 차례로 논구하여 의식의 사유구조와 작용방식이 하나로 통합되어 있음을 논증하고, 인간의 본성 및 문명의 본질을 해명한다.

비판철학은 사변이성이 형이상학의 근본대상인 신, 영혼불멸, 자유의 세 가지 인식대상을 학문의 지식으로 다룰 수 있는지를 해명하였다. 칸트는 각각의 주제에 대해 "순수이성의 논과(paralogismus. 論過＝오류추리)", "순수이성의 이율배반(Antinomie)", "순수이성의 이상(Ideal, 理想)"이란 명칭으로 논구하였다. 칸트는 이곳에서 선험적 감성론과 선험적 논리학의 이론을 바탕으로 하여 사변이성이 형이상학의 지식을 정립할 수 없음을 확증했다.

형이상학의 학적 논구가 자연과학지식의 객관성과 실증성을 바탕으로 삼아야만 타당할 수 있다. 모든 학문의 사고방식은 자연과학적 사유방식과 불가분의 관계로 연결된다. 역설적으로 그 사실은 형이상학의 토대가 현상론임을 여실히 입증한다.

형이상학의 대상은 자연과학적 탐구방식의 인식대상이 아니므로, 다른 방법을 찾아야 한다. 자연과학의 대상에 적용되는 기계론적 인과율과 다른 목적론적 인과율이다. 만약 그렇지 않으면, 형이상학은 학문의 영역에서 배척되어야 한다. 비판철학이 취할 방향은 자연과학적 탐구방식이 아니면서도 자연과학적 방법과 양립할 수 있는 목적론적 인과율의 작용방법을 찾는 외길 수순뿐이다.

칸트는 "순수이성의 이율배반"의 명칭이 주는 취지에 걸맞게 이율배반의 구성을 정립과 반정립으로 대립시켰다. 그 명칭은 칸트가 형이상학의 대상에 대해 회의적 입장을 취했다는 오해를 유발했다. 당대의 지식인들이 이 이율배반의 구성방식이 모순개념을 서로 대립시킨 반형이상학적 발상으로 오인하였기 때문이다.

칸트가 구축한 이론체계가 전통적 이론체계의 방식과 현격하게 달라서 그의 체계를 형이상학의 체계라고 간주해야 하는가? 아니면 반형이상학자로 간주해야 하는가? 하는 물음은 칸트철학의 연구에서 언제나 논구대상거리였다. 이율배반의 장은 칸트의 입장을 반형이상학자로 규정할 수 있었던 곳이므로, 이율배반의 구성을 올바르게 이해하는 작업은 비판철학의 진의를 밝히는 작업과 동일한 성격을 공유하고 있다.

목적론 인과율과 기계론적 인과율의 차이점은 무엇인가

자연법칙은 그자체로 목적적 존재로 간주할 수 없다. 경험적 사실은 우연적이고, 자연에 대한 탐구도 개별적이기 때문에 우연적이다. 그러므로 자연의 대상을 기계론적으로 접근할 수 있어도 목적적으로 접근할 수 없다. 목적적으로 접근하려면 자연의 본질을 하나로 통일시켜야 한다. 예컨대 기계에 비유하면, 기계 자체도 목적을 가지고서 활동하는 존재이고 기계를 구성하는 각 요소들도 그 목적을 위해 제작된 존재일지라도, 그 활동을 목적론의 범례로 삼아 모든 자연현상에 적용하기가 심히 애매할 수 있기 때문이다. 이 난점을 극복하려면, 당연히 목적의 개념 속에 내재한 변화의 원동력에 관한 속성을 더 심도 있게 논구해야 한다. 그리고 그 규정은 결정론적 요인과 비결정론적 요인으로 구분된다.

사물에 적용되는 '기계론적'이란 의미는 존재하는 목적이 이미 결정되어 있고, 그 구조와 결과가 결정되어 있음을 지시하는 반면에, 인간에게 적용되는 '목적론적'이란 의미는 존재하는 목적이 하나로 결정된 바 없이 선택적이고 따라서 인간행동의 결과도 기계처럼 획일적으로 귀결되지 않는다는 차이점을 지시한다. 그런데 물질로 구성된 육체의 각 부분들이 기계적 인과율에 적용되는 객관적 사실을 바탕으로 한 인간의 삶은 넓은 틀에서는 언제나 동일하고 동질적이었기 때문에, 섣불리 궁극목적을 설정하고서 목적론을 전개해서는 안 된다는 유물론적 시각은 어느 시대를 불문하고 상존했다. 기계에는 인간처럼 스스로 목적을 변경하여 작용할 수 있는 사유기능을 갖춘 조직이 없기 때문에, 기계와 인간을 완전히 구별하는 방식은 논구의 절차상으로 정당한 판단이다. 그 뿐만 아니라, 인간이 삶의 목적을 실천하려면 현상에서 생존을 위한 여러 단계를 거쳐야 하기 때문에 그 구분은 정당하다.

사유기능과 육체기능이 각 단계의 목적을 충족시키기 위해 그 밖의 다른 기능들의 뒷받침을 받아야 한다. 그 방식은 마땅히 유기적이지 않을 수 없다. 시인이 글을 쓰는 순간에 육체가 시인의 의식이 활동할 수 있는 에너지를 공급하기 위해 자신의 여러 내장기관들이 스스로 작동하고 있는 경우처럼 자율적이고 유기적이어야 한다. 더욱이 인간의 생존방식은 획일적으로 고정되어 있는 것이 아니라 스스로 생을 마감하는 극단적 결단을 내리거나, 또는 속세를 떠나 종교적 생활을 추구하려는 결단도 내리기 때문에, 인간은 자기 자신의 생활방식과 행동양식을 기계적 인과율에 맞추어 획일적으로 판단해서는 안 된다. 오히려 인간은 자기 자신을 유기적 구조가 기계적 인과율을 바탕으로 하여 작동하는 목적론적 존재로 파악해야 한다.

그러면 철학은 다음의 의문점을 해명해야 한다.

첫째, 인간은 자신의 삶의 목적을 통일적으로 규정할 수 있는가?

둘째, 기계론적인 인과율이 적용되는 물질로 구성된 육체에서 유기적인 구조를 형성한 뇌의 사유구조가 목적론적 판단작용을 할 수 있는 근거를 물질의 어떤 특성으로부터 설명할 수 있는가?

셋째, 만약 그 근거를 물질의 특성에서 찾아 설명할 수 없다면, 인간의 사유기능과 작용은 신비로운 영역으로 남겨 두어야 하는가? 하는 의문점이다.

현대철학은 칸트의 우회적 방법론을 주목해야 한다. 현대철학이 칸트가 개척한 사고방식을 거부하고 신비주의적 사고방식으로 회귀하려는 것이 아니라면, 비판철학의 토대위에서 앞으로 나아가야 한다. 현대철학이 잘못된 길로 접어들었으면, 다시 비판철학의 토대위로 되돌아와 칸트의 발상을 비판하고 그의 방식을 새롭게 가다듬어 극복해야 한다. 그것이 미래를 향해 끊임없이 반성하면서 나아가는 철학적 사유방식의 본질이다.

이율배반의 토대인 자연형이상학의 학적 의의

칸트가 선험논리학에서 유추한 자연형이상학적 결론은 모두 다 선험논리학에 구성한 범주의 도표에 맞추어 4가지로 구성되어 있다. 칸트가 이 강목에 따라 추론한 모든 결론들은 실천이성과 『판단력비판』을 구성하는 이론의 토대가 된다.

형이상학을 새롭게 재건하려는 칸트의 의도는 선험논리학의 핵심과제인 선험변증론의 구성에 압축되어 있다. 선험변증론은 두 가지 목적을 위해 구성되었다. 첫째는 형이상학의 오류를 바로 잡는 일이고, 둘째는 새로운 형이상학의 본모습을 확증하려는 일이다. 그 작업은 진정한 형이상학의 성격을 비롯하여 그 근거 및 출발을 해명하는 과제이다. 칸트는 변증론의 이론전개와 구성을 선험적 논리학의 범주개념에 맞추어 진행하였고, 그 논거는 인간의 인식력이 공간적 사물을 벗어난 존재에까지 미치지 못하는 사실이다. 칸트는 그 점을 오용이란 용어로 해명했다.

"……모든 우리의 인식에 오성의 형식을 주려고 하는 – 이런 인식의 내용은 자못 공허하고 빈약하지마는 – 그럴듯한 기술을 소유하고 싶은 매혹 때문에, 인식을 판정하는 한갓 규준인 일반논리학이 객관적 주장을 현실로 산출하기 위한, 적어도 마치 객관적 주장인 듯한 환영을 위한 기관인 것처럼 사용되어 왔고 이런 사정으로 해서 사실로 오용되어 왔다. 이처럼 잘못되게 기관이라고 생각된 일반논리학을 변증론이라고 한다." [1]

인간의 지성은 공간을 벗어날 수 있는 존재가 있는지를 논구할 수 없다. 단지 개념으로 존재한다는 주장은 펼칠 수 있다. 그런데 그 주장이 지성의 토대를 갖추려면, 논리적으로 방법론을 갖추어야 한다. 무조건 대립을 구성하는 발상은 논증의 정당성을 확립할 수 없다. 칸트는 범주의 도표에 맞추어 이율배반의 대립을 구성하여 정당성을 확보하려고 시도했다.

칸트의 선험적 변증론의 장소는 선험적 논리학의 논증을 바탕으로 하여 근대 철학의 경험론과 합리론의 회의적 성격과 독단적 성격을 극복하려고 한 무대이다. 칸트는 전략적으로 한편으로는 경험론의 입장을 인정하여 전통적인 합리론의 방법으로는 형이상학의 주제를 해명할 수 없다는 점을 논증하려고 했다. 다른 편으로는 합리론의 입장에서 전통적인 형이상학의 존재를 인간이 학문적으로 수용할 수 있는 방법을 제시하고 그리고 자신의 방법에 대한 정당성을 논증하려고 했다.

「선험적 변증론」에서 전개한 이론은 인간을 감싸고 있는 자연현상의 변화과정이 인간의 사유구조에서 진행하는 자연현상의 인식방식에서 올바르게 파악될 수 있는지의 의문과 직결된다. 즉 자연의 변화과정이 기계론적 인과율이 적용된 방향으로만 나아가는가? 하는 의문이다. 왜냐하면 생성·소멸의 방식이 작용하는 자연의 변화과정에서 조화로운 상태가 가능하려면, 당연히 자연은 조화와 균형을 유지할 수 있는 방법을 갖추어야 한다. 즉 자연이 변화과정에서 조화를 이룩하려면, 견제를 동반한 생성·소멸의 진행방식이 가능해야하기 때문이다. 그런데 독립적 개체들이 목적론적 인과율과 대비되는 기계론적 인과율의 법칙대로만 움직인다면,

---

1 「순수이성비판」 B85

역설적으로 무한대의 활동영역에서 자유롭게 운동하는 개체들의 통제가 불가능하게 되어 우주의 질서를 구성하는 작업이 사실상 불가능하게 된다. 그럼 모순점을 해결하려면, 논리적으로 반드시 두 가지 가설이 필요하게 된다.

첫째는 인간이 기계론적으로 파악한 개체의 운동은 우연적이 아니라, 지극히 정교하게 목적적으로 결정된 것이어서 우주의 질서를 형성할 수 있었다는 가정이다.

둘째는 기계론적 인과율대로 활동하는 개체들이 일정단계에 이르면 목적론적으로 활동할 수 있는 또 다른 운동기능을 갖추고 있어서, 우주의 질서를 형성할 수 있었다는 가설이다.

이 두 가지의 가설에는 우연론이 들어올 틈이 없기 때문에, 존재의 본질은 관념론이 아닐 수 없게 된다. 왜냐하면 우연론을 여전히 고수하면, 그 입장은 다음의 3가지 의문을 반드시 해명해야하기 때문이다.

첫째, 우주가 생성되려면 구성요소인 입자가 있어야 하는데, 그것이 우연적으로 발생하면 어떤 방식으로 그들이 고도의 정교한 모습을 갖출 수 있게 되었는가? 하는 의문점이 해명되어야 한다.

둘째, 모든 개체들이 자신이 활동할 수 있는 고유한 에너지를 가지고 있다면, 당연히 그들 모두를 무한대의 공간에서 하나의 덩어리로 집합시킬 수 없게 된다. 그러므로 무한대의 공간에서 모든 개체들을 한 덩어리로 뭉쳐 대규모의 폭발현상을 일으키는 방법은 사실상 불가능하다. 왜냐하면 우주의 질서 속에서 부분적으로 폭발은 발생할 수 있어도, 그러나 모두가 의도적으로 한 방향으로 집결하여 한 덩어리가 되고, 그곳에서 에너지가 증폭하면서 대규모의 연쇄적 폭발이 발생하는 경우를 방법론적으로 설명할 이론이 도대체 있을 리 만무하기 때문이다. 그럼에도 불구하고 모든 물질들이 한 덩어리가 되어 폭발할 수 있다면, 도대체 그 방법이 어떤 것인가? 하는 의문점이 반드시 해명되어야 한다.

셋째, 만약에 우주의 모든 물질이 애초에 한 덩어리로 구성되었다가 폭발하였다면, 어떻게 떨어져 나온 개체들이 자신의 운동에너지를 가진 입자들이 될 수 있으며, 더 나아가 그들이 무한대의 공간으로 떨어져 나온 상태에서 어떤 방식이 개입해 자신들을 위한 원리와 법칙을 갖춘 개체들이 될 수 있도록 했는가? 아니면 스스로 그리고 저절로 그렇게 원리와 법칙이 가능할 수 있는 개체가 되었는가? 하는 의문점이 발생한다. 그 의문점은 반드시 해명되어야 한다. 칸트의 변증론은 기계론적 인과율이 작용하는 자연의 영역에 목적론적 인과율이 작용하는 의식의 활동을 해명하려는 지적 작업이 방법론을 논리적으로 구축하려는 논증의 장소였다.

이율배반의 구성에서 역학적 범주의 작용주체인 실천이성의 본질

「선험적 변증론」에서 대립하는 기계론적 인과율과 목적론적 인과율이 특성이 서로 다르다. 기계론적 인과율로부터 목적론적 인과율이 등장할 수 없고, 마찬가지로 목적론적 인과율로부터 기계론적 인과율이 등장할 수 없다.

목적론적 인과율과 기계론적 인과율이 서로 충돌하지 않고 공존할 수 있는 화해의 여지는 결코 다른 변수가 없다는 조건을 전제해야 한다. 양자의 화해를 방해할 수 있는 변수가 존재하지 않는다는 전제조건을 충족시켜야만, 최고선의 논구가 가능할 수 있다. 그 이유는 최고선을 능가하는 또 다른 상위의 영역이 결코 가능할 수 없는 논리성 때문이다.

목적론적 인과율의 작용은 사물의 영역에서 작동하는 기계적론 인과율의 근본체제를 결코 변경할 수 없다. 하지만 기계론적 인과율이 작동하는 과정에 목적론적 인과율의 간섭에 의한 충돌은 가능하다. 그러므로 실천이성이 최고선의 존재를 논구할 수 있다. 칸트가『순수이성비판』의 제2판 머리글에서 변증론에 대해 다음과 같이 말한 글은 대단히 주목된다.

"순수이성의 이 실험은 화학자들이 흔히 환원법이라고 부르는 그러나 일반적으로 종합적 방법이라고 부르는 실험과 매우 비슷하다. 형이상학자의 분석은 선천적 순수인식을 이질적인 두 가지 요소, 즉 현상으로서의 물의 인식과 물자체로서의 물의 인식으로 구분한다.

변증론은 무제약자라는 필연적 이성이념을 가지고 다시 양자를 결합하여 일치시킨다. 그래서 이 일치가 저 구분을 통하여서 결과된 것 이외의 다른 것이 아니라는 것을 안다. 그러므로 이 구분은 참된 구분이다." [2]

의식에 의한 목적행위는 목적론적 인과율에 의한 결과를 유발한다. 의식은 자신이 추구하는 최고선의 목적을 달성하기 위해 기계적 인과율의 원리와 법칙을 정확하게 파악하여 제대로 활용해야 한다. 그러면 목적론적 인과율은 기계론적 인과율을 거스를 수 없고, 마찬가지로 기계론적 인과율은 목적론적 인과율을 의도적으로 방해할 수 없기 때문에, 서로가 공존할 수 있다. 그러므로 최고선의 단계가 인간의 선의지의 대상이 됨으로서 비록 물자체의 영역이 인간인식의 대상이 될 수 없더라도 결코 현상에 작용하는 두 개의 인과율을 교란하는 작용을 할 수 없게 됨을 명확히 정립할 수 있다. 하지만 더 이상 인간의 삶에 물자체의 영역이 불필요한 개념인가? 하는 의문점은 그대로 남는다. 칸트 이후에 등장한 독일관념론이 물자체의 관념을 해체하려고 하였고, 급기야 헤겔에 이르러 물자체의 자리가 절대정신으로 대체되어 버렸기 때문이다.

독일관념론을 전개한 인물들은 칸트가 설정한 물자체의 개념이 『판단력비판』의 논구대상인 미의식의 본질과 직결되어 있음을 간과하였다. 그들은 미의식의 취미영역과 예술영역이 형이상학의 영역과 상관관계를 이루고 있는 사실을 제대로 파악하지 못했다. 다시 말해 칸트의 입장은 사

---

2 『순수이성비판』 B X X I

유할 수밖에 없는 영역을 인식대상으로 삼아 학문적인 지식으로 구축하려고 한 월권적 태도가 비학문적이라는 점을 명확히 한 것이었지, 그 영역이 인간의 생활에서 완전히 배제된다는 것을 의미한 것이 아니라는 사실이다.

인간의 상상력은 도덕적 최고선의 의지에 따라 영혼불멸과 창조의 신을 상상하고, 더 나아가 상상의 내용을 예술의 영역에서 표현한다. 자유로운 예술적 발상과 표현은 결코 학문과 종교의 본질과 대립하지 않는다. 적대적이거나 부정적인 발상은 정치적이거나 아니면 반사회적이고 부도덕한 경우이다. 그 경우는 적법한 법률로서 통제하거나, 논리적으로 타당한 이론에 의해 설득할 수 있다.

미의식은 사변이성의 지성과 실천이성의 선의지와 더불어 인간의 본질을 해명하는 작업을 완결한다. 의식이 지식과 기술을 발휘하여 생활에 필요한 갖가지 물품을 만들었다고 하더라도 그 성과가 인간의 생존에서 차지하는 비중은 전체의 절반에 불과할 뿐이다. 종교 및 예술의 분야에서는 개인이 자신의 형이상학적 상상력이 발휘하여 만든 갖가지 창조물이 더 높은 가치를 형성한다. 만약 이런 상상력에 의한 창조물이 없다면, 역설적으로 인간이 왜 기술력을 발휘하여 갖가지 상품을 개발해야 하는지를 해명할 수 없게 된다.

생산의 근저에 놓인 소비심리에서 작용하는 쾌 불쾌의 감정은 육체적이고 물질적인 단순한 쾌락의 감정을 넘어서 있다. 인간이 그 사실을 무시하면, 인간에게 자신이 문화적 존재일 수 있고 더 나아가 인간사회가 문명사회일 수 있겠는가? 하는 의구심을 해소할 방법이 없게 된다. 곧 인간에게 고도의 인간지능과 기술력이 필요한 이유를 결코 해명할 수 없게 된다.

역학적 범주의 사유운동

전통적인 형식논리학은 양과 질의 범주개념에 의한 판단명제들만 다루고, 관계와 양상의 범주개념에 의한 판단명제들은 전혀 다루고 있지 않기 때문에 처음부터 형식논리학은 이론구성에 있어서 체계적인 한계를 지녔다고 평가받을 수 있다. 그럼에도 불구하고 아리스토텔레스의 형식논리학은 동일률과 모순율 및 배중률을 원리로 삼고 있고 10가지 개념을 범주로 정립하고 있기 때문에 역설적으로, 형식논리학은 비록 관계와 양상의 문제를 다루지 않아서 내용적으로 부족할 뿐인 것이지 그 문제들을 다룰 수 있는 이론적 골격과 여지는 이미 제대로 갖추고 있었다고 평가받을 수 있다.[3] 왜냐하면 장소와 시간은 선험적 감성론으로 독립될 수 있고, 양과 질은 첫 번째와 두 번째의 강목으로 구성되었고, 더 나아가 그 밖의 것은 관계와 양상의 강목으로 정립될 수 있기 때문이다.

그런데 선험논리학에서 가장 문제가 되었던 범주는 양상강목인데, 형식논리학의 첫 번째 범주개념인 실체개념을 바탕으로 하여 구성된 것이기 때문에 선험논리학은 형식논리학을 바탕으로 하고 그 틀의 범위를 벗

---

3 철학사전은 영어의 category는 원래 그리스어 'kategorein'에서 유래하였고, 그것을 번역한 한자어의 범주는 《서경(書經)》의 〈홍범구주(洪範九疇)〉에서 유래한 것으로 기록하고 있다. 그리고 아리스토텔레스의 《오르가논》은 범주를 술어의 형식으로서 실체(實體)·양·질·관계·장소·시간·위치·상태·능동·수동 등 10개로 규정했다. 중세에서 스콜라 철학은 존재·질·양·운동·관계·천성[習性] 등 6개를 범주로, R.데카르트와 J.로크는 실체·상태·관계 등 3개를 범주로 규정했다고 기록하고 있다.

그에 비해, 칸트는 『순수이성비판』에서 아리스토텔레스의 범주가 경험적으로 모아놓은 불완전한 것이라고 하여 판단의 모든 기능을 기존의 판단표(判斷表)에 대응시켜 4강(綱) 12목(目)의 범주로 도출(導出)하였고, 그 구성의 타당성을 선험적(先驗的) 연역(演繹)의 명칭으로 논구하였다. 철학사전은 칸트이후 피히테로부터 헤겔에 이르는 독일 관념론에서는 범주는 사유(思惟)의 형식일 뿐만 아니라, 절대자의 범주로서 실재(實在)의 논리형식으로 해명했다고 설명하고, 더 나아가 현대에는 R.라일이나 L.비트겐슈타인과 같이 범주 문제를 분석철학(分析哲學)의 방향으로 전개하는 경향이나 A.화이트헤드와 같이 47개의 형이상학적 범주를 드는 입장 등이 있다고 설명하고 있다.

어나 전혀 다른 체제의 논리학이 되었다고 말할 수 없게 된다. 다시 말해 사유법칙을 정립한 논리학에서 기존의 논리학과 전혀 다른 논리학이 등장한다는 것은 마치 전혀 다른 성질의 인간종류가 등장한 꼴이 되기 때문에 그렇다고 말할 수 있다. 곧 실체의 개념이 실재의 개념과 연결되면 그 개념은 현존재의 개념으로 나아갈 수 있고, 그 개념을 중심으로 하여 양상의 강목을 구성할 수 있게 된다.

선험철학은 형이상학을 정초하려는 목적을 달성하기 위해, 일차적으로는 선험논리학만이 전통적인 형이상학의 과제를 학문적으로 다룰 수 있는 사유방식이라는 점과 이차적으로는 그 과제가 선험논리학에서의 범주개념이 파생시키는 난점인 선험적 변증론의 문제라는 점을 분명히 해명해야만 했다.

칸트는 철저히 경험론적 입장을 염두에 두고서, 선험적 변증론의 모든 내용을 경험론의 시각에서 비판적으로 구성했다. 역설적으로 칸트의 선험적 변증론은 그런 절차를 거쳐 형이상학의 정초작업을 진행했기 때문에, 칸트의 논증방식은 합리론의 새로운 사고방식이었다. 칸트가 경험론의 입장에서 합리론을 논구한 이유는 그와 같은 방식의 길로 나아가지 않으면, 합리론과 경험론의 논쟁을 종결지을 수 없다고 보았기 때문이다.

칸트가 범주론의 4강 12목을 재차 수학적 강목과 역학적 강목으로 구분하였는데, 거기에서 사용한 '역학적' 용어는 근대철학을 새롭게 도약시키는 계기가 되었다. 이 개념이 역사적으로 독일관념론의 밑바탕이 되었기 때문이다.

변화의 현상계에서 역동적으로 운동하는 사물의 존재가 생성·소멸의 과정을 제대로 이해하기 위해서는 반드시 역학적 개념이 지닌 본질을 철저히 파악해야 한다. 그것은 현상의 영역에서 목적론적인 정신적 움직임이 기계론적인 사물의 움직임과 더불어 서로 병렬적으로 작동하면서 공존하는 현상계의 본질적 근거이다. 그것은 현상의 영역에서 의식이 문명사회를 건설하여 자연과 조화를 꾀하는 목적론적 존재방식이다.

칸트가 논구한 변증론은 상충하는 하나의 형식논리학의 명제와 또 다른 형식논리학의 명제인 두 입장을 서로 대립시켜 놓고, 화해의 길을 개척한 방법론이었다. 왜냐하면 서로 배척하는 두 입장을 해소하려는 발상은 양 입장이 서로를 공인할 수 있는 학문적 사유방법이어야 하기 때문이다.

학문의 기반은 인식대상에 관한 진술이므로, 형식논리학의 명제가 변증론의 기반이 된다고 말할 수 있다. 형식논리학의 명제가 없이는 변증논리학의 사유과정이 불가능하다. 그런데 형식논리학은 인식하려는 대상을 일정한 장소와 시점의 모습만을 표현하기 때문에, 자신이 마주한 대상의 상태를 제한적으로 파악하는 결과를 초래할 수 있는 난점을 지니고 있다. 그러므로 다음의 역학적 논리가 타당하게 된다.

첫째, 보편성 내지 일반성은 시간과 공간의 조건에 제한되는 형식논리학의 명제가 아니다. 그리고 학문에 포섭된 각각의 개별지식들이 여러 상위개념들에 의해 체계적으로 구성되는 사실은 개별지식들을 포섭하는 학문의 사고방식이 변증법적이기 때문이다.

둘째, 인식하려는 대상을 학문적 지식으로 정립하려면, 당연히 인과율에 근거한 사유과정을 거쳐야 한다. 그때의 지식들은 변증법적이지 않을 수 없다. 경험론에서 주장하는 추상개념도 인과율에 근거한 사유과정을 거쳐야하기 때문에 변증법적이지 않을 수 없다. 인과율은 시간과 공간에서 영향을 작용한 현상을 연결하여 선후의 원인과 결과를 따지는 사유방법이므로, 모든 지식은 변증법적이지 않을 수 없다.

개별자들을 포섭한 보편개념은 개별자들을 포괄하는 인식과정을 반드시 거쳐야 한다. 따라서 수용의 사유과정의 절차를 거쳐 상위의 개념으로 진행하는 학문적 사유방법 변증법적이지 않을 수 없다.

변증적 사유의 역사성

칸트의 사고방식이 발표된 이후에 등장하여 독일관념론의 독특한 경향을 차례로 펼친 피히테의 주관적 변증론과 셸링의 객관적 변증론 그리고 헤겔의 절대적 변증론의 시발점이 칸트의 선험철학의 방법론이기 때문에, 칸트의 이론 중에서 독일관념론이 태동하게 만든 이론의 근거를 밝히는 작업은 철학사에서 대단히 중요한 의의를 지닌다. 그 의의는 한편으로는 신학적 형이상학이 지닌 초월적 경계선을 넘지 않으면서, 또 다른 편으로는 근세의 자연과학의 실증적 경계선을 포용하면서 형이상학을 이론을 재건한 학문적 특성이다.

그의 체계에서 독일관념론의 변증성의 근거를 찾으려면 일차적으로 선험적 변증론과 그 변증론에서의 이율배반의 논증에 주목해야 한다. 왜냐하면 변증론은 두 개의 상이한 대립적 요소가 서로 불화하여 공멸하는 것이 아니라 오히려 화합하여 공존하는 방식이기 때문이다. 그런데 이 방식에는 다음의 요건이 충족되어야 한다.

첫째는 언뜻 보면 이질적인 두 개의 대립적 구성요소에서 각각의 구성요소가 그 존립의 기반을 명확히 구축하고 있어야 한다는 점이다. 서로 마주보는 대립적 상황에서 서로 마주보는 구성요소가 각각의 성질이 명확히 대립할 수 있는 객관적 상황이 아니라면 결코 변증적 상황을 구성하는 근본요소가 될 수 없기 때문이다. 그런즉 칸트의 이율배반의 구성에서는 물질과 정신은 명확히 각각의 성질이 서로 다른 존재로서 명확히 확정되어야만 가능하게 된다. 곧 전통적인 합리론에서 확립되어 있는 실체의 개념인 연장속성으로 이루어진 물체와 사유속성으로 이루어진 정신이다.

둘째는 이질적으로 여겨지는 두 개의 대립적 구성요소가 서로 상충되어 도저히 공존할 수없는 상황에 처하게 되는 것이 아니라 서로가 상보적이고, 두 개의 요소가 하나의 원리에서 조화를 이루어 통일된 원리에 의해 작동될 수 있어야 한다는 점이다. 왜냐하면 이 문제는 중세의 형이상학적 존재론의 논쟁이 유명론으로 치달아 결국 함몰되었던 경우에서 보는 바처럼, 그 논쟁의 출발점이었던 정신과 물질의 두 개의 구성요소가 서로 이질적이어서 도저히 통일적인 관계를 논리적으로 해명하지 않으면 끝내 난파당하지 않을 수 없기 때문이다. 다시 말해 아무리 형이상학적 이론을 구축하여도 그 이론의 원리로부터 현실적인 세상에서의 정신과 물질의 현상을 제대로 해명할 수 없으면 더 이상 이론의 정당성을 내세울 수 없기 때문이다. 칸트의 이율배반에서는 정신과 물체를 서로 다른 성격의 이질적인 요소로서 대립시킬 수 있는가? 하는 의문점이 문제가 아닐 수 없게 된다. 정신과 물질이 동일한 성질의 하나의 실체에 존재하는 서로 다른 성격일 수 있지 않을까? 하는 의문점이다. 다시 말해 하나의 동일한 실체를 구성하는 서로 다른 속성이라는 입장으로서 이미 스피노자에서 주장되었고, 그 이전에 고대 그리스에서 제기된 범신론적 주장이다.

칸트의 방법은 한편으로는 경험론의 입장대로 논구를 시작하여 로크와 흄의 경험론의 문제점을 극복하는 것이고, 다른 편으로는 데카르트와 스피노자, 라이프니츠의 합리론의 문제점을 극복하려는 것이다. 다시 말하면 한편으로는 합리론의 철학자들이 나아간 연역적 논증의 방법이 지닌 문제점 곧 그들이 대전제로 내세우고서 논증을 시작한 일원론과 이원론의 체제문제 때문에 난파당한 문제점을 경험론의 방식으로 극복하려고 하였고, 다른 편으로는 인간이 실제적으로 경험할 수 있는 현상의 역역에 지식의 기반을 고정시킨 귀납적 논증의 방법이 지닌 문제점을 합리론의 입장에서 극복하려고 한 것이다. 또한 경험론의 철학자들이 학문의 영역에서 배척하려고 한 전통적인 형이상학의 학적 대상을 수호하기 위하여 경험론의 공격을 벗어나기 위해 정태적인 사고방식인 수학적 입장에서 형이상학의 학적 대상을 논구하려고 하지 않았고, 그에 비해 현실세계에서 실질적으로 활동하는 현상을 바탕으로 하여 역동적인 사고방식 역학적 입장에서 형이상학의 대상이 학적대상이 될 수 있음을 논구하려고 하였다.

칸트는 수학적인 연역적 체계를 통해 형이상학의 주제를 논구하고자 데카르트와 스피노자의 방법을 염두에 두고 이율배반의 첫 번째, 두 번째 명제 구성을 수학적이라고 명명하고, 그곳에서는 결코 형이상학의 주제가 해명될 수 없음을 논증하였다. 그렇지만 그 논증을 회의론의 입장으로 끌고 가지 않아야 했는데, 그는 합리론과 경험론의 논구가 서로 상충하여 결론을 추구할 수 없음을 보여주어, 양측이 모두 새로운 방법에 대한 길로 나아가야 함을 보여 주고자 했다.

(2) 이율배반의 양립방식이 지닌 논리적 타당성

현상론에 부합한 이율배반의 구성

현대성은 현대자연과학의 성과에서 비롯한다. 따라서 칸트철학체계의 현대성은 철저히 자연과학의 지식의 근원을 해명한 인식론에 근거한다. 철학이 직면한 위기상황의 본질은 자연과학적 지식과 충돌하면서 발생한 "형이상학의 정체성 위기"이다. 형이상학의 이론이 자연과학의 지식을 뒷받침할 존재원리를 제시하지 못하면, 철학은 보편학의 위상을 유지할 수 없다. 존재의 본질과 원리를 해명해야 하는 형이상학이 현상을 올바르게 해명하지 못하면, 자연과학의 입장은 형이상학을 불신하고 거부할 수밖에 없다. 그 경우는 마치 신학에서 창조주의 말씀이 자신이 창조한 세상과 부합하지 않으면, 창조주의 말씀이 옳은 말씀이 될 수 없는 상황과 유사하다.

이율배반의 도식은 칸트의 사상체계뿐만 아니라, 더 나아가 칸트 자신이 구상한 새로운 형이상학의 대한 발상조차 뒤흔들 수 있는 근원적 논구과제를 내포하고 있다. 이율배반의 수학적 도식은 사물에 적용되는 수학의 도식이 아니다. 사물의 성질과 전혀 상관없는 순수공간에 존재하는 사물의 존재에 관한 우주의 도식이다. 무한수의 무한성은 사물을 무한하게 포용할 수 있는 순수공간의 성질이지, 수학의 근본요소인 수의 순수성질이 아니다.

질의 강목에서 정립한 이율배반의 대립은 칸트가 의도적으로 모순되게 구성했다. 그 도식은 사물을 구성하는 근본입장의 본질과 직결된 물리학의 도식이 아니다. 구성인자의 근본특성은 우주탄생의 시초와 무관하다. 칸트는 우주탄생을 논구과제로 다루어 합리론의 입장을 거부하는 회의론의 입장을 이 명제를 통해 반박한다.

칸트는 사물을 구성하는 근본입자를 불가입성의 존재로 규정했다. 그런 개체는 우주가 빅뱅처럼 폭발하다고 하여 탄생하는 것은 아니다. 불가입성은 개체는 빅뱅이전에 완성되어 있는 존재이다. 빅뱅을 거쳐 갖가지 종류의 원자가 탄생할 수 있어도 근본입자가 탄생하는 것은 아니다. 그러므로 우주의 시초에 관한 논구는 무의미한 논구일 뿐이다. 그러므로 역학적 이율배반의 논구가 수학적 이율배반 논구 때문에 무의미해지지 않는다.

우주의 시초의 문제는 근본적으로 물질을 포함한 순수공간의 우주와 물질이 배재된 순수공간의 우주에 관한 문제일 뿐이다. 수학적 이율배반의 논구가 무한하고, 영원히 존재하는 우주의 특성을 부정하는 회의론의 입장이라면, 그 자체로 무의미하게 된다. 마찬가지로 그 논구가 우주의 무한성과 영원성을 부정한다면, 비과학적 발상이 되어 무의미하다. 수학적 이율배반은 칸트가 경험적 회의론을 비판하고서 형이상학을 새롭게 구축하기 위한 목적을 지니고 있다. 그러므로 칸트의 역설적이고 역발상적인 입장을 파악하지 못하면, 칸트의 이율배반을 반형이상학이고 비합리적인 회의론자로 오해할 수 있다.

질의 강목의 이율배반은 모순적인 명제로 구성되었기 때문에 무의미하다. 우주의 근본물질이 이미 완성되어 존재한다면, 우주의 생성·소멸에서 시초의 물음은 무의미하다. 시초의 물음이 의미를 가지려면, 우주에 널리 산재하는 모든 물질이 한 덩어리가 되어 단 한차례의 폭발을 거쳐 탄생해야 한다. 그런데 그런 발상은 불가능하다. 우주에 산재하는 물질들이 독립적으로 활동한다면, 우주전체가 시초의 인과율에 의해 해명될 수 없다. 인과율이 우주의 각 부분에 작용하더라도, 모든 물질이 항상 연결되어 인과관계를 맺고 있지 않으면 시초의 개념은 무의미해진다. 우주의 시초에 작용한 방식이 우주의 모든 변화에 항상 관여한다면, 의미를 가질 수 있지만, 그렇지 않기 때문에 시초의 개념은 무의미해진다. 그러므로 시초의 개념이 의미를 가지려면, 시초에 작용한 원인이 우주의 변화에 항상 필연적으로 관여해야 한다.

물질의 필연성은 구성요소가 지닌 특성으로 비롯한다. 우주에 존재하는 물질의 작용이 자신의 특성을 벗어난 활동을 할 수 없기 때문에 필연적이다. 우주에 산재하는 구성인자들이 모두 하나로 연결되어 원인과 결과의 관계를 맺고 있다면, 우주의 모습은 필연적일 수 있지만, 그러나 공간에서 독립하여 연결되어 있지 않다면, 사로 간에는 필연적 관계는 성립할 수 없다. 그러므로 동일한 개체들이 관계를 맺을 경우에는 항상 연결된 부분은 필연적일지라도, 그렇지 않다면 서로 간의 관계는 우연적일 수 있게 된다. 우주에 공존하는 모습은 동질적이라도 서로간의 관계는 필연적일 수 있고 우연적일 수 있다. 관계를 맺을 적에 발생하는 결과는 개체의 특성에서 비롯되기 때문에 필연적이지만, 관계를 맺는 과정은 언제나 결정적일 수 없기 때문에 그때에 발생하는 결과는 우연적이다. 우연과 필연, 결정과 비결정의 문제는 의식적인 목적행위가 있을 적에 의미를 가질 수 있다. 칸트는 수학적 이율배반의 논구가 무의미한 사실을 밝혀, 회의적 경험론의 주장이 형이상학을 부정하는 입장이 될 수 없음을 명백히 논증했다.

인간이 시초를 따지는 근본이유 중에는 종말의 시점을 따지려는 목적도 포함되어 있다. 논리적으로 가정하면, 시초가 있다면 당연히 그로부터 새로운 시작을 상상할 수 있고, 종말이 있다면 당연히 종말이후의 새로운 세상을 상상할 수 있다. 그런데 시작과 종말은 모든 현상이 무에서 한꺼번에 나타나고, 한꺼번에 완전히 사라지는 것을 의미하지 않는다. 그러므로 그 문제는 더 이상의 특별한 의미를 지닐 수 없다.

형이상학의 정초작업으로서 이율배반의 타당성

인간은 결코 존재의 벽을 결코 넘을 수 없다. 그 이유는 인간이 없음(無)으로부터 있음(有)을 도저히 상상할 수 없기 때문이다. 곧 창조의 신이 세상을 만든 원리의 속성이 무한성과 영원성인데, 무한성과 영원성은 완전성과 절대성의 의미와 부합하기 때문이다. 완전하고 전지전능한 신이 만든 작품이 불완전하여 불충분하다면, 당연히 창조주인 신의 능력은 절대적일 수 없다. 더 나아가 설사 신이 지금의 존재의 모습이 불충분하다고 여겨 새로운 완전한 조건을 갖춘 우주와 세상을 만들 수 있다고 가정하면, 그 경우에는 창조의 신은 최고선을 추구하는 자신의 속성 때문에 창조를 다시 해야 하는 자신의 이유를 밝혀야 한다. 하지만 그 이유를 알 수 있는 존재는 인간의 의식 이외에 달리 있을 수 없다. 인간의 의식이 없는 세계는 불충분하고 불완전하다. 신이 세상을 창조해야 할 이유를 알 수 있는 존재자가 없다면, 신의 창조는 무의미하다. 그러므로 세상을 창조하고 멸망할 수 있는 전지전능한 신이 멸망케 하는 세상에도 의식은 존재하고, 그리고 새롭게 등장하는 세상에도 의식은 존재하지 않을 수 없다.

그러므로 칸트는 명확한 해답을 실증할 수 없는 질문의 끝자락에서, 기계론적 인과율과 목적론적 인과율의 극적인 화해를 추구하였다. 반(反)형이상적 발상으로 오인될 수 있는 이율배반의 구성은 새로운 형이상학을 구축하기 칸트의 전략적 발상이므로, 이율배반의 장은 여전히 형이상학을 탐구하는 인물들에게 주목대상이 아닐 수 없다.

　칸트는 양과 질의 강목에서 구성된 수학적 이율배반의 대립명제를 통해 경험론의 실증성을 반박했다. 그 명제는 우주론의 문제를 그런 방식으로 논구해서는 안 된다는 칸트의 입장을 명백히 보여준다. 칸트는 자연 및 현상을 경험의 총괄로서 규정하였다. 그러므로 칸트는 우주의 논구를 그런 대립명제의 방식으로 다루면, 무의미한 논쟁만 될 뿐이라는 입장을 명확히 천명했다.

　칸트는 관계와 양상의 강목에서 구성한 대립명제의 근본토대를 명확히 구축하기 위해, 인식론의 분야에서 기계론적 인과율을 본질을 명확히 논구했다. 그러므로 역학적 이율배반은 전통적 형이상학을 새롭게 재건하려는 칸트의 독특한 역발상이 적나라하게 드려난 장소가 아닐 수 없다.

3부

인간의 정체성을 보여주는
선의지와 미의식의 본질

1. 선험적 변증론에 내재한 형이상학의 학적 토대

1) 도덕형이상학과 미학의 정초작업

목적론과 변증적 사고방식

한정할 수 없는 다수의 구성인자가 공간에 펼쳐 진행하는 생성·소멸의 변화과정은 변화의 원인과 변화의 결과로 구분된다. 원리와 법칙에 따라 진행하는 존재자체는 필연적이더라도, 구성인자들이 구성하는 개별상황에는 필연적인 경우와 구별되는 우연적인 경우가 발생한다. 그러므로 결과는 필연적인 경우와 우연적인 경우로 구분된다.

목적을 지향하는 의식작용이 의도하지 않았던 상황에 직면하면, 결과는 우연적일 수 있게 된다. 목적하지 않았던 결과에 상응한 우연적 목적의 개념은 논리적으로 성립하지 않는다. 목적 지향적 작용의 결과가 아닌 사태에 목적개념을 적용하는 경우는 논리적으로 모순적이기 때문이다. 그럼에도 불구하고 그런 경우를 목적적으로 간주하려면 그 결과를 의도한 보이지 않은 손을 가진 상위의 존재자를 있어야 한다.

결과가 필연적이든 우연적이건 간에 구성요소는 원리와 법칙에 의해 작용하므로, 모든 결과는 원리와 법칙의 산물이다. 관념적 원리와 법칙에 의한 모든 작용을 목적적이라고 규정하려면, 관념적 원리와 법칙은 형이상학적인 요건을 갖추어야 한다.

보편성과 특수성의 차이를 무시하고 형이상학적 발상을 개별상황에 무차별적으로 적용해서는 안 된다. 형이상학적 보편원리와 보편이념이 개별상황에 목적적으로 작용하려면, 동질성과 차별성에 상응하는 변화의 요건을 갖추어야 한다. 차별적으로 드러난 현상의 원인을 정확히 파악하고, 그에 대한 대응책을 올바르게 마련하려는 의식이 변증적 사고방식이다.

필연적 경우는 사태의 구성요소가 능동적인데 반해, 우연적인 경우는 예기치 않은 외부의 원인 때문에 사태의 구성요소가 수동적이다. 두 경우가 섞여 있을 경우에는 변화의 양상은 더욱 복잡해지고 다양해진다.

역학적 사고방식과 형이상학

범주개념에 의한 대상 인식은 최고류의 개념인 보편적 특성의 존재본질이다. 그것은 공간과 시간의 제약을 받지 않는다. 일정공간과 일정시간, 일정대상에 구속되면 범주개념은 최고류의 개념이 될 수 없다. 최고류의 개념은 모든 상황을 전부 수용하여 분석하고 종합하는 논리적 사유의 근본표상이므로 형이상학의 대상을 탐구하고 이념을 구성하는 기능을 갖추고 있다. 더 나아가 공간과 시간에 제약을 받지 않기 때문에 현재를 넘어서 과거와 미래의 시간을 모두 아우른다. 그래서 칸트는 일차적으로 자연을 가능한 경험의 총체로 규정한 것이다.

가변상황은 과거로부터 변화한 현재 상황뿐만 아니라 어떤 상황에서 변화할 수 있는 미래의 가능성도 포함한다. 곧 학문의 탐구과정에서 가설을 만들고 실험하는 과정이다. 칸트가 규정한 경험이 가능하다는 표현은 경험이 실제로 이루어지지 않아도, 의식이 미지의 경험을 상상하고 유추할 수 있는 경우를 의미한다. 우주가 아무리 멀어도 우주의 행성들이 경험의 대상인 물질로 구성된 것이라면, 공간과 시간의 제약 없이 그 별에 수학을 바탕으로 한 물리법칙을 적용하여 상상하는 경우이다.

첫 번째로 주목해야 할 사항은 칸트가 「선험적 변증론」에서 전통적 형이상학의 대상인 영혼불멸, 자유, 신에 대해 논구한 내용이다. 칸트는 자유 이외에 나머지 두 대상에 대해 인식을 할 수 없는 대상으로 논증했다. 인식대상이 없기 때문에 어떠한 존재의 구성요소를 제기하고 논구할 수 없기 제약 때문이다.

두 번째로 주목해야 할 사항은 칸트가 역학적 범주개념에 양상개념을 포함시키면서 그 해명을 범주의 도표를 구성하는 과정에서는 자세히 하지 않은 입장이다. 그 해명을『순수이성비판』의 다른 두 부분에서 적나라하게 해명한 방식이다.

역학적 범주개념으로 분류된 관계개념과 양상개념은 이런 상상력을 이끌고 가는 의식의 근본요소이다. 논리적 판단에 있어서 역학적 개념의 표상이 작용해야 하는 근본이유는 인간의 경험이 우연적이기 때문이다. 인간과 인간을 통합하려면, 통합의 바탕은 각자의 우연적 경험지식을 하나로 통합해야만 가능하다. 그러면 논구가 다시 원점으로 거슬러 올라가는데, 그 조건은 우연적 지식의 통합을 위한 지적 토대이다. 선결적으로 논구의 근저에 놓여 있어야 하는 지적 토대는 논리적 사고방식을 뒷받침하는 역학적 범주개념이다.

우연적 경험지식을 통합하려면, 통합하려는 입장은 두 입장을 포용할 수 있는 상위의 통합개념을 가져야 한다. 의식은 그 개념을 바탕으로 모든 대상을 전체의 관념에 따라 체계적으로 통합할 수 있다. 설사 통합개념이 미리 주어져 있지 않아서 대상의 논구과정에서 마련하더라도, 의식은 통합개념을 만들 수 있는 선천적 인식기능을 갖추고 있어야 한다. 그것이 의식이 갖추고 있는 최고류 개념인 역학적 범주개념의 표상이다. 통합작업은 수학적 범주개념 이외에 역학적 범주개념의 표상이 있어야 가능하다. 역학적 범주개념의 작용에 의한 통합작업이 가능해야 형이상학의 논구도 가능하다.

관계의 범주개념은 현상계에서 원인과 결과를 따지는 인식기능의 표상인데 비해, 양상의 범주개념은 필연성과 우연성을 따지는 인식기능의 표상이다. 양상개념은 관계개념을 토대로 해서 가상의 영역을 판단하는 인식기능의 표상으로서, 형이상학의 대상이 인식 불가능한 대상임을 논구할 수 있는 기능을 지니고 있다. 그러므로 양상개념은 형이상학적 대상이 인식대상인지 또는 아닌지를 가늠할 수 있다. 양상개념은 형이상학의 학적토대를 마련할 수 있는 의식기능이다.

형이상학의 대상이 인식의 대상인지 아닌지가 명확해야만, 반형이상학적 입장을 거부하고 새로운 방식을 개척하려는 형이상학의 입장이 명확해진다. 형이상학을 거부하는 비판이 논리적이지 않으면, 그 주장은 타당할 수 없다. 형이상학이 진정한 학문이 되려면, 논리적이어야 하고, 논리적이 되려면 형이상학의 대상이 순수오성개념에 의해 학적 개념으로 구성되어야 한다. 형이상학의 대상이 순수오성개념에 의해 부정된다면, 형이상학의 대상을 학문의 탐구대상으로 삼을 수 있는 방법론도 부정된다. 그러므로 의식에 나타난 형이상학적 표상이 허위의식인가? 하는 의문점이 해명되어야 한다.

칸트는 이 의문을 해결하기 위해 비판철학의 논증을 개시했다. 그 논구방식의 학적 의의는 그가 설명한 "코페르니쿠스의 전회"의 용어에 고스란히 압축되어 있다. 칸트의 발상은 형이상학의 대상을 인간의 외부에 존재하는 사물처럼 탐구하려는 인식방식이 잘못되었다는 입장이다. 칸트는 사물의 본질과 인간의 본성이 서로 구별되기 때문에 대상의 성격에 따라 탐구방식도 달라야 한다고 판단했다.

사물(Thing)과 사물자체(Thing itself)를 구분한 칸트는 이성의 탐구기능을 사변이성과 실천이성으로 구분했다. 둘로 나누어진 이성의 탐구기능은 탐구대상 때문에 구분되었다. 사변이성과 실천이성은 똑같이 순수오성개념을 바탕으로 하여 각자의 대상을 탐구한다.

순수오성개념이 최고선에 해당하는 도덕법의 원리를 정립하는 과정에서 어떤 역할을 했는지가 실천이성이 해명해야 할 학적 과제이다. 그 과제는 도덕법규의 원리가 공동체의 질서를 형성하는 토대로서, 일시적이 아니라 항구적이고, 수단이 아니라 목적이고, 조건적이 아니라 무조건적이고, 우연적이 아니라 필연적인 특성을 지녔다는 사실을 논증하는 학적 작업이다.

관계개념은 인간행위가 도덕적으로 선한 결과를 낳도록 만드는 인과율의 표상을 갖춘 순수오성개념이다. 양상의 범주개념은 현존재로부터 불가능한 것을 가능한 것으로 둔갑시키는 사고 기능이 아니다. 그것은 감각이 직접 인식할 수 없는 학적 대상을 사유에서 간접적으로 인식하는 사고 기능이다. 역학적 범주개념은 형이상학의 대상을 학적 대상으로 논증하는 인식기능의 요건이다.

2) 도덕형이상학의 정초작업인 이율배반도식

사변이성이 아닌 실천이성이 논증해야 하는 형이상학의 학적 대상

존재의 모습이 동일하게 획일적으로 반복하고 있으면 모든 구성요소도 그에 따라 일정하게 고정된다. 존재의 현상이 항상 변한다는 의미는 현상계의 모습이 과거와 현재와 미래로 삼분되는 상황을 가리킨다. 변화는 원리와 법칙에 의해 진행하지만, 변화를 진행하는 에너지의 작용이 뒷받침되어야 한다. 또한 에너지의 작용 외에도 변화를 야기하는 목적의 작용에도 원칙과 법칙이 있어야 한다. 이 두 가지 작용을 통합하고 있는 존재의 본질을 파악하는 사고방식이 이율배반의 도식에 의한 변증적 사고방식이다. 그 사고방식은 변증적 논리성에 따라 작용한다.

칸트가 구성한 선험적 변증론은 칸트 이후에 전개된 독일관념론의 모태이다. 그 성과는 두 가지 관점에서 뚜렷하다. 첫째는 칸트의 발상이 응축된 선험적 변증론이 통합이론의 토대를 마련한 사실이다. 둘째는 형이상학적 이념을 논구하는 인식기능이 경험의 한계에 부딪쳐 좌초한 실패를 극복하고, 소기의 목적을 달성할 방법론을 구축한 사실이다.

발생론의 장애를 극복하기 위해 우회적 방법을 선택한 비판철학은 인간의 사고방식이 초래한 모순적 상황을 타개하여, 사회구성원들이 직면한 대립의 갈등을 해소할 방법을 제시하려고 했다. 인간생활의 터전인 사회공동체는 늘 대립, 마찰, 투쟁을 거듭하였지만, 칸트가 살았던 유럽의 정세는 특히 폭풍전야의 상황처럼 그 정도가 심각했다. 사회를 통제할 권력을 여전히 유지한 중세의 신학적 사고방식이 근세의 새로운 철학적 사고방식을 억압하였지만, 마침내 사상의 두 기류가 충돌하면서 유럽의 정세는 장기간 불안한 국면으로 접어들었다. 왕권신수설에 의한 절대왕정과 천부인권사상에 의한 민주체제의 충돌은 어느 한쪽이 항복의 손을 들어야만 수그려들 수 있었기 때문에, 불안한 유럽정세를 단기간에 타개할 대책은 어느 곳에서도 없었다. 이 상황을 타개하여 불안한 유럽을 평화로운 상태로 전환할 사상의 출현은 불가피했고, 누군가가 이 시대의 요청에 부응해야 했다.

칸트 이전에 등장한 정치 및 사회사상은 이미 농익은 수준에까지 도달했기 때문에, 제일철학의 형이상학은 근원적인 해결책을 제시해야만 했다. 기존의 철학사상은 이미 높은 수위에 도달한 여타의 사상가들 때문에 진부해질 수밖에 없었다. 물론 당대의 사상은 철학의 이름으로 등장했다. 그러나 그 속에 담긴 내용이 제일철학인 형이상학을 불신하였기 때문에, 순수철학의 역할은 유럽의 정세만큼 불안해졌다.

혼란의 상황은 불안을 타개하기 위해 통합의 원리를 절실히 필요했기 때문에, 역설적으로 철학은 자신의 본연의 임무를 수행할 기회를 맞이하게 되었다. 통합론의 엄중한 과제는 다른 어떤 학문의 분야보다도 보편학인 철학의 작업이 아닐 수 없었기 때문이다. 그러나 이미 근대의 합리론과 경험론은 독단론과 회의론의 질곡에 빠졌기 때문에, 그곳에서 더 이상의 새로운 참신한 발상을 기대할 수 없었다. 이런 여건에서 등장한 칸트의 발상은 학문적으로 대단히 중요한 학적 의의를 지닌다.

칸트는 철학이 보편학의 역할을 되찾기 위해서는 제일철학인 형이상학을 철저히 자연과학의 바탕 위에서 수립해야함을 직시했다. 그런데 칸트는 제일철학을 자연과학의 토대 위에서 수립하려고 한 방식이 아니라, 역으로 인식론에서 자연과학과 수학의 토대를 확립하여 보편학의 본질이 형이상학에 있음을 입증하고, 그 바탕위에서 제일철학을 새롭게 재건하였다. 칸트는 비판철학을 통해 자연과학의 근원이 사변이성의 선천적 인식기능의 작용임을 논증하였고, 또한 사회과학의 근원이 실천이성의 선천적 인식기능의 작용임을 논증하였다. 칸트의 독창성은 전통적 형이상학을 도덕형이상학으로 전환한 사고방식에서 확연히 드러난다. 그는 도덕과 윤리학의 기초를 확립하는 작업에서 종결하지 않고, 더 나아가 미학의 토대까지 마련하여 보편학의 토대를 수립하려는 목적까지 추구했다. 도덕형이상학은 진·선·미의 의식구조를 분석하고 종합하여 통합체계를 구성하려는 철학의 마지막 작업과정에서, 미학과 예술론의 원동력인 반성적 판단력의 중요성을 일깨워준 논구장소였다.

형이상학이 도덕형이상학으로 새롭게 거듭난 사태의 진정한 학문적 의의는 철학이 "인간이란 무엇인가?"라는 철학의 근본과제를 올바르게 해명할 방법론을 마련한 성과이다. 칸트 이전까지 아무도 주목하지 않았던 "판단력의 반성적 특성"이 미학의 본질이고, 창조의 원동력임을 논구할 수 있게 된 결실이다. 오성의 판단기능개념과 별개로 반성적 판단력을 논증하여 비판철학의 체계를 마무리한 논구과정은 칸트의 위대함을 분명하게 입증한다.

인간의 본질은 의식에 선천적으로 내재하고 있는 진·선·미의 인식기능을 체계적으로 통합해야만 비로소 올바르게 주목할 수 있다. 인간은 그 작업이 철저히 마무리해야만 문명을 창조하는 형이상학적 주체가 무엇을 의미하는지를 스스로 깨달을 수 있다. 칸트의 이론체계는 존재의 본질을 추구하는 각 학문들이 탐구과정의 장애물에 부딪칠 적마다, 모든 진행과정을 돌이켜 반성하고서 동시에 미래를 향한 진로를 올바르게 재설정하도록 지도하는 학문의 전당이다.

모순을 지양해야만 다가설 수 있는 형이상학의 특성

칸트가 해명한 비판철학의 내용은 같은 맥락의 내용을 전개하고 있으므로, 어떤 내용을 채택하더라도 이 주제에 걸 맞는 논구의 길잡이로 삼을 수 있다. 철학의 지적 작업이 존재론과 인식론과 논리학을 삼위일체로 통합하는 과정이라는 사실을 이해하는 입장만이 비판철학이 지향하는 칸트의 의도를 명확히 논증할 수 있다.

칸트는 전통적 형이상학을 도덕형이상학으로 개조했다. 그는 전통적 형이상학의 주제와 대상을 변경한 것이 아니라. 그 논증방식과 장소를 변경했다. 그 이유는 기존의 형이상학의 이론이 자연과학적 지식에 직면하여 보편학의 위상을 더 이상 유지할 수 없었기 때문이다.

칸트는 도덕형이상학을 구성하려면, 이성의 작용을 사변이성과 실천이성으로 명확히 구분해야함을 깨달았다. 실천이성이 다루는 실천의 개념은 단순한 인간행위의 작용방식을 가리키는 의미가 아니다. 실천이성의 작용이 형이상학을 구축하는 토대가 되는 이유는 실천의 의미가 존재의 본질과 부합하기 때문이다. 즉 존재가 존재이기 위해 운동과 변화를 수반해야 하는 본질 때문이다. 존재가 운동을 통해 생성·소멸의 변화를 발생하려면, 여러 가지 조건을 구비해야 한다. 인간의 의식은 자연에서 문명사회를 생성하고 소멸하는 기능을 갖추고 있다. 자연이 결코 생산할 수 없는 문명사회의 각종 도구를 구상하는 인간의식은 존재의 본질을 파악할 능력을 갖추고 있다.

하나의 이성이 사변이성과 실천이성으로 나누어져야 하는 이유는 형이상학의 탐구대상이 인식대상이 아니라 사유대상이기 때문다. 이 구분은 편의적 관점에 따라 임의적으로 구분한 결과가 아니라, 본질적 관점에 따라 필연적으로 구분한 결과이다. 의식은 감각의 경험만으로는 외부대상을 근본적으로 이해할 수 없다. 의식은 경험의 인식자료만으로 경험의 외부대상을 본질적으로 해명할 수 없다. 의식에 내재한 인식기능의 선천적 요소가 경험의 표상에 논리적으로 작용해야 비로소 경험의 대상이 해명될 수 있다.

경험의 대상을 총괄하여 전체적으로 파악하는 사변이성의 기능은 사변의 끝자락까지 나아가도 형이상학의 대상과 본질을 논증할 수 없다. 그럼에도 불구하고, 사변이성은 자신의 인식작업을 중단하고, 경험의 영역에만 머무를 수 없다. 그러면 그 입장은 불가지론의 회의론에 봉착하게 된다. 남아있는 유일한 선택은 문명사회를 구축한 의식의 본질을 음미하고, 형이상학의 과제를 추구하는 방법뿐이다. 즉 이성의 사유작용이 경험의 대상에 의존하는 것이 아니라, 자신의 인식작용을 탐구대상으로 삼아 존재의 본질을 파악하는 방법이다. 그런 방법으로 돌파구를 연 발상은 이성의 작용방식을 두 가지로 경우로 구분하지 않을 수 없다. 의식이 사변적 이성에서 볼 수 없었던 자신의 모습을 문명사회를 창조하는 실천적 이성에서 자신의 모습을 파악하는 방식이다. 즉 사변적 사유과정에서 볼 수 없었던 자신의 모습을 실천적 사유과정에서 볼 수 있게 된 자신의 모습이다.

문명사회를 건설하는 장소는 자연이다. 인간의 육체는 물질인 자연에 속한다. 인간의 육체는 자연의 물질과 공통요소를 공유한다. 인간의 의식은 물질의 속성을 공유하는 육체를 작동한다. 자연에 문명사회를 건설하는 육체의 작업은 인위적인 목적행위이다. 인간의 의식과 육체는 자신의 목적론적 특성과 자연의 기계론적 특성을 함께 지닌다. 두 개의 인과율이 자신의 존재에서 양립한다.

문명사회는 자연의 특성을 부정하고, 자연의 생성·소멸을 거부하는 방향에서는 순조롭게 이루어지지 않는다. 인간은 자연의 변화자체를 변환시킬 수 없다. 인간은 오로지 자연 속에서, 자연의 특성을 이용하여 창조하고, 자연과 더불어 생존한다. 인간의 존재방식은 자연과 공존하는 방식이다. 자연을 이용하되, 자연을 파멸하는 방향으로 나아가지 않는다. 그 방향은 자신의 몰락이기 때문이다. 인간은 자신의 목적론적 생존방식을 통해 존재의 본질을 탐구할 수 있다. 이 모습이 모순을 극복하는 변증적 사고방식이고, 실천이성의 사고방식이고, 형이상학적 사고방식이고, 진리를 추구하는 사고방식이다.

기계론적 인과율과 목적론적 인과율을 통합하는 첫걸음은 이율배반의 구성을 범주의 틀에 맞추어야 한다. 첫걸음을 내딛고 나서, 추후에 자연에 목적론이 작용하는지를 논구할 수 있다. 자연에 목적론적 인과율이 작용하는지의 여부는 인간의 본성을 논구해야만 가능하다. 비판철학의 체계는 인간의 본질을 논구한 연후에 최종적으로 자연의 목적론을 다룬다. 이 논구의 과정에서 "인간이란 무엇인가?"라는 물음은 "자연이란 무엇인가?"라는 물음과 "신이란 무엇인가?"라는 물음을 해명하는 실마리와 토양을 제공한다.

칸트 이전의 모든 철학은 의식의 인식구조와 인식기능의 작용을 충분히 논구하지 않고서, 형이상학의 탐구대상인 신을 성급하게 곧바로 논구하였다. 합리론이 독단론에 이르고, 경험론이 회의론에 봉착한 이유는 다름 아닌 인간의 존재를 충분히 고찰하지 못한 탓이다. 합리론과 경험론은 인식론과 논리학과 존재론의 특성이 삼위일체를 이루는 존재의 모습을 제대로 이해하지 못했다. 그래서 두 입장은 스스로 자가당착에 봉착했다. 칸트의 비판철학은 이점을 정확히 직시했다. 칸트는 철학이 난파당한 걸

림돌과 장애를 돌파하고 철학의 사유방식이 나아가야 할 진로를 올바르게 개척했다.

기계론적 자연과 목적론적 자유의 양립

자연에 목적론적 인과율이 작용하는지는 경험의 인식과정에서는 섣불리 단정할 수 없다. 자연이 목적론적으로 작용하는 자신의 모습을 객관적으로 명확히 보여주지 않기 때문이다. 인간은 자신의 행위가 목적론적임을 스스로 입증하지만, 현상의 총괄인 자연은 단일한 형태의 의식적인 존재가 아니기 때문에 보여주지 않는다. 자연이 목적론적 작용을 하는지는 자연의 대상전체를 포괄해야만 가능하다. 그런데 자연전체라는 의미가 대단히 막연한 개념이다.

자연현상을 일으키는 사물의 특성은 물리학과 화학에서 물리법칙과 화학법칙의 지식으로 체계화된다. 그러나 사회현상을 발생하는 인간행위는 자연법칙을 수립하는 그런 사고방식으로 해명되지 않는다. 칸트가 주목한 탐구대상은 의식의 욕망이 추구하는 행복의 관념과 욕망을 통제하여 추구하는 도덕의 관념이 서로 다른 계통의 관념인 사실이다. 칸트는 그 사실을 덕의 준칙과 행복의 준칙으로 구분하여 해명했다.

"분석론으로부터 명백해진 것은 덕의 준칙들과 행복의 준칙들은 그 최상의 실천원리에 관히어 전혀 서로 다른 것이고, 양자는 모두 다 최고선을 가능하게 하고자 최고선의 요소이로되, 양자는 서로 합치하지 않을 뿐만 아니라, 동일한 주체에 있어서 자못 서로 제한하고 자못 서로 억제할 형편이라는 것이었다. 그러므로 최고선이 어떻게 가능하냐 하는 문제는 종래의 모든 결합방책에도 불구하고 여전히 풀지 못할 문제로 남아 있다."[1]

---

1 『실천이성비판』 [203] p130

그러면 인간의 성향이 둘로 나누어지게 되고, 인간의 본성이 이중적이게 되는 모순점이 발생한다. 즉 인간의 종류가 개인의 욕망을 추구하는 이기적인 존재와 사회의 질서를 추구하는 도덕적인 존재로 나누어지는 경우이다. 인간의 종류가 둘로 나누어지면, 서로가 서로를 동일한 종류의 인간으로 간주할 수 없게 된다. 동종의 인간이 아니라면, 공동체를 함께 구성하고 공존할 수 없게 된다. 그런 모순을 해소하려면, 이기적인 행복의 관념과 이타적인 도덕의 관념을 통합하는 상위의 존재에 대한 관념이 있어야 한다. 칸트는 그 점을 최고선의 관념으로 해명했다.

> "……행복과 도덕성은 최고선의 두 요소이지만, 전형적으로(spezifisch) 서로 전혀 다른 요소로, 따라서 양자의 결합은 분석적으로 인식될 수 없고, 양자의 결합은 두 개념의 종합이라는 것이었다. (가령 자기의 행복을 구하는 사람은 자기의 행복개념을 단순히 분석함으로서, 자기의 행복추구 행동에 있어서 유덕하다고 하거나 혹은 도덕을 준수하는 사람이 이 같은 행동을 의식함에 있어서 사실 자체적으로[ipse facto, durch die Tatsache selbst] 행복하다고 하듯이)." [2]

칸트는 최고선의 관념이 양자를 통합할 수 있는 근거는 인간의 본성에 선천적으로 자리 잡고 있기 때문이며, 선천적인 최고선의 기능은 경험적이 아님을 선험적인 특성으로 해명했다.

> "양자의 결합은 선천적으로 인식되고, 따라서 실천적 측면에서 필연적인 것으로 인식되며, 그러므로 경험에서 유도되는 것으로 인식되지 않고, 따라서 최고선의 기능은 어떠한 경험적 원리에도 기본하지 않는 것이다. 그

---

2 『실천이성비판』 ibid

래서 이 개념의 연역은 선험적이 아닐 수 없다.

최고선을 의지의 자유에 의해서 낳는 일은, 선천적[도덕적]으로 필연적인 것이다. 따라서 최고선의 가능한 조건도 오로지 선천적 인식근거들에 기본하지 않을 수 없다." [3]

칸트는 최고선의 선험적 특성을 논구하는 과정에서 자유의지의 도덕적 목적의식을 필연적이라고 규정했다. 칸트는 최고선을 지향하는 도덕적 목적의식이 필연적이기 때문에, 그 사실을 인간이 반드시 실천해야 하는 객관적인 목적으로 해명했다. 또한 필연적이기 때문에 객관적 실재성을 가진다고 해명했다.

"실천이성의 표면상의 모순에도 불구하고, 도덕적으로 규정된 의지의 필연적 최고목적인 '최고선'은 실천이성의 참다운 객관[목적]이다. 그것은 실천적으로 가능하기 때문이다. 실질상으로 최고선에 관계하는 '의지의 준칙'들은 객관적 실재성[타당성]을 가지기 때문이다." [4]

욕망의 성취는 쾌적감을 발생하기 때문에, 도덕적 동기는 쾌감과 무관할 수 없다. 곧 실천이성의 작용도 욕망의 행위이기 때문이다. 칸트는 이성에 의한 쾌감의 본질을 다음과 같이 해명한다. 칸트는 이 해명에서 실천이성이 지향하는 목직행위에서 발생하는 쾌감을 감관에서 발생하는 쾌감과 구별했다.

"오직 이성에 의하여 직접 의지를 규정함이 없이, 쾌감의 근거이다. 이런

---

3 『실천이성비판』 ibid
4 『실천이성비판』 [207] p133

규정은 끝까지 욕망능력의 순수한, 실천적, 비감성적 규정이다. 헌데, 이런 규정은 활동을 촉진하는데 대해서, 욕망된 행위에서 기대되는 쾌적감이 가지는 것과 마찬가지의 효과를 내면적으로 가지는 것이다. 그러므로 우리는 자신이 [능동적으로] 행하는 것을 수동적으로 느끼는 어떤 것이라고 보기가 쉬우며, 도덕적 동기를 감성적 충동으로 보기가 쉽다. 이런 일은, 흔히 소위 감관의 - (여기서는 내적 감관) - 사기(詐欺) 중에 생기는 것이다." [5]

도덕형이상학의 토대인 실천이성과 선의지

① 실천이성의 대상인 현상계

칸트가 『순수이성비판』에서 자연을 탐구하는 실증적 사고방식으로는 결코 형이상학의 주제를 탐구할 수 없다는 사실을 명확히 논증했다. 그 이유는 형이상학적 대상이 자연의 사물처럼 인식될 수 없기 때문이다. 칸트는 순수이성의 기능을 2개로 나누어 구분해야만 했는데, 그 이유는 사변이성과 실천이성이 역할이 서로 다른 측면 때문이다. 칸트가 파악한 결론은 형이상학을 학적으로 논구하려면, 그 작업을 자연이 아닌 실천이성이 작용하는 도덕영역이라는 사실이다.

인간이 문명을 창조하면서 생존하는 방식은 진·선·미의 관념적 표상에 의한 창조적 활동이다. 의식내의 지성이 올바르게 선과 미의 활동을 지도하지 못하면, 선의지와 미의식은 제대로 작용할 수 없다. 지성이 미의식에 앞서 선의지에 의한 도덕사회를 조성하지 못하면, 곧바로 인간이 모여 살아가는 공동체는 혼란에 직면한다. 문명을 창조하는 생활세계는 개인의 무지와 탐욕에 의한 갖가지 반사회적이고 부도덕한 사태로 시달리게 된다. 그런 불행한 사태를 방지하고, 정상적인 질서를 형성하기 위

---

[5] 『실천이성비판』 [210] p134

해서는 사변이성과 실천이성의 사고방식이 올바르게 작동해야 한다. 문명사회를 건설하는 과정에 이성이 필연적으로 작용해야 하는 이유는 자연과 인간을 올바르게 다스리지 못하면, 사회는 결코 문명사회를 건설하고 유지하려는 목적을 실현할 수 없기 때문이다.

칸트는 지성의 기능을 플라톤과 마찬가지로 오성과 이성으로 구분했다. 오성이 자연의 본질을 파악하려면, 감각기능의 한계를 극복해야 한다. 칸트는 순수직관형식과 순수오성개념을 논구하여, 지성이 직면한 인식의 장애를 극복했다.

칸트가 수립한 형이상학의 토대는 현상론이다. 따라서 비판철학체계에는 형이상학을 추구할 순수이성의 구조가 순수오성 구조와 별도로 존재하지 않는다. 순수이성이 현상론을 바탕으로 하여 현상의 본질을 논구하려면, 현상에서 해결방법을 찾아야 한다.

자연을 탐구하는 오성기능이 자연의 본질에 해당하는 형이상학의 대상을 논구해야하지만, 경험의 한계 때문에 그렇게 할 수 없다. 형이상학을 탐구할 이성의 기능은 밑으로는 감성이 형이상학적 대상을 제공할 수 없는 조건과, 위로는 자신이 스스로 형이상학의 대상을 확보할 수 없는 조건에 직면한다. 이성이 오성을 제치고 자연에서 형이상학을 추구하면 이성의 월권을 범하게 된다. 이성이 현상계의 영역에서 형이상학의 과제를 수행해야 하는데, 그러면 특단의 방법을 찾아야 한다.

이성이 이 상황을 극복하기 위해서는 두 가지 조건을 충족해야 한다. 하나는 의식이 자신의 외부가 아니라 자신의 내부에서 그 방법을 찾아야 하는 조건이다. 다른 하나는 밑으로부터 위로 상향하는 경험적이고, 귀납적이고, 추상적인 사유방식이 아니라, 의식의 내부에서 보편적 사유방법을 찾아 형이상학적 대상에 적용해야 하는 조건이다.

칸트는 그 조건을 자연이 아닌 인간의 도덕행위에서 찾았다. 칸트는 의식의 내부에서 작용하는 도덕행위의 근원인 실천이성과 선의지에서 형이상학을 논구할 단초를 발견했다. 그로부터 그는 형이상학의 새로운 모습인 도덕형이상학을 수립할 방법론을 구축했다.

범주가 최고의 유개념이기 때문에, 인식의 모든 활동에는 범주인 순수 오성개념의 요소 이외의 다른 사유작용의 요소가 있을 수 없다. 오성과 이성의 차이는 사유구조가 다르기 때문이 아니라, 탐구대상이 다르기 때문이다.

인간이 시·공에 제약되는 육체적 조건과 한계상황을 벗어나거나 극복할 수 없으면, 어떤 경우에서도 보편적 지식을 결코 구성할 수 없다. 그런 제약에 함몰된 인간은 내가 우리가 되고, 우리가 인류가 되고, 종국적으로 존재라는 총체적인 보편개념의 단계로 상승할 수 없다. 인간의 이성이 개인이 처한 개별적 상황과 상관없이, 전체를 대상으로 하여 보편적 지식을 구성할 수 있으면, 형이상학의 본질을 파악할 수 있다.

개인이 이기적인 존재자라면, 결코 개인은 보편적인 도덕법규를 만들 수 없다. 이기적인 개인들은 보편적 도덕법규를 제정하고서 공동체를 구성할 수 없다. 개인이 이기적인 존재자라면, "개인 대 개인의 관계"는 홉스의 말대로 "만인 대 만인의 투쟁"인 상태에 놓이게 된다.

그런 성향의 개인이 보편적 법규를 제정하고서 공동체를 구성하려면, 개인의 의식에 보편법규를 만들 수 있는 인식기능이 내재해야 한다. 도덕적 실천행위는 보편적이기 때문에, 인간의 지성은 자연법칙의 보편적 작용방식과 동일한 성격을 공유한다.

개인은 자연을 대신하여 자신의 보편적 도덕법규를 제정할 수 있는 인식기능을 바탕으로 하여, 창조적 특성의 보편적 존재본질을 추구한다. 형이상학을 탐구할 수 있는 방법은 자연을 대상으로 탐구하는 사변이성이 아니라, 보편적 도덕법규를 탐구대상으로 다룰 수 있는 실천이성에 있다. 그러므로 형이상학은 도덕형이상학으로 전환할 수 있다.

② 실천이성의 작용인으로서 선의지

비판철학의 체계는 실천이성이 제대로 작동하기 위해 갖추어야 할 구성요건으로 선의지를 전제한다. 실천이성이 선의지와 더불어 작동해야만 비로소 자신의 역할을 제대로 수행할 수 있다. 마찬가지로 선의지도 실천이성의 올바른 작용의 도움을 받아야만 자신의 역할을 제대로 진행할 수 있다. 실천이성과 선의지가 조화를 이루지 못하면, 사변이성이 초월적 월권을 자행하여 진리의 오류를 발생하는 경우처럼 된다. 즉 실천이성과 선의지가 부조화를 이루면, 그 상황은 도덕의 본질을 곡해하고, 개인의 행동양식을 문란케 하고 사회질서를 교란하게 된다.

실천이성이 논증하는 형이상학적 대상인 신이 무제약적 존재이기 때문에, 형이상학적 성격의 도덕법칙도 무제약적 정언명법의 성격을 견지해야 한다. 그렇지 않으면, 형이상학은 일관성을 확보할 수 없다.

인간이 자신의 행복을 고려하지 않고 정언명법의 입장에서 보편적 원칙을 수립해야 하는 이유는 신이 세상을 창조할 때에 보편적 입장을 견지해야 하는 당위성과 마찬가지로, 인간의 실천이성도 불편부당한 입장에 서서 보편적 원칙을 수립해야하기 때문이다.

인간의 도덕적 행위가 행복이란 조건에 의해 결정된다면, 모든 행위의 규범은 "만약 무엇을 한다면, 나는 행복해질 것이다, 혹은 내가 행복해지기 위해서는, 내가 행복해지려면, 내가 행복해질 수 있다면, 그러면 나는 무엇을 할 것이다, 무엇을 해야 한다"는 가언명제의 표현으로 구성될 것이다. 그러므로 칸트가 도덕법규를 "만인이 공존할 수 있다면, 그러면 나는 무엇을 해야 한다"라고 가언명제가 아닌 정언명법으로 규정했다. 이 명제는 전체에 속한 구성원들의 공존을 위해 개인이 무엇을 해야 하는지에 대한 원칙을 규정한 것이다. 그러므로 그렇게 판단하고 행동해야 하는 주체는 자신의 이익과 행복을 위해 행동을 결정해야 하는 것이 아니라 전체의 공동체의 공존을 위해 행동을 결정해야 한다는 당위성에 입각해야 한다.

칸트의 도덕철학은 결과주의보다 동기주의로 이해되었다. 하지만 그 판정은 칸트의 진정한 의도를 제대로 이해한 입장이 아니다. 칸트의 의도는 힘을 가진 자들이 의무적으로 지켜야 할 당위적 행동원칙을 수립하려는 목적이었다. 도덕규범은 모든 개인에게 적용되는 행위의 준칙이다. 도덕적 준법정신은 도덕적 근본을 세상 사람들에게 보여주어야 하는 상부계층들에게 우선적으로 적용된다. 그들을 예외로 하고 도덕규범의 본질을 따질 겨를도 없는 하부계층에게만 강제하는 경우는 어불성설이다. 도덕법은 부도덕하고 불법적으로 행동하는 상부계층의 인물들에게 우선적으로 적용되어야 한다. 그 점을 명확히 하려고, 칸트는 도덕법을 무조건적인 정언명법의 용어로 규정하였다.

칸트의 도덕명법은 윗물이 맑으면 아랫물도 맑듯이, 힘을 가진 자들에게 자신들의 행복을 위해 행동할 것이 아니라, 만인의 행복을 위해 공정하게 행동하도록 의무를 지우는 당위법이다. 칸트가 이런 의도를 가지고 있었기 때문에, 칸트는 도덕명법을 만인에게 조건 없이 적용할 수 있는 무제약적 행동원칙으로 규정했다.

3) 문명사회의 근본토대인 자유의지와 미의식

범주개념의 작용방식은 대상을 파악하는 사고방식의 근본 틀은 범주개념이고, 대상판단에 범주개념이 작용할 적에 사고기능이 진행한다. 범주개념은 언어가 형성되는 학적 작업에 작용하는 의식구조의 근본 틀이다. 의식기능의 상상력이 새로운 사물, 사태를 상상할 적에 범주개념이 작용하지 않으면, 인간은 새로운 형상을 구성할 수 없다. "언제, 어디서, 누가, 무엇을, 어떻게, 왜"라는 육하원칙은 범주개념에서 도출된 파생개념들이다. 의식이 상상력에 등장한 갖가지 영상에 명칭을 붙이려면, 오성의 범주개념이 판단과정에서 정상적으로 작용해야 한다. 범주개념이 제대로 작용하면, 오성의 구상력에 혼란, 혼동이 발생하지 않는다.

인간이 여러 분야에서 창조적인 작업을 하려면, 대상을 향한 욕망도 아울러 작용해야 한다. 욕망의 표상이 욕망을 성취하려는 선의지를 자극하여 범주개념에 의한 상상력을 작동시켜야 한다. 욕망을 추구하는 심리기능과 욕망을 달성하려는 인식기능이 연합해서 작용해야 한다. 인간이 지식을 갖고자 하는 욕망, 상품을 갖고자 하는 욕망, 도구를 만들려는 욕망, 좋은 사회를 만들려는 욕망, 예술품을 만들려는 욕망들은 모두 창조의 개념에 포섭된다.

인간의 창조적 발걸음은 자유의지가 의식의 근저에 선천적으로 자리 잡고 있지 않으면 불가능하다. 창조적 발걸음이 현실에서 굴절을 겪는 현상은 자유의지가 왜곡됨으로서 발생한 결과이다. 자유의지가 없는 경우와 자유의지가 왜곡되는 경우는 전혀 다른 양상이다. 자유의지가 없으면 인간의식의 다양성이 드려날 수 없기 때문에, 문명사회의 유기적 구성이 불가능하다. 문명사회의 발전은 다양성을 바탕으로 하여 진행되는 것이기 때문에, 다양성을 뒷받침하는 창조성은 자유의지가 없으면 작용할 수 없다. 그러므로 자유의지가 작용하지 않은 경우는 자유의지가 없는 경우가 아닐 수 없다.

실천이성과 『판단력비판』에서 선의지와 미의지가 작용하려면, 선결조건으로서 자유의지가 선행되어야 한다. 자유의지의 본질은 창조적 의식이기 때문에, 진과 미의 의식이 뒷받침되어야 한다. 이런 의식이 없다면 자유의지가 추구해야 할 목적이 도대체 있을 리 만무하다. 인간의 의식에 공동체를 형성하고, 문명사회의 질서를 구축하고, 도덕사회를 실현하려는 목적의식이 없다면, 그곳에 자유의지가 선천적으로 자리 잡고 있을 필요가 없다. 인간은 동물이 자신의 생존을 위해 먹이를 욕구하는 강렬한 의욕을 동물의 자유의지라고 규정하지 않는다. 그런 사실은 그들의 일상생활에서 항상 일어나는 욕망추구일 뿐이다. 인간은 자연스러운 그들의 욕망추구를 자유의지로 격상할 이유와 필요를 느끼지 않는다.

인간이 건설한 문명사회의 각종 생산물은 의식기능을 구성하는 진·선·미의 관념이 총체적으로 작용한 결과물이다. 인간의 창조적 행위는 그 본질이 문명의 생산물을 필요로 하는 의식의 구조에서 비롯한다.

인간의 경험적 행위가 정당성을 지니려면, 경험의 근저에 필연성이 놓여 있어야 한다. 예컨대 질량불변의 법칙이 개연적이고 불확실하다면, 인간은 물질을 제대로 활용할 수 없는 사실 때문이다. 원자력에 의한 가공의 위력을 가진 위험한 폭탄이라면 폭발이 가져올 필연적 결과는 명확하다. 원자력이 인간이 통제하고 인간이 예측할 수 없는 현상을 유발할 경우가 가능하기 때문에, 인간은 어떤 경우에서도 원자력을 나쁜 방향으로 다루어서는 안 된다. 인간의 목적적 행위를 뒷받침하는 자유의지는 이런 필연적 원리와 법칙을 바탕으로 하여 작용한다.

2. 철학적 발상의 대전환과 새로운 철학체계의 탄생

1) 목적론의 정초작업과 도덕형이상학

인간이 철학의 본질을 이루는 보편성을 다루는 학적 작업에서 일관된 과제는 "진리는 무엇인가?" 하는 주제이다. 이 질문은 곧바로 지식과 학문의 본질에 대한 정체성을 밝혀야 하는 과제로 이어진다. 인간은 자신이 추구하는 진리를 자신에 의해 공인된 논구방법을 벗어나서는 제대로 추구할 수 없다. 학문의 지식을 가르치는 장소 이외에서 학문의 지식과 다른 내용의 진술을 진리로서 주장한다면, 서로 다른 두 개의 진리가 양립하는 모순의 경우가 발생한다. 즉 학문을 가르치는 공인된 장소 이외에서 학문의 가르침을 비판하고 배척하는 다른 종류의 가르침이 진리로서 가능하다면, 서로 다른 두 개의 진리가 양립하는 모순의 경우가 발생한다. 인간은 논리적으로 서로 타협할 수없는 모순적 상황에 시달리게 된다. 모순된 상황이 유발하는 대립, 갈등, 마찰, 투쟁의 국면에 휩싸이면서 고통을 겪게 된다.

서구의 중세역사에서 동일한 하나님을 신앙하는 기독교가 구교가 신교를 나누어져 철천지 앙숙처럼 전쟁을 치르고 으르렁거린 사건을 바라보면, 대립과 다툼을 해소하고 공존과 양립을 이룰 수 있는 사고방식이 상위의 이념이 작용하지 않는 한, 어느 한쪽이 다른 쪽에 굴복할 때까지 지속할 것처럼 여겨진다. 기존의 기독교가 야기한 형이상학적 이념의 혼란은 종교와 철학의 양립을 마련하려는 합리적 사고발상을 촉발했다. 칸트는 합리론의 철학자를 뒤이어 도덕관념을 매개로 하여 신과 인간의 본질을 하나로 통합하여 형이상학적 이념의 일체감을 형성하려고 했다.

초감성적 존재인 신이 현상계의 감성적 대상을 양립할 수 있다면, 그 경우에는 학문의 진리체계가 서로 타협할 수 있게 되고, 더 나아가 종교의 신과 형이상학의 신이 충분히 양립할 수 있게 된다. 칸트는 이 과제를 위해, 인간에게 내재된 도덕적 인식기능과 인간이 수립한 도덕법이 종교적 신과 형이상학적 신을 합일할 수 있는 매개역할을 어떻게 할 수 있는가? 하는 의문점을 해명했다.

상이한 차이점을 극복할 수 있는 상위의 이념은 극단의 경우를 배제할 적에 가능하다. 그 이유는 인간이 개인적 존재이면서, 동시에 사회적 존재이기 때문이다. 개인주의적 성향과 동시에 사회주의적인 성향을 지닌 인간은 자유와 평등을 동시에 추구한다. 인간은 이와 같은 양면성을 해결할 수 있는 최적의 방법을 모색하려면, 자신의 본질을 제대로 직시해야 한다. 그 작업은 인간의식이 변증법적 사유과정을 거쳐 양 개념의 구성요소가 작용하는 방식을 선후(先後)를 따져 올바르게 배치할 적에 가능하다.

칸트는 "실천이성비판, 순수이성의 원리론, 순수이성을 실천적 관점에서 확장함이, 그렇다고 해서 '사변적 순수이성'의 인식을 동시에 확정함이 없이, 어떻게 생각될 수 있는가?"라는 주제에서 실천이성의 목적을 명확히 진술했다. 칸트는 그 해명과정에서 최고선의 목적을 언급했다.

"순수한 인식을 실천적으로 확장하려 하면, 선천적 의도가 주어져 있어야 한다. 즉 모든 이론적 원칙에서 독립하여 의지를 직접 규정하는 (무상)명령에 의해서 '실천적으로 필연'이라고 생각되는 바, (의지의) 객관적 목적이 주어져 있어야 한다. 이 목적은 최고선이다."[1]

칸트는 아래의 문장에서 최고선의 실존에 관해 사변이성이 보증할 수 없었던 객관적 실재성이란 표현을 적용했다. 객관성의 근거는 실천이성에 의한 도덕법의 정립과 실행이다. 자연을 창조한 존재가 신이라고 가정하더라도, 인간은 신의 창조행위를 객관적으로 확인할 수 없다. 그러나 실천이성이 보편적 도법법규를 정립하고, 선의지가 그것을 실천하는 행위는 객관적으로 확인할 수 있다. 칸트는 사유에서 단지 이론적으로만 가능했던 형이상학적 대상들에 관한 존재들을 객관적인 성격의 개념으로 논증할 수 있음을 천명하였다.

> "이에 세계에서 가능한 최고선의 실존을 명령하는 바, 도덕법은 이미 말한 순수한 사변이성의 객관들의 가능성을 즉 사변이성이 그 객관들에 보증할 수 없었던 객관적 실재성을 요청하는 것이다.
> 이런 일을 통하여 순수이성의 이론적 인식이 늘지마는, 그런 증가는 오로지 이성에게 개연적(단지 사고가 가능했던)이었던 개념들이 이제야 현실적으로 객관들을 가지는 개념이라고 확연히 선언되는 점에 존립한다."[2]

칸트가 사변이성에서 제한했던 형이상학적 과제를 실천이성에서 논구 대상으로 삼을 수 있었던 근본바탕은 전체성, 필연성 등에 의한 "가능한 경험의 총괄로서의 자연개념"이었다. 그 개념은 지구가 아니라, 사물영역인 모든 우주공간에 인간의 인식기능의 원칙이 고스란히 그대로 적용되는 의미를 지닌다.

---

1 『실천이성비판』 [242] p154
2 『실천이성비판』 ibid

첫째, 유클리드 기하학이건, 비유클리드 기하학이건, 거시물리학의 이론이건, 미시물리학의 이론이건 간에, 그들이 지식은 감성과 오성의 인식기능의 산물이다. 그리고 그 지식들은 공간과 시간의 직관형식과 순수 오성개념의 범주개념을 벗어난 다른 요소에 의해 정립될 수 없다. 그리고 모든 자연과학의 가설은 그 개념을 바탕으로 하여 구성된다. 따라서 이와 같은 사실은 총괄의 의미를 충족한다.

둘째, 인간의 인식기능이 보편법칙을 수립할 수 없으면, 그 기능은 실천이성의 기능이 아니다. 인간에게 보편법칙의 수립이 불가능하고 그런 법칙이 없다면, 인간사회는 하나로 연결되어 통합할 수 없다. 서로 다른 언어의 통역, 올림픽과 같은 체육행사, 각종 학술·문화행사 등이 불가능해진다.

이러한 발상은 경험에 의해 이루어지지 않는다. 인간이 자신의 쾌락과 이익만을 고려한다면, 피로감을 유발하는 그런 작업을 추진하지 않는다. 이기적인 행복관은 인간끼리 서로 자신의 이익을 위한 수단으로 삼으려고 할 뿐이다. 필요에 따라 공존의 방식을 추구하더라도, 이기적인 사고방식은 예컨대 올림픽과 같은 인류 전체를 대상으로 하는 평화의 체육행사를 생각하고 추구하지 못한다. 이러한 발상은 선천적으로 인간의 의식 속에 내재한 실천이성이 작용해야 가능하다.

목적론의 객관적 근거는 인간의 목적적 의식작용이다. 그러나 목적론을 뒷받침하는 존재론적 근거는 인간의 목적적 행위가 될 수 없다. 인간의 목적적 행위는 본보기일 뿐, 존재에 내재한 목적의 진원지가 아니다. 인간은 인식의 주체이지, 존재자체의 주체가 아니다.

기계론적 인과성과 목적론적 인과성은 서로 다른 특성의 인과성이므로, 기계적 인과율의 대상인 사물은 목적적 인과율의 존재론적 근거가 될 수 없다. 사물이 목적론의 존재적 근거가 되려면, 사물은 자신의 목적론적 작용의 모습을 보여주어야 한다. 사물은 기계론적 인과율을 거부하고 목적론적 인과율에 해당하는 작용을 하지 않는다. 사물이 목적론적 작용을 하려면, 인간처럼 자신의 내부에 의식구조와 작용기능을 갖추어야 한다. 라이프니츠는 이 점을 철저히 따지지 않고 단자론을 전개했다. 칸트는 이 점을 중시하고 의식의 인식기능을 분석했다.

2) 목적론의 통합기능과 미의식의 실천행위

칸트는 "순수이성비판, 선험적 방법론, 순수이성규준"에서, "우리 이성의 순수사용의 궁극목적에 관하여(Von dem letzten Zwecke des reinen Gebrauchs unserer Vernunft)"의 제목과 더 나아가 궁극목적에 대해 "순수이성의 궁극목적의 규정근거인 최고선의 이상에 관하여(Von dem Ideal des höchsten Guts, als einem bestimmungsgrunde des letzten Zwecks der reinen Vernunft)"의 제목 하에서 실천이성에서 다룰 최고선의 개념을 미리 해명했다. 이 제목에 담긴 학적 중요성은 이성의 궁극목적이란 용어이다.

칸트는 인간이 추구하는 행복을 배척하는 엄격한 도덕주의자가 아니다. 감성적 욕망을 충족하려는 쾌의 행복과 실천이성의 최고선의 조화를 추구하는 도덕주의자였다. 칸트의 입장은 두 요소를 적당히 결합하는 절충주의, 편의주의가 아니다.

세속의 행복과 도덕의 규범을 양립하는 방법은 말처럼 쉬운 일이 아니다. 이 방법은 양요소가 조화롭게 양립할 이론의 토대가 명확해야 가능하다. 『실천이성비판』과 『판단력비판』을 『순수이성비판』과 더불어 종합적으로 검토되어야 할 이유는 조화를 이룰 방법론의 토대를 파악하기 위함이다. 그 토대는 이념의 목적이다.

칸트는 도덕법이 행복의 관념과 무관한 개념으로 해명하지 않았다. 도덕법이 무조건의 무상명법이기 때문에 조건부의 행복의 개념과 무관하다고 판단한 경우는 칸트의 입장을 오인한 입장이다. 칸트는 『실천이성비판』으로 넘어가는 길목인 "순수이성비판, 선험적 방법론"에서 그런 오인의 경우를 해소할 자신의 입장을 진술했다.

"행복(Glückseligkeit)은 우리의 모든 성향의 만족이다(성향의 종류 · 정도 · 지속에 따라서 '외연적'으로나, 내포적으로나, 지속적으로나 만족하는 것이다). 행동이란 동인에서 성립하는 실천적 법칙을 나는 실용적(Klugheitsregel, 처세의 규칙)이라고 부른다. 그러나 행복할 값어치가 있는 것 이외에 다른 아무런 동인도 가지지 않는 것은 도덕적(도덕법)이다. 전자는 우리가 행복을 누리기를 바랄 때에 무엇을 할 것인가를 충고하며, 후자는 오직 행복할 값어치가 되기 위하여 우리가 마땅히 어떻게 행동할 것인가를 명령하는 것이다." [3]

칸트는 양자의 차이점을 곧바로 경험과 자유개념으로 해명했다. 그리고 칸트는 후자에 대해 순수이성의 이념을 전제했다.

"전자의 근거가 되는 것은 경험적 원리이다. 왜냐하면 나는 경험을 매개하지 않고서는 어떠한 성향이 만족되기를 바라고 있는지, 또 어떠한 자연원인이 만족을 줄 수 있는지를 알지 못하기 때문이다. 후자는 성향이나 이 성향을 만족시킬 자연수단을 추상하고, 오직 이성적 존재자 일반의 자유와 이 자유가 행복의 분배와 원리적으로 합치할 수 있는 필연적 제약만을

---

3 『순수이성비판』 B834

고찰한다. 그러므로 다만 순수이성의 이념에서 기인하고 선천적으로 인식되는 것이다." [4]

인간이 선천적으로 갖춘 선의지와 미의식의 본질은 인간행위의 특성을 두 요소로 철저히 구분해야만 비로소 올바르게 드려난다. 실천이성에서의 선의지는 행복을 추구하는 가언적 명법의 특성과 최고선을 추구하는 무조건적 무상명법의 특성을 수용하고서 조화를 도모한다. 칸트는 두 특성이 자신의 입장을 약간씩 후퇴하여 절충하는 방식을 조화라고 간주하지 않았다. 칸트는 무상명법이 그 자체로 입장을 고수하면서 행복의 특성과 양립하는 방식을 조화라고 간주했다.

인간의 판단과 행위가 선의지와 미의식의 본질에 적합하도록 작용하지 않는다고 하여, 그 본질이 부정되지 않는다. 경험에서 제대로 작용할 수도 있고, 작용을 안 할 수도 있는 경우는 우연적이다. 그러나 작용하는 기능과 구조는 필연적이다. 왜냐하면 그 기능의 작용하지 않으면, 어떤 판단과 행동이 가능하지 않기 때문이다.

아름다움의 표상, 좋음의 표상이 어떻게 서로 구별되는지의 의문점은 미의식을 논구하기 이전에 선결적으로 먼저 해명해야 한다. 아름다운 것은 좋은 것으로 판단할 수 있지만, 좋은 것이 아름다운 것으로 판단하기에는 의문점이 발생하기 때문이다.

미의식의 작용과 반성적 판단력의 특성을 파악하는 과제는 비판철학의 체계를 종결하는 마무리 작업이 아닐 수 없다. 이 과제에서 우선적으로 주목해야 할 사항은 반성에 깃든 인식기능의 특성이다. 반성이 무엇에 대한 반성이기 때문에, 감성의 판단이 무엇을 어떻게 반성해야지를 철저히 논구해야 할 이유가 발생한다.

---

[4] 『순수이성비판』 ibid

자연소질로서의 형이상학적 인식작용은 인간의 본성에서 비롯한다. 그러므로 이성의 월권에 대한 오류를 피하기 위해 이성비판의 이해가 필요하다. 마찬가지로 감성적 판단에서 자연스럽게 작용하는 미적 표상의 이해가 필요하다. 감성적 표상을 반성하여 예술의 영역으로 격상시키는 미의식의 본성에 관한 이해가 필요하다. 미의식의 본질은 반성적 판단력이다.

인간은 자기의식의 본질인 보편성을 인식할 수 있는 순수자아의 특성을 파악하지 못하면, 결코 전래로 내려온 마음을 비우고자한 무아(無我)의 공(空)사상을 실천할 수 없다. 인간이 동물과 달리 문명사회를 건설할 수 있는 원동력은 육체의 제약인 시·공의 특수성을 극복하고 보편성을 추구하려는 진·선·미의 의식에서 비롯한다. 그런데 이와 같은 의식의 작용은 물질의 본질과 구별되는 형이상학적 본질이므로, 스스로 깨닫고 타인에게 전파한 선각자의 노력이 필요하다.

문명사회의 근본토대인 의식의 보편성은 도덕성의 실현으로 구체화된다. 약육강식의 자연 상태계의 한계를 넘어서 개성의 다양성을 보존하는 문명사회의 유기적 협력질서는 도덕성을 객관적으로 입증하는 단적인 논거이다. 도덕성을 바탕으로 한 구성된 문명사회의 체제와 질서는 인간이 자연에서 일으킨 수많은 시행착오의 과정을 극복한 생존방식의 단적인 논거이다.

자신의 존재의의를 파악하는 지성의 작업은 미의식에 의한 예술을 통해 마무리한다. 학문의 지식과 도덕적 규범을 배제한 자유의식과 예술행위는 인간본성이 추구하는 삶의 목적을 상실한 감정의 희롱에 불과하게 된다.

『실천이성비판』은 최고선의 개념을 먼저 논증한 연후에 자유의 범주도표를 구성하였다. 그 방식은 『순수이성비판』이 범주도포를 먼저 구성하고 범주인 순수오성개념의 원칙을 논구한 방식과 구별된다.

"감성적 충동에 의해서만, 다시 말해서 감성적(pathologisch)으로만 규정될 수 있는 의지는 다만 동물적인 것이다(arbitrium brutum). 그러나 감성적 충동과 관계없이, 따라서 오직 이성에 의해서만 표상되는 동인에 의하여서 규정될 수 있는 것은 자유의지((arbitrium liberum)라고 부른다. 그리고 이유로서나 또는 귀결로서나 이 자유의지와 관련 있는 모든 것을 실천적이라고 부른다." [5]

칸트는 이로부터 실천적 자유는 경험에서 증명될 수 있을 뿐만 아니라, 감성적 욕구능력을 극복할 이성적 능력과 객관적 실천법칙을 가지고 있다고 해명했다.

"······감능을 직접적으로 촉발하는 것만이 인간의 의지를 규정하는 것이 아니다. 우리는 유리 또는 불리와 거리가 먼 것을 표상을 통하여, 우리의 감성적 욕구능력에 대한 영향을 극복할 능력을 갖고 있기 때문이다.
그런데 우리의 전체적 상태에 관하여 욕구할 만한 가치가 있는 것, 즉 좋고 유리한 것에 대한 고려는 이성에 기인하는 것이다. 그렇기 때문에 이성도 법칙을 부여한다. 이 법칙은 명령, 다시 말하면 자유의 객관적 법칙이다." [6]

---

5 『순수이성비판』 B830
6 『순수이성비판』 ibid

3. 실천이성, 실천적 자유, 선의지에 따른 도덕행위의 당위성

1) 심리적 선의 표상과 도덕적 선의 표상이 서로 구별되는 의식구조

자연과 자유의 양립과 통합

『순수이성비판』, 「선험적 변증론」, 이율배반에서 칸트는 사변이성이 선험적 자유를 논증할 수 없지만 기계적 인과율의 자연과 양립할 수 있음을 정립했다. 인간의 인식기능으로는 형이상학의 대상을 직접적으로 인식대상으로 삼을 수 없는 한계 때문이다.

칸트는 한계의 간격을 메우기 위해 범주개념을 수학과 역학적으로 구분하였고, 이념을 정립하는 이성의 기능을 사변이성과 실천이성으로 구분하고 자유의 논증을 후자로 이동했다.

"…자유가 사실상 어떻게 가능한가, 자유로운 원인성을 어떻게 이론적으로 또 적극적으로 사람이 의식해야 할 것인가 하는 것은, 그로[형이상학의 대상들] 인해서 통찰되지 않는다. 오직 자유로운 원인성이 있다는 것이 도덕법에 의해서 또 도덕법을 위해서 요청된다. 자유 이외의 다른 이념에[영혼불멸과 하나님] 있어서도 사정은 마찬가지이다. 이 다른 개념들의 가능

성을 어떠한 인간의 오성도 결코 천명하지 못할 것이다." [1]

칸트는 인간이 자신의 이익을 벗어나 만인의 입장에서 보편적 법칙을 수립할 수 있음을 논증함으로서 실천이성의 본질을 논증했다. 곧 실천이성의 선의지가 추구하는 최고선이 보편적 도덕법칙임을 논증한 것이다.

칸트가 논증하려는 최고선의 원칙은 단 하나의 명제로 정립되어 있다. 이 명제를 정립할 수 있는 실천이성의 기능은 인간이 형이상학적 존재임을 확인시켜 준다. 이 명제는 인류가 추구한 만인이 법 앞에 평등하다는 정신을 구현하려는 정신의 토대이다. 인간에게 이러한 실천이성의 표상이 없었다면, 인간은 결코 근대시민사회가 민주주의이념을 수립할 수 없었다. 이 표상이 있었기 때문에, 인간은 우여곡절을 겪으면서 갈팡질팡하였어도 민주주의 체제를 향해 질주할 수 있었다.

심리적 요인에 의해 우연적으로 발생하는 사건 때문에, 실천이성의 본질을 부정해서는 안 된다. 인간의 선천적 실천이성은 그런 개별적이고 우연적인 사건들이 매일 발생하는 인간의 삶의 터전을 도덕적 질서를 형성해서 유지하려고 노력한다.

실천이성의 본질은 이런 관점에서 이해되어야 하고, 그 점이 선험철학의 특징이다. 칸트의 실천이성과 선의지의 논구는 여전히 칸트철학을 주목하도록 이끄는 현대성을 지니고 있다.

칸트는 도덕법을 논구하는 과정에서 심리적 관념인 행복의 개념을 배제하지 않는다. 칸트의 도덕법을 행복의 관념을 두고서 도덕의 관념을 논구했다. 인간의 삶이 즐거움의 쾌를 배제하고서 성립할 수 없기 때문이다. 이러한 행복의 쾌감이 지속하려면, 육체의 쾌감만으로 불가능하다. 육체의 쾌감을 벗어나 정신적 쾌감을 추구하려면 인간의식의 본질적 구

---

1 「실천이성비판」 [237], p151

조로 들어와야 한다.

실천이성은 "좋음을 추구하는 사람들이 왜 좋음의 가장 높은 단계인 절대적 최고선을 추구하지 않는가?" 하는 의문점을 합리적으로 해명했다. 이 과제는 실천이성이 최고선의 관념을 가언적 성격의 행복관념과 욕망을 해결하려는 욕구능력에 대한 분석 작업을 통해 해명할 수 없는 이유를 해명했다. 이 해명은 실천이성의 논구과정에서 실천이성이 인간행위의 목적적 관념을 합리적으로 설명해야 할 주제였다. 실천이성은 여러 단계의 생성·소멸과정을 거쳐 등장하는 현상계의 사물과 구별되는 최고선의 작용방식을 명백히 논증해야 했다.

이 과제가 최고선의 개념을 명쾌하게 해명하기 위해, 최고의 의미부터 명확히 논증해야 했다. 왜냐하면 최고선의 개념은 성질이 제각기 다른 각각의 사물들 중에서 가장 눈에 뜨이는 사물을 선발하는 상대적 기준을 가리키는 선택적 의미가 아니었기 때문이다. 만약 인간이 한편으로는 사물에서 쾌락의 좋음을 찾으면서, 다른 편으로는 도덕적 최고의 좋음을 다른 방식으로 찾는다면, 그 경우는 선의 개념이 서로 다른 종류의 이질적 특성을 지닌 용어가 아닐까? 하는 의구심을 야기하기 때문이다.

선의 용어가 일관된 속성을 가질 수 없다면, 인간행동에 적용하는 선의 용어를 그대로 자연과학의 대상인 사물에 적용시킬 수 없다. 따라서 어느 한쪽이 자신의 용어를 근본적으로 바꾸어야 하는 문제점을 야기한다. 그뿐만 아니라 정작 주목해야 할 중대한 문제점이 연이어 발생하는데, 그것은 학문을 구성하는 논리적 범주개념들이 유명무실해지는 혼란이다. 그 점은 자연에 적용하는 범주개념과 자유에 적용하는 범주가 다를 수 없기 때문에 발생한다.

인식기능 중 한 측면은 자연의 사물들을 재료로 하여 문명을 창조하는 사유능력이다. 다른 측면은 그런 창조적 활동을 실행하는 인식기능을 갖춘 인간을 통제하고 질서와 조화를 도모하는 사유능력이다. 따라서 그와 같은 인식기능이 통합적으로 작용하여 체계적인 학문을 구성하려면, 반드시 그 논증과정은 논리학의 범주개념을 바탕으로 진행하지 않으면 안 된다.

통합의 근거와 방법

인간행위가 자연에서 이루어지는 한에서는, 자연의 본성을 파악하는 인식작용은 인식기능이 갖춘 논리적 사유법칙을 결코 벗어날 수 없다. 더 나아가 인간과 자연을 포괄하여 존재의 근원을 설명하려는 형이상학적 인식작용도 이와 같은 논리성을 결코 벗어날 수 없다. 만약 그렇지 않다고 반박하려면, 그 입장은 현상계에 두 개의 원리가 작용하고 있음을 입증해야 한다. 그러나 그것이 사실상 불가능하기 때문에, 결코 그렇게 될 수 없다.

그 점은 다음과 같이 정리될 수 있기 때문에 명확히 논증된다.

첫째는 현상계에 두 개의 원리가 작용한다면, 그것은 정신계와 물질계의 원리가 이질적이라는 사실을 전제한다. 정신의 본질과 물질의 본질이 다르면, 정신이 물질계에 존재할 근거가 없게 된다. 그리고 정신이 물질을 다룰 이유도 없게 된다. 즉 정신과 물질이 전혀 상관없는 독립적인 존재이고, 따라서 정신이 물질계에 존재할 이유가 전혀 없다면, 물질로 구성된 이루어진 현상계에 이질적인 정신이 들어올 이유가 없게 된다. 그러면 당연히 물질의 활동에 관여할 이유와 필요와 근거와 기능이 있을 리 만무하다. 이와 달리, 정신이 이질적인 물질계와 구별되는 자신의 영역에서만 존재하면, 물질은 이질적인 정신을 수용하여 정신에 의해 조종을 받는 현상계를 구성할 리 만무하다. 즉 정신과 물질이 이질적이어서 함께 공존할 수 없으면, 정신은 물질과 전혀 상관없이 독립적으로 존재해야 마땅하다. 그와 반대는 물질이 정신과 전혀 상관없이 독립적으로 존재해야 마땅하다. 그러므로 정신과 물질이 공존하려면, 반드시 통일적인 통합근거가 필히 있어야 한다. 정신과 물질이 이질적이면, 그 이질성은 통일적 원리 하에서도 상대적으로 이질적이기 때문이다.

둘째는 정신과 물질의 원리가 서로 이질적이어서 상호공존과 조화를 이룰 수 없다면, 당연히 칸트가 선험논리학에서 추구한 범주개념에 통일성이 필요치 않게 된다. 사유기능에서 수학적 개념과 역학적 개념이 함께 존재할 이유가 없게 된다. 그럼에도 불구하고, 만약 누군가가 자연의 생태를 두고 곧바로 목적론을 적용하게 되면, 그 사고방식은 스스로 자가당착의 오류를 유발하게 된다. 그 이유는 인간이 문명을 창조하지 않고 게다가 학문적 지식을 추구하지 않고 동물처럼 살아가는 한에서는, 인간에게 이와 같은 존재론의 이론을 펼칠 능력, 이유, 필요성이 있을 리 만무하기 때문이다.

인간은 자신의 삶에 문명을 창조하려는 목적을 전제하지 않으면, 자신의 지적 능력에서 문명창조의 본성을 해명할 방법을 찾을 수 없다. 인식론의 분야에만 국한할 적에는, 모든 인식은 경험으로부터 시작하고 사물이 인간의 감각을 촉발할 경우에 감각적 표상이 발생한다는 진술은 정당하다. 그러나 인식의 본질자체를 의문의 대상으로 삼을 적에는, 그 입장은 당연히 반드시 대상을 인식하려는 근본적 욕구를 전제해야 한다. 또한 그 욕구가 동물의 수준이 아니라 문명을 창조하는 수준이라면, 당연히 인간은 문명을 창조하려는 목적의식을 자신의 욕망 앞에 전제해야 한다.

창조행위의 목적은 새로운 존재가 탄생하기 이전에 인간의 사유기능인 상상력에 의해 구상되어 인간행위를 인도하는 길잡이역할을 한다. 그런즉 정신이 물질과 이질적이라고 규정하더라도, 그 경우의 정신이 물질의 내부에 존재하게 되면, 당연히 그 성질은 물질의 속성을 공유해야 한다. 만약 두 존재의 속성이 서로 간에 동질성을 공유하지 않으면, 정신은 물질을 상상할 수 없다. 그리고 상상력의 형상이 물질의 현상과 전혀 다르다면, 정신은 물질에 어떤 영향력도 행사할 수 없다.

칸트는 실천이성에 의한 최고선의 정체를 목적론적 인과율을 바탕으로 하여 명확히 해명했다. 실천이성이 추구해야 하는 최고선의 대상은 인간의 삶 그 자체가 궁극적으로 지향하는 목적이다. 최고선의 용어는 보편적인 개념이기 때문에, 그 의미는 개별적 사건에서도 한결 같아야 한다. 그 목적이 궁극적이지 않으면, 그 목적은 상대적인 개념으로 전락하여 최고선의 개념에 합당할 수 없다.

최고선의 이념은 변화하는 대상들의 전체를 대상으로 하여, 조화와 균형과 견제를 실현하는 공존의 원칙과 원리이어야 한다. 실천이성의 의지가 최고선의 이념을 실현하려면, 한편으로는 개별적인 구성요소를 정확히 분석하고, 다른 편으로 그것을 전체의 목적에 걸맞게 종합할 수 있는 기능을 갖추어야 한다. 그러므로 칸트는 한편으로는 오성과 이성의 작용을 구분했지만, 다른 편으로는 하나의 인식기능으로 통합되어 있음을 논증했다. 칸트는 이런 과제를 해명하기 위해 『순수이성비판』의 서론에서 분석판단과 종합판단을 해명하고, 선천적 종합판단을 논구했다.

인간의 인식기능의 파악한 진리는 체계적인 학문으로 객관화한다. 학문의 체계성은 개별과학을 통일하는 원리를 제공하는 철학적 사고방식이 없이는 불가능하다. 최고선을 추구하려는 이성의 목적은 학문의 체계성과 무관할 수 없다. 도덕형이상학에서의 근본문제는 각 개인들이 공동체의 본질을 인식하지 못하고 자신의 이익만을 추구하는 행위에서 비롯한다.

도덕철학은 전체를 바라보고 행동을 결정하는 미래지향적인 인간의 처신을 공익을 추구하는 공공의 의리로 간주한다. 그에 반해 자신에게 유리한 현실에 집착하여 미래까지 포괄하는 전체상황을 무시하는 인간의 처신을 사익에 집착하는 이기적 이익으로 간주한다.

2) 자유의 본성이 지닌 형이상학적 의의

주목

칸트가 스스로 물자체의 개념을 설정하였기 때문에, 비판철학은 불완전한 체계처럼 오해받을 여지를 갖게 되었다. 칸트가 물자체에 대해 두 가지 입장을 천명했다. 하나는 물자체는 존재하지 않는 것이 아니라, 다만 인식될 수 없다는 사실이다. 다른 하나는 물자체는 외부대상의 현상처럼 인식할 수 없어도, 의식에서 사유할 수 있다는 사실이다. 칸트가 사유가능성을 밝히지 않았다면, 물자체 개념은 칸트를 반형이상학자로 만들었을 것이다. 칸트는 물자체의 해명을 위해, 선험적 변증론을 전개했다. 칸트는 선행적으로 오성과 이성을 구분하고, 이성을 다시 사변이성과 실천이성으로 구분했다. 그리고 도덕형이상학을 구축하기 선험적 자유와 실천적 자유를 구분했다. 자연형이상학과 별개로 도덕형이상학을 정립함으로서, 마침내 예술과 문화 활동의 원동력인 미의식의 정체가 반성적 판단력이며, 미의식의 활동이 사변이성과 실천이성분야의 매개 작업임을 밝힐 수 있었다.

칸트가 자신의 비판철학체계를 스피노자의 동일철학체계처럼, 정신과 물질이 하나의 실체를 구성하는 속성일 뿐, 별개로 분리되지 않고 하나로 존재한다는 주장을 펼쳤다면, 체계의 불완전성에 대한 오해와 비판만은 쉽게 회피해 나갈 수 있었을 것이다. 그러나 그가 형이상학의 탐구대상을 신, 영혼불멸, 자유로 거론한 이상, 비판철학은 정신과 물질의 이원론과 물자체의 인식불가능성이 야기한 체계의 불완전성에 대한 오해를 체계적인 해명으로 불식시켜야 했다. 칸트가 설정한 물자체는 두 가지 방향에서 검토가 가능하다.

첫째는 의식의 인식기능이 형이상학의 대상을 해명할 방법과 여지가 없어서 불완전성을 고스란히 용인한 부정적 경우.

둘째는 형이상학의 대상을 경험적 탐구방식을 통해 직접적으로 해명할 수 없지만, 다른 방법을 통해 간접적으로 해명할 수 있는 긍정적 경우.

전자의 경우에는 사유가능한 물자체의 개념이 적용될 수 없으므로, 더 이상 거론할 필요가 없다. 후자의 경우는 물자체의 개념을 설정한 이유와 그것을 극복한 방안을 해명할 필요가 있다.

물자체 개념과 최고선 개념

물자체 개념의 해명은 실천이성의 특성인 실천적 자유가 선의지를 바탕으로 하여 정립하는 정언명법의 본질을 논구하는 과정과 직결한다. 그 이유는 실천적 자유를 뒷받침하는 선의지가 최고선을 추구하는 기능을 갖추고 있기 때문이다. 다시 말해 선의지가 추구하는 바의 목적이 최고선이 아니라면, 당연히 그것자체를 보여주는 체계는 확실히 불완전한 체계가 아닐 수 없게 되는 전제조건 때문이다. 물자체 개념이 앞을 가로 막고 있다면 인간의 사유기능은 결코 최고선의 개념을 논구할 수 없다.

또 다시 최고선의 개념이 물자체의 개념을 대체할 수 있는가? 하는 의문점이 논구의 주요 쟁점으로 떠오른다. 즉 물자체의 개념에 해당하는 본체와 그의 본질이 해명도 되지 않은 상태에서 최고선의 개념이 물자체의 존재가 지닌 역할을 대신할 수 있을까? 하는 의문점 때문이다. 그 의문을 해소할 논구의 근거는 오로지 형이상학의 대상인 신(神)이 최고의, 최상의 존재이고, 최고의 선을 집행하는 존재자라는 개념의 조건뿐이다. 즉 최고선은 보편적인 개념이므로, 현상에서 어떤 사태가 발생하더라도, 모든 경우가 신이 지닌 최고의 기능을 벗어날 수 없게 되는 조건이다. 따라서 인간이 최고선을 추구하고 실현할 수 있다면, 논리적으로 그 기능을 지닌 현상적 존재인 인간이 형이상학적 존재인 신을 대신할 수 있는 조건이 성립할 수 있게 된다. 현상의 존재자인 인간이 최고선을 인식할 수 있다면, 최고선의 작용에 따라 존재하는 갖가지 여러 사태를 일일이 따져야할 이유가 없게 된다. 왜냐하면 자율성과 자유성을 지닌 인간이 최고선의 이념에 따라 행동하면, 인간사회는 개인들이 일으키는 공동체의 문제를 선도적으로 해결해 나갈 수 있기 때문이다.

그럼에도 불구하고 여전히 해소되지 않은 또 다른 의문점은 여러 사태의 원인과 동기가 최고선의 개념에 의해 통제되는 것인가? 하는 물음이다. 즉 최고선의 개념이 여러 사태의 궁극원인의 역할을 수행하는가? 하는 물음이다. 그런데 이 의문점의 해명은 다음의 가설을 먼저 해소해야한다. 그것은 만약 최고의 선에 버금가는 최고의 악이 존재한다면, 현상계를 가능케 한 궁극의 구성요소들이 최고의 선을 지닌 존재자에 의해 존재하게 되는 경우와 최고 악을 지닌 존재자에 의해 파멸하게 되는 경우가 동시에 가능케 되는 모순점이다. 세상의 생성과 세상의 파멸이 동시에 가능하면, 세상은 형성을 지속할 수도 없고, 소멸을 지속할 수도 없는 혼란의 소용돌이에 휩쓸리게 된다. 그러면 우주는 지금의 현상계가 아니라, 혼란이 되풀이하는 현상계의 모습으로 존재할 뿐이다.

최고선의 개념은 원리와 원인을 뒷받침하는 근본요건이다 궁극원리와 궁극원인의 모습은 구성인자의 불변적 특성이 아닐 수 없다. 그러므로 이런 사태가 일어나지 않고 있는 현상은 존재의 본질과 원리가 최고선의 개념에 부합한다는 논거를 입증하는 단적인 사례가 아닐 수 없다. 절대적 존재는 어떤 경우에서도 파생적이고 종속적인 다른 요인에 의해 결코 변화될 수 없다. 파생된 것이 근본의 것을 부정하고 파멸할 수 있는 여지는 현상계에 있을 리 만무하다.

실천적 자유와 주체철학

인식론의 논구는 자연형이상학을 구축한 인식능력의 본질을 논구해야 완결된다. 자연형이상학이 논구할 수 없는 실천이성의 선의지와 반성적 판단력의 미의식을 논구해야 한다. 수학과 물리학의 학적 기반이 확실하다면, 그것을 기반으로 한 도덕의 실천이성의 영역과 예술의 감성적 판단력의 논구는 진리의 타당성을 확보할 수 있다.

그 과제는 실천이성과 반성적 판단력의 작용이 자연의 물질영역에서 자연과 상호조화를 이룰 수 있는 방법을 논구하는 지적 작업이다. 칸트는 인간의 의식이 기계론적인 인과율이 작용하는 자연을 지배하는 상황을 의도하지 않았다. 실천이성과 반성적 판단력은 궁극적으로 자연의 영역과 인간의 영역이 상보적으로 공존하는 상태를 이룩할 수 있는 지적기능이다.

칸트의 비판철학이 이와 같은 의도를 가지고 있지 않았다면, "자연과 인간과 신의 목적론"을 3대 비판서 전부에 걸쳐 논구하지 않았을 것이다. 칸트의 비판체계를 총체적으로 파악해야 하는 이유는 인간의 본질이 내재한 실천적 목적 때문이다. 칸트가 논구한 목적론은 자연과 인간과 신의 3자 중, 어느 한쪽에 일방적으로 편중되어 있지 않다. 칸트가 자연에 대해 인간의 우위를 일방적으로 주장하려고 했다면, 그는 자연에 작용하는 목적론을 전개하지 않았을 것이다. 마찬가지로 인간과 자연에 대해 신의 일방적 우위를 주장하려고 했다면, 그는 인간의 실천이성과 선의지를 논구하지 않았을 것이다. 칸트가 인간의 평등을 부정하려고 했다면, 그는 자유와 자율에 기초한 도덕적 정언명법이 보편성을 갖추어야 하는 이유를 논구하지 않았을 것이다.

비판철학체계는 자연과 인간과 신의 본질을 수미일관되도록 통합하려는 의도를 지니고 있기 때문에, 칸트 사후에 여러 철학자들이 그의 철학을 수용하였다. 칸트철학이 각 분야를 조화롭게 통합하지 않았다면, 칸트를 비판하면서 등장한 피히테, 셸링, 헤겔의 발상이 등장하지 않았을 것이다.

실천적 자유의 개념을 논구하려면, 『순수이성비판』에서 정립한 선험적 자유의 본질을 정확히 파악해야 한다. 이 작업은 선험적 자유가 자연의 변화과정에서 일정하게 파악되는 대상이 아닐 뿐더러 이미 사라져 버린 인간이 남긴 그런 객관적 유물들처럼 확인할 수 있는 대상이 아니라는 사실을 전제해야 한다. 선험적 자유개념은 오로지 살아있는 인간의 사고방식이 자신의 내부에서 논증해야 하는 논리적 개념이다. 선험적 자유를 논구하는 의식작용은 외부대상으로 향하는 목적 지향적인 특성을 갖추고 있기 때문에, 선험적 자유를 논구하는 작업은 의식의 본질을 논구하는 작업과 일맥상통한다.

실천이성의 기반인 선험적 자유의 실체는 인간행위로부터 직접 논증되는 문제가 아니라 인간을 제외한 자연현상을 논구하면서 간접적으로 논증될 수밖에 없는 문제이기 때문에 논증의 방법이 필요하다. 그 이유는 인간이 존재론의 정점에 해당하는 신과 같은 존재가 아니므로, 그 과제를 경험적 탐구방법에서 직접 논증할 수 없기 때문이다.

의식은 자연에서, 자연과 더불어, 자연을 이용하여 살아가는 인간행위의 자유성을 자연의 속성을 이용하여 논구의 실마리를 찾아야 한다. 그것은 자연이 자유의 속성을 결코 보여주지 않는 사실과 자연에서 목적을 지향하는 인간행위의 속성이 자유라는 사실을 양립시키는 사유방식이다. 자연 속에서 살아가는 인간은 목적지향적인 자유로운 존재인데 비해, 그와 달리 인간의 삶의 기반이 되는 자연의 개체들은 목적 지향적인 자유로운 존재가 아니라는 사실을 비교하는 사유방식이다. 양립의 방식이 타당하면, 그 결론은 인간이 자유로운 존재임을 간접적으로 입증하는 근거가 된다.

그런데 칸트는 자연과 자유를 양립시키기 위해서는 칸트는 선결적으로 "나는 생각한다, 고로 존재한다(cogito ergo sum)."라는 데카르트의 명제가 표방한 의식의 실제성을 확립해야 한다. 왜냐하면 의식이 존재한다는 사실을 모든 현상의 실제에 앞서 증명해야만, 인간이 자신이 수립한 지식의 정당성을 확보할 수 있기 때문이다.

인간의 의식이 존재한다는 사실만으로 정신과 물질이 신에 의해 창조되었다는 데카르트의 이원론은 정신과 물질의 상호성을 뒷받침할 논증을 충분히 갖추지 못했다. 의식의 존재성을 확립한 데카르트의 명제가 다른 어떤 논증보다 탄탄한 기반을 갖추었다고 하더라도, 그 논증이 정신과 물질이 서로 다른 실체라고 주장할 만한 확실한 근거가 될 수 없었다. 그러므로 데카르트를 뒤이어 등장한 스피노자는 범신론적인 입장을 전개했고, 라이프니츠는 물리학에서의 원자론과 비견되는 단자론을 전개했다.

데카르트의 논증을 바라본 합리론자의 입장은 그 명제가 지닌 취약점을 보충해야 할 필요성을 느꼈다. 따라서 합리론의 유파는 우선적으로 신의 개념에 해당하는 보편타당한 진리의 본질을 확립하지 않을 수 없었다. 신의 명칭이 서구철학의 존재론에서 최고원리에 해당하기 때문에, 합리론자들은 그 개념에 진리로 인정받을 수 있는 이론을 채워 넣어야 했다. 즉 합리론은 정신과 물질의 상관관계를 타당하게 논증해야 했다.

그런 맥락에서 보면, 칸트의 이원론도 엄격한 비판에 직면할 수밖에 없다. 형이상학을 새롭게 수립하려는 비판철학의 선험적 논증이 합리론이 직면한 그와 같은 장애를 제거할 타당한 논증을 갖추고 있는가? 하는 비판이다. 구체적으로, "선험적 논리학의 이율배반"에서 범주의 4가지 강목을 두 가지 대립명제로 구성한 논증방식이 정신의 존재를 합리화시킬 수 있는 지적 작업으로 타당한가? 하는 비판이다.

3) 도덕적 실천행위의 합법칙성

실천행위의 위법성과 합법칙성

『순수이성비판』과 『판단력비판』에서 논구한 합목적성과 『실천이성비판』에서 논구한 합법칙성은 서로 대비된다. 자연법칙은 결정된 사물의 작용방식이므로, 법칙의 필연성과 합당성에 대해서는 특별한 논구가 필요치 않다. 그러나 인간의 의식은 스스로 행위의 법칙을 만들고, 그것을 당위적으로 준수해야하기 때문에 특별한 논구가 필요하다. 도덕법칙과 법이 지닌 법칙성은 반드시 동등하게 논구되어야 한다. 도덕법과 법률의 상관관계는 동전의 앞뒷면과 같기 때문에, 반드시 그 논구는 양자의 본질을 분리하지 않고 진행해야 한다.

자연의 생명체는 먹이사슬의 생태계에 놓여 있기 때문에, 위기상황에 처하면 곧바로 소멸한다. 인간의 공동체는 먹이사슬의 극한적 위험을 극복하는 대응책을 마련했기 때문에, 자연 및 공동체의 법규를 위반했다고 하여 곧바로 소멸하지 않는다. 인간은 거짓과 기만으로 공동체의 법규를 위반하고, 그 위반사실을 은폐한다. 위반행위는 공동체의 질서를 해치는 결과를 초래하기 때문에, 당위성의 의미는 공동체의 존립을 위해 도덕법과 법률의 근본을 구성하는 근본요건이 된다.

인간의식에 선천적으로 내재한 최고선에 대한 자유의지는 도덕법과 그 법에 합당하게 행동하려는 본성이다. 인간이 도덕법규와 법률지식에 해박하지 않더라도, 인간의 자유의지는 본능적으로 그 법칙에 합당하려고 한다. 인간의 자유의지가 그 법칙에 합당하게 행동하지 않으려 하면, 그 행위는 인간본성의 본질적 현상이 아니다. 그 이유는 인간은 고통을 벗어나 쾌락을 추구하기 때문이다. 자유의지가 도덕법을 구축하려고 하는 목적은 자연법칙을 어긋났을 때에 직면하는 고통을 벗어나려는 의식에서 비롯한다. 자연법칙에 상응하는 생존방식을 추구하는 공동체에서, 개인이 자신의 쾌락을 추구하기 위해 공동체의 법규를 위반하는 사례는 도덕적 선의와 무관한 경우가 될 수 없다. 만약 자유의지의 본질이 최고선을 추구하는 목적이 아니라면, 인간은 죄의식을 가질 이유가 없고, 그것을 부끄러워하거나 숨길 이유가 없다. 동물이 인간처럼 죄의식을 가지고 자신의 행동을 통제하지 않는 사실은 그런 이유를 입증하는 단적인 논거이다.

인간이 죄의식을 느끼면서 왜 그런 행동을 하는가? 하는 문제점은 도덕철학이 해명해야 할 주된 과제이다. 칸트는 3대 비판서 이외의 "이성의 한계 내에서 종교" 등에서 이 주제를 심도 있게 논구하였다.

인간이 죄의식을 느끼지 않는다면, 그런 행동을 법규를 만들 이유가 없다. 법규를 위반하는 행위가 잘못이 아니라면, 인간의 공동체는 원천적으로 문명사회를 건설할 수 없다. 그러면 인간이 문명사회를 건설하고 유지하고 발전시킬 방법을 공유할 수 없기 때문이다. 법규를 인식해야 하는 이유는 무지가 초래하는 잘못을 예방하기 위함이다. 법규를 의식적으로 위반하는 경우는 순진한 상태에서 죄의식을 느끼지 못하는 경우가 아니다. 법규가 필요 없다는 인식과 법규가 잘못되었다는 인식이 서로 구별된다. 기존의 법규가 잘못되었다면 그것을 수정해야 한다. 수정의 과정에서 법규를 위반한 경우는 법률적용의 논란을 야기한다. 논란의 여지가 있는 경우에는 죄의식에 대한 판단도 함께 논란거리가 된다.

법을 악용하여 이익을 도모할 경우에 개인에게 발생하는 죄의식은 실천이성이 다루어야 할 근본과제이다. 개인이 쾌락을 추구하기 위해 법규를 무시할 적에 발생하는 죄의식도 실천이성이 다루어야 할 근본과제이다. 실천이성은 이익을 도모하는 이기심, 쾌감을 충족하려는 충동심이 죄의식을 마비시키는 경우를 특별히 다루어야 한다. 동물이 먹이를 사냥할 경우 타 동물의 눈치를 보지 않는다. 인간은 공개적으로 타인을 살해하지 않는다. 사회가 허용한 경우가 아니면 살인행위를 하지 않는다. 그러나 죄의식이 마비되면 충동적 살인뿐만 아니라 계획적 살인을 자행한다. 그 이외에는 모든 살인행위는 은밀히 실행되고 은폐하려고 시도한다. 그 경우는 살인을 저지르는 심리가 죄의식을 느끼는 경우와 느끼지 않는 경우로 구별된다.

사회생활을 하지 않는 곳에서는 지켜야 할 사회법규도 없다. 하지만 사회생활을 포기한다고 하여, 죄의식이 사리지는 것은 아니다. 사회생활을 포기한 인간에게 죄의식이 아예 사라질 수 있는 유일한 조건은 먹이사슬과 약육강식의 상황에 적응하면서 살아가는 동물이 되는 경우이다.

인간은 사회생활을 하는 존재자이므로, 모든 구성원들은 사회법규를 지켜야 하는 당위성을 공유한다. 개인이 사회생활을 하면서 법규를 거부하면, 사회는 당사자를 강제적으로 격리한다. 사회생활을 하면서 법규를 위반하는 경우는 당사자에게 법규위반을 은폐하려는 심리를 유발한다. 법규를 위반한 행위를 범죄행위로 판정하는 과정은 죄의식의 본질에 대한 문제점을 유발한다. 법규의 토대인 정당성에 관한 문제이다. 그 문제는 법률위반의 처벌에 대한 방어권의 문제이다.

인간의식은 법규위반을 알면서도 의도적으로 위반행위를 한다. 그 경우에 위반자가 양심의 가책을 전혀 느끼지 않는 경우가 가능한지의 여부는 죄의식의 본질에 관한 문제점을 야기한다. 그것은 양심의 가책을 느끼지 않는 경우가 도덕성의 토대인 선천성을 부정할 수 있는 근거가 되는지의 관점이다. 실제로 인간에게 양심의 가책을 느끼지 않는 경우가 발생하기 때문에, 칸트는 이런 의문점을 해명하려고 했다.

죄의식은 법규가 존재해야 적용할 수 있는 논구대상이다. 법규가 없으면, 법규를 위반했다는 의식을 가질 필요가 없다. 『실천이성비판』에서 논구하려는 주제는 더 근원적인 과제로서 법규를 만들려고 하는 의식의 선천성이다. 좋음을 추구하는 욕망은 문명사회를 건설하려는 목적의식과 분리할 수 없는 인간의 본성이므로, 법규를 만들어야 하는 이유와 필요성도 실제로 법규를 만들려는 실천행위와 분리될 수 없다. 그러므로 문명사회에서 발생하는 범죄행위의 심리요인은 도덕성의 선천성을 부정하는 근거가 될 수 없다. 실천이성의 논구대상은 인간이 도덕의 본성을 상실한 경우이다. 그리고 도덕의식의 기능의 정상적으로 작용하지 않는 경우이다.

자율성과 타율성

도덕의식이 정상적으로 작용하지 않는 경우는 도덕의식이 심리기능을 통제하지 못할 때이다. 개인이 처한 상황에 따라 발생하는 심리요인의 원인은 천차만별이다. 개별적 사례는 인식기능이 분석하여 그 원인을 파악할 수 있지만, 도덕법과 법률이 다루어야 할 심리요인은 도덕적 자유의지가 심리적 상태를 스스로 통제하지 못하는 경우이다. 인식의 판단기능이 그런 위법사실을 충분히 인지했음에도 불구하고, 도덕의식이 정상적으로 작용하지 못한 경우이다. 특히 지식인들에게 적용할 수 있는 도덕의식의 마비현상이다. 『실천이성비판』은 이 경우에 대해 두 가지로 접근한다.

첫째는 법을 제정하는 집단이 가져야 할 도덕의식의 원칙이다. 실천이성이 규정하는 보편적 도덕법규이다. 사회지도층은 이 법규를 통해 상황에 맞추어 끊임없이 법을 제정하고, 실행하고, 수정한다. 더 나아가 앞날을 통찰하여 선제적이고 예비적으로 정책을 마련하여 법의 세세한 점을 보완한다. 정책이 잘못되면 법규의 집행에 시비가 발생한다. 법이 모든 경우를 모두 대처할 수 없기 때문에, 정책이 하위 법의 역할을 한다.

둘째는 실천이성의 최고원칙을 근본으로 삼아, 개인이 도덕의식을 수양을 통해 함양하고 고치하도록 만드는 교육이다. 소위 도덕의식을 강화하는 교육과정이다. 최고원칙은 권리, 책임, 의무 등의 개념을 포괄하는 상위개념이므로, 무소불위의 대원칙이고 무조건의 정언명법이다. 최고원칙의 의식은 인간이 문명사회를 건설하고, 유지하고 발전해나가는 활동에 조건 없이 작용해야 하는 도덕규범의 인식이다. 사회의 도덕교육을 통해 이 의식을 공유해야 한다.

인간이 선천적으로. 자발적으로 도덕법규를 준수하려는 의지가 없다면, 그것은 당연히 타율적이게 된다. 인간의 행위가 타율적이라는 의미는 인간이 자발적으로 도덕법규를 준수할 수 없다는 사실을 전제한다. 그 경우는 모순을 야기한다. 인간의 행위가 타율적이면 인간이 자율적으로 도덕법규를 만들 수 없기 때문이다.

타율의 문제는 인간 이외의 상위존재가 인간을 직접 이끌어야 하는 제약을 전제해야 한다. 도덕성에서 논구하는 자율과 타율의 상관관계는 인간이 노예처럼 상위존재에 의해 끌려가는 상황을 전제하지 않고, 단지 타율과 자율이 공존하는 양립의 상황을 전제한다. 위에서 논구한 바처럼, 준법과 위법의 공존이 인간의 선천적 도덕성을 부정할 수 있는 근거가 될 수 없는 것처럼, 자율과 타율의 공존이 인간의 선천적 도덕성을 부정할 수 있는 근거가 될 수 없다. 인간의 선천적 자율성은 인간과 동물을 차별하는 본질적 근거이다. 자연과 문명을 차별하는 원천적 근거이다.

자율성에 대비되는 타율성은 크게 두 가지 관점에서 논구될 수 있다. 그 경우에도 자율성이 타율성을 뒷받침한다.

첫째는 신생아가 자립하기 전까지 부모들에게 양육을 받는 경우이다. 성장하는 과정에서 지식을 학교에서 획득하기 위해 학교에서 교육을 받는 경우이다. 영양분과 지식을 공급받아야 하는 성장과정은 타율적이라고 규정될 수 있다. 그러나 인간이 그 과정을 적응하려면 의식이 자발적으로 작용해야 한다. 의식이 자발적으로 작용해야만, 인간은 지식을 습득할 수 있다. 의식이 지식을 이해할 수 있는 기능을 갖추고 있어야만, 인간은 생존에 필요한 지식을 습득할 수 있다

둘째는 유기적 구조를 갖추고 있는 사회제도에서 하부기관이 상부기관의 명령을 따르는 경우이다. 이 경우는 전체라는 목적을 달성하기 위해 역할을 분담하고 있는 체제로서, 분업과 협동을 통해 공동의 목적을 달성

하려는 효율적 방법이다.

실천이성이 정립한 최고원리의 정언명법은 도덕법의 근원이면서 동시에 법률의 근원이다. 그러므로 칸트의 정언명법은 보편적이다.

4) 『실천이성비판』에서 최고선을 다루어야 하는 이유

주목

인류의 역사에서 문명사회의 토대를 수립한 선각자들은 보편성을 갖춘 통합원리의 대원칙을 수립했다. 그러나 그 원칙의 토대는 시대의 변천상황을 제대로 수용하지 못할 정도로 불안정했다. 18세기에 이르러 비로소 칸트가 그 원칙의 학적 토대를 비판철학의 체계를 통해 올바르게 논구했다.

단일의 이성이 자연에서 형이상학의 대상을 인식하여 존재의 궁극원리를 곧바로 확정할 수 있었으면, 사변이성과 실천이성으로 구별될 이유와 필요가 있을 수 없다. 이성이 외부의 자연에서 자연의 궁극원리를 논구할 수 없었기 때문에 궁극원리를 논구할 수 있는 장소 및 방법을 달리 해야만 한다.

『실천이성비판』에서 최고선을 다루는 이유는 도덕형이상학의 학적정초를 위해서이다. 인간이 도덕적인 이유는 공동체를 구성하고, 공동체를 문명사회로 발전시키기 위함이다. 문명사회는 인간이 인간다운 생존을 실현할 수 있는 삶의 터전이다.

인간이 현상계에서 문명사회를 건설하려면, 자연에 대한 올바른 이해가 선행되어야 한다. 인간은 이 과제를 두 가지의 사고방식을 통해 그 목적을 달성한다.

첫째는 인간생존의 터전인 자연환경을 기계론적 인과율로 이해하는 사고방식이다.

둘째는 자연현상의 전체상황을 목적론적 이념으로 이해하는 사고방식이다.

인간이 문명사회를 올바르게 건설하고, 유지하고, 지속으로 발전시키려면 자연과 인간의 양립과 조화를 가능하도록 만들 형이상학적 통합원리를 수립해야 한다. 그 목적은 자연의 존재법칙과 인간의 당위법칙의 본질을 일관되도록 만들 공통분모, 연결고리, 매개수단을 마련해야만 성취가 가능하다. 공통분모에 해당하는 요소는 사물의 근본요소가 지닌 관념적 성질과 그 관념성이 지향하는 목적적 성질이다. 인간은 자연의 사물이 지닌 관념성의 본질을 올바르게 수립해야만, 목적 지향적 행동양식과 개별행위의 목적을 체계적으로 통합할 수 있다.

칸트가 자연의 속성을 이원화시킨 이유는 자연이 갖춘 고유한 특성을 인간의 인식기능이 논리적 절차에 따라 파악한 결과 때문이다. 자연을 기계론적 인과율로만 한정해서 바라보면, 자연현상에 존재하는 생성과 소멸현상, 질서와 무질서현상 등을 도저히 설명할 수 없다. 이 두 가지 양상을 총체적으로 해명하려면 기계론적 인과율의 본질을 뒷받침할 수 있는 더 근원적 존재원리를 찾아야 한다. 의식은 이 작업을 위해 오성의 인식기능에 "관계와 양상강목"에 속한 각각의 3가지 범주개념을 갖추고 이 작업을 수행한다.

이 과정에서 주목해야 할 요인이 있다. 그것은 목적론적 이념을 구성하는 작업이 오성의 인식작용을 넘어서 이성의 인식작용에 의한 작업인 사실이다. 동일한 범주개념이 작용하는 하나의 인식기능이 오성과 이성이 구분되는 이유는 오성이 이념을 구성하게 되면, 이성의 인식대상이 현상의 경험적 대상이 되어야 하는 제약 때문이다. 즉 이념의 대상이 경험적 대상이 되려면 현상계에서 경험되어야 하는 조건을 충족해야하기 때문이다.

그런 경우에 경험론은 이념이 사물의 변화에 작용하고, 그 작용을 근거로 삼아 이념이 현상계에 내재하고 있다는 주장을 내세울 수 있다. 그리고 이념의 본질을 오성이 경험의 사실을 종합하여 형성한 추상개념이라고 주장할 수 있다. 하지만 이념을 경험적 추상개념으로 간주하는 경험론은 존재의 근원이 지닌 관념성을 설명할 방법을 전혀 갖출 수 없는 취약점을 극복할 수 없다.

경험론이 이와 같은 입장을 취하면, 논구는 원점으로 되돌아간다. 이념의 보편성은 의식이 갖가지로 변화하는 구체적인 개별상황에 맞추어 상황논리를 전개하고, 상황에 적절한 방법을 구상할 수 있는 방법론의 토대이어야 한다. 의식이 상황에 선제적으로 대처할 수 있어야만, 의식의 인식기능은 선험적 요건을 충족할 수 있다. 그리고 이념도 선험적 원리가될 수 있다. 그러나 경험론이 이념을 귀납적 성격을 지닌, 개연적인 추상개념이라고 주장하면, 다음의 문제점에 직면한다. 그것은 경험론이 주장하는 그들의 이념에는 개별상황에 선제적으로 대응할 수 있는 보편성이 없기 때문에, 인간이 항상 경험적 사태를 뒤쫓아 가서 상황을 설명하는 지성의 한계이다. 더 나아가 그것은 그들의 이념에 보편성이 결핍되어 있기 때문에, 항상 경험의 사실에 맞추어 수정해야 하는 개별지식이 되는 한계이다.

그러므로 사변이성이 자연현상에서 이념을 구축할 수 없다면, 사유에서 이념을 구축해야 한다. 바로 그 과제가 실천이성의 작업이다. 형이상학의 대상이 자연의 대상이 아니므로, 자연에서 이념을 구축할 수 없다는 결론은 상상력에 의해 구성된 이념이 논리성과 사실성을 결핍한 비학문적 지식을 의미하지 않는다. 그런 결론은 회의적 입장에 도달하지 않는다.

생물학적으로 보면, 인간은 움직이는 동물이다. 인간의 실천적 행위는 문명사회를 건설하려는 목적을 지향한다. 인간은 자신이 지향하는 목적을 하나로 통합하는 보편적 원리를 구축해야 비로소 자연과 자유를 통합할 수 있는 토대를 마련할 수 있다. 형이상학적 대상을 객관적 인식대상으로 확증할 수 있다. 단지 그 실재성을 자연에서가 아니라 자신의 의식에서 발견한다. 의식이 자신의 내부에서 자연을 탐구하는 인식기능을 고스란히 그대로 활용하여 발견한다.

형이상학적 존재는 의식에서 논증되기 때문에, 인간은 그 대상을 자연의 경험적 대상과 구별한다. 그리고 그것을 의식이 요청(postulat)하는 대상으로 규정한다. 이 용어는 공준의 의미뿐만 아니라 계명(Gebot), 공리(Axiom, Grundsatz))를 의미하는 것이므로, 이 용어가 가리키는 대상은 형이상학의 이론의 대전제가 된다. 이 용어는 모든 학적 지식의 기본토대를 가리키는 원칙, 주의, 원리, 법칙, 교의 등의 용어와 동일한 의미를 공유하고 있기 때문에, 당연히 그 용어가 포괄하는 대상에 의해 스스로 주관적 객관성을 확보한다. 논리학의 범주는 현상의 모든 사실성을 포괄할 뿐만 아니라, 객체의 사실성과 부합한다. 외부의 사실이 학문의 지식인 진리가 되려면 논리학의 범주개념에 의해 이루어지고, 논리학의 범주개념은 현상계의 모든 사실을 포괄해야만 그 지위를 확보할 수 있다.

실천이성의 효능

형이상학적 대상은 망망대해에서 배들이 나아가는 항해를 지도하는 북극성 및 남십자성과 같은 역할을 한다. 인간은 지구의 정체를 파악함으로서 과거가 비할 바 없는 정밀한 해로를 만들었지만, 북극성과 남십자성의 역할은 변치 않는다. 불변의 기준을 근거로 하여 갖가지 해로가 개척되듯이, 인간사회는 형이상학적 대상을 근본으로 삼아 상황에 걸 맞는 이념을 형성한다. 상황이 변하면 이념은 변할 수 있지만, 형이상학의 근본성격은 바뀔 수 없다. 비유컨대, 그 이유는 모든 배가 북극성과 남십자성을 기준으로 삼아 상황에 맞추어 자신의 항로를 올바르게 결정하듯이, 개인도 형이상학적 이념을 기준하여 자신의 행동방침을 상황에 맞추어 올바르게 결정하기 때문이다. 즉 모든 배가 북극성과 남십자성을 기준으로 삼아 자신의 진로 결정하기 때문에 혼란이 없이 공존할 수 있는 사정이다.

이것이 유기적 사회의 본질이자, 사회질서가 유지되는 본질이다. 유기적 사회조직이 효율적으로 작용하려면, 북극성과 남십자성의 역할을 하는 도덕적 이념이 사회체제를 뒷받침해야 한다. 만약 인간이 자신의 경험적 판단을 기준으로 삼아 자신의 진로를 결정하게 되면, 사회질서는 개인의 이기적 판단과 행동 때문에, 중구난방이 되어 무질서한 혼란에 휩싸이게 된다. 비판철학은 한편으로는 대상의 사실성을, 다른 편으로는 사유의 논리성을 바탕으로 하여 이념을 구성했다. 이념이 객관성을 갖추고 학적 지식이 될 수 있는 이유는 사실성과 논리성이 공통의 동질성을 공유하고 있기 때문이다. 그러므로 이념은 마치 배가 나가야 하는 항로와 같은 성격의 경험적 사실과 배의 진로를 안내하는 북극성과 같은 성격의 논리적 기준을 통합하여 만든 학문적 지식이다.

목적 지향적 인간은 자신이 실현하려는 목적이 보편성을 바탕으로 하고 있음을 주장하려면, 그 논거를 제시해야 한다. 그 논거는 인간의 인식기능이 구축한 보편적 실천원리이다. 실천원리가 보편적 특성을 갖추고 있기 때문에, 최고의 성격을 지닌다. 행위의 최고원리는 최고로 좋은 것이어야 한다. 인간이 추구하는 것이 고통이 아닌 쾌락이라면, 당연히 고통을 주는 나쁜 것이 아닌 쾌락을 주는 좋은 것이 근본원리의 성격이 되어야 한다. 보편적 성격의 최고선은 개인이 추구하는 개별적 쾌락이 아니다. 최고선은 모든 인간에게 적용되는 행동원리이기 때문에, 개인의 쾌락을 가능케 하는 사회질서의 대원칙이 된다. 실천이성의 도덕적 원칙은 개인의 감각을 즐겁게 하는 쾌감을 논구대상으로 삼지 않는다. 모든 사람들이 더불어 살아가는 사회를 평화롭고 안전한 질서를 갖추도록 만드는 역할을 지닌 대원칙이다. 개인의 목적행위가 바라보아야 할 북극성과 같은 성격의 길잡이인 최고선의 원칙은 자유의지에 의한 목적행위가 갖추어야 할 정당성의 토대가 되는 통합원리이다.

인간은 이로써 형이상학의 토대인 최고선의 원칙을 외부세계에 객관적으로 제시할 수 있고, 자연과학의 객관적 지식과 더불어 학문의 체계를 구축할 수 있다. 인간이 주관적 도덕적 이념과 더불어 객관적 법을 제정할 수 있기 때문에, 문명사회는 도덕적 질서를 바탕으로 하여 객관적 형태의 법치국가를 지향할 수 있다.

현대인은 형이상학적 대상을 도외시하고 형이상학적 존재원리를 무시했을 때, 자신들이 문명사회를 과연 제대로 유지하고 발전시켜 나갈 수 있겠는가? 하는 의문점을 철저히 반성해야 한다. 현대인이 자연과학의 지식에 함몰하여 반형이상학적 입장에서 물질적 쾌락을 추구하는 자신들의 행동양식을 자유의지가 실천하는 행동양식으로 전환할 수 있는지를 반성해야 한다.

칸트는 물질적 쾌락을 충족하려는 행복의 가치관을 부정하지 않았다. 하지만 인간은 그것만으로 의식이 지향하는 문명사회를 제대로 건설할 수 없다. 인간의 무리는 문명사회를 건설하는 과정에서 인간 상호간의 충돌에 휩싸이면, 도덕행위 실천목적을 포기해 버린다. 그런 맥락에서, 홉스가 문명사회의 이전 시기를 "만인 대 만인의 투쟁"라고 표현한 명제의 의미는 인간본성을 이해하는 작업에서 대단히 중요하다. 인간사회가 혼란을 극복하고 질서를 형성하려면, 공동체는 개인들이 지닌 개별적 목적의식을 통합할 수 있는 보편적 가치관인 공동이념을 제시해야 한다. 문명사회를 건설하는 과정에서 이념의 등장은 자연스러운 현상이다. 그러나 이념을 올바르게 정립하지 못하면, 이념이 없어서 혼란에 휩싸이는 경우와 마찬가지로 혼란에 휩싸인다.

올바른 이념을 객관적으로 타당하게 구성하려면 정립방법을 갖추어야 한다. 이념을 정립하려면, 선행적으로 이념의 본질을 정확히 파악해야 한다. 이념의 본질은 존재원리이다. 사회의 지도층은 존재원리를 바탕으로 구성원들을 화합할 수 있는 행동지침을 마련해야 한다. 존재원리는 보편적이기 때문에 사물과 같은 개별대상이 아니다. 그것은 형이상학에서 체계적 이론으로 존재하는 지성의 대상이다. 존재원리의 내용을 포괄하는 대전제가 없으면, 존재원리가 존재할 수 없다. 그러면 인간은 존재원리가 없는 존재가 가능한 모순에 직면한다.

세계는 모순적 존재가 아니다. 세계는 존재원리를 갖추고 있다. 인간은 형이상학적 존재이고, 존재원리를 해명하는 형이상학을 구성할 수 있다. 실천이성이 구성하는 최고선의 실천원리는 존재원리에 부합한 특성을 갖추고 있다. 인간은 그것을 바탕으로 하여 존재원리에 해당하는 형이상학의 존재를 확인할 수 있다. 만약 최고선의 개념만을 인정하고, 형이상학의 대상을 거부하면 인간은 당연히 유아론(독아론)에 빠진다. 인간이 유아론의 입장에서 형이상학의 대상을 거부하면 모든 논구는 다시 원점으로 되돌아가 혼란에 휩싸이게 된다. 그러면 가장 중요한 문제점이 발생한다.

그것은 투쟁을 변증적 발전의 동인으로 간주했을 때, 투쟁의 양상을 수습하고 투쟁의 당사자들을 화합시킬 방법이 무엇인가? 하는 의문점이다. 적대적 입장의 투쟁으로 인해 서로가 피폐한 상황에서는 한쪽이 다른 쪽을 변증적 발전을 도모할 당사자로 쉽게 간주할 수 없게 된다. 투쟁이 바람직하게 수습되려면, 당사자가 서로 지향하는 목적을 공유해야 한다. 그 공유점은 북극성과 남십자성과 같은 이념이어야 한다. 그 이념을 서로 공유해야 비로소 서로가 대화를 통해 투쟁의 양상을 해결할 방법을 모색할 수 있다. 이념의 토양이 없으면, 당사자들은 자신의 입장에 함몰하여 끝없는 대립, 반목, 마찰 투쟁의 양상을 지속할 뿐이다. 이런 형이상학적 이념을 전제하지 않은 의사소통이론은 효용이 전무한 발상에 지나지 않게 된다. 그러면 의사소통이론은 철학자들이 가식적으로 외친 구호가 메아리가 되어 전파된 소리의 울림이상이 될 수 없다.

투쟁의 과정에 희생이 따르면 투쟁을 극복하는 과정에도 희생이 따른다. 병이 나서 아픈 고통과 병을 낫기 위해 수술하는 경우에도 고통이 따른다. 고통을 덮개로 가리고 고통 없이 병을 완치한다는 말은 거짓이다. 쾌락을 추구하는 이기적 행위를 자유의 미명하에서 옹호하는 발상은 선의지로 이기적 행위의 문제점을 극복하려는 자유의지를 반자유로 매도하고 배척한다. 그런 경향을 철저히 비판하려면, 그 입장은 이념의 본질을 철저히 규명해야 한다.

칸트의『실천이성비판』이 그 과제를 수행하는 장소이다. 칸트가 형이상학적 이념을 종교교리에서 근거를 찾지 않고, 도덕성에서 근거를 찾은 의도는 모든 인간이 빠짐없이 공유할 수 있는 보편적 이념의 요건을 논증하기 위해서였다.

민주주의 정치이념의 무력화는 형이상학적 토대를 상실함으로서 발생한 양상이다. 현대인은 민주주의의 문제점을 사회과학적 사고발상으로 해결할 수 없음을 깨달아야 한다. 그 해결책이 자연과학의 토대위에서 형이상학의 이념을 수립하여 자연과 인간의 본질을 통합한 사고방식이 도덕형이상학의 체계임을 직시해야 한다. 현대인이 그 점을 수용해야 한다는 점에서 칸트의 발상은 현대적이다.

4. 반성적 판단력과 미의식

주목 – 좋음과 아름다움의 상관관계

좋음은 개별적이다. 다수가 좋음을 공유하려면, 좋음의 의미를 반성해야 한다. 반성은 조화와 균형을 추구한다. 조화와 균형을 이룬 모습은 아름답다. 좋음을 아름답다고 판정하려면, 반성적 판단력이 쾌 · 불쾌(좋음과 나쁨)의 대상이나 상황을 조화와 균형의 개념으로 고찰해야 한다. 반성적 판단력에 의해 실천이성의 보편적 자유는 개인의 다양한 실천행위에서 개별적이고 구체적으로 작용한다. 예술의 개별행위가 그 점을 입증한다. 마찬가지로 평론의 모든 비평이 그 점을 입증한다. 미학은 도덕철학을 바탕으로 하여 성립한다. 각 분야에서 좋음의 개념을 상황에 맞게 적용함으로서 현상의 다양한 발전이 가능하고, 각 분야의 다양성은 사회질서를 위한 도덕과 법률의 보편적 자유와 개인의 자유를 조화롭게 양립시킨다. 예술과 비평의 활동이 변증적 사유방식에 의해 활발하게 진행할 적에, 사회는 문명사회의 창조적 본질을 이룩한다.

반성적 판단력이 조화와 균형의 관념으로 문명사회의 다양성을 추구하기 때문에, 예술과 비평에 갖가지 유파가 등장한다. 추해보이거나, 기이해 보이거나, 비정상적으로 보이는 작품과 비평이 미학적이게 되는 이유는 그들이 직접 개별적인 상황에서 구체적으로 조화와 균형의 의미를 추구하기 때문이다.

좋고 아름다운 사회를 형성하려면, 예술과 비평이 사회를 이끌고, 정치

314

를 이끌고 가야 한다. 예술가와 비평가가 좋음을 비판하고서 조화와 균형을 이룬 아름다움을 추구해야 하는 자신의 본분을 망각할 적에, 자신이 속한 집단은 공정고 불공정에 대한 혼란에 휩쓸리게 된다. 예술가와 비평가가 어설픈 도덕성과 정의감으로 조화와 균형의 관념을 추구한다면, 그 결과와 결론은 저급해진다. 좋음과 아름다움을 추구하는 예술과 비평이 정치세력에 함몰하여 종속되면, 좋음의 가치관은 왜곡되고, 사회 구성원들의 인성이 그로 인해 피폐해진다.

반성적 판단력의 논구는 『순수이성비판』과 『실천이성비판』의 논구를 바탕으로 해야만 진행할 수 있다. 반성적 판단력의 특성을 이해하려면 앞선 양 비판의 상관관계를 주목해야 한다. 반성적 판단력의 이해는 양 비판의 특성을 먼저 파악해야 조건을 충족해야 한다. 칸트가 반성적 판단력을 규정한 내용은 3가지 비판체제의 상관관계의 특성을 확연히 밝히고 있다. 그러므로 반성적 판단력의 논구는 항상 전면에 양 비판의 상관관계를 전제한다.

『판단력비판』의 논구방향

칸트는 이 점에 대해『판단력비판』에서 명확히 논구하였다. 칸트는 대표적으로『판단력비판』서론에서 "선천적으로 입법적인 능력으로서의 판단력에 관해서(Von der Urteilskraft als einem a priori gesetzgebenden Vermögen)"의 주제로서 판단력의 본질을 규명했다. 목적론적 판단력의 변증론에서는 "자연의 객관적 합목적성의 개념은 반성적 판단력에 대한 이성의 비판적 원리이다(Der Begriff einer objektiven Zweckmäßigkeit der Nature ist ein kritisches Prinzip der Vernunft für die reflektierenden Urteilskraft)"의 주제로서 반성적 판단력의 본질을 규명했다.

칸트는 인간의 미의식을 논구하는『판단력비판』의 장소에서 두 가지의 과제를 구분하였는데, 하나는 '취미 판단'이고, 다른 하나는 '목적적 판단'이다. 비판철학의 체계를 마무리를 하는 『판단력비판』의 이채로운 구성의 체계는 칸트의 의도를 총체적으로 파악할 수 있는 방법의 핵심요건이다.

칸트는 판단력을 크게 두 종류의 미감적 판단력과 목적론적 판단력으로 구분했다. 칸트는 미감적 판단력 분석을 재차 두 종류의 미의 분석론과 숭고의 분석론으로 다시 구분했다. 이 구분에서 특이점이 발견되는데, 그것은 『순수이성비판』과 『실천이성비판』의 구성을 원리론과 방법론으로 구분한 경우와 달리, 『판단력비판』에서는 원리론의 제목 대신에 원리론에 속한 분석론으로 논구를 시작한 입장이다. 게다가 취미의 판단력에서는 방법론이 없고, 목적론의 판단력에서는 방법론이 있는 사실이 특이하다.

다음으로 주목해야 할 특이한 사항은 칸트가 목적론적 판단력을 논구하기 이전에 취미판단의 제3계기에 "취미판단에 있어서 고찰되는 목적의 관계(nach der Relation derZwecke, welche in ihnen in Betrachtung gezogen wird)"의 제목을 붙여 합목적성을 논구한 입장이다.

칸트가 논구한 『판단력비판』의 과제를 제대로 이해하려면, 취미판단과 반성적 판단력의 특성을 먼저 주목해야 한다. 그것은 다섯 가지의 항목으로 정리된다.

첫째, 취미판단의 감성적 심리요인

둘째, 취미판단의 주관성

셋째, 취미활동의 예술성

넷째, 반성적 판단력의 객관성

다섯째, 사변이성과 실천이성의 매개적 역할

1) 취미판단과 반성적 판단력의 인식론적 특성

감성의 영역에서 규정적 판단과 미적 판단이 서로 구별되는 인식론적 의의

칸트의 3대 비판에서 차지하는 판단력비판의 학적 의의에 대한 칸트의 해명은 인간지성의 본질을 분석하는 과정에서 가장 중요한 사실을 적시했다. 그것은 반성적 판단력이 사변이성과 실천이성을 통합하는 역할을 지닌 감성적 인식기능이라는 특성이다. 칸트는 그 사실을 3단계로 나누어 설명했다.

칸트는 경험으로는 자연에 오성개념으로 이해하고 설명할 수 없는 합법칙성이 있음을 아래의 문장에서 표명했다. 칸트는 그 해명의 과제를 이성에게 부여하지 않고 판단력에 부여했다. 그 입장은 종전의 다른 철학자들에게서 결코 발견할 수 없는 경우이다. 이로써 판단력 비판력이 지닌 인식기능의 특성은 칸트에 의해 철학의 주요 논구대상으로 등장하게 된다.

"…자연의 논리적 판정에 관해서 보건데, 거기에서는 경험은 감성적인 것에 관한 보편적 오성개념으로서는 충분히 이해하고 설명할 수 없는 합법칙성을 사물들에 관하여 제시한다. 그 경우에는 판단력은 자연사물을 불가인식적인 초감성적인 것과 관계시키는 원리를 자기 자신으로부터 이끌어 낼 수가 있으나, 그 원리를 단지 자기 자신에 관해서만 자연의 인식에 사용하지 않으면 안 된다."

칸트는 『순수이성비판』과 『실천이성비판』을 통해 초감성적 존재자를 다루는 인식기능이 사변이성인지 실천이성이라는 사실을 논증했다. 그러므로 칸트는 초감성적 존재자를 인식대상으로 다룰 수 있는 지적기능을 실천이성으로 규정한 반면에, 반성적 판단력은 초감성적 존재자를 인식대상으로 다루는 지적기능이 아니라고 규정했다. 즉 칸트는 초감성적인 존재자에 의한 자연의 합법칙성을 논증하는 지적 작업이 실천이성이 요청하는 초감성적 신의 존재에 대한 주관적 객관성의 논증에는 도움이 되겠지만, 그러나 그 초감성적 대상은 감정의 쾌감을 직접적으로 발생하는 존재자가 아니라고 밝혔다.

> "그러므로 자연의 논리적 판정에 있어서는 그러한 선천적 원리는 과연 세계존재들에게 적용될 수 있고, 또 적용되어야 함과 동시에, 또한 실천이성을 위해서도 유리한 전망을 개시하기는 하지만, 이 원리는 쾌·불쾌의 감정에 대하여 직접적 관계를 가지는 것은 아니다."

바로 이 지점에서 초감성적 존재자와 쾌와 불쾌의 감정이 서로 직결되는 있는 의식구조의 특성을 밝혀야 하는 과제가 중요해진다. 그것은 오성이 다루는 자연과 이성이 다루는 형이상학적 대상사이에 놓인 괴리감을 극복하고, 사변이성과 실천이성을 매개하여 존재의 본질을 완성하는 인식론의 작업이다. 칸트는 비판철학의 마지막 단계에서 사변이성과 실천이성에서 다루지 못한 반성적 판단력을 다룬다.

> "이 관계야 말로 판단력 원리에 있어서의 수수께끼요, 이 수수께끼로 말미암아 비판에 있어서 이 판단에 관한 하나의 특별한 부분이 필요하게 된다. 개념에 따르는 논리적 판정이라면(개념으로부터 결코 쾌와 불쾌의 감정에 대한 직접적 추론을 이끌어 낼 수가 없는 것이다), 결국 그러한 판정의 비판적 한정과 함께 철학의 이론적 부분에 귀속될 수도 있었을 것이기 때문이다."[1]

---

1 『판단력비판』 IX

칸트는 비판철학 및 선험철학의 목적을 쾌·불쾌의 감정 내지 감정의 표상을 논구하는 과정에서 제대로 해명했다. 칸트는 판단력비판이 비판철학의 한 부분을 차지하는 것과 달리 이성비판에서 다루어질 수 없었던 명확한 이유도 해명했다. 그것은 판단력이 인식기능이긴 하지만, 이성의 기능이 아닌 사실이다. 그러므로 칸트는 비로소 『판단력비판』의 서론에서 비판철학의 체계를 다음과 같이 언급하여 비판철학의 전체구성을 명백히 밝혔다.

> "판단력에 관해서는 비판이 이론을 대신하기 때문에 이설(교리)적 논구에는 판단력을 위한 특수부분은 없고 : 오히려 이론철학과 실천철학으로 나누어지는 철학의 구분과 또 그와 똑같은 부분으로 나누어지는 순수철학의 구분에 따라서(철학을 이론철학과 실천철학으로 구분함에 따라서 순수철학을 똑같은 방식으로 구분하는 것에 따라) 자연의 형이상학과 도덕의 형이상학학의 이설(교리)적 논구를 완결하리라는 것은(자연형이상학과 도덕형이상학이 그 작업을 완결하리라는 것) 명백한 일이다." **2**

판단력비판이 이 두 기능에 의해 해명될 수 있을 것인가? 하는 물음은 『판단력비판』의 주된 과제이다. 반성적 판단력은 한편으로는 사변이성에 의한 물리학의 원리와, 다른 편으로는 실천이성에 의한 도덕학의 원리를 활용하는 미의식의 인식기능이다. 미의식에 의한 반성적 판단력은 한편으로는 자연과학의 대상인 사물을 질료로 삼고, 다른 편으로는 도덕철학의 대상인 좋음의 가치를 바탕으로 삼아 새로운 문화적 제품을 만드는 인식기능이다.

미의식은 이성의 두 가지 기능처럼 자연과 인간과 신의 존재를 지식으

---

2 『판단력비판』 X

로 규정하는 인식기능이 아니라, 그 두 기능을 활용하여 문화적 생활공간을 건축하는 감성적 판단기능이다.

칸트는 예술적 미의식의 기반이 도덕적 이념을 구축하는 선의식과 직결되어 있음을 논구했다. 모든 인간이 도덕적일 수 없고, 또한 모든 인간이 예술적일 수 없기 때문에, 비판철학체계를 거부하는 입장은 이런 논점을 거부할 수 있다. 그러나 인간이 선의식과 미의식에 의해 문화생활을 영위하는 존재인 사실은 어떤 경우에서도 부정될 수 없다.

인간의 미의식은 보편적 성격의 선의지과 달리 다양한 인간의 삶을 지향한다. 선험적 자유와 실천적 자유를 바탕으로 하여 작용하는 자유로운 미의식은 다양한 삶의 현장을 조성한다. 도덕적 행동양식의 일반적 규칙과 달리 미의식에 의한 창조적 행위는 다양한 취미판단을 바탕으로 하여 갖가지 행동양식과 제품을 가능케 한다.

2) 감성의 영역에서 규정적 판단과 반성적 판단이 구별되어야 하는 판단기능

"이 물건의 모형은 삼각형이다. 사각형이다"는 판단에는 삼각형보다 사각형이 좋다. 사각형보다 삼각형이 아름답다는 판단이 포함되어 있지 않다. 양자가 동일한 감성적 판단이더라도, 전자와 후자의 판단원천은 구별된다. 전자는 규정적 판단이고, 후자는 반성적 판단이다. 전자는 『순수이성비판』에서 다루고, 후자는 『실천이성비판』과 『판단력비판』에서 다룬다.

좋다는 판단과 아름답다는 판단은 구별된다. 『실천이성비판』에서 다루는 좋다는 판단과 『판단력비판』에서 다루는 아름답다는 판단은 곧바로 연결되지 않는다. 실용적 관점에서의 좋음은 미의식의 아름다움과 같을 수 없다. 실용적 관점의 좋음의 느낌과 아름다움의 느낌과 어울리려면, 그 경우에는 미의식의 요소가 작용해야 한다. 이 경우에 비로소 좋음과 아름다움의 판단이 서로 연결되어 공존할 수 있다. 마찬가지로 미의식의 아름다움이 일상생활에서 선의지의 좋음이 되려면, 그 경우에 좋음의 요소가 작용해야 한다. 두 요소의 어울림은 선의지와 미의식의 효용성과 직결된다. 두 요소의 어울림에 효용성이 발생하지 않으면, 효력도 발생할 수 없다. 선의지와 미의식이 무용지물이 되는 경우는 철저히 논구되어야 한다.

효용성과 효력 사이에 간극이 발생할 수 있다. 그 이유는 취미의 영역이 개인의 감성적 심리작용과 직접 연결되어 있기 때문이다. 취미가 심리의 감성적 요인과 관계되어 있다면, 취미영역은 개별적이고 주관적이다. 취미가 개별적이고 주관적이라면, 취미의 해명은 학문의 보편적 성격과 무관하게 된다. 개인의 쾌·불쾌의 감정은 학문적 지식의 뒷받침이 없어도 자발적으로 작용한다. 일상생활에서 개인의 미의식의 심리적 요인과 더불어 작용하기 때문에, 문명사회의 모든 제품은 미적 특성을 지니게 된다.

주관적 미의식의 작용과 취미활동은 인식의 작용과 무관할 수 없다. 취미가 주관에서 발생하는 감성의 심리작용일지라도 실천행위로 진행하려면, 그 행위는 인식의 판단작용을 거쳐야 한다. 좋거나 나쁨의 감정을 두고 좋거나 나쁨의 행위를 선택하려면, 좋음과 선을 판단하는 인식작용을 거쳐야 한다. 미의식의 판단작용도 인식영역에 속한다.

예술행위는 인식작용에 의한 실천행위이다. 그것은 목적 지향적 인식행위를 바탕으로 하여 작용한다. 예술행위는 창작을 하는 창조행위이다. 창작은 목적 지향적 행위이다. 창작의 목적행위는 학적 이론이 필요하다.

창작의 소재는 자연과 인간과 신이다. 개인의 심리적 미감을 표현하는 창작활동은 자신의 소재에 대한 반성적 판단작용이다. 그러므로 예술 활동의 기반인 반성적 판단작용은 사변이성과 실천이성을 통합하는 매개역할을 한다. 개인의 취미활동과 개인의 창작활동은 서로 구별된다. 개인의 취미활동이 심리의 주관적 쾌감을 넘어서 창작의 목적행위로 나아갈 때에는, 개인은 타인과 객관적 대상을 공유하게 된다. 더 나아가 심리적 미감도 공유해야 한다. 미감의 창작활동은 형이상학적 관념을 바탕으로 하여 반성적 판단을 한다. 미감의 창작행위가 형이상학적 관념을 바탕으로 하여 반성적 판단을 하는 인식작용이기 때문에, 주관적 미감의 이해는 객관적 학문인 미학으로 탄생한다.

『순수이성비판』이 해명한 반성의 의미

『판단력비판』이 다루는 판단력은 반성적 판단이다. 칸트는 반성적 판단을 규정적 판단과 구분했다. 반성적 판단력이 단지 이미 이루어진 판단의 원인을 따지는 반성의 기능만을 의미하는 것이라면, 칸트가 굳이 판단력비판이란 이름으로 논구를 시작하지 않았을 것이다. 그런 작업은『순수이성비판』에서 충분히 가능한 작업이었다.

칸트가『순수이성비판』에서 반성의 의미를 따진 이유는 사물의 인식에서 작용하는 반성개념과 도덕행위와 예술행위에서 작용하는 반성개념을 구별해야 하는 인식기능의 특성 때문이다. 칸트는 반성적 비판력이 지닌 학적 의의를 논구하기 위해, 『순수이성비판』에서 반성의 의미를 명확히 해명했다. 칸트는『순수이성비판』 "오성의 경험적 사용과 선험적 사용과의 혼동에서 발생하는[3] 반성개념의 다의성"에서 반성의 의미를 다음과 같이 해명했다.[4]

---

3 『순수이성비판』 독일어 명칭– durch die Verwechslung des empirischen Verstandesgebrauchs mit dem transzendentalen)
4 『순수이성비판』 독일어 명칭 –『Von der Amphibolie der Reflexionsbegriffe

"반성(Überlegung-reflexio)은 직접적으로 대상의 개념을 얻기 위해서 대상 그 자체와 관계있는 것이 아니라, 우리가 우선 개념에 도달할 수 있는 주관적 제약을 발견하려고 하는 심성의 상태를 말하는 것이다." [5]

칸트는 반성을 "주어진 개념이 속하는 인식능력의 구별"이라고 규정하고, 선험적 반성을 "표상의 비교와 인식능력을 대조하여, 표상이 '순수오성에 속하는가? 또는 감성적 직관에 속하는가?'를 서로 비교하여 구별하는 행위"라고 규정했다.

미의 관념적 표상은 사물을 기계적 인과성에 따라 무엇이라고 규정하는 판단이 아니므로, 당연히 목적적 판단에 속한다.

반성적 판단력과 형이상학

『판단력비판』에서 우선적으로 주목해야 할 사항은 미의 영역의 판단을 감성과 오성의 규정적 판단과 구별하여 반성적 판단으로 명명한 학적 토대이다.

칸트가 이성의 지적 작용을 사변이성과 실천이성으로 구분하면서, 미의 영역을 이성의 기능에서 배제하고, 따로 독립시켜 판단력의 영역으로 논구한 이유는 미의식의 역할이 "인간이 무엇인가?"의 물음을 해명하는 작업의 근본토양이기 때문이다.

칸트가 인간본질을 해명하는 지적 작업에서 이성을 양분한 방식은 메울 수 없는 인식의 간극이 발생했다. 칸트는 반성적 판단력이 그런 간극을 메울 수 있는 창조적 역할을 지니고 있음을 파악했다.

사변이성과 실천이성이 동일한 이성의 기능이듯이, 반성적 판단력도 규정적 판단력과 동일한 판단력의 기능이다. 미의식의 판단력은 인식기

---

5 『순수이성비판』 B316

능의 판단력과 무관할 수 없다. 그 이유는 반성적 판단력이 미의식에 의한 창조활동에서 감성과 오성에 의해 탄생한 학문적 지식을 도구로 활용하기 때문이다. 더 나아가 반성적 판단력은 형이상학적 이념과 구체적이고 개별적인 현실사태를 연결하는 매개역할을 수행한다. 그 역할의 핵심작용이 '목적론의 반성'이다. 그러므로 미의 판단기능은 도덕의 최고선의 개념과 무관할 수 없다.

미의 판단기능을 『순수이성비판』에서 감각이 촉발할 적에 발생하는 지각의 규정적 판단기능으로 간주하면, 그 입장은 다채로운 예술의 창작활동을 설명할 수 없다. 예컨대 "이것은 개다, 이것은 동물의 행위이다. 이것은 장미이다. 장미에는 가시가 있다"는 판단형식으로는 예술의 창작활동을 설명할 근거를 제공할 수 없기 때문이다.

장미가 아름답다고 판단하는 의식은 미의식이다. 장미보다 백합이 더 아름답다고 판단하는 입장 때문에, 미의식은 주관적이다. 그런데 그런 판단들은 예술작품의 판단이 아니다. 예술작품에는 사건의 줄거리가 있어야 한다. 비극이건 희극이건 사건의 줄거리가 있어야 미의식에 의한 감상이 발생한다.

인식기능에는 지적 표상이 발생해도 감정의 표상은 발생하지 않는다. 그러나 양자는 서로 분리되어 존재할 수 없다. 서로는 의식에서 하나로 통합하여 작용한다. 그러므로 이 통합작용은 예술이 종교이념의 표현수단이 되고, 정치이념의 표현수단이 될 수 있는 까닭을 해명할 수 있다.

3) 미감적 판단력에서 "숭고"를 다루어야 하는 이유

미의식의 주관성과 객관성

비판철학은 주관적 의식에 객관적 순수직관형식과 순수오성개념이 선천적으로 내재해 있음을 논증하여 사물의 객관성과 의식의 주관성을 통일시킨 사유방식이다. 비판철학은 인식의 정합성, 도덕의 자유성, 예술의 다양성을 통일한 통합이론체계를 구성하여 서로 간의 상호작용과 상관관계를 일관된 논리로 설명했다.

칸트는 『실천이성비판』에서 형이상학의 대상을 논증하면서, 그 존재성을 주관적 객관성으로 규정했다. 『순수이성비판』에서 형이상학의 대상은 인식될 수 없지만, 사유될 수 있다는 의미를 『실천이성비판』에서 "주관적 객관성"으로 해명했다. 형이상학적 대상이 인식이 아닌 사유된다는 의미가 객관성과 전혀 무관하다면, 형이상학적 대상은 결코 학문의 객관적 지식이 될 수 없다. 그러면 형이상학은 학문으로 존립할 수 없다.

칸트가 『순수이성비판』에서 진술한 사유대상은 자연의 사물처럼 탐구되는 대상이 아니라, 의식에서 모든 지식을 통합하는 존재원리로 파악되는 대상이라는 의미이다. 형이상학의 대상은 저 홀로 존재하는 존재가 아니라, 현상계의 존재를 하나의 원리로서 통합하는 이념적 존재이다. 의식은 현상계의 객관적 지식을 근거로 삼아 의식의 주관성 속에서 형이상학적 대상의 객관성을 확보한다. 따라서 사유대상의 표현은 사물을 인식하는 논리성을 바탕으로 의식에서 형이상학의 대상을 객관적으로 다룰 수 있다는 의미이다.

의식은 인간의 육체를 자연의 대상처럼 객관적으로 다룰 수 있지만, 자신의 주관성을 그 자체로 사물의 대상처럼 객관적으로 다룰 수 없다. 의식이 자신의 주관성을 객관적으로 다룰 수 없으면, 존재원리를 완성할 수 없다. 의식이 자신의 주관성을 자연의 객관적 사물처럼 다룰 수 있어야만, 존재원리를 구축할 수 있다. 비록 의식이 주관의 의식에서 선천적 직관형식과 순수오성개념을 논증했더라도, 그것으로는 부족하다. 그 이유는 인간의 주관성이 충분히 드러나지 않았기 때문이다. 도덕과 예술의 영역은 자연개념과 상응해서 명확히 규명되어야 한다. 그 논증은 선천적 직관형식과 순수오성개념에 부합해야 한다. 그렇지 않으면 객관성을 확보할 수 없다.

칸트가 『판단력비판』에서 숭고의 개념에 대해서도, 『실천이성비판』에서 최고선의 개념을 규정한 방식처럼 '주관적 객관성'을 확보했다.

칸트가 『판단력비판』, 미의 분석론에서 숭고의 개념을 필히 다루어야만 했던 이유는 『실천이성비판』에서 최고선의 개념을 다루는 맥락과 동일하다. 최고선의 개념이 없으면, 행위의 좋음은 각자가 지닌 견해의 차이점 때문에 서로 주관적이게 된다. 그러면 개인은 서로가 상대방과 마찰, 충돌, 대립을 야기할 수 있다. 마찬가지로 숭고의 개념이 없으면 미의식의 예술영역에서도 그런 현상이 발생할 수 있다.

최고선에서 '최고' 개념은 순수오성개념인 범주개념과 직결한다. 최고개념은 양과 질과 관계와 양상의 개념이 종합적으로 작용해야만 성립하는 개념이다.

주관적이고 상대적일 수밖에 없는 좋음의 판단에서 최고의 좋음은 보편적이어야 한다. 보편적이지 않으면, 어떤 것도 상대적이고 주관적일 수밖에 없다. 최고선의 개념이 각자에게 주관적으로 작용하는 개념이라면, 주관적으로 달라진 개념은 상호 충돌하여 최고가 될 수 없다. 최고의 개념은 비교대상이 될 수 없는 개념이다. 개별대상이면 무상의 개념, 최상의 개념, 최고의 개념이 될 수 없다. 개별대상을 모두 포괄하는 보편개념은 존재원리에 해당하는 것이므로, 최고선의 개념은 개별행위를 포괄하는 실천원리, 행동원칙이어야 한다. 이것은 모든 사람이 자신들의 행동이념으로 마땅히 수용해야하기 때문에 객관성을 지닌다. 만약 그것을 거부하는 사람이 등장한다며, 사회는 그 사람에게 준칙을 따르게 할 방법을 갖추어야 한다. 사회지도자가 타인에게 행위의 준칙을 따르도록 강제하려면, 먼저 자신의 행위가 모범적이어야 한다. 모범성은 보편적 원리에 근거해야 한다. 보편성의 원리에 부합해야 상황에 적합한 판단이 가능하고, 자신들이 처한 상황에 적합해야 구성원들이 동의할 수 있다. 구성원들이 동의하는 사실은 행동원칙이 보편성을 갖추었다는 객관적 증거가 된다. 이 증거는 피아를 차별하지 않고 모든 사람을 지도할 수 있는 기준이기 때문에 부정될 수 없다. 그러므로 모든 사람이 동의해야 하는 최고선의 개념은 보편적이어야 한다.

이 논증은 미의식에도 고스란히 그대로 적용된다. 개인의 미의식판단은 개별적이고 주관적이다. 저것이 나무라는 판단은 객관적이지만, 저 나무를 좋아한다는 판단은 주관적이다. 저것이 꽃이 아니라 나무인 경우에는 내가 나무가 아니라고 주장하더라도, 결코 나무가 아닐 수 없기 때문에 객관적이다. 저 나무를 좋아하는 사람이 있는 반면에, 싫어하는 사람도 있기 때문에 주관적이다. 저 나무가 아름답다고 누군가는 표현했을 때에 내가 정반대로 아름답지 않다고 표현해도 누군가가 나의 판단을 틀렸다고 강요할 수 없는 측면에서 주관적이다.

의식구조의 통합성을 감안하면, 주관적 미의식에도 최고선의 개념과 동일한 역할을 할 수 있는 객관적 개념이 가능해야 한다. 미의식을 총괄하는 형이상학적 관념의 표상이 없으면, 인간의 변태성향이 미의식의 개념을 혼란스럽게 만들 수 있다. 미의식에 의한 주관성이 상대방과 공존할 수 있는 도덕법규의 틀을 송두리째 허물 수 있는 상황이다. 미풍양속이란 개념이 성립할 수 없는 경우가 발생하는 상황이다. 그러므로 공동체를 유지하기 위해서는 미의식에 의한 창조적 발상과 표현도 그 행위를 제한하는 기준이 필요하게 된다. 그것은 결코 도덕적 이념과 무관할 수 없다.

대상을 인식하는 경우는 대상의 속성을 파악하는 분야이지만, 도덕과 예술의 경우는 목적을 실행하는 실천분야이다. 그러면 도구를 제작하는 행위를 어떻게 해명해야 하는가? 하는 기초적 문제를 정리해야 한다.

도구제작은 문명사회를 건설하고 유지하고 발전시키는 과정에서 탄생하는 것이기 때문에, 진·선·미의 관념이 총체적으로 어울린 작업의 결실이다. 모든 생활도구는 총체적 관념이 작용하여 이룩하려는 문명사회가 목적활동을 할 적에 등장한다. 목적의식이 작용하지 않으면, 인간은 문명사회를 건설할 수 없고, 동물에 지나지 않게 된다. 그런 상황의 인간이 과연 지금의 인간일 수 있는지는 더 이상 논구대상이 될 수 없다. 그 이유는 도구가 없는 인간이 자연에서 생존할 수 없기 때문이다.

미의식이 작동하는 판단기능을 이해하려면, 사변이성과 실천이성의 판단기능을 먼저 이해해야 한다. 진·선·미의 관념이 내재하는 의식구조는 목적론이 없으면 불가능하다. 동물에게 없는 도덕적 관념과 미적 관념이 순수직관형식과 순수오성개념과 불가분의 연관을 맺고서 의식에 선천적으로 내재하려면, 인간이 지향하는 삶의 목적이 전제되어야 한다. 삶의 목적성은 인간이 문명사회를 건설하려는 욕망과 의지를 떠받친다. 인간의 지성은 형이상학적 이념을 구성한다.

삶은 목적이 형이상학적인 이유는 목적의 특성을 자연에서 발견할 수 없기 때문이다. 인간이 문명사회를 건설하기 위해 필요한 도구를 자연을 수단으로 삼아 제작하는데, 자연의 어떤 개체도 그런 도구를 위해 존재한다는 특성을 보여주지 않는다.

인간이 동물처럼 존재하지 않고 문명사회를 건설하고 살아가야 하는 이유를 자연이 보여주지 않는다. 자연의 개체가 우연적으로 진화하여 인간의 특성을 갖추게 되었다는 주장은 자연의 특성을 그 근거로 내세우지 못한다. 예컨대 갈라파고스 군도의 거북이가 목이 길다는 관찰이 진화론의 증거로 채택된 사실이 형이상학적 목적론을 부정하는 근거가 될 수 없는 한계이다. 그 이유는 우연성에 의한 진화론을 증명하려면, 원숭이가 인간과 더불어 살면서 원시인이 되어가는 뚜렷한 정황이 나타나야 하기 때문이다. 원숭이가 인간과 더불어 살면서 인간행동을 흉내 내는 사실을 우연성에 의한 진화론의 근거로 제시하더라도, 원숭이가 인간이 되려면 반드시 DNA구조가 변경되어야하기 때문이다.

하나의 대상을 구성하는 각 요소가 자신의 역할을 하는 이유는 하나의 대상이 지닌 목적에 의해 부여된 역할이다. 목적의 실현을 위해 구성된 조직이 아니라면 어떤 개체도 목적의 실현을 위해 기계적으로 작동하지 않는다. 더 나아가 인간에게 목적의식이 없다면, 각자가 사회질서를 위해 유기적으로 행동하지 않는다.

의식의 세 가지 기능을 차례로 구분하여 파악한 연후에 목적론의 본질을 파악하는 방법과 목적론의 본질에 대한 예비지식을 가지고서 차례로 세 가지 기능을 파악하는 방법이 가능하다. 그런데 어떤 방식을 택하든 간에 의식의 구조가 진·선·미의 관념으로 통합되어 있기 때문에 형이상학적 목적론에 입각해서 세 가지 기능을 총체적으로 논구해야만, 인간이 자기정체성을 파악할 수 있게 된다. 총체적으로 파악해야 하는 작업을 간과하고서 부분만을 가지고 인간성을 논구하면, 곧바로 논구과정에 혼란을 야기하고 논구를 더 이상 진행할 수 없는 난관에 부딪치게 된다. 그러면 칸트가 염려한 바대로 극단적으로 지나친 독단론으로 치우치든지, 아니면 지나친 회의론에 봉착하게 된다.

지나친 독단론과 회의론을 극복하려면, 주관적 미의식의 기준이 될 수 있는 객관적 미의식의 개념이 존재함을 논구해야 한다. 칸트가 숭고의 개념을 논구한 이유는 그 역할을 논증해야만 했기 때문이다. 즉 그 논증은 자유 항해에 있어서 진로를 잃고 헤매거나 난파당하지 않도록 방지하기 위해 찾아낸 북극성과 남십자성과 같은 성격의 존재를 확인하는 작업이다.

미의식의 활동은 목적적이다. 개인의 목적활동은 주관적이다. 인간은 사회적인 존재이기 때문에, 개인의 주관적 행위는 공동목적에 의존한다. 그렇지 않으면 자신의 욕망을 공동체에서 실현할 수 없다. 목적활동의 주관성은 다양성을 전제한다. 그러나 다양성은 제멋대로의 발상과 무조건의 행동을 의미하지 않는다. 만약 주관성의 자유가 제멋대로의 행동을 무제한 허용한다면, 사회는 비정상적 변태를 정상적 행태와 마찬가지로 허용해야 한다. 그러나 사회의 도덕법이 비도덕적 살인을 허용하지 않듯이, 도덕사회는 반사회적 추함을 허용하지 않는다.

도덕의 선과 비도덕의 악의 개념 사이에 경계선이 있듯이, 예술의 미와 비예술의 추함의 개념 사이에 경계선이 있다. 경계선은 다양한 주관적 행위가 반사회적 행위가 되지 않도록 통제하는 객관적 판단기준이다. 주관적 미의식의 작용은 사변이성과 실천이성의 본질을 벗어날 수 없다.

미의식과 예술의 창조기능

창조행위는 두 가지 요건을 갖추어야 한다. 첫째는 외부적으로 창조할 수 있는 재료를 갖추어야 하는 조건이다. 둘째는 내부적으로 창조하려는 목적에 해당하는 형상이 준비되어 있어야 하는 조건이다. 재료가 없으면 창조하려는 대상은 의식 속에서만 존재할 뿐이다. 재료가 있더라도 창조할 무엇이 없다면, 재료에 창조행위가 작용할 수 없다. 그러면 창조의 작업은 두 요건이 올바르게 어울려야만 시작할 수 있고, 마지막으로 결과물을 만들 수 있다. 두 요소가 제대로 구비되어 있지 않으면, 시작과, 과정과 결과가 창조의 목적에 부합할 수 없다. 그러므로 창조행위의 두 요건이 지닌 존재적 의미는 철저히 규명되어야 한다.

『판단력비판』에서 논구한 숭고의 개념은 인간중심의 심리작용의 개념이 아니다. 인간이 존재의 중심에 서 있다는 의식은 인간이 문명사회를 실현해야 한다는 형이상학적 이념에서 비롯된 것이고, 그리고 책임, 의

무, 봉사의 도덕적 개념에 근거한다. 인간은 무상명령인 정언명법을 행동 원칙으로 삼기 때문에 이기적 독선행동을 자율적으로 극복하려고 한다. 인간에게 내재한 숭고의 감정은 자기중심의 이기적 심리를 극복하려는 실천이성의 최고선의 개념과 직결한다. 인간이 존재의 중심에 서 있다는 의식은 도덕적 심리이지, 자신의 이기적 욕망의 충족을 무조건으로 허용 하는 권리로서의 개념이 아니다.

문명사회의 문화적 삶의 방식은 인간의 창조적 작업을 뒷받침하는 다 양성에서 비롯한다. 때로는 실천이성의 당위적 행동양식은 다양성을 무 시하고 획일적인 행동양식을 강요할 수 있다. 예컨대 학교에서 교복을 제 정하여 모든 학생들이 착용하도록 강제하는 사고방식이다. 하나의 획일 적인 교복만이 존재하는 상황은 다양한 복장 속에서 교복도 한 종류의 복 식으로 존재하는 상황과 전혀 다른 모습의 사고방식이다. 창조의 본질은 다양성을 근본으로 삼는다. 인간의 본성이 다양한 개성으로 분열되어 있 는 상황이 자유성의 근본과 맞닿아 있기 때문에 획일성은 문명사회의 본 질을 드려낼 수 없다.

미의식의 주관성은 개성의 특성과 부합한다. 문명사회의 체제는 다양 성을 포괄한 유기적 구조로 이루어져 있다. 인간본성의 근본 틀은 동일하 지만 개인의 성격은 차이가 있다. 각자가 자신이 처한 상황 속에서 자기 능력을 발휘해야만 공동체의 유기적 구조가 유지된다. 개성의 작용이 활 발해야만, 문명사회가 발전할 수 있다. 개성의 다양성은 소비성향을 다양 하게 만드는 조건이므로, 소비성향을 만족시키려는 생산체제도 다양하게 형성된다. 문명사회가 발전한 모습은 생산과 소비가 다양성을 바탕으로 하여 조화를 이룰 때 이루어지며, 바람직한 안정된 모습을 이룬다.

개성이 차별화하여 다양성을 이루더라도, 그런 수준의 다양성은 여전 히 문명사회의 원동력이 될 수 없다. 개성의 다양성이 문명사회를 건설하 는 원동력으로 작용하려면 의식의 선천성에 기능의 실체가 있어야 한다.

그것이 미의식이다. 미의식은 오성의 지식을 활용하여 생활에 필요한 사물을 만들고, 사회질서를 조성하는 방식을 강구하는 작업에 작용한다. 앞서 제시한 예처럼, 획일적 교복과 다른 다양한 복장이 등장하려면, 의식이 다양한 옷차림의 모습을 상상해야 한다. 획일적 교복의 실용성에 미의식이 작용하지 않으면, 다양한 새로운 복장에 대한 욕망이 발생할 수 없다. 새로운 복장의 창조는 미의식에 의한 욕망이 작용해야만 가능하기 때문이다. 문명사회의 본질을 성취하고, 발전을 달성하려면, 인식대상의 지식에 대한 욕망, 선의지에 의한 도덕법규에 대한 욕망, 미의식에 의한 다양한 사태에 대한 욕망이 조화를 이루고서 외부로 작용해야 한다.

미의식의 작용이 생활세계의 실용적 단계에만 머물면, 인간의 본성과 문명사회의 본질이 완전히 드러날 수 없다. 인간의 형이상학적 소질의 정체가 제대로 들어날 수 없다. 인간의 자아는 자신이 문명사회를 구성해야 하는 존재론적 의의를 확연히 해명해야 자신의 정체를 파악할 수 있다. 그 과제는 미의식에서 목적론의 형이상학의 의의를 논증해야 한다.

목적론은 대상이 지향하는 결과를 전제한다. 대상이 지향하는 결과는 상대가 있어야 한다. 상대가 없으면 변화가 있을 수 없다. 자기만의 변화는 제대로 된 변화가 아니다. 자신이 아무리 변해도 주변이 전혀 변화하지 않으면, 목적의 존재론적 의의가 성립할 수 없다. 주변의 변화가 불가능하다면, 그로부터 자신이 지향해야 할 목적을 세울 수 없다. 자신이 먼저 변화해야 한다면, 상대를 변화시킬 목적이 전제되어야 한다.

미의식이 예술품을 창조하려면 또 다른 관념의 표상이 작용해야 한다. 작품에 깃든 제작자의 목적의식이다. 작품을 감상하는 상대방에게 전달하려는 작가의 의도이다. 작가의 의도는 작품을 창작하기 이전에 작가가 지닌 의식의 내용이다. 감각이 대상에서 느낀 표상들을 외부로 표현한 행위는 예술행위가 아니다.

통각인 자아에 선천적으로 숭고의 관념이 내재하고 있어야만, 미의식의 작용이 예술의 창조적 행위와 연관될 수 있다. 숭고의 개념은 인간의 식이 지닌 선천적 특성이다. 동물은 숭고의 감정을 표현하지 않는다. 그들이 숭고의 감정을 지니고 있다면, 그 감정을 표현했을 것이다. 동물이 문명사회의 특성과 맞물려 있는 숭고의 감정을 가지고 있다면, 인간처럼 문명사회의 문화생활에 걸 맞는 행위를 했을 것이다. 그러나 그들은 크게는 문명사회를 건설할 능력이 없을 뿐만 아니라, 적게는 종교적이거나 예술적 행위를 할 수 없다. 동물은 그런 동작을 행하지 않기 때문에 그들에게 숭고의 감정이 있다고 규정할 수 없다. 숭고의 감정이 인간에게만 있기 때문에, 인간은 자신이 선천적으로 지닌 숭고의 감정을 형이상학적 이념과 분리할 수 없다. 인간에게 숭고의 감정이 없다면 동물과 다를 바 없다. 자연의 존재를 숭고하다고 느끼는 감정은 자연을 목적적 존재로 간주할 적에 발생한다. 숭고한 감정이 없다면 모든 자연의 존재는 단지 사물의 덩어리에 불과하게 된다. 숭고의 개념은 상대적으로 낮은 단계의 존재자를 전제한다. 마찬가지로 높은 단계의 존재자를 전제한다. 숭고의 개념은 최고선의 개념과 연관될 적에 비로소 자신의 진정한 의의를 드려낸다.

창조적 주체로서의 본분을 자각한 의식은 세상에서 발생하는 갖가지 사건에 대해 도덕적 평가를 한다. 각종 현상에 대해 도덕적 감정이 의식에 발생한다. 그리고 문제점을 개선하려는 선의지가 뒤따른다. 인간이 자각한 창조적 주체의 의식은 숭고의 개념과 직결한다. 인간이 숭고한 감정을 지니고 있지 않다면, 의식에 현상에 대한 선과 악, 행복과 불행, 타자에 대한 연민과 증오 등의 감정이 발생할 수 없다. 숭고의 개념이 없다면, 인간이 지닌 감정은 동물의 지닌 그런 단계의 감정이상이 될 수 없다. 인간이 동물보다 더 나은 존재가 될 이유와 목적이 없기 때문이다. 미의식이 숭고의 개념과 연결될 적에 진정한 예술작품이 등장한다. 자신의 삶을 반성한 고차적인 목적의식을 표현한 고귀한 예술작품이 탄생한다. 예술작품은 감각의 쾌락을 만족시키는 직접적인 실용적 수단과 도구가 아니다. 예술은 감정을 다스리는 수단과 도구이다. 의식은 예술작품을 매개로 하여 자신의 행위를 반성하고, 불행을 수습할 방법을 찾고, 밝은 미래를 건설할 의지를 다지게 한다. 이것이 예술이 지닌 목적이다.

인간이 예술품을 제작했을 때, 실용적 제품에 차등이 발생하듯이, 예술품에도 그와 같은 차등이 발생한다. 그 차등의 요인은 일차적으로 제품을 구성하는 재료의 질에 의해 결정된다. 소위 고급이란 판정이다. 그러나 목적의식에 관한 평가는 주관적이기 때문에 평가도 주관적일 수밖에 없다.

제품을 만드는 기술적 방식은 『순수이성비판』에서 논구한 사물에 관한 지식에 속한다. 그러므로 제작방식의 틀은 형식적으로 객관적이다. 예컨대 음악의 곡을 작곡하거나 연주할 적에 사용하는 오선지의 형식과 그리고 그 위에 표시된 음표가 동일한 형태로 통일된 모습이다. 그림을 그릴 적에 물감을 사용하는 방식도 동일한 경우이다.

오선지, 악기, 붓, 물감을 사용해야 하는 방식이 형식적으로 동일하더라도, 그 재료를 구성한 요소에 질적 차이가 있다면, 제품에 차등이 발생한다. 예술품에서 논구하는 미의식의 본질은 사물이 지닌 특성이 아니라, 작품에 표현된 "주관적 객관성"이다. 즉 주관적 미의식이 창조한 객관적 작품을 평가해야 할 경우에 필요한 "주관적 객관성"의 판정근거이다.

쾌·불쾌감은 다양성에 근거한 주관성이다. 미의식은 주관성에 객관성을 더한다. 곧 주관적 객관성이다. 미의식에 주관적 객관성이 결여되면, 예술행위의 목적이 자의적 목적으로 변질할 수 있다. 자유성을 빙자한 자의적 판단과 행위가 문명사회의 질서를 교란하는 상황에는 통제가 필요하다. 자유행위를 도덕법이 통제할 수 있듯이, 자유로운 미의식을 통제하려면, 근거가 있어야 한다. 그것은 미의식이 실천이성의 도덕법을 존중해야 하는 제약이다. 그 이유는 반성적 판단력이 도덕성을 바탕으로 하여 목적론적 반성을 진행하는 미의식의 기능이기 때문이다.

자연에 펼쳐진 풍경과 그것을 구성하는 자연의 사물은 인간이 만든 작품이 아니다. 인간이 자연에서 숭고한 감정을 느낀다면, 그 느낌은 자연의 대상에 대해 형이상학적 목적의식이 작용한 결과이다. 자연은 자신이 내재하고 있는 목적을 인간에게 직접 해명하지 않는다. 자신이 펼친 현상의 모습만 보여 줄 뿐이다. 그 현상의 모습을 보고서 목적의식이 작용하였다면, 그 의식의 전개과정은 주관적 관점이 획일화된 양상이 아니라 다양하게 펼쳐진 양상이다. 그런데 자연의 현상도 형식적 자연법칙에 의해 진행되고, 의식의 인식도 형식적 논리법칙에 의해 인식되기 때문에 다양한 현상을 뒷받침하고 있는 형식적 존재법칙의 목적적 관념이 전제되어야 한다. 자연을 구성하는 근본요소가 현상의 모습으로 진행하는 이유와 목적이 모든 변화의 근저에 선결적으로 있어야 하는 조건이다.

의식은 자연의 목적을 감각적 경험에 의해 파악할 수 없다. 즉 자연현상을 총체적으로 파악하려는 사고방식은 목적론의 목적을 포착할 수 없다. 그 목적은 사변이성이 아니라 실천이성이 최고선의 존재를 요청할 적에, 의식에 자신의 윤곽을 드러낸다. 그러므로 의식이 자연의 모습을 보고 숭고한 감정을 느꼈더라도, 그 느낌이 목적론의 존재와 상응하려면, 의식은 자신에게 내재한 선의지와 미의식의 본질을 스스로 깨달아야 한다.

객관적 자연대상을 구체적으로 접촉하면서 발생한 숭고한 감정은 주관적일 수밖에 없지만, 숭고한 느낌의 근거인 미의식의 기능은 모든 인간의 의식에 동일하게 선천적으로 내재해 있다. 그러므로 미의식의 주관성에서 객관성을 논구할 수 있다.

의식은 자연의 대상이 지닌 창조능력을 배제하고서는 자신의 숭고한 감정을 논구할 수 없다. 의식에 나타난 숭고한 감정이 현상의 대상을 접촉할 적마다 항상 발로하지 않는다. 숭고한 감정을 일으키는 경우는 대상들의 체험 중에서 특별한 사례에 해당한다. 의식이 숭고한 감정을 느끼려면, 의도적으로 그런 여건을 조성해야 한다. 즉 의식이 의도적으로 목적의 관념을 투입하여 미의식의 표상에 걸 맞는 대상을 구성해야 한다. 그 수단이 인위적인 예술작품이다

『순수이성비판』에서 논구한 바대로, 순수오성개념은 선과 미의식의 감정과 무관하다. 예컨대 감성과 오성은 그랜드캐넌을 단지 흙덩이로 이루어진 산과 계곡과 그리고 계곡의 물의 특성을 탐구의 대상으로 삼는다. 그 모습을 두고서 깊고, 크고, 넓다고 판단한다. 오성에는 그것을 웅

장하다, 엄숙하다. 신비롭다고 판단하는 미적 감성이 전혀 내포되어 있지 않다. 그런 감정의 판단은 자연의 모습이 너무도 특별하고 너무도 경이롭다고 느꼈을 때에 발생한다. 그런 경이로운 감정은 자연의 놀라운 신비적 창조력에 감탄했을 때에 발생한다. 그런 감탄의 근저에는 선천적으로 의식에 내재하는 형이상학적 인식기능과 미의식이 작용하기 때문에 발생한다. 의식에 그런 기능이 없다면, 의식은 그 광경으로부터 숭고한 감정을 느낄 수 없다.

숭고의 주관적 감정은 3가지 경우로 구분된다. 숭고한 감정이 전혀 발생하지 않는 경우, 숭고한 감정이 미약한 경우, 숭고한 감정이 강대한 경우이다. 그로부터 숭고의 주관성이 지닌 객관성으로 논구하려면, 숭고의 개념을 뒷받침하는 형식적 틀이 있음을 먼저 주목해야 한다. 숭고의 형식의 틀은 보편성과 특수성의 관계에서 비롯한다. 숭고의 감정이 발생하는 경우는 대상에 따라 천태만상일 수 있지만, 숭고의 감정은 목적적 관념으로부터 발생한다. 목적적 관념을 서로 공유하면, 그 관념은 객관성을 지닌다. 예술작품의 애호가들이 예술작품의 목적을 공유하면, 그 작품은 객관성을 지닌다. 미의식의 "주관적 객관성"은 사변이성과 실천이성을 통합하고 문명사회의 다양성과 자유성을 실현하는 의식이 실천적 특성이다.

예술적 실천행위의 합목적성

① 미의식과 선의지의 상관성

예술행위에도 여타의 다른 창조적 행위와 마찬가지로 기술성과 목적성이 결합되어 있다. 기술성은 기술을 연마하는 측면과 기술을 개발하는 측면으로 구분된다. 전자는 단일목적이지만, 후자는 다목적이다. 기술을 개발하는 동기는 작품의 의도를 표현하려는 목적과 직결한다. 그러므로 예술적 실천행위의 특성은 미의식의 본질이 예술이 지닌 목적성의 토대임을 규명하는 작업에서 해명된다. 자동차의 형상이 없으면, 자동차의 부품이 별도로 만들어질 이유가 없는 경우이다. 그와 마찬가지로 자동차의 형상을 설계하는 행위도 자동차를 만들어야 할 목적을 느껴야 시작된다.

『판단력비판』에서는 기술적인 측면은 개인의 자질과 노력의 문제이고, 작품을 선택하는 측면은 개성에 의한 취향의 문제이므로, 『판단력비판』은 그 특성이 주관적 성질임을 논증했다. 칸트가 반성적 판단력을 논구한 의도는 미의식의 근본적 특성이 지닌 객관성을 밝히려는 목적이다.

음악과 그림 그리고 춤의 동작, 행위, 공연은 이념을 직접적으로 실천하는 도덕적 행위가 아니다. 그럼에도 불구하고 선천적 의식의 구조에서는 서로가 연관되어 있다. 그 사실은 선한 것이 아름답고, 아름다운 것이 선하다는 생각의 근원이다. 그러나 항상 그렇지 않기 때문에 각 경우를 나누어 살펴야 한다. 그 경우는 논리적으로 3가지이다. 아름다우면서 선하지 않은 경우, 선하면서 아름답지 않은 경우, 아름다우면서 선한 경우이다.

후자의 아름다우면서 선한 경우는 논구가 일방적일 수 있는 반면에, 전자의 두 경우는 불일치의 근원, 이유를 따져야 한다. 곧 두 개념의 의식이 왜 부합하지 않고 어긋나는가? 하는 의문점을 논구해야 한다. 그 경우는 두 가지로 검토할 수 있다.

첫째, 칸트가 논구한 근본악의 개념처럼 미의식에 나타난 변태적 성향이 인간성의 근본요소인가? 하는 관점이다. 더럽고 추하다고 여기는 물질을 먹이로 삼는 생명체의 경우는 인간의식이 선과 악, 미와 추의 관념을 전혀 적용할 수 없다. 인간도 그와 같다면, 사회는 그들을 정신병자로 취급할 수 있다. 그러나 변태적 성향의 입장은 자신을 정상적일 뿐만 아니라, 거꾸로 자신을 정신병자로 취급하는 정상적 인간을 비정상적 인간으로 여길 수 있다. 하지만 그들은 겉모습만 동일한 인간이고, 정신적으로는 동일한 인간이 아닌 비정상적 특수한 인간일 뿐이다. 그들은 자신의 상태의 따라 일반인들과 공존하면서 살아갈 수 있고, 별도로 격리되어 살아갈 수 있지만, 선과 악, 추와 미의 관념을 근본적으로 바꿀 수 없다. 그들이 정상적이라면 모든 사람이 그들의 방식대로 살아야 한다. 그러면 문명사회는 존속할 수 없게 된다. 문명사회가 존재하는 상황에서는 결코 정상적인 관념이 역전될 수 없다.

둘째는 추한 것을 추구하는 성향이 상황에서 비롯된 것이고, 또한 그 성향이 상황에 적절하게 적응하는 방법으로서 탄생한 것이라면, 추와 미의 판단이 상대적 개념에 해당하는 양상인가? 하는 관점이다. 예컨대 이쪽에서 보면 악하고 추한 것이지만, 저쪽에서 보면 좋고 아름다운 것일 수 있는 경우이다. 또 다른 예로서는 폭력은 좋지 않지만, 폭력을 제압하기 위해 불가피하게 사용하는 폭력은 좋을 수 있는 상황이다.

첫 번째 경우에서는 위선의 경우가 거론될 수 있다. 정상적으로 행동하면서, 그러나 보이지 않는 곳에서 비정상적으로 행동하는 이중적 행동양식이다.

두 번째 경우에서는 열악한 생활환경은 상대적으로 추하지만, 그곳에 사는 인간들의 사고방식과 행동양식이 각각 상대적일 수 있는 경우가 거론될 수 있다. 열악한 환경을 개선하려고 노력하는 인간의 선의지가 상대적으로 돋보이는 경우이다. 철학은 이런 경우들을 모두 감안하고서 선의지와 더불어 미의식의 본질을 논구하고 규명한다.

② 미의식의 주관성과 객관성

취미판단은 객관적 대상을 미적으로 감상하고 비판하는 의식작용이다. 그러므로 예술작품을 창조하는 의식작용과 구별된다. 취미판단에는 창조 활동을 하는 주체와 감상하는 주체가 서로 구분된다. 그 상황에서는 작품을 창조하는 주체도 주관적이고 평가하는 주체도 주관적이다. 작품의 재료는 사물이기 때문에 물리의 보편적 법칙을 지닌 객관적 존재이지만, 작품이 보여주는 형상은 창조자, 감상자, 비평가 모두에게 주관적이다.

일반생활의 도구제작에도 미의식이 작용하기 때문에 취미판단의 대상이 될 수 있다. 미의식의 감정은 그것에 보고 아름다움과 추함을 느낀다. 그러나 일상생활의 도구는 전문적 예술작품이 아니므로, 각자가 서로 구분된다. 미술의 새로운 경향은 생활도구를 예술품으로 격상시키기도 한다. 그 경우는 작가가 생활도구에 예술의 의미를 부여할 적에 가능하다. 칸트는 인간이 만든 작품이 생활도구가 아닌 예술품이 되려면, 예술품이라고 규정할 수 있는 객관적 판단근거의 틀이 있어야 한다고 여겼다. 그렇지 않으면 문명사회의 생활도구는 모두 미의식의 대상이 되고 예술품으로 둔갑할 것이다.

예술작품은 창조자와 감상자 및 비평가가 주관적이기 때문에, 예술작품에 대해 동일한 감정을 공유하는 사람들의 동아리도 주관적이다. 그런 상황은 자유로운 개성의 차이라고 규정할 수 있다. 발레를 좋아하거나, 왈츠를 좋아하거나, 현대무용을 좋아하거나 간에, 그 취미에 있어서 서로가 서로를 견제할 이유가 없다. 트로트를 좋아하거나, 재즈를 좋아하거나, 발라드를 좋아하거나 간에 그 취미에 있어서 서로가 서로를 견제할 이유가 없다. 그런 측면에서는 모든 경우가 주관적이다. 그런데 사회는 비위생적 옷을 입고 난잡한 동작으로 소음을 내는 행위를 예술이라고 주장하는 사태를 용인하지 않는다.

미의식의 영역에 적용되는 합목적성의 의미는 개인이 미의식의 목적을 의식하지 않았더라도, 그 행위의 동기 및 결과가 미의식의 본질에 합당하게 되는 경우를 가리킨다. 마치 "보이지 않는 손"의 작용이 미의식의 작용을 뒷받침하는 있는 듯이 느끼는 경우이다.

미의식의 목적이 가리키는 본질은 미의식의 행동과 작품이 상대방에게 불쾌감을 야기하기 위한 것이 아니라는 의미이다. 주관적 행위가 불쾌감을 유발하려는 의도를 가지고 있다면, 사회는 그것을 바람직한 행위라고 판정할 수 없다. 의식이 불쾌감을 유발하는 행위를 용납하면, 그 의식은 미의식일 수 없다.

미의식은 반드시 쾌감을 유발해야 한다. 쾌감은 의식 내에서 순수한 육체적인 경우와 순수한 정신적인 경우로 구분된다. 미의식은 육체적 쾌감이건 정신적 쾌감이건 상관없이 쾌감을 유발한다. 육체적 쾌감과 정신적 쾌감은 항상 서로 동반하여 동시에 발생하지 않는다. 그런 경우 때문에 미의식에 의한 쾌감의 본질은 명확해야 한다.

'쾌·불쾌의 감정과 노동의 특성' 미의식은 자신의 육체를 문명사회를 건설하는 직접적 도구를 삼는다. 자신의 육체를 도구로 활용하여 사물의 도구를 제작한다. 도구인 육체는 문명사회를 건설하는 과정에서 수많은 고통을 수반한다. 문명사회가 건설되면 그 고통은 환희로 바뀐다. 그 환희는 목적을 달성한 기쁨이다. 미의식이 건전한 도덕적 관념과 무관하게 오로지 육체의 쾌락만을 추구하면, 쾌락의 과정에서 불쾌감이 발생한다. 미의식이 도덕적 규범을 외면할 적에 나타나는 당연한 결과이다.

미의식은 육체적 쾌감을 추구하는 과정에서 도덕적 관념을 마비시키는 작업을 추구할 수 있다. 그러나 그 시도는 일시적인 결과를 유발할 뿐, 지속될 수 없다. 그 이유는 선천적 의식구조가 반사회적이고 비도덕적인 시도를 용납하지 않기 때문이다. 쾌락이 제공하는 효력을 강하게 갈망하면 할수록, 육체는 오히려 고통의 불쾌감에 시달릴 수 있다. 그런데 그런 고통을 구원할 수단과 도구는 의식이 오로지 도덕성을 회복하는 방법뿐이다. 그런 맥락에서 보면, 종교의 신앙도 그런 치유의 방법이 될 수 있다. 회개를 통한 구원의 사고방식이 치료의 수단이다.

회개는 도덕성과 불가분의 관계를 맺고 있다. 의식이 스스로 자신의 도덕성을 회복하고 형이상학적 인간이 되려고 노력하지 않으면, 회개가 추구한 심리요법의 효력이 나타날 수 없다. 형이상학적 존재자가 되지 않으려는 인간은 신을 순수하게 수용할 수 없다. 신을 순수하게 수용하지 않는 인간은 제대로 된 신앙인이 결코 될 수 없다. 진실한 신앙인이 되지 않으면, 종교가 목적하는 구원의 참의미를 깨달을 수 없다. 육체적 타락이 야기한 고통을 극복하려면, 도덕성을 근본적으로 회복해야 한다. 도덕성을 회복하는 과정에서 타인의 도움을 받더라도, 깨달음은 오로지 자신이 이루어야 한다.

인간이 정신의 쾌락을 위해 또는 육체의 쾌락을 위해, 사유의 판단기능을 마비시키거나, 육체의 감각을 마비시키는 방법은 그 목적에 부합하는 최상의 방법이 아니다. 정신과 육체는 불가분의 관계를 맺고 있기 때문에 정신적 고통은 육체적 고통이 되고, 육체적 고통은 정신적 고통이 된다. 마찬가지로 육체적 쾌락은 정신적 쾌락이 되고, 정신적 쾌락은 육체적 쾌락이 된다. 지나치게 어느 한쪽으로 치우치면 불균형과 부조화가 발생하고, 급기야 그런 방법은 심신에 더 심각한 고통을 유발한다.

육체적 고통을 느끼는 곳은 의식이므로, 육체적 고통을 극복하려는 방법을 찾으려고 하는 곳도 의식이다. 의식에서 정신적 고통이 발생하는 상황은 정신적 문제를 해결하지 못하는 경우이다. 인간은 자신이 목적하는 작업을 달성하지 못하면, 압박감을 느끼면서 심신의 고통을 겪는다. 정신도 육체와 마찬가지로 충격에 의한 상처가 발생한다. 즉 타인에게 모욕, 수치를 당하면 의식에 상처가 생긴다. 그러므로 의식은 육체와 정신의 고통을 극복하는 방법을 각각 구분하여 강구한다.

의식이 추구하는 목적을 달성하는 도구가 육체인 만큼, 육체는 항상 고통에 직면한다. 의식이 육체의 쾌락을 추구하지 않으면, 육체에 쾌락이 발생할 수 없다. 의식은 육체가 고통을 겪는 상황을 해소하기 위한 갖가지 방법을 강구한다. 의식은 오락을 비롯하여 피로를 해소할 수단과 도구를 통해 심신의 안정을 도모한다. 의식이 이 과정에서 어느 한쪽에 함몰하여 오로지 일방적 쾌락만 추구하면, 심신에 불균형이 발생하면서 병원치료가 필요한 비정상적 환자가 된다. 정신적 고통을 마비시키고 육체적 쾌감을 발생시키는 마약은 고통을 회피하거나 해소하려는 인간을 유혹한다.

인간이 쾌락을 충족할 방법과 수단과 도구를 개발하려면, 노동이 필요하다. 인간은 노동으로부터 극심한 고통에 시달리게 된다. 쾌락을 추구하는 노동이 고통을 유발하는 현상은 역설적이다. 생산과 소비과정에서 작용하는 노동의 속성은 고통과 쾌락의 양면성을 적나라하게 보여준다.

의식은 노동을 대신할 도구인 기계를 개발했다. 기계는 노동의 해방을 가능케 했다. 그러나 기계는 사유에서 발생한 정신적 고통을 해결한 수단이 될 수 없다. 기계가 육체의 작업을 대신하듯이, 인공지능의 컴퓨터가 정신의 작업에 도움을 줄 수 있다. 그러나 어떤 경우에서도 의식의 내부에서 일어나는 정신적 고통은 기계가 해결할 수 없다. 의식의 내부에서 진행하는 정신적 고통은 의식이 스스로 해결해야 한다. 전문가의 조언이 의식에 도움을 줄 수 있지만, 의식의 치료는 의식이 담당해야 할 자신의 몫이다. 철학은 주체가 해결해야 하는 몫을 두고 깨달음(覺)이란 용어로 해명했다.

③ 미의식과 형이상학적 관념

도덕적 선의지가 주체의 입장에 따라 상대적일 때에는 그 정당성은 최고선의 개념에 의해 판정되어야 한다. 마찬가지로 미의식도 주체의 입장에 따라 상대적일 때에 그 정당성을 판정할 최고선의 기준이 있어야 한다. 예술이 정치에 활용되면, 정치적 성향에 따라 상대를 적대시한다. 더 나아가 선동선전의 도구가 된 예술은 대중의 의식에 지대한 영향을 끼친다. 그런 상태는 예술의 미의식이 정치사상을 이끌고 가는 것이 아니라, 예술의 미의식이 정치사상에 종속된 경우이다.

예술사상이 정치사상에 예속되면 예술조직이 정치조직의 하부기관이 된다. 정치사상이 예술사상을 지배한다. 그러면 예술작품은 특정정치사상만을 선전하는 도구가 된다. 정치도구로 변질한 예술사상과 예술작품에는 비판정신이 작요할 여지가 없기 때문에, 미의식의 기능은 제 역할을 할 수 없다.

미의식의 숭고개념은 도덕의식의 최고선의 개념처럼 언제나 상황에 걸맞는 비판적 평가의 기준을 가지고 있다. 판단과 행위가 자기중심적이고 상대적일 적에 발생하는 문제점을 조정하고 조절할 의식기능은 보편성에 입각해야 한다. 보편성에 입각해야 양자를 모두 수용하여 공존의 방식을 마련하고 실행할 수 있다. 상대적으로 대립된 입장이 서로 충돌하여 극한 상황으로 돌입하면, 문명사회의 근본 틀은 위기에 직면하고, 붕괴로 치닫는다. 문명사회가 붕괴되면, 사회구성원은 생활터전을 상실하게 된다. 그런 상황에서는 도덕도, 법률도, 예술도 모두 무용지물이다. 투쟁의 양상은 선의식과 미의식이 추구하는 좋고 아름다운 모습이 아니다.

도덕사상과 법률사상과 정치사상과 예술사상이 모두 보편성의 터전 위에서 작용해야 하는 근본이유는 인간을 위해야 하는 목적 때문이다. 인간의식이 선의지와 미의식의 목적성을 상실하면, 인간은 인간일 수 없게 된다. 인간의식이 보편성을 상실하면, 설사 공동체를 이루어 집단생활을 한다고 하더라도 평온을 유지할 수 없게 된다. 보편적 입장에서 수립한 사회질서가 없기 때문에 곧바로 투쟁의 상태로 진입하게 된다. 그런 집단은 문화생활을 가능케 하는 문명사회의 진보를 이룩할 수 없다. 그런 집단은 낮은 수준의 부족공동체 이상이 될 수 없다.

의식의 본성은 스스로 자신을 반성할 사유구조를 갖추고 있다. 그 구조가 반성적 판단력이다. 반성적 판단은 이념을 구축하는 이성의 기능은 아니지만, 이념을 반성한다. 반성의 판단기능은 의식이 선천적으로 갖추고 있는 감성과 오성과 이성을 바탕으로 하여 작용한다. 이 기능은 보편적 관념의 목적의식에 따라 자기 자신의 모든 판단과 행동을 반성한다. 항상 자신의 행위가 최고선의 관념과 숭고의 관념에 부합하는지를 비판한다.

인간에게는 선천적으로 자기 자신을 비판대상으로 문제점을 파악하고 극복하려는 기능이 있다. 칸트는 그 기능을 해명하면서, 반성적 판단력이 사변이성과 실천이성 매개기능이라고 규정하였다.

4) 판단력비판에서 목적론적 판단력을 다루어야 하는 이유

주목

비판철학에서 주체철학의 관념성을 올바르게 이해하려면, 그 입장은 논구가 진행하는 방향을 인도하는 기본개념을 먼저 뇌리에 각인해야 한다. 그 개념은 칸트가 『판단력비판』에서 "목적론은 자연학에 속하는 것으로 다루지 않으면 안 되는가"의 논제로 다룬 목적론이다. 칸트가 논증하는 목적론과 합목적성의 개념은 『순수이성비판』과 『실천이성비판』 그리고 『판단력비판』에 두루 관통하고 있는 주제이다. 이 개념은 주체철학의 논구방향을 가능케 하는 선결요건에 해당한다. 그 이유는 목적론의 목적이 인간과 자연과 신의 존재를 통합하는 매개개념이기 때문이다.

목적론은 발생론적 해명, 물자체의 해명, 선험적 자아의 해명, 이성의 월권과 확장의 해명, 자연과학과 도덕철학과 예술론의 내적 관계에 관한 각각의 해명을 총체적으로 아울러 통일적으로 체계화한 통합이론이다.

그 논거는 칸트가 자연의 합목적성과 자연의 목적성을 진술한 내용에서 명백히 확인된다.

칸트는 『판단력비판』의 작업을 어디에서 논구해야 하는지를 해명하기 위해 먼저 철학체계를 구성하는 방식을 아래와 같이 거론했다.

> "어떠한 학도 일체의 학의 체계적 집성 속에서 일정한 위치를 차지하지 않으면 안 된다. 그것이 철학적 학인 경우에는 이 학에는 체계적 집성의 이론적 부분이나 실천적 부분 안에 그 위치가 지정되지 않으면 안 되며, 또 학이 이론적 부분에 자리 잡고 있는 것이면, 그것이 경험의 대상이 될 수 있는 것을 고찰하는 한, 자연학 안에(따라서 인체론 '물체론', 심리학 '정신론', 그리고 일반적 세상에 관한 학문) 그 위치가 지정되든가, 그렇지 않으면 신학(경험의 일체의 대상의 총괄로서의 세계의 근원적 근거에 관한 학) 안에 그 위치가 지정되지 않으면 안 된다." [6]

칸트는 뒤이어 목적론의 과제가 자연학에 속하는지 아니면 신학에 속하는지를 의문으로 제기한다. 칸트가 질문한 의도는 목적론이 자연학과 신학의 과제이지만 자연학과 신학의 분야에서 다룰 수 없는 과제임을 밝히기 위해서다. 목적적 작용이 물질에 고유한 속성이 아니라면, 목적론은 이성이 자연과 신의 존재를 연결하여 통합이론을 구성해야 비로소 완결되는 과제이다. 그러나 대상이 각자 서로 다르기 때문에, 목적론의 논구는 어느 한쪽의 장소에서 일방적으로 진행될 수 없다. 칸트는 그 점을 아래의 문장으로 해명했다. 그러므로 목적론은 비판철학체계의 논구단계를 거친 연후에야, 비로소 완결될 수 있었다.

---

6 『판단력비판』 [364], p283

"그러면 이제 '목적론에는 어떠한 위치가 알맞은가?' 하는 문제가 일어난다. 목적론은 (본래의 소위) 자연학에 속하는 것인가? 아니면 신학에 속하는 것인가? 양자의 어느 하나가 아니면 안 된다.

왜냐하면 어느 한쪽에서 다른 쪽으로의 이행과정이란 단지 체계의 접합과 조직을 의미할 뿐이요 체계 내에 있어서의 위치를 의미하는 것이 아니므로, 이러한 이행과정에는 어떠한 학도 속할 수가 없기 때문이다."[7]

칸트는 연이어 "신학에 있어서 목적론이 매우 중요하게 사용될 수 있다고 할지라도, 목적론이 신학의 일부분으로서 신학 속에 속하는 것이 아님은 그 자체로서 명백한 일이다."[8]라고 진술했다.

"학으로서의 목적론은 전혀 이설에 속하는 것이 아니라 단지 비판에만 속하되, 그것도 하나의 특수한 인식능력, 즉 판단력의 비판에만 속하는 것이다. 그러나 목적론은 선천적 원리들을 포유하고 있는 한, 어떻게 목적인의 원리에 따라 자연을 판단하지 않으면 안 되는가 하는 방법을 제시할 수 있으며, 또 제시하지 않으면 안 된다.

그리하여 목적론의 방법론은 이론적 자연학에 있어서의 방법에 대해서, 그리고 이 자연학이 형이상학 가운데에서 신학의 예비학(Propädeutik)으로서 신학에 대하여 가질 수 있는 관계에 대해서도, 적어도 소극적인 영향을 미치는 것이다."[9]

칸트는 『판단력비판』에서 목적론을 마무리하면서 목적론과 합목적성의 상관관계를 해명한다. 이 해명은 목적론이 관념론과 불가분의 일체임

---

7 『판단력비판』 ibid
8 『판단력비판』 [365], p320
9 『판단력비판』 [366], p284

을 여실히 보여준다.

"목적이 무엇인가를 그 선험적 규정에 따라 (쾌의 감정과 같은 어떤 경험적인 것을 전제하지 않고) 정의하자면, 목적이란 어떤 개념이 대상의 원인 (그 대상을 가능케 하는 실재적 근거)으로 간주되는 한에 있어서 그 개념의 대상이다. 그리고 어떤 개념이 그 객체에 관해서 가지는 인과성이 합목적성(목적태 forma finalis)이다." [10]

칸트의 입장은 자연과학이 근본발상이 경험적이 아니라 합리적이며, 그 근거를 다음의 사고방식이 합목적성에 의해 가능하다는 사실을 통해 논증하였다. 칸트는 인식기능이 자연현상에서 이미 사라진 경우와 앞으로 발생할 경우들을 모두 포괄하여 자연을 "가능한 경험의 총괄"이라는 용어로서 규정하였다. 그러므로 현재와 다른 두 경우를 모두 포괄하는 보편적이고 필연적인 법칙은 경험적 성격의 지식일 수 없다. 칸트는 그 점을 논리적, 객관적, 필연성의 개념으로 해명한다.

"자연의 합목적성이라는 개념이 선험적 원리에 속한다는 사실을 우리는 판단력의 격률 등에서 충분히 알 수 있다. 이 판단력의 격률이란 자연을 탐구함에 있어서 선천적으로 그 기초가 되는 것이기는 하나, 그럼에도 불구하고 그것은 경험의 가능, 따라서 자연의 - 〈그러나 단지 자연일반으로서가 아니라 다양한 특수적 법칙들에 의해서 규정된 자연으로서의. - 인식의 가능에만 관계하는 것이다.
이러한 격률들은 형이상학적 지혜의 경우로서, 그 필연성을 개념으로부터 입증할 수 없는 여러 규칙들이 세워질 적에는, 이 자연학의 과정에 아주

---

10 『판단력비판』 [32] p58

빈번히 그러나 산발적으로 나타난다." [11]

이에 대해 칸트는 "우리들의 인식능력과 이 인식능력의 사용에 대한 자연의 합목적성은 판단력의 선험적 원리요, 따라서 선험적 연역을 필요로 한다. 이 선험적 연역을 매개로 하여, 그렇게 판단하는 근거가 선천적인 인식의 원천에 있어서 탐구하지 않으면 안 되는 것이다." [12]라고 천명하여 목적론의 논구가 별도로 논구되어야 하는 이유를 명백히 했다.

실천행위의 본질과 목적

목적론의 논구는 두 가지 요인을 바탕으로 하여 단계적으로 진행된다.

첫째는 가장 초보적인 조건으로서, 인간이 생존을 위해 선택하는 행동양식이다. 여러 가지 경우 중에서 어떤 것을 골라 순서적으로 실행하는 방식이다. 어떤 것을 선택하는 행동방식은 의식적이고, 의식적인 것은 목적적이고, 목적적인 것은 관념적이기 때문이다.

둘째는 인간생존의 방식이 문명사회를 지향하는 목적론적 의식구조이다.

첫째 경우는 여러 가지 경우 중에 어떤 것을 선택해야 하는 상황을 먼저 고려해야 한다. 그런데 그것은 목적론을 해명하는 필요조건은 될 수 있어도, 충분조건은 될 수 없다. 선택을 하는 상황은 현상이 변화하는 과정에서 드러난 현실의 상태와 드러나지 못하고 폐기되어 버린 잠재적 상태로 이루어진다. 그러므로 선택의 상황은 목적론을 해명할 수 있는 충분한 근거가 될 수 없다. 게다가 다른 종류의 동물도 선택적 행위의 본능을 갖추고 있기 때문에, 목적론의 충분한 근거가 될 수 없다.

둘째 경우가 거론한 문명사회는 목적론 논구에 필요한 충분조건을 갖

---

11 『판단력비판』 X X X I
12 『판단력비판』 ibid

추고 있다. 문명사회는 목적의식이 지향한 결과물이다. 문명사회에서 만드는 모든 도구는 자연에서 발견되는 사물이 아니다. 도구는 의식이 목적을 가지고서 자연의 사물을 가공해서 만든 존재물이다. 그러므로 목적론적 존재론은 오로지 문명을 창조하는 인간의 의식구조에서 논구의 근거를 찾아야 한다. 동물의 생존방식은 문명사회에서 문화생활을 영위하기 위한 도구를 제작하는 방식이 아니다. 그에 반해, 인간은 문명생활을 위한 도구를 제작할 수 있는 의식구조를 갖추고 있다. 그러므로 그 사실은 목적론의 충분조건이 된다.

비판철학의 대미는 『판단력비판』에 진술된 목적론의 비판에 있다. 인간행위가 도덕적 행위이어야 하는 이유는 도덕형이상학이 입증한 내용으로 불충분하다. 그 이유는 그 작업이 인간본성을 완전히 규명한 상태가 아니기 때문이다. 문명사회에서 미의식이 작용하는 예술영역이 배제된 인간본성의 해명은 인간본성의 3분의 2에 지나지 않는다. 문명사회에서 주관적 취미생활을 배제하면, 문명사회가 제대로 건설될 수 없다. 그 사실은 명백하다. 그러므로 의식에 내재하는 진·선·미의 관념이 조화롭게 작용해야만, 인간은 개인의 자유의식을 바탕으로 한 건전한 문명사회를 건설할 수 있다.

의식의 구조와 대응해서 문명사회는 진·선·미의 양상을 전개한다. 그러나 통합이념이 뒷받침하지 않으면, 분열과 충돌에 의한 갈등에 의해 사회체제는 불안하게 된다. 사회의 지도층이 이런 현상을 타개하기 위해 분열을 극복할 통합을 시도하면서도 통합이념의 속성을 제대로 직시하지 못하면, 타개할 방법을 찾을 수 없다. 진·선·미의 각각의 양상을 하나로 집합하여 억지로 통합한 겉모양의 이념은 그런 역할을 할 수 없다. 특히 그 작업이 독자적인 영역을 갖춘 예술분야의 미의식의 본질을 제대로 해명하지 못하게 되면, 통합이론은 오히려 분열과 갈등을 심화시킬 뿐이다.

칸트가 반성적 판단력에서 목적론을 논구한 이유는 진·선·미 관념의 통합이 인간본성을 파악하는 작업에서 가장 중요한 핵심과제이기 때문이다. 즉 이 논구가 단지 예술론 때문에 중요해지는 것이 아니라, 예술론까지 도달해야 비로소 인간의 본질과 존재의 정체를 완결할 수 있기 때문이다. 다시 말해, 비판철학의 통합론만이 사변이성이 월권하면서 초래한 형이상학적 목적론의 폐단을 극복할 수 있기 때문이다.

목적론의 해명을 도덕형이상학에서 완결하지 않고『판단력비판』에서 해명한 비판철학의 체제는 실천이성에 의한 도덕행위만으로 자연과 인간을 통합할 수 없는 의식구조의 취약점을 그대로 보여준다. 그 취약점은 당위적으로 준수해야 하는 정언명법의 의도를 매개개념의 도움이 없이 그 상태로 자연현상의 근저에 놓을 수 없는 한계이다. 그 한계는 사변이성이 자연의 존재를 목적론적으로 해명할 방법이 없음을 분명히 논증한『순수이성비판』의 학적 작업이『실천이성비판』에서도 완수될 수 없는 제약이다, 그러면 존재의 해명은 그 자체로 회의적 결론에 도달하거나 아니면 불완전한 체계로 머물게 된다. 미의식의 본질을 포함하지 않으면 통합원리가 불가능하기 때문에, 통합원리를 파악하려는 지적작업은 반드시 취미판단의 주관성을 논구할 근거를 의식의 선천성에서 반드시 찾아야 한다. 인간의 본성을 논구하는 과제에서 학문과 도덕법에 예술행위의 문화이론을 첨가하려면, 그 이론은 미의식의 본질을 논구해야 한다.

칸트는 이 과제를 "숭고"의 개념으로 논구하였다. 미의식의 주관성에 선천적으로 내재한 숭고의 개념을 논거로 삼았다. 숭고의 개념을 실천이성의 과제인 도덕법의 본질에서 논구할 수 있음에도 불구하고, 도덕법의 본질인 최고선의 개념과 구분하여 미의식의 영역에서 논구한 것이다. 그러면 당연히 목적론의 논구에 앞서 검토되어야 할 과제는 "최고선"의 개념과 "숭고"의 개념이 내적 연관성을 지니고 있는가? 하는 물음이다. 미의식의 판단은 인식대상을 개념으로 규정하는 판단이 아니므로, 실천이성의 본성이 최고선의 도덕법의 행동원칙을 정립하는 지적 작업을 할 수 없다. 그럼에도 불구하고 인간의 창조적 작업에는 미의식이 작용한다. 미의식이 작용해야 문명사회는 다양성을 확보할 수 있다.

칸트 이전의 철학자들은 『판단력비판』에서 논구한 목적론의 비판을 『순수이성비판』과 『실천이성비판』에서 완수할 수 있는 과제쯤으로 여겼다. 이성은 목적론의 근거가 되는 이념의 수립을 추진할 수 있다. 그런데 실생활에서 이루어지는 인간의 구체적 목적행위는 개별적이다. 구체적인 현실의 경우가 다양하긴 하지만, 개인의 모든 선택은 이념의 테두리 내에서 이루어진다. 보편이념이 개별현상을 포섭하지 못하면, 그 이념은 보편적일 수 없다. 그런 개별적 행위가 존재의 실질적 모습이고, 또한 인간이 살아가는 삶의 현장이다.

목적의식의 특수성과 보편성

개별성과 칸트는 다양하고 수많은 구체적 개별행위의 사례를 비판철학에서 일일이 직접 다루지 않는다. 개인이 당면한 사례는 개인의 자유의지가 해결해야 할 선택의 문제이므로, 보편이론을 다루는 학문의 직접과제가 아니다. 미의식의 논구도 마찬가지로 미의 본질에 관한 형식을 다루는 지적작업이지, 자유의지의 선택에 의한 개별적 내용을 다루는 지적작업이 아니다. 미의식의 창조론은 개별사례를 배제한 형식적 틀을 논구할 뿐이다. 그러나 내용이 형식에 포섭되기 때문에, 『판단력비판』은 먼저 개인의 취미판단을 논구했다. 취미판단은 쾌·불쾌의 주관적 감성에서 비롯하기 때문에, 예술의 미의식과 직접 연결되지 않는다. 그렇게 되려면, 형이상학적 목적론의 관념이 의식에서 작용해야 한다. 그래서 칸트는 취미판단과 목적론을 구분해서 논구했다.

반성적 판단력도 판단기능이기 때문에, 이성비판의 판단기능과 동일하다. 이 사실은 칸트철학체계를 이해하는데 심대한 혼란을 야기한다.

칸트가 동일한 이성작용을 탐구대상에 따라 사변이성과 실천이성의 기능과 역할로 구분하였듯이, 판단작용을 감성적 판단, 오성적 판단, 이성적 판단, 반성적 판단의 기능과 역할로 구분한 다. 즉 반성적 판단은 앞선 다른 판단의 결과를 다시 성찰하는 작업인데, 그 작업에서 거울과 같은 기능을 하는 도구가 형이상학의 근본원리를 정립하려는 보편의식이다. 곧 궁극원리를 완성하려는 진리의 의지이다.

사변이성과 실천이성은 자연현상의 존재적 특성과 인간행위의 당위적 특성을 자연법칙과 도덕법칙으로 정립했다. 그런데 자연과 인간은 여전히 별개로 분리된 상태이다. 자연은 자연이고, 인간은 인간일 뿐이다. 그러면 자연과 인간의 기능이 화합하여 이룬 문명사회의 특성을 해명할 수 없다. 인간이 자연의 특성을 파악하고, 자신이 도덕적 행동을 해야 하는 이유를 밝혔더라도, 미의식의 해명은 그 결론에서 빠진다.

인간이 자기행위를 규제하는 도덕규범은 자연을 활용하는 인간의 창조적 행위와 무관하다. 인간의 창조적 행위가 자연법칙을 활용하더라도, 그 동기는 자연법칙과 무관하다. 왜냐하면 자연은 인간에게 문명사회를 건설하도록 동기를 부여한 정황을 보여주지 않기 때문이다. 게다가 자연은 인간의 종족이 자연에 반드시 필요하다는 정황을 보여주지 않기 때문이다. 더 나아가 자연은 진화의 과정에서 인간이 필연적으로 등장해야 할 근거를 보여주지 않기 때문이다.

자연은 인간이 자신 속에서 문명사회를 건설하고 문화생활을 하는 근원을 보여주지 않기 때문에, 인간은 그 원천을 다른 대상에서 찾지 않으면 안 된다. 칸트는 『순수이성비판』에서 그 사실을 논증했고, 『실천이성비판』에서 그 대상을 논증했다. 그럼에도 불구하고 실천이성이 논증한 신의 존재는 여전히 인간이 건설한 문명사회와 인간의 문화생활의 본질을 해명할 수 없었다. 그 해명은 의식이 문명사회에서 문화생활을 하는 이유, 목적, 근거를 찾아야만 가능하다. 그 작업은 진·선·미의 관념을 수미일관되게 통합해야만 비로소 종결될 수 있다.

존재에서 인간을 배제하면 관념론의 본질이 불완전하듯이, 인간의 의식구조에서 미의식을 배제하면 불완전하다. 인간이 추구하는 쾌의 본질이 생산과 소비생활의 토대가 되고, 창조적 발상의 동기가 되어, 다양한 삶의 양식이 문명사회의 유기적 구조를 형성한다. 쾌락을 충족하는 사물의 재료를 준비하고, 공동체의 질서를 준수하더라도, 인간이 자신이 무엇을 위해 존재하는지를 깨닫지 못하면, 문명사회의 문화생활은 불가능해진다. 단순한 삶의 양식은 거대한 공동체를 건설할 수 없다. 그 이유는 소규모 공동체가 자연과 인간사회에서 발생하는 재난을 적절하게 방어하고 극복할 능력을 갖출 수 없기 때문이다.

인간은 문명사회를 유지하고 발전하는 과정에서 자신의 정체성에 대해 회의감을 느끼게 된다. 문명사회에 드러난 모순점에 직면하여, 인간은 자신의 본성과 불합리한 신의 존재에 대해 혐오감을 품게 된다. 그럼에도 불구하고 인간은 사회를 탈출하여 자연으로 돌아갈 수 없다. 인간은 자연의 상태에서 동물처럼 살아갈 수 없는 존재이므로, 여전히 문명사회의 틀속에서 살아가게 된다. 그 이유는 동물이 자신을 보호하는 수단을 갖추고 있듯이, 인간이 자신을 보호할 도구를 제작하려면 공동체의 협력이 절대적으로 필요하기 때문이다.

종교에서 실시되는 금욕주의적 생활방식은 문명사회의 지나침에 대한 반동행위이지만, 문명사회 자체를 거부하는 방식은 아니다. 종교가 문명사회를 전적으로 거부한다면, 종교인의 금욕생활도 불가능해진다. 종교적 발상, 사회주의적 발상은 문명사회의 부조리 및 모순점에 해당하는 지나침을 조절하여, 모자람에 보충하여, 사회구조의 불균형을 조정하고 구성간의 화합과 조화를 추구하려는 발상이다. 그러므로 그 입장은 인류가 공동사회를 유지하는 근본사상이 될 수 있었다.

이와 같이 지나침과 모자람이 보여주는 문제점을 조화와 균형으로서 조정하여 해결하려는 의식이 미의식이다. 인간이 지닌 미의식은 지나침과 모자람조차 해명하여, 그것에 존재의 의를 부여하여 구성원들 간에 공존을 꾀한다. "죄는 미워하되 죄인은 미워하지 않는다."는 표제아래 죄인을 용서하고 사회가 포용하는 발상은 조화를 추구하는 미의식이 도덕의식에 작용해야만 가능하다.

자연법칙을 활용하여 도구를 제작해야 하는 인간의 생존방식에서 자연의 소재를 다듬는 의식의 작용은 더하지도, 덜하지도 않는 균형의 상태를 모든 발상의 기준으로 삼는다. 그것이 전래의 중용의 사고발상이다. 이 발상은 자연과 문명사회의 관계에 작용한다. 이 발상은 문명사회의 도구, 문명사회의 질서를 아름다운 관념의 모습으로 변모시켜 자연과 조화를 꾀한다. 이것이 미의식이 지닌 특성이다. 이 특성은 판단력의 반성적 기능에 근거를 두고 있다. 칸트 이전까지는 이 기능을 이성의 논구에서 다루었지만, 칸트는 미의식을 "반성적 판단력의 기능"으로 구분하여 별도로 논구하였다.

판단의 반성기능과 목적론

반성적 판단력이 사변이성과 실천이성의 매개역할을 해야 하는 이유는 사변이성과 실천이성의 한계에 있다. 첫째는 자연의 변화현상을 기계론적 인과율로 파악한 사변이성이 목적적 인과율을 올바르게 논구할 수 없는 한계이다. 둘째는 실천이성이 인간행위를 목적론적 인과율로 파악했지만, 그것을 곧바로 자연현상에 적용할 수 없는 한계이다.

자연과 인간에게 기계론적 인과율과 목적론적 인과율을 모두 적용할 수 있는 경우가 미의식이다. 그러므로 칸트는 미의식의 근본인 반성적 판단력을 둘로 나누어진 사변이성과 실천이성을 다시 통합하는 역할을 한다고 규정했다. 그 규정은 감성과 오성과 이성과 반성적 판단력이 모두 하나의 판단기능에 통합되어 있음을 의미한다.

칸트는 진·선·미의 의식이 하나의 인간본성을 구성하는 요소임을 밝혔다. 진·선·미의 의식이 하나로 통합한 통각인 자아는 이들이 어우러져서 문명사회를 건설하고 문화생활을 가능케 한다. 통각인 자아는 자신의 창조적 작업을 통해 자신이 형이상학적 존재임을 자각하고, 스스로 목적론의 관념성과 신의 존재를 확인한다. 미의식이 사변이성과 실천이성을 통일할 적에, 인간은 실천이성이 확립한 도덕형이상학의 본질을 비롯하여 진리를 탐구하는 지적 방법론의 의의를 깨닫게 된다.

신의 존재를 주관적 객관성으로 논증한 『실천이성비판』의 작업은 마지막으로 신이 인간에게 문명사회를 건설하는 이유마저 논구했어야 했다. 그러나 그렇게 하지 않았다. 그 이유는 실천이성이 인간과 자연을 매개개념의 도움 없이는 통합할 수 없었기 때문이다.

『실천이성비판』의 과제는 사변이성에서 할 수 없었던 형이상학을 새롭게 수립하는 과제이었으므로, 인간의 본성 중에서 다루지 못한 미의식을 다룰 수 없었다. 미의식이 도덕성의 원천이 아니었기 때문에 실천이성이 판단력의 과제를 다룰 수 없었다. 도덕행위는 자연의 사물을 직접 활용하여 실용품이나 예술품을 제작하는 행위는 아니다.

인간은 제품을 제작하는 과정에서 거짓, 사기 등의 비도덕적 행위가 제품의 질을 변경하고 수요자를 기만할 수 있지만, 직접적으로 제품의 형상을 고안하고, 기술을 개발하는 발상과 행위는 할 수 없다. 미의식의 행위는 인간과 인간관계에 작용하는 도덕행위가 아니라 인간이 자연을 활용하는 행위이기 때문이다. 인간이 자연을 활용하는 행위에는 인간자신의 육체를 활용하는 방식도 포함된다. 바로 무용처럼 인간의 육체를 활용하여 미의식을 표현하는 방식이다. 이 경우에는 인간의 육체는 수단이면서 목적이다. 그런 방식은 패션분야에도 적용된다. 의상의 소재는 자연의 사물이지만, 패션은 인간의 육체를 아름다움의 모델로 활용한다. 패션의 표현은 인간의 육체를 아름답게 하려는 목적행위이므로, 패션의 표현방식도 예술적 사고방식이다.

미의식은 사변이성도 실천이성의 기능도 아니지만, 양 기능에 작용에 모두 관여한다. 모든 사유과정은 선천적 감성직관과 순수오성개념을 벗어나 진행할 수 없다. 이념을 구성하고 이념을 실행하는 작업은 선천적 의식기능이 작용하는 과정이다. 그런데 기계론적 자연현상에 목적론을 적용하려면, 그 작업은 미의식의 판단기능을 감성의 인식기능으로부터 분리해야 한다. 분리하지 않는 상태에서는, 감성과 오성의 판단기능이 미의식의 작업을 수행하게 된다. 대상을 인식하는 감성과 오성의 판단작용은 미적 판단을 진행할 수 없다. 미의식의 특성을 명확히 파악하지 않으면, 감성적 판단기능에 작용하는 미의식의 반성적 판단기능을 감성의 규정적 판단기능으로 오인할 수 있다.

미의식의 반성력은 부분을 통합하여 전체를 구성하는 판단기능이다. 미의식의 대상은 인간과 자연과 신 이외에 달리 있을 수 없다. 이들의 인식작업은 사변이성비판작업과 『실천이성비판』에서 이루어졌다. 단순한 개별자는 서로 관계를 맺고 복잡한 복합체를 형성한다. 복잡한 복합체를 올바르게 구성하려면, 구성방식이 필요하다. 올바른 구성은 올바르지 않은 구성과 비교해서 좋은 것이다. 각 요소가 적절하게 조화를 이루는 구성은 아름답다. 각 요소가 조화를 이루려면, 개별요소의 특성을 조화의 관점에서 다시 검토해야 한다. 이런 재검토가 반성작용이다. 모든 창조적 과정이 조화와 균형을 지향하기 때문에, 형상은 좋음과 아름다움의 통합이다. 좋음의 상태에서 아름다움의 상태로 나아가려면, 자연의 사물과 인간들은 조화와 균형을 추구해야 한다. 반성적 판단력이 사변이상과 실천이성을 매개하는 인식기능이기 때문에, 미의식이 이 기능을 바탕으로 하여 모든 창조행위를 마무리한다.

반성작용은 인식하려는 대상에 대한 의식이 있어야 가능하다. 무엇에 대한 반성은 무엇에 대한 인식이 선행되어야 한다. 무엇에 대한 인식이 없는데 무엇에 대한 반성이 진행될 수 없다. 대상에 대한 직접적 의식작용은 인식작업이다. 반성작업은 인식작업의 결과에 대한 성찰이므로 대상에 대한 간접적 판단작용이다.

의식은 자연과 인간의 활동이 별개로 분리되어 있는 양상을 반성한다. 인간은 자연에서 태어나, 자연을 이용하여, 자연에 문명사회를 건설하고서 문화생활을 하는 존재이므로, 인간은 스스로 자신과 자연의 관계를 반드시 해명해야 한다. 인간과 자연의 관계는 외면적으로 이질적일지라도, 내면적으로 이질적일 수 없다. 내면적으로까지 이질적이라면 인간과 자연이 공존할 수 없기 때문이다. 두 개의 존재가 이질적이라면, 인간이 자연을 이용할 수 없기 때문이다.

의식인 정신과 물질인 육체가 공존하여 인간의 형상을 구성한다. 정신과 물질이 공존하려면, 공통의 특성을 서로 공유해야 한다. 그렇지 않다면, 이질적인 정신이 육체에 들어와 존재해야 하는 이유가 있을 수 없다. 이질적인 두 개의 존재에게 서로 통합해야 할 필요성이 생겼다면, 그것에는 필연적 이유가 있어야 한다.

이질적인 두 개의 존재가 통합해야 하는 이유가 필연적이라면, 그 근원도 필연적으로 하나일 수밖에 없다. 필연적인 하나의 근원을 부정하면, 의식은 이질적인 두 개의 존재가 하나로 통합한 이유와 방법을 해명할 수 없다. 왜냐하면 그 근원을 필연성 대신 짜 맞추기 식, 우연성으로 해명해야하기 때문이다. 공존의 양상을 우연성으로 해명하면, 자연과 인간에게 적용되는 모든 자연법칙이 우연적인 현상이 된다. 그러면 의식의 지적 토대도 허물어진다.

칸트는 근원에 관한 논증의 장소를 『순수이성비판』에서 『실천이성비판』으로 이동했다. 칸트는 정신적 실체는 육체의 바깥에서 경험적으로 직접적으로 확인할 수 없기 때문에, 정신의 실체는 간접적으로 정신의 영역에서 확인해야함을 논증했다. 칸트는 정신과 물질이 이질적이 아니라고 하면 그로부터 의문이 발생하고, 반대로 정신과 물질이 이질적이 아니라고 하면 그로부터 의문이 발생함을 정확히 인식했다. 그래서 칸트는 해명의 방법을 달리하여 우회적으로 양립과 통합의 방법을 선택했다.

칸트의 전략적 발상은 목적론적 인과율과 기계론적 인과율을 서로 화해시키는 통합작업이었다. 그 근거는 자연의 현상에서 의식의 목적행위와 자연의 법칙작용이 공존하는 실천적 특성이다. 그 논구는 다음의 과제를 극복했다. 첫째, 자연현상을 목적론으로 해명했을 적에 발생하는 이성의 월권을 극복해야 했다. 둘째는 정신이 신의 존재를 논증했다고 하더라도 여전히 자연과 괴리되어 있는 상황을 타개해야 했다. 셋째는 정신이 물질에 새로운 형상을 부여하는 창조 작업을 통해 양립과 통합을 입증해야 했다.

인간이 자신의 의식 속에서 목적론의 본질을 파악했다면, 그 본질이 작동하는 방법도 해명해야 한다. 더 나아가 의식은 자신이 파악한 작동방법을 활용하여, 목적론의 본질을 실행할 수 있어야 한다. 만약 의식이 그 본질을 실천하지 못하면, 그 작동방법을 제대로 파악했다고 말할 수 없다.

칸트는 먼저 『실천이성비판』에서 정언명법을 객관적으로 수립하여 신의 존재를 논증할 이론의 발판을 확립했다. 칸트는 최고선의 객관성을 정언명법으로 현실화하여 논구의 단초를 열었다.

그런데 실천이성이 뒷받침하는 최고선의 개념은 목적론을 해명하는 단초에 불과할 뿐, 목적론을 실현하는 방법론은 아니다. 목적론을 실행하는 방법론을 해명하지 않으면, 이론은 불완전한 상태를 벗어나지 못하고 좌초하게 된다.

목적론의 논구대상은 자연과 인간과 신이다. 이 이외에 다른 대상이 달리 있을 수 없다. 그런데 순수이성과 『실천이성비판』은 그 작업을 완수할 수 없었다. 최고선의 개념이 이 작업을 수행할 수 없다면, 자칫하면 이 작업은 오리무중의 과제가 될 수 있다.

그러면 남아 있는 유일한 방법은『순수이성비판』의 사변이성과『실천이성비판』의 실천이성이 지닌 인식기능을 다른 관점에서 논구하는 방식이다. 그 방식은 발상의 전환이다. 발상의 전환은 거울을 가지고서 자신을 비쳐보듯이, 양분된 이성의 기능의 모습을 거울을 통해 반사하는 반성하는 방식이다.

목적론과 자연

반성적 판단기능은『순수이성비판』과 실천이성판단의 기능이 아니다. 직접적으로 자연과 인간의 인식을 다루지 않는다. 직접적으로 사물의 제품을 만들거나 법률을 제정하는 작업이 아니다. 그러면서 실증적으로 입증할 수 있는 분야는 앞의 작업을 제외한 나머지 분야인 예술작품 이외에 달리 없다. 이런 성격 때문에 칸트는 반성적 판단력에서 취미판단과 숭고판단을 별도로 나누어 구분했다.

취미판단은 감성직관과 결합되어 있지만, 숭고판단은 감성직관을 넘어서 실천이성과 결합되어 있다. 즉 숭고개념은 사건에 해당하는 줄거리와 연관되어 있다. 음악의 소리를 들으면 감각에 의해 의식이 반응하지만, 그 소리가 숭고의 개념에 해당하는 감정을 불려 일으키려면, 소리와 더불어 가사가 전달하는 사건의 내용이 있어야 한다. 음악분야의 악보, 회화분야의 그림과 조각, 건축분야의 건축물과 각종 장식, 연극과 영화 등의 작품들은 미의식이 자연과 인간에 대해 작용한 객관적 성과물이다. 그러므로 칸트는 숭고의 관념을 미의식의 핵심개념으로 논증했다. 칸트는 연장의 성질이 사물의 근본속성이듯이, 숭고의 개념이 미의식의 근본속성이라고 파악했다. 숭고의 미적 감정이 주관적인 취미의 감정과 달리, 주관적 객관성을 확보해야 하는 특성을 지녔다.

목적이 없는 도구가 만들어지지 않는다. 의식이 목적적이지 않으면, 의식은 복잡한 구조를 가진 도구를 상상하지 않는다. 도구는 목적을 달성하기 위한 수단이므로, 우연적으로 만들어질 수 없다. 물질이 관념적이어야 하는 이유도 마찬가지이다. 우연성이 거대한 우주의 필연적 법칙을 형성할 수 없기 때문이다. 우주에서 복잡한 구조와 기능을 가진 생명체가 탄생하려면, 운동성격과 변화과정에 목적적 방식이 내재해야 한다. 그것이 자연원리이고 자연법칙이다. 의식이 그것을 부정하면, 의식은 무한한 방향으로 움직일 수 있는 공간에서 구성인자들이 법칙에 따라 복잡한 생명체의 구조를 만든 과정을 설명할 수 없게 된다.

공장과 기계가 없다면, 제품이 탄생할 수 없다. 그러므로 우주에 존재하는 물질들은 스스로 공장과 같은 생성조건을 갖추어야 한다. 우주에 복잡한 구조를 만들 수 있는 방법이 없다면, 우주공간에는 사물들이 흩트려지고 집합하는 물질의 덩어리들이 단지 산재해 있을 뿐이다.

예컨대 자연에서 숭고미의 개념에 해당하는 광경이 없다고 가정하면, 모든 장면은 동일한 물질이 집합한 거대한 덩어리에 지나지 않게 된다. 자연이 숭고미에 해당하는 광경을 형성하려면, 적절한 방법이 순서대로 작용해야 한다. 마치 인간이 작품을 만들 듯이, 자연에도 사물들이 법칙에 따라 순서대로 탄생하도록 이끄는 생성 · 소멸의 방식이 있어야 한다. 그러면 자연에 작동하는 기계론적 자연법칙의 근저에 관념적 성격의 생성 · 소멸의 목적이 존재해야 한다.

목적론에는 일순간에 한꺼번에 계획된 대로 이루어지는 창조적 방식도 포함한다. 그 발상은 우주의 시초를 상상할 적에만 적용할 수 있는 유일한 경우이다. 그 이외에는 목적론은 인간이건, 인간이 만든 사물이건, 자연의 사물이건 간에, 생성 · 소멸을 거듭하는 현상의 작용원인을 가리킨다. 기계는 하나의 목적에 따라 구상되었고, 그 목적에 따라 하나하나씩 결정된 부품들이 조립된 것이다. 그에 비해 우주의 생성 · 소멸은 존재본질의 목적에 따라 진행하였더라도, 수많은 개체들이 제각기 독립적으로 존재하면서 새로운 구조를 찾아 조화롭게 구성되어야 하는 유기적 성격의 결합방식이다.

우주의 법칙이 보편적이기 때문에 우주는 관념적이다. 우주가 관념적이기 때문에, 목적적이다. 우주의 법칙이 보편적이기 때문에 우주는 그 자체로 하나의 기계이다. 우주가 기계적이지 않으면, 우주의 현상은 생성·소멸의 법칙에 의거해서 이루어질 수 없다. 우주공간에 산재하는 구성인자는 독립적이다. 독립적인 개체들이 결합하여 새로운 사물을 형성하는 과정은 한편으로는 기계적이고, 다른 편으로는 목적적이다. 우주의 현상이 관념적이기 때문에 그와 같이 양면적이다. 우주의 양면성은 우주의 근본요소가 관념적이기 때문에 가능하다.

우주는 한 편으로는 현대물리학과 화학이 기계론적 인과율과 수학의 수식을 적용하여 정밀하게 설명할 수 있다. 다른 편으로는 우주는 종교와 형이상학이 목적론적으로 설명할 수 있다. 우주가 사물과 공간으로 구성되어 있기 때문에, 양자가 양립할 수 있다. 그럼에도 불구하고, 여전히 해명되지 않는 사항은 정신과 물질의 이질성 여부와 정신의 독자성에 관한 의문점이다. 그러나 그 의문점이 기계론과 목적론의 양립을 부정할 수 없다. 존재의 현상에는 인간의 의혹과 상관없이 두 개의 인과율이 양립한다.

인간의 의식이 자연을 바라보고 느낀 숭고의 감정을 자신의 행위에 적용하는 경우는 예술품을 제작할 때이다. 예술품에 해당하는 작품을 제외한 일상생활에 필요한 도구를 제작할 적에는 숭고한 개념을 적용하지 않는다. 그런 경우에 굳이 적용하려면, 그 도구에 목적개념을 적용해야 한다. 도구에 목적개념을 적용하려면, 도구가 제작하는 동기 및 사용하는 의도가 숭고한 목적을 지녀야 한다. 도구에 대해서는 보기가 좋아서 멋있다. 훌륭하다, 아름답다는 용어를 적용하여도, 숭고하다는 용어를 적용하지 않는다. 숭고의 용어는 줄거리를 지닌 예술품에 적용하는 개념이다.

인물의 행위, 자연의 경관에 대해 적용하는 숭고의 개념은 제작자가 그것에 목적적 관념을 적용할 적에 표현된다.

목적론과 인간사회

현대인은 권선징악의 개념을 이분법적 사고방식으로 매도한다. 그러나 권선징악의 개념은 다양성을 부정하는 개념이 아니다. 흑백논리의 개념이 아니다. 사필귀정의 개념은 다양성을 부정하거나, 흑백논리의 개념이 아니다. 이와 같은 용어는 존재본질에 근거한다. 모든 사물은 적절한 정도를 충족하지 않으면 제대로 된 효과를 발휘할 수 없다. 적도(適度)의 이치는 존재의 본질에서 비롯된 것이므로, 다양한 모든 사태에서 동일하게 작용한다.

권선징악의 개념은 좋음을 추구하고 나쁨을 경계하는 의미이다. 현대인은 도덕적인 교훈이면서 변화의 본성에 부합하는 이런 말을 심정적으로 거부한다. 선과 악의 구분이 모호하다고 여기기 때문이다. 상대성을 내세워 자기중심적 가치판단을 옳다고 여기기 때문이다. 곧 이쪽에서 좋다고 여기는 것을 저쪽에서 좋지 않다고 여기는 경우이다. 예컨대 기병대의 입장에서 인디언을 악으로 보는 경우와 인디언의 입장에서 기병대를 악으로 보는 경우이다. 이런 상황에 직면해서 제3자는 어느 쪽이 선하고 악한지를 선뜻 판명하지 못한다. 그런데 상대적으로 적대적인 양자의 입장에는 공통된 요소가 있다. 그것은 상대방을 악으로 매도하는 근거가 자신들에게 피해를 주는 상대방의 적대적 행위라는 인식의 공통성이다.

적대적 행위가 발생한 발단은 한쪽이 다른 쪽을 침범한 행위이다. 침범한 동기는 한쪽이 상대방의 영역에 대한 탐욕이다. 역사에 기록된 전쟁을 도덕적 규범을 기준으로 판단하면, 상대방의 영토를 탐내었던 쪽의 잘못이었다. 그럼에도 불구하고 역사는 승자에게 면죄부를 주었다. 이런 국면에서는 권선징악과 사필귀정과 같은 도덕성이 무력해지고, 도덕성은 사회적 약자들에게서 불신을 받았다. 사회적 약자는 도덕적 규범을 강자가 자신의 이익을 지키고 약자를 지배하기 위한 도구로 여기게끔 되었다.

일반인이 권선징악의 개념을 기피한다면, 그 경우는 권력자들이 일방적으로 선과 악의 개념을 자신들에게 유리하도록 규정하였을 때이다, 그리고 자신들이 그들에게 부당한 의식을 강요받고 있다는 감정에 휩싸일 때이다. 일반인이 그런 상황에 휩쓸리면, 흑백논리에 의한 선동현상이 사회전반에 난무하게 된다. 그럼에도 불구하고, 권선징악의 개념이 사라지지 않는다. 어느 쪽이건 간에, 좋음을 지향하고 나쁨을 기피하는 본성은 동질적이기 때문이다.

역사는 이런 불합리하고 부조리한 국면을 두고, 두 가지 사고방식을 보여준다. 하나는 역사의 목적론이다. 다른 하나는 사회전체가 북극성을 기준으로 삼아 항해하듯이, 도덕적 규범을 행위의 기준으로 삼아 공존의 방법을 추구하는 민주주의이론이다.

목적론은 자연의 발전과정과 연관된다. 만약 공룡시대가 끝나지 않았다면, 인간의 등장은 불가능했을 것이다. 인류사회가 거대한 시장(市場)을 형성하지 못했다면 원시시대를 벗어나지 못했을 것이다.

민주주의체제는 인류가 공생·공영을 모색한 역사의 진행과정에서 그 것을 위한 실행조건을 갖추면서, 비로소 정착한 사회제도이다. 조그마한 도시국가에서 싹을 텄지만, 인류사회 전체로 확산할 수 없었던 당시의 한계를 극복하고, 인류사회 전체에 전파된 제도이다.

칸트는 인간본성의 동질성은 바탕으로 도덕법규의 보편성을 논증했다. 보편적 원리를 추구하는 사고방식은 서로 적대적 입장에 처했을 때에도, 상대방과 더불어 적대적 상황을 해소할 방식을 공동으로 마련할 수 있는 근본토대이다. 보편적 입장의 사고방식에 도달하면, 각자가 자신이 처한 개인적 사정을 벗어나 자신들을 감싸고 있는 사태를 근본적으로 수습할 적절한 방법을 추구한다. 그러면 모두는 그 방법을 함께 실현하겠다는 공감대를 공유한 동질적 입장이 된다. 이 과정에는 적대적 입장을 해소하고 조화를 도모할 상위의 조직이 구성된다. 그러므로 변증적 사고방식은 대립하고 있는 양측을 수렴하여 새로운 질서를 형성할 수 있는 유일한 해결방법이다.

보편성에 입각해야 하는 도덕적 당위성이 구성원의 이기적 욕심과 행동을 통제할 수 없으면, 다시 원점으로 되돌아가게 된다. 그리고 권선징악과 사필귀정의 용어는 그 집단에서 무의미한 개념으로 전락한다.

이념이 현대인을 권태롭게 만드는 경우는 국가가 자신들의 행위를 정형화한 일방적인 관점에서 선·악으로 판단하고, 통제하고, 더 나아가 강제적으로 자신들의 판단과 행위를 구속할 때이다. 그 상황에서 기존의 이념을 부정하고, 거부하면, 사회는 변증적 대립의 양상으로 치닫게 된다. 현대인이 누리는 자유성은 다양성을 보호해야하기 때문에, 자유성의 논구는 선·악의 판단을 신중하게 고려해야 한다.

다양성을 바탕으로 성립한 자유의 본질은 미의식의 주관성과 부합한다. 주관성의 보장은 개성의 존중이다. 자유성에 근본주제는 자유의지이다. 자유의지가 지향하는 도덕성은 인간이 어떤 경우에 처하더라도 타인과 공생·공영을 추구하는 사고방식을 견지해야 한다는 준칙이다.

조화를 이룬 사회질서의 모습은 아름다운 상태이다. 사회질서가 조화를 이루려면, 사회구성원들이 최고선에 합당한 보편적 성격의 정언명법을 숙지해야 한다. 그리고 석극직으로 그렇게 행동하려고 노력해야 한다. 선의지와 미의식이 하나로 통합해야만 비로소 좋고 아름다운 사회가 가능하게 된다.

선의지와 부합하여 조화로운 사회질서를 구성하는 실행능력이 미의식의 기능이다. 조화로운 사회질서는 합리적 사회체제이다. 합리적 사회체제는 구성원들의 분업과 협력이 유기적으로 관계를 이루어 작용하는 조직이다. 좋은 목적은 좋은 방법과 수단이 있어야 한다. 좋은 방법과 수단은 좋은 구조로서 이루어져야 한다. 좋은 구조는 좋은 기능을 갖추어야 한다. 좋은 기능은 복잡한 구조가 제대로 올바르게 구성되지 않으면 작용할 수 없다. 좋은 구성은 선과 미의식이 올바르게 작용해야 제대로 진행할 수 없다. 선천적으로 의식에 내재한 선과 미의식의 작용은 좋은 사회를 건설하려는 목적, 계획, 설계를 구상한다. 좋은 사회를 건설하려면, 좋은 방법, 좋은 수단, 좋은 도구를 갖추어야 한다. 이와 같은 특성의 좋은 사회를 이루려는 목적이 문명사회를 건설하려는 인간의 본질이다.

이렇게 제작된 좋고 아름다운 도구를 악용하는 경우에는 제작자와 사용자가 적대적으로 대립한다. 따라서 좋고 아름다운 사회는 구성원 모두가 참여해야만 이루어진다. 그 이유는 이쪽에서의 제작자는 저쪽에서의 사용자이고, 이쪽에서의 사용자는 저쪽에서의 제작자이기 때문이다. 생산과 소비의 양상은 이와 같다. 이쪽에서의 생산자가 저쪽에서의 소비자가 되고, 저쪽에서의 소비자가 이쪽에서의 생산자가 되는 양상이다. 상대성을 극복하는 방법은 이쪽에서 저쪽을 의식하면서 해결책을 찾아야 한다. 마찬가지로 저쪽에서 이쪽을 의식하면서 해결책을 찾아야 한다. 이것이 변증적 사고방식이 추구하는 철학의 보편적 사고방식이다. 보편적 사고방식을 기반으로 한 미의식이 작동하려면, 도덕성을 근거로 삼아야 한다. 도덕성에 미의식이 결여되거나, 거꾸로 미의식에 도덕성이 결여되면, 구체적으로 문명사회를 이끌 동인은 무기력해진다. 도덕성과 미의식은 학문의 지성과 더불어 문명사회를 건설하고 유지하고 발전시키는 형이상학적 의식의 본질이다.

개인은 이런 본질에 무지하더라도 살아갈 수 있다. 그러나 인류는 이런 본질을 무시하고 살아갈 수 없다. 문명세계를 벗어난 개인이 생존할 수 있는 가능성은 자신이 동물처럼 살아가는 경우이다. 그러므로 문명사회에서 살아가는 개인은 문명사회가 사라지면, 자신도 사라지게 된다. 문명사회에서 개인은 타인에 대해 극단적인 적개심을 가지고 적대적으로 살아갈 수 있다. 인류는 언제나 이런 양상을 극복하려고 노력한다. 인간사회가 유지되는 이유는 선각자가 보편적 사고방식에 입각하여 사회를 이끌었기 때문이다.

목적론의 비판이 『판단력비판』에서 논구되는 이유가 이로써 확연해진다. 예술이 정치에 예속되는 것이 아니라, 예술이 정치를 선도해야 하는 사실이다. 예술이 목적이 조화롭게 구성된 아름다운 모습을 본보기로 보여주고서, 정치에 도덕적 영감을 불려 넣어야 한다. 예술이 조화롭지 못한 발상이 일으키는 비극적 참상을 보여주고서, 정치에 도덕적 반성을 일으켜야 한다. 예술이 조화롭지 못한 발상이 일으키는 혼란한 사태를 희극적으로 풍자하거나 조소하고서, 정치인에게 부끄러움을 느끼게 해야 한다. 정치인은 예술을 통해 자신이 먼저 인간의 본성을 깨달아야 한다. 정치인은 도덕에 입각하여 구성원들의 화합과 사회발전을 이끌어야 한다. 예술과 정치는 종속관계가 아니라 함께 사회를 이끄는 동반자관계이다.

칸트가 3대 비판서의 곳곳에서 의도적으로 전개한 목적론의 해명은 형이상학의 성격을 미리 서술한 예비적 작업이다. 칸트의 비판철학이 합리론과 경험론을 절충했다는 단순평가는 겉모습을 지적한 표현에 지나지 않는다. 진정으로 칸트의 사고방식을 이해했다면, 그 입장은 칸트의 비판철학의 체계에서 양 입장이 모두 양립하고 공존할 수 있는 공간을 마땅히 주목했을 것이다.

4부

주목

    비판철학을 모태로 하여 성립한 선험철학은 현상계의 모든 사태를 해명할 통합원리를 구축한 이론체계이다. 통합원리는 자연의 존재법칙과 의식의 사유법칙의 일관성을 전제한다. 선험철학은 인식능력의 선천성을 바탕으로 한 주체철학이다.

    선천성의 본질은 형이상학적이다. 형이상학의 탐구대상은 존재의 궁극원리이다. 칸트는 선험성의 개념, 선천성의 개념, 형이상학의 개념을 일관되게 하나로 통합하여 존재의 본질을 해명한 이유는 인간의 정체성을 밝히기 위해서였다. 선험철학의 구성은 자연과 인간과 신을 하나의 이론

비판철학이 해명해야 할
현대문명의 새로운 과제

체계로 통합하여, 마침내 존재론과 인식론과 논리학을 일관된 체계로 합일했다. 선험철학이 새롭게 거듭난 형이상학의 골격이다.

칸트의 철학사상은 형이상학의 본질을 이해하지 않으면 제대로 이해할수 없다. 현대철학은 자연과학의 지시에 함몰하여 형이상학을 거부하기 때문에, 칸트의 도덕형이상학이 새롭게 거듭난 진정한 형이상학임을 제대로 파악하지 못하고 있다. 현대철학이 도덕형이상학이 지닌 철학의 의의를 깨닫지 못하는 한, 자신이 어디에 서 있는지를 잊어버린 방향감각의 상실자일 뿐이다.

1. 비판철학의 현대성 전망

칸트 이후에, 진리의 본질을 파악하려는 지성의 논구과정은 되풀이 하여 매번 동일한 형태의 한계에 부딪쳤다. 그 때마다, 당대의 철학자들은 칸트 철학체계로 복귀하거나 또는 참조하였다. 그 이유는 칸트가 자연과 인간과 신의 개념을 하나로 통합한 형이상학적 이론체계의 특성 때문이다.

존재원리의 보편성격을 근본적으로 논구한 인식론이 칸트의 비판철학 체계이다. 칸트는 경험을 수용하되 경험을 앞질러 갈 수 있는 사고방식을 논증하였다. 그리고 그는 인식구조의 각각의 기능을 체계적으로 구성하여 선험철학으로 명명했다.

칸트철학의 현대성은 physics에 대한 metaphysics의 학문체계를 답습하여, 현대자연과학이 수립한 모든 지식의 발상과 학적 토대를 인식기능의 본질로부터 해명한 이론체계에 있다. 칸트가 『순수이성비판』에서 명확히 논구한 인식기능의 특성은, 얼핏 경험론의 입장처럼, 자연과학적 사고방식의 입장처럼, 유물론의 입장처럼, 불가지론의 회의적 입장을 대변하는 것처럼 보일 수 있다. 그런데 이 사실이 역설적으로 칸트철학이 모든 경험적 입장을 수용한 입장이면서 동시에 합리적 입장에서 형이상학적 사고방식의 특성과 형이상학의 본질을 논구하였음을 입증한다.

그의 이론체계는 경험론의 입장에서 인식기능의 한계를 그대로 용인하였기 때문에, 상당수의 철학자들은 그의 논증을 불가지론의 회의적 입장으로 오인하였다. 하지만 그는 경험론이 지닌 한계로부터 거꾸로 합리적 대안이 가능한 근거를 입증하면서, 진정한 합리적 이론체계를 구축했다. 전통적 형이상학으로 새롭게 거듭난 그의 이론체계는 철학을 보편학의 위상으로 복귀시켰다는 점에서 진정으로 합리론의 전통을 계승한 철학이다.

칸트철학이 당시까지 전래한 형이상학을 새롭게 재건하려는 의도는 비판철학체계가 목적론으로 귀착되는 지점에서 확연히 드러난다. 현상의 사물을 구성하는 구성인자는 방법이고, 수단이고 도구일 뿐, 목적이 아니다. 다시 말해 방법과 수단과 도구는 목적을 달성하는 조건일 뿐, 결코 목적이 될 수 없다. 어떤 사태에서도 그 경우의 구성인자는 필요하고 충분한 조건을 갖추지 않으면 목적을 달성될 수 없다. 따라서 목적이 결과를 실현할 방법을 갖추지 못했다면, 그 목적은 진정한 이론으로 형상화할 수 없다.

비판철학이 직면한 역설적 상황

비판철학의 현대성이해는 칸트 사후에 나타난 변화의 양상을 해명할 수 있어야 한다. 철학은 자신의 보편성이 자연과학분야에서 더욱 성숙한 이론과 그리고 사회체제의 변동에 따라 등장한 사회이론들에 대해 그들의 학적 근본토대로 작용할 수 있는지를 입증해야 한다.

현상계에 존재하는 정신을 독립적으로 고찰하는 것도 난망하다. 철학적 논구는 유심론과 유물론의 격돌 속에서 화해의 방편으로 정신현상수반설(ephiphenomenalism)을 제시하였다. 그러나 그와 같은 수반설이 학적 타당성을 확보하려면, 먼저 정신이 실체인지 또는 아닌지를 해명할 논거부터 확립해야 한다. 그러므로 이런 발상들은 물질에 대한 정신의 본질을 명확히 해명하지 않는 한, 칸트가 『순수이성비판』에서 채택한 "우회전략"의 아류에 지나지 않는다. 인간의 삶은 감성적이다. 심리적으로 좋고, 아름다운 것을 추구한다. 좋고 아름다운 것을 추구하려면, 좋고 아름다운 것이 무엇인지를 명확히 알아야 한다. 이 명확성의 작업에 개인의 심리적 요인이 작용해서는 안 된다. 일체의 개인의 선호감이 개입해서는 안 된다. 개인이 자신의 호불호의 감정을 배제하고 대상의 본질을 직시하려는 의지는 순수의식의 선천적 기능의 작용이다.

인간은 자신을 문명사회에서 문화적 생활을 형이상학적 존재자로 여긴다면, 문명사회의 건설이 가능한 근거를 어떤 말로 표현할 것인지를 따져보아야 한다. 진부하다고 무시할 수 있는 '형이상학'의 용어 대신에 달리 표현할 적절할 용어가 있는지를 살펴보아야 한다.

철학적 사고방식으로 진행한 탐구의 여정은 갖가지 특수과학으로 세분화함으로서 학문의 체계를 수립했다. 과학적 지식이 아무리 풍부해져도 그들의 사고방식은 철학적 사고방식이다. 과학적 사고방식의 토대가 보편학의 논리적 사고방식이기 때문이다. 그럼에도 불구하고 과학적 지식에 함몰한 지식인들은 어느덧 철학적 지식과 철학적 사고방식을 구분하여, 철학의 지식이 유용한 학문이 아니라고 착각하기에 이르렀다. 앞서 지적한 바대로 전체를 보지 못하면 부분으로 전체를 구성할 수 없기 때문에 부분을 통합하여 전체를 조망하는 발상이 항상 지적 탐구에는 전제되어야 한다.

모든 과학을 통합하려는 지적 작업은 학문의 내적 연관성의 본질을 먼저 구축해야 한다. 현상의 변화가 존재원리와 법칙에 근거하기 때문에, 진리를 탐구하는 주체는 학문의 지식을 연결하는 유기적 특성을 제대로 이해해야 한다. 예컨대 사물을 분해할 적에는 다시 조립하여 원상태로 되돌려 놓을 수 있어야 한다. 철학적 발상은 과학적 발상으로 전환하고, 과학적 지식은 철학적 지식으로 환원하여야 한다. 이 순환과정이 순조롭게 이루어지지 않으면 분해와 조립이 순조롭지 못하는 경우처럼 오류에 직면하게 된다. 그러므로 과학적 지식인들이 철학의 보편성을 간과할 적에 철학이 과학의 기초학문임을 강조할 것이 아니라 철학의 작용이 어떻게 과학의 토대가 되고 있는지를 보여주고 이것을 무시할 적에 발생하는 문제점과 해결책을 통해 철학의 효용성을 입증해야 한다.

불가지론의 회의론에 대한 비판철학의 입장

아무것도 존재하지 않는다면, 의식도 존재하지 않는다. 설사 의식만 존재하더라도, 의식은 아무 것도 상상할 수 없고, 또한 그 의식 내에는 아무 것도 존재할 수 없다. 그러므로 의식이 그런 상황에서 무엇을 상상할 수 있다는 가정은 모순이 된다. 칸트 철학은 바로 이점에서 시작한다. 칸트의 발상은 지극히 상식적인 입장으로서 세상이 존재하고 인간도 존재한다는 사실로부터 철학의 문제를 논구한다.

인간이 모른다는 것은 우선적으로 모른다고 의식하는 주체가 있고, 그리고 상대적으로 모른다는 무엇인 객체가 있음을 전제한다. 주체인 인간이 모르는 무엇이 객관적으로 존재하지 않으면, 무엇을 모른다는 명제를 적용할 수 없다. 객관적으로 무엇이 없으면, 그저 모른다는 말만 의식에 존재할 뿐이다. 모른다는 말을 해명하려면 거꾸로 무엇이 있어야 하는데, 무엇이 없다면 그것에 모른다는 말조차 적용할 수 없다. 앞서 지적한 바대로 그런 표현은 무의미할 뿐이다.

모순을 설명하기 위해 모순의 용어가 필요하듯이, 모른다는 사실을 설명하기 위해 탄생한 모름의 용어는 역설적으로 무의미한 경우조차 대변하는 용어가 된다. 그러면 의식은 모르는 무엇에 대해, 그리고 계속해서 모르는 그 무엇이 도대체 무엇인가를 스스로 자문할 수 있다. 의식은 모른다고 하여 의문을 끝내는 것이 아니라, 오히려 적극적으로 모른다는 사실을 정확히 알려고 한다. 그것이 진리를 향한 지적 의지의 출발이고, 인식론의 출발이다.

모름의 인식대상은 주체와 객체에 모두 적용된다. 모른다는 것은 일단 '모름'에 대해 주체와 객체가 객관적으로 존재하기 때문에, '모름'을 해명하려는 과제를 논구하려는 의도는 논리적 형식으로 구성될 수 있다. 곧 원인에 해당하는 부분과 결과에 해당하는 부분에 대한 모름을 논증하는 해명과정이다. 모름지기 알려는 목적은 이 두 가지 모름에 대한 앎이다. 모름의 형식인 원인과 결과의 개념은 현상계에서 진행하는 생성·소멸의 변화과정에서 적용되는 용어이다.

이 용어를 구성하는 주·객의 형식적 틀은 회의론으로 부정될 수 없는 진리이다. 이것을 부정하는 회의론은 입장은 그런 회의적 물음을 제기하는 자기 자신의 논리성부터 먼저 회의적 대상으로 논구해야하기 때문에, 어떻게 자신의 그런 주장을 진리라고 주장할 수 있는지부터 해명해야 한다. 회의론자의 지성부터 회의적이라면 그 주장의 타당성은 성립할 수 없다. 회의론자가 자신의 회의적 주장과 달리 자신의 지성을 합리적이라고 주장하면, 회의론은 처음부터 성립할 수 없다. 회의론을 주장하는 입장은 자신의 지성이 합리적인 사실부터 먼저 입증해야 하는 모순에 직면하게 된다.

그러므로 '모름'의 용어는 다음의 원칙으로부터 그 의미가 명확해진다.

첫째, 주체는 자신이 마주하는 객체의 현상의 모습을 확인한다. 이것은 공간과 시간의 선천적 직관형식에 의해 부정되지 않는다. 주체와 객체는 다른 복합체로 전환하는 생성·소멸의 변화과정을 거치지 않고서는 그 자체로 곧바로 다른 존재가 되는 일은 발생하지 않는다. 우주에 존재하는 궁극의 구성인자는 독립적이기 때문에, 영원히 A는 A이고, B는 B일 뿐이다. A가 B가 아니기 때문에, A는 A이면서 동시에 완전히 다른 B일 수 없다. 구성인자가 독립적인 한에서는 A가 A이면서 동시에 완전히 다른 B가 되는 경우는 모순적이다. 사고법칙을 규정한 형식논리학은 이 원칙을 동등하게 존재원리로 확정했다.

둘째, 인식의 주체인 인간의 의식은 현상의 개체가 변화하는 과정에서 시간적으로 미래에 그들이 어떻게, 왜 변화할 것인지를 미리 정확하게 알지 못한다. 변화과정이 원리와 법칙에 따라 필연적으로 진행하더라도,

드려나는 변화의 경우가 하나가 아니라 여럿이라면, 결과도 여럿이 된다. 그러면 필연성으로부터 우연성이 상대적으로 성립한다. 개체가 변화하는 양식은 필연적으로 결정되어 있더라도, 변화하는 주체에 의지가 작용하다면, 변화의 과정과 결과는 획일적일 수 없다. 그런 경우를 두고서 필연성의 용어 대신에 우연성의 용어를 적용한다.

목적적 의지가 작용하면, 원인과 결과의 사이에는 선택의 경우가 성립한다. 인간의 목적적 행위가 선택적이기 때문에, 인간의 자유의지는 결과에 대한 책임을 져야 한다. 결과의 책임이 차후에 면책을 받더라도, 자유의지의 선택은 책임을 수반한다. 그 이유는 다양한 결과가 존재하더라도, 모든 변화과정은 필연적 조건을 벗어날 수 없기 때문이다. 변화의 다양한 과정 중에 하나를 선택해야 하는 경우에는, 인간의 자율적 자유성은 선의지에 의해 도덕적 결단을 내려야 한다. 그래서 책임을 면할 수 있는 우연적인 특성의 경우를 제외하고는, 목적적 행위에 대한 책임은 필연적이다.

셋째, 의식은 개체가 어떻게, 왜 변화하는지를 미리 정확히 알 수 없지만, 모든 개체들에 적용하는 원리와 법칙의 보편성은 개체의 변화와 상관없이 명확히 알 수 있다. 사물을 구성하는 구성인자가 관념적 존재임을 알았기 때문이다.

인간의 의식은 존재에 대해 모른다고 말해야 하는 경우와 안다고 말해야 하는 경우를 확실히 알고 있다. 존재하는 것을 영원히 알 수 없기 때문에 모른다는 회의론의 주장은 논리적으로 언어도단이다. 또한 죽음이후는 알 수 없기 때문에 모른다는 회의론의 주장은 논리적으로 언어도단이다. 그 이유는 논리적으로 너무도 명확하다. "존재가 영원하면, 인류의 존재도 논리적으로 영원할 수 있다". 그러므로 영원한 시간 속에 존재하는 인류가 존재의 본질을 파악할 수 없다는 결론은 논리적으로 타당한 주장이 될 수 없다. 그러므로 회의론이 그런 약점을 내세워 합리론의 논리를 반박할 수 없다.

2. 현대문명사회의 변화된 시대상황에 대한 해명

1) 주체철학이 당면한 새로운 과제

선험적 관념론과 유아론(唯我論, solipsism)

인간이 대상을 인식하고 학문을 구축하는 지적 작업의 중심에 놓여 있다는 주체철학의 학적 의의는 근대철학의 특성을 대표한다. 주체철학은 인간의 의식구조 및 인식기능을 해명해야만 가능하다. 칸트의 비판철학이 그 작업을 올바르게 추진했다. 비판철학이 논구한 선천성과 선험성은 유아론을 파생시킨 논거가 된다.

유아론은 독일관념론을 거치면서 더욱 확연해졌다. 유아론의 주장은 형이상학의 근본토대가 인간의 의식기능에 있고 그리고 존재의 근본원리가 현상에 내재해 있다면, 형이상학에서 굳이 본질의 이론과 현상의 이론을 구분할 이유가 없다는 발상이다.

현상과 본질이 일치하면, 굳이 형이상학이 독자적으로 존재할 이유가 없게 된다. 본질을 수렴한 현상론이 진정한 형이상학의 근본성격을 부정하는 이론일 수 있게 된다. 그러므로 『실천이성비판』은 형이상학의 대상을 논구하는 과정에 유아론(唯我論, solipsism, solipsismus) 곧 독아론(獨我論＝獨在論)의 문제를 해명해야만, 근대주체철학의 체제를 완성할 수 있다. 유아론의 문제는 실천이성이 형이상학의 문제를 모두 해결할 수 있으면, 굳이 물자체의 개념을 설정할 이유가 없게 되는 상황과 직결한다.

유아론의 문제점은 형이상학의 대상을 인식할 수 있는지를 논구하는 과제에서 의식의 구조와 인식기능을 밝힌 결과가 초래한 새로운 과제이다. 유아론이 참조해야 할 요점은 전지전능(全知全能, the Almighty, omniscience and omnipotence)이란 표현의 의미이다. 유아론은 감성적 직관과 지적 직관을 구분한 칸트의 의도를 참조해야 한다. 그리고 현상적 자아와 선험적 자아를 구분한 칸트의 의도를 참조해야 한다.

인간의 의식이 형이상학적 의문을 해명할 수 있으면, 인간은 존재론의 중심에 놓이게 된다. 현상계를 구성하는 근본요소들은 모든 사물에 공통된 질료이다. 그러므로 근본적으로 차별이 있을 수 없다. 사물은 서로 사물을 인식하지 않기 때문이다. 그러나 의식이 사물에 내재하고 그리고 의식이 자신의 외부대상을 인식하게 되면, 각자의 입장은 동일할 수 없다. 의식의 작용이 목적적인 이유는 자신의 내부에 현상의 영역 및 형이상학의 영역을 사고하고 상상할 수 있는 포괄적 영역이 있기 때문이다. 의식이 자신의 내부에 세상을 품고 있기 때문에, 인간은 외부에 자신을 감싸고 있는 세계와 의식에 내부에 존재하는 세계를 동시에 갖고 있는 존재자가 된다. 곧 의식의 내부에 있는 세계는 두 개의 세계를 모두 수용하고 있기 때문에, 인간은 존재의 근본원리를 추구하는 형이상적 존재자이다. 그리고 의식에 내재하는 인식기능의 본질은 존재의 본질과 일치한다.

선험적 감성론은 유아론이 근거하는 주관적 관념론을 반박할 수 있는 논거이다. 의식의 외부에 존재하는 사물의 영역은 객관적으로 실재하는 존재이다. 칸트는 주관적 관념론이 야기하는 문제점을 극복하기 위해 제기된 객관적 관념론을 의식이 형이상학의 대상을 인식할 수 없음을 논증하여 부정했다. 칸트는 의식의 본성인 선험적 자유성을 바탕으로 하여 도덕형이상학을 구축함으로서 유아론이 야기하는 문제점을 해결했다. 칸트는 형이상학에 해당하는 종교와 현상계를 구성하는 인간과 자연의 접점이 인간의 신앙심 대신에 실천이성의 도덕법임을 논증하여 그 문제점을 해명하였다.

현상론은 유아론의 본질이 제기하는 의문점의 해명이다. 현상론을 펼친 현상학에는 헤겔의 현상학과 후설의 현상학이 있다. 양자는 모두 칸트의 이론을 바탕으로 하여 등장했기 때문에, 유아론의 문제점과 해결책은 부메랑처럼 칸트철학으로 되돌아올 수밖에 없다. 물자체의 개념을 내세워 현상과 본질을 구분한 칸트의 이원론을 비판하고 극복하려는 양 입장은 현상과 본질이 분리되지 않고 하나로 통일되어 현상에 내재하고 있다고 주장했다. 유아론의 문제를 야기하는 현상론의 주장은 물자체개념의 인식론적 의의를 정확히 논구하여 제대로 비판해야만, 칸트의 이원론을 극복한 논증이 될 수 있다.

칸트는 현상론이 주장하는 내용을 부정하거나, 거부하지 않았다. 칸트도 현상에 현상의 본질이 내재하고 있음을 주장한 현상론자이다. 단지 그들의 논구와 구별되는 이론체계는 형이상학의 대상을 인식론에서 철저히 다룬 후에 도덕형이상학을 수립한 논증방식이다. 전통적 형이상학의 대상을 객관적 실체로 인정한 논증방식이다. 칸트는 전통적 형이상학의 대상은 자연의 대상처럼 경험적으로 인식되지 않고, 사유에서 최고선의 관념을 통해 인식된다는 논증방식을 전개함으로서, 부정적 비판에 의한 논쟁을 유발하였다.

인간은 문명사회를 건설하는 주체로서 현상계를 알아야 하고, 현상계를 알려면 존재본질을 알아야 하고, 존재본질을 알려면 형이상학의 대상을 파악해야 한다. 모든 논구의 주체인 인간은 자신을 감싸고 있는 자연환경 속에서 탄생한 구성요소일 뿐, 세상 그 자체가 아니다. 세상은 존재할 뿐이고, 논구의 대상인 세상은 자신을 스스로 해명하지 않기 때문에, 논구의 주체인 인간은 자신을 감싸고 있는 삶의 터전인 세상을 스스로 알아야 한다.

논구의 주체인 인간은 인식기능을 갖추고 있다. 인간의 인식기능은 인식대상과 동일한 속성을 공유해야 한다. 그런 공통점이 없으면 인식의 결과인 객관적 지식이 불가능하다. 인간이 이해한 언어는 언어가 가리키는 대상 그 자체가 아니다. 인식의 의식이 파악한 인식대상은 여전히 의식바깥의 그 자리에 있다.

인간이 외부대상을 지각하는 수단은 감각이다. 인식이 가능하려면 감각이 대상으로부터 촉발한 인상과 그리고 의식에 선천적으로 내재한 표상에서 대상의 속성과 일치하는 객관적 존재가 있어야 한다. 불변의 요소를 갖춘 감각 이외의 나머지 감각은 주관적이다. 인간이 느끼는 색깔은 다른 동물이 느끼는 색깔과 다르기 때문에 주관적이다. 그러나 대상의 형상을 파악하는 주체의 시각이 표상한 대상의 연장속성은 주체와 객체에서 모두 일치하기 때문에 동질적이다. 그것은 인간이 필기도구를 이용하여 종이에 외부대상을 똑같이 그릴 수 있기 때문에 입증할 수 있다. 그러므로 외부대상과 내부감각과 외부대상을 표현하는 수단이 의식판단과 외부대상을 객관적으로 일치하도록 만드는 공통요소는 연장속성이다. 그 이유는 연장속성을 포용하는 공간이 스스로 변화하는 존재가 아닌 불변의 존재이기 때문이다. 만일 사물의 외부에 놓여 있는 공간이 변화를 하여 사물에 영향을 주면, 사물이 구성하는 현상계와 물리적 공간은 불가능하다. 변화하는 것은 공간내부의 사물이지 공간자체가 아니므로, 현상계와 물리적 공간이 가능하다.

유아론은 "형이상학의 대상은 무용지물의 개념적 존재인가?", "형이상학의 개념은 더 이상의 용도가 없기 때문에 폐지해도 되는 것인가?" 하는 물음과 무관할 수 없다. 이 물음은 『순수이성비판』에서 사변이성의 기능이 오성의 지식을 통합하는 이념으로 충분한 것인가?" 하는 의문점과 직결한다. 실천이성이 도덕의 본성을 매개로 삼아 형이상학의 대상을 논증하는 과제가 불필요한 학적 작업인가? 하는 의문점과도 직결한다. 칸트는 이런 의문에 관한 해명을 실천이성에 의해 구성되는 도덕형이상학의 본질에서 다루었다.

사유구조와 육체구조의 상관성

의식과 육체의 상관성은 현대에 이르러, '몸 철학(body philosophy)'이란 명칭의 논구로서 등장하였다. 중세의 시기까지 육체의 욕정은 정신의 본성을 오염시키고, 타락시키는 원천으로 간주하였기 때문에 육체의 본질을 제대로 논구할 수 없었다. 인간을 구성하는 두 가지 요소 중 하나인 육체를 무시하고 오로지 일방적으로 정신의 정화만을 추구하는 삶의 방식은 인간본질에 관한 존재론적 논구를 잘못된 방향으로 이끄는 오판이 아닐 수 없다. 왜냐하면 인간의 삶을 올바르게 파악하려면, 정신과 육체의 상관성을 제대로 규명해야하기 때문이다.

물질로 구성된 문명사회의 존재론적 의의를 이해하려면, 문명사회의 건설을 추진하는 정신의 목적성을 파악해야 한다. 마찬가지로 물질로 구성된 문명사회를 건설하는 정신의 본질을 이해하려면, 정신이 물질에서 무엇을 추구하는지를 파악해야 한다. 정신의 추구하는 목적성이 삶의 원동력인 욕망이라면, 육체가 추구하는 욕망과 어떤 상관관계가 있는지를 낱낱이 논구해야 한다. 그리고서 정신과 육체의 동질성과 차별성을 낱낱이 논구해야 한다.

차별성은 우선적으로 인간의 보편적 동질성이 확립되어야만 논구될 수 있다. 정신과 육체의 상관성은 보편적 동질성을 벗어나서는 제대로 논구될 수 없다. 인간의 동질성은 여러 방면에서 확인할 수 있다. 예컨대 단적으로 올림픽 같은 그런 국제적 대회를 통해 각인각색의 인간들이 모여 경기를 치루고, 함께 어울려 즐기는 경우에서 발견된다. 그 상황은 서로가 동질성을 공유하지 않으면 불가능한 경우이다. 그뿐만 아니라 각자가 사용하는 언어가 공통성을 갖추고 있지 않으면, 번역과 이해가 불가능한 경우이다.

인간의 동질성은 인간이 서로를 모르는 상태에서도, 서로를 이해하고 협동 작업을 하고 공동생활을 할 수 있는 상황을 조성한다. 인간이 서로의 생각을 이해할 수 방법인 언어영역에서 각자가 사전을 만들어 상대방의 언어를 이해하는 상황이다.

인간은 자신들의 동질성이 어디에서 연유하는지를 규명해야 한다. 인간은 인간을 자신의 이익을 도모하기 위한 도구로 삼지 않고, 함께 더불어 공동으로 이익을 도모하는 공동작업의 협력자, 동반자로 간주한다. 인간은 인간을 수단으로 삼지 않고 목적으로 간주한다. 그러므로 선각자들은 치열한 경쟁 속에서 낙오하고 몰락한 개인들을 보호하고, 재기할 수 있는 사회체제를 구성하려고 노력했다. 선각자들은 개인들의 이기적 행동을 통제하는 도덕적 의식을 작용하는 보편적 인간성을 밝혀 모두가 인식하도록 가르쳤다.

인간의 본성은 선천적으로 다른 동물과 다르다. 인간의 본성이 동물과 다른 차이점은 문명사회를 건설할 수 있는 능력을 갖추고 있는 의식의 구조이다. 인간의 외모는 유인원의 외모처럼 형식적으로 엇비슷하게 머리와 몸통과 팔 다리 등의 구조를 동일하게 갖추고 있다. 그러므로 유인원과 인간의 차이점은 문명사회를 건설하고 살아가는 인간의식의 본성에서 찾아야 한다.

인간의 의식기능이 다른 동물과 차이가 있을지라도, 자연의 존재를 활용해서 살아가기 때문에 자연인은 지구에서 살아가는 동물의 일종이다. 인간은 동물적 삶에서 문명사회의 삶으로 전환한 것이었지, 처음부터 자연 상태와 구별되는 문명사회에서 삶을 시작한 것은 아니다. 인간의 삶은 의식기능이 어떻게 작용하는지에 따라 다를 뿐이다. 그러므로 그 작용의 수준이 낮다면, 인간은 문명사회의 시작단계인 원시적 수준에서 살아가야 한다.

문명사회에서 태어난, 인간은 마치 인간은 처음부터 문명사회에서 탄생한 것처럼 여길 수 있다. 인간은 처음부터 하나님과 살았다고 생각하거나, 아니면 유인원에서 진화한 것으로 생각한다. 어느 쪽을 선택하더라도 양 입장은 인간은 자연 상태에서 문명사회를 건설했고 그리고 문명을 건설하는 의식기능은 동물과 선천적으로 다르다는 사실을 전제해야 한다. 그러므로 현존하는 유인원이 돌연변이에 의해 진화하여 인간처럼 되지 않다는 발상은 논외의 과제가 된다.

문명사회는 인간이 의식적으로 노력하지 않더라도, 인간에 의해 자연스럽게 유지되고, 저절로 발전하는 공동체가 아니다. 저절로 될 수 있었다면, 인간의 역사는 영고성쇠의 과정이 아닌 평화로운 과정만 지속했어야 했다. 저절로 되지 않기 때문에 인간은 도덕적이어야 한다. 도덕적이지 않으면, 문명사회를 지속적으로 유지하고, 문제해결을 위한 발전을 도모할 수 없다. 문명사회를 건설하는 과정에서 지식인들이 범하는 오류는 자유의 본질을 망각하고서, 개인주의에 함몰하거나, 사회주의에 함몰하는 경우이다. 개인주의와 사회주의에 몰입하는 경향은 도덕성과 자유성의 본질을 올바르게 자각하지 못한 경우의 현상이다.

자연과학의 발전은 인간에게 천상의 구원이 아니라 지상의 구원을 실현할 수 있을 것으로 착각하게 만들었다. 자연과학은 자신의 발전에 대한 인간의 기대감에게 명확하게 답변할 수 있는 한 가지 경우가 있다. 그것은 자연과학이 인간의 본질을 해명할 수 없다는 사실이다.

동물은 물질의 변화를 앞질러 대응할 수 없다. 물질의 변화를 항상 뒤쫓아 가기 마련이다. 물질은 인간의 욕망을 완전히 실현시켜 줄 수 없다. 시시각각으로 갈망하는 육체의 욕망을 해소시켜줄 수 있지만, 언제나 불충분하고, 부족할 수밖에 없다. 인간은 그 취약점을 정신적으로 보충하여 극복해야 한다. 정신이 물질의 한계를 채워 충족의 상태를 만들어야 한다.

2) 현대사회와 형이상학

현대사회와 현대인은 자연과학지식의 실증성 때문에 어느덧 형이상학을 지식의 영역에서 배제하려는 그런 학문적 경향에 함몰하였다. 특히 생물학 분야에서 DNA의 구조의 해명, 줄기세포의 연구, 복제양 둘리의 탄생 등의 획기적 사건들은 형이상학에 대한 관심을 더욱 미약하게 만들었다.

반형이상학적 경향과 자본주의 이념의 혼돈이 초래하는 사회공동체의 문제점들은 철학의 위기를 보여주는 객관적이고 구체적인 실례이다. 이런 양상은 자연과학의 발전과 더불어 드러났지만, 자연과학적 사고방식이 해결할 수 없는 문제점들이다.

형이상학적 인간은 자신과 사회의 정체성을 해명하는 과정에서 자유와 평등개념을 지적 대상으로 삼는다. 자유개념은 만물을 구성하는 근본인 자가 지닌 독립성에서 비롯한다. 자유개념은 인간의 창조적 행위의 본질이다. 문명을 창조하는 동력의 본질이다. 평등개념은 자유개념이 도덕사회를 지향할 적에, 도덕성을 뒷받침하는 목적개념이다. 평등개념은 인간의 공동체에서 소외당한 인간이 없는 그런 상태의 인간사회를 의미한다.

그런데 현대사회는 정치권력을 획득하기 위한 정치세력이 이기적인 자신의 욕망을 감추고서, 이 목적을 정치명분으로 교묘히 위장하고서 정치공학적으로 활용한다. 이기적 발상과 위장된 태도는 사회혼란을 조장하고 지속시킨다. 이 상황을 극복하려면, 그 입장은 이 상황을 야기하는 원인을 정확히 분석하고, 인간의식의 본질에서 그 해법을 찾아야 한다.

이념의 문제점

현대인이 미몽에 빠진 어처구니없는 상황은 자연과학의 지식을 비롯한 각종 과학적 지식을 맹신하는 태도에서 비롯하였다. 현대인은 객관적이고 실증적인 성격을 지닌 과학적 지식이 사태의 당면문제를 해결하는 방법, 수단, 도구라고 신봉한다. 그러나 과학은 철학적 사고방식이 추구하는 보편적 원리로부터 주어진 역할을 수행하는 지적작업일 뿐이다. 과학은 그들의 작업이 출발하는 전제가 특수한 전공부분이기 때문에 그렇게 불린다. 자연과학은 인문과학을 논구하지 않는다. 사회과학은 자연과학을 논구하지 않는다. 문화과학은 지식의 보편성을 논구하지 않는다.

인간은 정치의 영역에서, 경제의 영역에서, 문화의 영역에서, 종교의 영역에서 자신의 평화를 보장하는 이념체제를 갈구하면서 방황한다. 그리고 그것을 스스로 해결할 방법을 모르기 때문에 모든 판단이 회의적인 방향으로 나아간다. 무엇을 모르는지를 심도 있게 따지지 않고, 쉽게 형이상학적 이념을 거부하면서 모르다고 주장한다.

철학의 지적작업은 모르는 것과 아는 것을 구별하여 앎과 무지의 정체를 파악하려는 탐구목적으로부터 시작한다. 철학이 존재본질을 파악했다고 하여, 인간이 우주의 형태를 바꿀 수 있는 것은 아니다. 인간이 추구한 앎의 결과는 할 수 있는 것과 할 수 없는 것을 파악한 연후에, 할 수 없는 것에 대한 인간의 대응방식이다. 인간은 모르는 분야와 아는 분야의 특성을 존재론의 본성에 의거하여 구분의 기준과 경계선을 결정할 수 있다.

철학의 논구는 인간이 왜 도덕적이어야 하고 왜 문화적이어야 하는지를 깨닫도록 인도하기 위해 존재 본질 및 인간본질을 명확히 해명하려는 지적 작업이다. 철학은 '무지의 자각'의 의미를 철저히 해명하는 지적 작업이다.

지성인은 진리의 이해를 불가지론의 특성으로 해명하면서, 한 편으로 대중들을 회의론으로 이끌면서, 다른 편으로 적당한 절충주의로 자신의 편의적 이익을 도모해서는 안 된다. 역설적으로 지성인들은 자신들의 편의적 발상이 자신에게 아니라, 오히려 타인들에게 얼마나 가혹한 결과를 초래했는지를 겸허하게 반성해야 한다.

모든 과학적 지식을 통합하는 보편학문이 없는 상황에서는 도대체 인간이 무엇을 향해, 무엇을 위해 지식이 필요한지를 판단할 수 없다. 인간의 삶의 터전인 문명사회가 앞으로 발전해야 할 방향을 가늠할 수 없다. 문명사회를 감싸고 있는 자연과 공존할 방법을 모색할 수 없다. 철학이 추구하는 보편적 성격의 지식이 없으면 어떤 분야의 과학도 이 작업을 대신할 수 없다.

철학의 위기는 철학이 과학의 지식 앞에서 보편학의 임무를 망각하고, 그 임무를 다하지 못하고 있기 때문이다. 도덕철학의 역할을 정치학, 경제학 심지어 사회학으로 등장한 개별과학이 대신하고 있기 때문이다. 자연철학의 근본원리를 무시하고 자연철학의 역할을 개별과학으로 분산된 물리학, 화학, 생물학이 대신하고 있기 때문이다. 자연철학과 도덕철학의 양면성을 해명하는 제일철학, 곧 형이상학의 본질을 스스로 매도하고, 부정하고, 거부하였기 때문이다.

현대인이 철학의 본질을 외면하고, 과학이 철학의 역할을 대신하는 것으로 착각함으로서 외면적으로 성장을 거듭한 사회변화와 달리, 내부적으로 더 심각한 인간본성에 관한 정체성의 위기에 시달린다. 현대인은 그 원인을 진단해야 한다. 철학의 정체성의 위기가 인간자신의 정체성의 위기임을 제대로 파악해야 한다.

민주주의와 자유론

민주주의[1] 체제의 틀 속에서 개인주의와 사회주의가 조화를 이루어 양립할 수 있는 방법은 단적으로 개인의 도덕규범의 의식을 전제하지 않고

---

[1] 민주주의의 본질이 왕권신수설과 정반대인 천부인권사상, 사회계약론, 국민 주권론, 삼권분립, 법치주의 및 개인의 인권보장을 위한 자유권, 참정권, 평등권 확립 그리고 권리에 대한 책임과 의무 등의 이론으로 구성되어 있음을 논구하는 지적 작업은 철학의 근본과제가 아니라, 사회과학의 근본과제이다. 왜냐하면 이런 문제는 선천적 인간본성이 외형화한 모습이기 때문이다.

서는 불가능하다. 사회주의체제가 실현되려면, 칸트가 논구한 의식의 자발성이 사회주의 노선을 선호하고 그 방향으로 나아가야 한다. 칸트는 자발성과 자율성과 자유성이 불가분의 관계로서 일관되어 있음을 『실천이성비판』이 논구하였다. 이상적 사회주의체제는 도덕적 규범에 의해 유지되어야 한다. 만약 그렇지 않다면, 사회주의체제는 타율적인 전체주의체제로 전락하게 된다.

이상적 사회주의가 실현되려면, 문명사회가 형성되고, 발전해야만 가능하다. 문명사회가 발전하지 않으면 사회주의체제는 유명무실하다. 문명사회가 발전하려면, 개인의 발전이 가능해야만 하고, 개인이 발전하려면 개인의 자유가 보장되어야 한다. 개인의 자유가 보장되어야 하는 이유는 다양성을 바탕으로 한 유기적 사회체제가 개인의 자유로운 활동으로부터 가능하며, 개인의 자유를 보호하는 건전한 공동체의 질서가 민주주의체제의 근본토대이기 때문이다.

유기적 사회구조는 능력의 차이에 의한 정당한 사회질서를 구성하여 조화와 균형을 이루어야 한다. 해결의 능력을 갖추지 않으면, 자신이 수행해야 할 역할을 감당할 수 없기 때문에, 민주사회는 자연스럽게 능력에 따른 질서를 형성할 수밖에 없다.

문명사회체제가 유지하려면, 그 체제에는 체제를 관리할 정치권력이 필요하다. 도덕성과 법을 바탕으로 작용하는 정치권력은 인간의 자발성, 자율성, 자유성이 잘못된 길로 나아가지 않도록 방지해야 하는 기능이다.

3) 진화한 현대수학의 지식에 대한 해명

양의 측정관념과 수의 계산방법

이론적으로는 인간이 공간에 존재하는 사물을 미시적 단위로 분리하면, 사물과 대응하는 수를 무한한 계열로 진행하는 하나의 집합으로 규정할 수 있다. 곧 누구든지 A+B+C+D+E⋯⋯⋯=[무한한 수의 집합]이란 수식을 만들 수 있다. 예컨대, 그 경우는 공간에 불규칙한 상태로 무한하게 늘어진 끈이 있고, 그 끈의 길이를 잘게 또 잘게 끊어서 하나의 계열이 되도록 늘어놓은 상태와 같다. 무한한 조각의 계열에 대응하는 수는 무한수로 표시된 수의 집합이 되고, 더 나아가 그 배열된 방식은 규칙적인 수의 집합이거나 아니면 잡다하게 불규칙적인 수의 집합일 수 있다.

현상계를 구성하는 근본입자는 관념적인 일정한 형식으로 구성되어야한다. 그런 근본구성체가 무한한 방향으로 운동이 가능한 순수공간에 놓이게 되면, 사물은 무한한 방향에서 생성·소멸을 할 것이고, 그리고 변화의 모습도 구성요소의 특성을 바탕으로 이루어 질 것이다.

그러면, 칸트가 정립한 양의 강목에서의 이율배반은 그 자체로 스스로 모순을 야기한다. 그 이유는 수학에서의 숫자는 인간의 인식기능이 사물의 인식을 위한 도구내지 수단으로서의 관념의 산물이지 결코 사물의 직접적 성격이 아니기 때문이다.

인간의 인식기능은 널리 흩어져 있거나 또는 일 열로 도열해 있거나 간에 상관없이 존재하는 사물을 두고, 크다, 작다, 넓다, 좁다, 높다, 낮다, 무겁다, 가볍다는 양적 관념을 표현할 수 있다. 그리고 인식기능은 그 표현을 몇 미터, 몇 킬로라는 숫자로 대신할 수 있다. 숫자로 대체하는 인식작용은 존재론의 문제를 유발하는데, 그 문제점은 다음의 두 가지 경우에 해당한다.

첫째, 숫자는 사물에 포함된 지닌 직접적 성질이 아니라는 사실이다. 숫자는 시각, 후각, 청각, 미각, 촉각의 특성이 아니라는 사실이다. 사물은 인간의 시각을 촉발하여 자신의 모습을 보여주고, 그에 대응하여 인간의 의식은 그 사물들의 인상을 서로 비교하여 사물을 "크다, 넓다, 높다, 무겁다"라고 판단한다. 그러나 의식은 그 판단을 곧바로 숫자로 대체하여 지각할 수 없다. 사물은 인간에게 감각적 표상대신에 즉각적으로 수학적 표상을 야기하도록 만들지 않는다.

둘째, 의식에 선천적으로 내재한 수학적 인식기능은 의식이 형이상학적 존재를 고려하도록 이끄는 중요한 요건이다. 그로부터 창조주가 세계를 창조할 적에 각 개체를 수학적 관념으로 창조하였고, 그런 연후에 사물을 변형하여 창조를 할 수 있는 인간의 의식에 자신의 창조적 사유방법을 본유관념으로 내재하였다는 가정이 가능해진다.

사물의 성격이 아닌 숫자는 그 자체로 기계적으로 덧셈의 우측인 +의 방향으로 무한하게 진행할 수 있고, 반대로 좌측인 −의 방향으로 무한하게 진행할 수 있고, 더 나아가 무한하게 곱셈의 ×의 방향으로 진행할 수 있고, 반대로 나눗셈의 ÷방향으로 진행할 수 있다. 곧 무한 수를 의미하는 기호인 ∞는 언제나 마지막 수에 1을 더한 수를 가지고 더하거나, 빼거나, 곱하거나, 뺄 수가 있기 때문에, 무한 수 ∞는 미지의 수 X를 두고 $\infty = X + 1$로 표현할 수 있다.

칸트의 입장

수학적 이율배반이 지닌 논쟁점은 유한한 개체가 무한한 공간에서 자신의 유한성을 무한성으로 전환하는 경우에 발생하는 문제점이다. 그 문제점의 요지는 물질의 양을 무한한 공간의 성격에 맞추어 무한하다고 말해야 하는가? 하는 의문점이다. 논구의 과정에서는 한 편으로, 공간은 무한하고 그리고 그 속에 존재하는 물질은 유한하다는 판단도 성립한다. 또 다른 편으로 물질이 무한한 공간에 펼쳐질 수 있는 한에서는 물질이 분포하는 영역을 한계지울 수 없다는 판단도 성립한다.

그러면 수학은 수의 무한성을 논구하는 과정은 다음의 세 가지의 결론을 주목해야 한다.

1. 공간은 물질이 아니기 때문에 물질의 속성으로는 공간을 분할할 수도 없고 결합할 수도 없다. 공간을 선으로 분할하려면 당연히 그 선은 한 점에서 출발하여 각각 서로 반대방향으로 나아가 결코 만나지 말아야 한다. 물질의 속성이 전혀 없는 순수공간에서는 선의 끝이 도달할 수 있는 한계가 없기 때문에, 순수공간은 결코 분할될 수 없다. 물질이 아닌 순수공간이 물질의 연장속성에 의해 분할되려면, 오로지 선이 도달하여 맞닿을 수 있는 경계선이 순수공간을 둘러싸고서 폐쇄하고 있어야만 가능하다. 그러면 또 다른 문제점을 야기하게 되어, 공간분할의 논구는 무의미한 지적작업이 된다. 그 이유는 그 논구에는 무한한 공간을 유한하게 만들 수단이 있다면, 그 수단이 무엇이며 그리고 그 바깥의 존재가 무엇인가? 하는 의문이 항상 따라다니기 때문이다.

2. 물질은 공간이 아니기 때문에, 공간이 무한하다고 해서 물질이 무한하다고 단정할 수 없다. 유한한 크기의 물질들을 포용하는 우주의 공간은 순수공간이어서, 인간이 우주를 인식하는 사고방식은 유한한 물질의 존재를 해명하는 작업에 의존한다. 그러므로 우주에 존재하는 물질에 대한 해명은 순수공간에 무한하게 펼쳐있다는 사고방식을 바탕으로 한다. 그러나 물질을 순수공간과 마찬가지로 무한하다고 말해서는 안 된다. 인간은 단지 자신의 인식기능이 물질이 분포하는 순수공간의 범위를 제한할 수 없기 때문에, 물질도 아울러 무한하다고 말할 뿐이다.

3. 물리학이 다루는 무한대와 무한소의 개념과 마찬가지로, 수학의 개념도 논리적 사고방식에 제한된다. 수의 인식은 물질의 인식과 불가분의 상관관계이기 때문이다. 그 근거는 다음과 같다.

수학의 숫자가 물질이 아닌 순수공간에 적용될 수 없을 뿐만 아니라, 더 나아가 수학의 숫자도 기하학에서처럼 공리·공준의 체계를 갖추고 있어야 한다. 숫자1에 대응하는 유클리드 기하학의 점은 물리학에서의 궁극입자와 같은 특성의 존재이다.

물리학의 궁극입자를 무한하게 분할될 수 없다. 분할될 수 없기 때문에, 궁극입자이고, 근본입자이다. 그러면 수학에서의 무한소의 개념은 물리학에서 궁극입자의 특성과 배치된다. 수는 물질이 아니기 때문에 무한하게 나열할 수 있지만, 그러나 수가 아닌 물질은 무한하게 분할할 수 없다. 복합체를 구성요소로 해체하면, 종국적으로 해체과정은 더 이상 해체할 수 없는 궁극요소를 만나게 된다. 물리학의 궁극입자는 수학의 숫자와 달리 입자의 내부에 에너지의 근원을 담고 있는 내부구조를 갖추고 있다. 궁극입자는 그런 특성을 가지고 있지 않은 숫자와 다르다. 이 사실을 부정하면, 모순이 발생한다.

궁극입자는 더 이상 분할을 할 수 없기 때문에, 화살이 내부를 관통하는 경우는 있을 수 없다. 그러나 논리적으로는 화살이 통과한다는 가설이 가능하다. 사유공간에서는 화살이 궁극입장이 차지하고 있는 순수공간을 통과할 수 있기 때문이다.

궁극입자는 깨질 수 없다는 특성을 무시하고, 무한분할의 특성을 내세워 무한소의 개념을 정당화하면, 물리학과 수학은 충돌하게 된다. 그 이유는 물리학이 수학의 논법에 따르게 되면, 입자를 뚫고 들어가는 화살이 입자의 무한분할의 특성 때문에 영원히 뚫고 나올 수 없다는 모순에 빠지기 때문이다. 따라서 사물의 특성이 배제된 숫자를 무한하게 반복하면서 무한과 유한의 개념을 논구한 사고방식은 물질의 근본특성을 논구하는 논법이 될 수 없다.

사물이 정신적 존재인지를 논하는 과제와 정신과 물질의 이질성을 논하는 과제는 동일한 주제를 다루는 지적작업이다. 그런데 물질이 자신의 내부에 정신의 특성을 포함하고 있는 사실을 입증하지 않은 한, 정신이 물질에서 직접 발생한다는 주장은 타당한 사고방식이 될 수 없다. 그럼에도 불구하고, 물질로 이루어진 두뇌조직 속에 사고기능이 내재하는 한, 정신과 물질이 공존하는 사실은 타당하다. 정신이 물질과 다른 특성을 지니고 있다는 주장은 정신현상의 특성이 물질현상의 특성에서 결코 발생할 수 없다는 증거를 내세워 간접적으로 입증해야 한다. 이런 논리적 사고방식이 칸트가 선택한 우회적인 입증방식이다.

(1) 무한성과 유한성의 차이점

무한대수와 무한소수

무한 수에 대한 논구는 선험적 변증론의 이율배반의 형식의 정당성과 직결되는 문제이다. 수에 관한 무한의 물음을 두 가지로 구분된다. 하나는 무한대의 물음이고, 다른 하나는 무한소의 물음이다. 그런데 수학이 착각한 사고방식은 이 둘은 서로 특성이 다른 별개의 물음인데도 불구하고, 동일하게 간주한 사실이다. 무한대의 물음은 순수한 공간에 관한 과제이고, 무한소의 물음은 순수한 궁극입자에 관한 과제이다. 전자는 형이상학적 물음이고, 후자는 물리학적 물음이다.

칸트는 공간이 지닌 무한성의 문제가 사물로 구성된 우주에 대한 두 가지 논쟁을 야기함을 정리했다. 칸트는 「선험적 변증론」에서 수학적 범주명제를 구성하여, 수학적 발상으로는 형이상학의 문제를 해명할 수 없음을 논증했다. 그 논구의 하나는 사물이 퍼져있는 우주가 무한한 것인지 또는 유한한 것인지의 문제이고, 또 다른 하나는 발생론적 입장에서 우주의 탄생과 변화에 출발이 있는지 또는 없는지의 문제이다.

칸트의 비판자들은 수학적 변증론에서 구성의 타당성을 비판대상으로 삼는다. 그들은 발생론적 관점에서 구성의 정당성을 반박하고, 회의적 시각으로 구성의 적절성을 비판한다. 양측의 상반된 입장은 물리학에 등장한 빅뱅이론을 논구대상으로 삼아, 변증론의 구성을 검토할 수 있다.

물리학을 비롯하여 자연과학의 분야의 과학자들 수학적 변증론이 지닌 문제를 자기들 사고방식으로 해결하려고 시도한다. 그러나 수학적 사고방식으로만 탐구하는 자연과학의 사고방식은 무한소급의 생성과정에 휘말리게 되고, 대립의 변증적 상황을 영원히 해결할 수 없다.

칸트의 선험적 변증론은 무한성과 무한소의 논구과제를 포함하고 있다. 무한성은 무한대와 무한소로 나누어 고찰해야 한다. 철학은 이 개념을 제대로 구분하여 해명하지 않음으로서, 수학적 사고방식에 대한 오해의 혼란을 자초했다. 즉 무한대의 개념이 순수공간의 문제이고, 무한소의 개념이 사물의 궁극요소인 사물의 문제인 사실을 철저히 구분하지 못함으로서 자연과학에게 공박을 자초했다.

수학의 무한대수와 무한소수가 지닌 특성은 수학의 사고방식에만 머물지 않고, 형이상학의 사고방식에서 존재론의 근본원리를 구성하는 기초개념으로 작용한다.

우주는 공간의 무한성을 바탕으로 한다. 우주의 공간에 펼쳐진 행성에서 발생한 생명체들은 행성의 지하에 존재하거나, 행성의 지상에 존재하는 두 가지 경우중 하나이다. 지하도, 지상도 아닌 공중에서는 생존을 위한 영양분을 섭취할 수 없기 때문에, 허공은 동물의 삶의 터전이 될 수 없다. 지하의 물밑에서도 생명체들이 존재하지만, 그러나 땅의 중심부에서 작용하는 용암의 열기를 견딜 수 있는 지점과 물의 수압을 견딜 수 있는 지점이 생명체가 존재할 수 있는 한계점이다. 그런데 물질로 채워진 지하에서는 활동공간이 거의 없기 때문에, 지상에서의 다양한 동물처럼 수많은 생명체들이 지하에서 난무할 수 없다. 그러므로 생명체들이 제대로 존재하는 곳은 지상이 아닐 수 없다.

지상은 식물과 동물이 존재할 수 있는 공간을 갖추고서, 영양과 에너지를 공급받을 수 있기 때문에, 진정한 현상의 모습은 지상에 있을 수밖에 없다. 물도 지표면 위에 존재하기 때문에, 물속에서도 생명체는 다양하게 존재한다. 그러나 그곳에서 문명사회를 건설할 수 있는 존재자의 등장은 불가능하다.

인간은 지상의 동물들 중에서 문명사회를 건설한 유일한 존재자이다. 인간이 지하에 존재하는 생명체라면 문명을 건설할 수 없다. 공간이 허용되지 않는 지하에서는 문명이 들어설 여지가 없기 때문이다. 인간이 존재를 해명하는 작업에서 구성요소를 모두 밝혔더라도 여전히 의혹에서 벗어나지 못한 과제는 새로운 종류의 개체들이 지속적으로 등장하는 진화의 목적성이다. 이 해명은 물질의 구조와 의식의 구조를 밝히는 수준의 지적 작업으로는 도저히 달성할 수 없다. 구조의 의미를 파악하려면, 반성적 사유방법을 갖춘 형이상학적 기능이 필요하다. 그 기능은 인간의식에 내재한 창조적 사유방식의 자발성이다. 이 해명의 과제는『판단력비판』의 영역에까지 도달해야만, 비로소 제대로 논구가 가능하다.

항상 논구의 불충분함을 느끼는 인간이 완전함을 기대하고 논구를 이어갈 장소는 오로지 '반성적 판단력'의 영역뿐이다. 인간의 의식이 존재본질에 관한 논구의 완성을 기대하려면,『순수이성비판』과『실천이성비판』의 경로를 거쳐 반성적 판단력의 지점에 이르기까지 논구를 지속해야 한다.

무한과 유한의 근본토대인 형이상학적 특성

인간은 무한성과 유한성의 의미를 줄곧 고찰했다. 공간에 존재하는 개체의 형상이 유한하기 때문에 각자가 독립적일 수 있다. 유한한 개체에서 자신의 바깥을 바라보면, 사물을 제외한 공간은 형상이 없다. 공간은 형상이 없기 때문에 무한하다. 무한한 공간에서 독립적 개체를 바라보면 유한하다. 근대철학에서 순수공간에 대한 논구는 라이프니츠의 단자론의 발상에서 절정을 이룬다. 그 이유는 정신과 물질이 공존하는 존재의 근본 틀에 대한 형이상학적 논쟁 때문이다. 원자론의 입장을 주목한 라이프니츠는 원자론으로는 인간의 존재를 해명할 수 없다고 보았기 때문에, 원자에 정신을 통합한 단자론을 구상했다. 정신과 물질을 통합한 입장에서만 보면, 라이프니츠는 스피노자와 더불어 심신이원론을 펼친 데카르트를 극복하려고 시도한 합리론의 대표적 인물이다.

라이프니츠의 단자론은 다음의 사실을 기반으로 해야만 성립이 가능하다. 그 경우는 거시물리학과 미시물리학의 기반을 넘어선 존재본질에 관한 형이상학적 조건이다.

첫째, 순수공간은 물질이 아니기 때문에 사방을 제한하여 크기를 한정할 수 없다. 순수공간이 없다면, 현상계는 공간이 전혀 없는 상황에서 사물만 존재해야 한다. 사물만 존재하면 사물이 운동을 전혀 할 수 없어서 변화를 할 수 없다. 사물이 아닌 다른 존재가 공존한다면, 그것은 순수공간이 아닌 정신적 존재자여야 한다. 하지만, 순수공간이 없는 곳에 정신과 물질이 공존하는 경우는 불가능하다. 정신이 물질의 변화를 수용하는 순수공간의 역할을 결코 할 수 없기 때문이다. 현상계가 공간의 역할을 하는 정신의 내부에서 존재한다는 것은 어불성설이다. 정신의 존재가 현상계의 사물을 에워싸고 있다면, 정신의 개체들이 존재할 수 없으므로, 저인의 존재는 결코 순수공간의 역할을 할 수 없다.

둘째, 생성·소멸의 변화과정은 무한하게 되풀이 하는 존재의 양상이므로 무한하다. 현상계를 구성하는 근본인자는 불변이고 사라질 수 없다. 구성인자는 내부에 운동원인인 에너지를 가지고 있다. 구성인자는 분할할 수 없으므로, 내부의 에너지는 영원하다. 그러므로 변화는 영원하고, 무한하고, 불변이다.

셋째, 정신도 물질과 마찬가지로 형상적 존재이어야 하는 조건을 벗어날 수 없다. 정신이 형상적 존재가 아니라면, 굳이 연장속성의 육체에 존재할 이유가 없다. 게다가 정신이 육체의 바깥에 독자적이고 독립적으로 존재할 수 있으려면, 정신은 사물처럼 형상을 갖추어야 한다. 정신이 형상적 존재이어야만, 내부에 사유기능을 가질 수 있다. 내부에 사유기능을 가지려면, 연장속성의 물질처럼 한정되어야 한다. 단순하건 복잡하건 간에 한정된 형상과 내부구조를 가지지 않으면 개체가 될 수 없다.

그런데 제한되지 않는 존재는 오로지 전체가 하나로 이루어진 공간밖에 없다. 영혼과 물질이 이원적이라면, 순수공간도 물질을 수용하는 공간과 정신을 수용하는 공간으로 구분될 수 있다. 그러나 감각기관으로는 입증이 불가능하다. 마찬가지로 순수공간을 그렇게 구분해도 반박은 불가능하다.

칸트철학의 비판할 적에 제기되는 대표적 문제점은 유클리드 기하학에 대해 비유클리드기하학, 거시물리학으로 이해되는 뉴턴 역학에 대해 미시물리학으로 이해되는 현대양자역학이다. 그 뿐만 아니라, 수학에서 등장한 초한수와 집합론 및 그 밖의 새로운 이론들을 내세워, 비판철학의 체계를 부정적으로 비판한다. 이와 같은 이론을 발판으로 삼아, 비판철학의 체계를 부정적으로 비판할 수 있었던 근거는 이 이론들이 속한 수학과 물리학이 보편학의 성격을 지녔기 때문이다. 근·현대물리학의 초석을 마련한 뉴턴이 자신의 이론을 발표한 서책의 명칭이 "자연철학의 수학적 원리"[2]이었음을 참조하면, 누구나 그 점을 명확히 인식할 수 있다.

후대의 이론들이 칸트의 이론체계를 부정하려면, 후대의 이론들은 전대의 이론들과 상이한 내용을 제시해야 한다. 후대의 이론이 전대의 이론들을 완전히 부정하는 이론이라면, 검증을 통해 전대의 잘못된 내용은 가감 없이 폐지되어야 한다. 그러나 서로가 상보적으로 공존하는 이론이라

---

2 라틴어 명칭은 "PHILOSOPHIE NATURALIS PRINCIPIA MATHEMATICA"이다.

면, 후대의 이론이 전대의 이론을 부정하는 경우가 될 수 없다. 오히려 철학자들은 왜 두 이론이 상보적일 수 있으며, 더 나아가 하나의 통합원리에 두 가지 사물의 성질이 어떻게 공존할 수 있는지를 상세하게 검토해야 한다. 그 이유는 인간의 인식기능이 사물의 근본원리를 정확히 파악하지 못한 처지에서 현상만 바라보고 어쩔 수없이 상보적으로 이해하고 있는지, 아니면 물질의 내부구조가 원천적으로 두 기능으로 구성되어 있음을 파악하고서 상보적으로 이해하고 있는지를 따져야하기 때문이다.

상반된 두 개의 이론에서, 한쪽이 다른 쪽을 부정하고서 상대측을 오류의 지식으로 폐기하는 경우는 결코 상보적일 수 없다. 따라서 두 개의 이론이 공존한다면, 공존의 토대가 있어야 한다. 공통분모인 토대에 해당하는 통합원리가 있어야만, 인식기능은 통합이론을 구성할 수 있다. 통합원리의 속성은 보편성이다. 보편성은 모든 특별성과 개별성을 포괄한다.

대립의 해소를 거부하는 이론들은 이율배반을 부정할 수 있는 반박을 제대로 펼칠 수 없다. 왜냐하면 철학의 보편성은 항상 대립을 해소할 이론의 발전을 전제하기 때문이다. 즉 발전을 수용하지 않는 철학이론은 처음부터 보편적일 수 없기 때문이다. 철학이 지닌 보편성이 부정되는 경우는 새롭게 등장한 사태의 변화를 도저히 해명할 이론의 토대를 갖추고 있지 않을 때이다.

철학이 펼치는 이론전개는 당대의 지식을 해명의 범례로 삼는다. 그 범례도 과거의 범례를 바탕으로 한 새로운 예증이다. 보편적 이론은 새롭게 발전해 가야 하는 미래의 전망을 전개한다. 철학이 제시하는 미래의 전망이 보편적 이론에 부합하려면, 존재의 근본원리와 궁극목적을 다음처럼 전제해야 한다.

첫째, 사례를 수정하고서 이론을 전개하는 경우.

둘째, 기존 사례에 새로운 사례를 첨가하여 이론을 전개하는 경우.

셋째, 사례의 부정과 더불어 이론을 일부 또는 전부 폐기하는 경우.

수학이론의 근본토대인 순수공간론

"두 점간의 최단거리가 직선이다"라는 명제가 비유클리트의 기하학에서 부정되는가? 하는 의문점에 대해 부정적이라는 평가가 정당하다면, 칸트의 이론은 그 결론에 따라 부정될 수 있다. 비유클리트의 논증은 둥근 구에서는 두 꼭지를 연결한 최단거리는 원주($2\pi r$)만큼 존재한다는 주장이다. 칸트를 비판하는 발상은 이 논증을 유클리드기하학을 바탕으로 인식론을 구성한 칸트의 체계가 불완전하다는 근거로 제시한다.

그런데 비유클리트가 주장은 유클리드기하학의 정의를 곧바로 부정할 수 없다. 그 이유는 구의 양 꼭짓점을 통과하면서 표면에 그려진 무수한 선분들은 단일한 성격의 동일한 선분들이기 때문이다. 무수히 존재하는 최단거리의 선분에는 동일한 성격의 선분 이외의 다른 선분이 존재하지 않기 때문이다.

그와 더불어, 구의 표면에서도 두 점간의 최단거리는 유클리드의 직선의 정의와 다를 수 없다. 따라서 구면위의 두 점간의 최단거리를 평면 위에 직선으로 펼쳤을 때에 생긴 그 선분 이외에 더 짧은 직선의 선분이 거꾸로 동일한 구면의 두 점 사이에 존재하는지를 입증해야만, 비로소 유클리드기하학이 부정된다. 구의 표면에서 존재하는 직선의 거리는 평면위의 직선의 거리보다 크다. 차이점이 있다면, 그 이유는 원의 지름이 원주의 1/2인 πr보다 짧기 때문이다($\pi r > 2r$). 이 차이점은 타원형의 표면의 거리와 평면의 거리에서도 마찬가지이다.

원구의 표면 위의 삼각형이 평면 위의 삼각형과 다르기 때문에, 비유클리드기하학의 이론을 유클리드기하학에 적용할 수 없다. 구형의 삼각형을 평면위에 펼쳤을 때에 두 선분은 그대로 적용할 수 있지만, 나머지 하나의 선분은 그대로 적용할 수 없기 때문이다. 그 사실은 곧바로 입증된다. 두 꼭지를 연결한 원주를 반으로 자른 또 다른 원주는 평면의 관점에서 보면 수직관계이다. 두 꼭지를 연결한 원주의 수는 원주의 거리인

$2\pi r$만큼 있다. 그 중에서 두 개의 원주를 선택하여 수직관계의 원주와 연결하면, 그것은 평면위의 삼각형이 된다. 그런데 그 경우에는 평면위의 삼각형에 해당하는 모형도 생긴다. 정삼각형의 각은 각각 60°이다. 원위의 정삼각형은 두 변이 수직관계이기 때문에 60°가 아니라 90°이다.

그럼에도 불구하고 평면 위의 삼각형은 구면위에 고스란히 존재하는데, 구면에 평면을 만들면 문제가 발생하지 않기 때문이다. 인간은 지구위에 평면을 만들어 유클리드기하학의 직선을 그을 수 있고, 직선을 사용한 사물을 제작할 수 있다.

마찬가지로, 물리학에서도 뉴턴이 정립한 세 가지 원리, "①관성의 법칙, ②가속도의 법칙, ③작용과 반작용의 법칙"이 현대양자역학의 이론에 의해 부정되는가? 하는 의문점이 부정 쪽으로 기울게 되면, 칸트의 이론은 부정될 수 있다. 하지만 현대양자역학이 보여준 사실은 미시적 원자의 구조 때문에 발생하는 mc^2의 에너지의 양이 일상생활의 거시적 사물이 보여주는 에너지 작용의 근원임을 단지 보여줄 따름이다.

상대성의 이론을 뒷받침 하는 물리적 현상은 뉴턴이 정립한 물리학의 개념을 부정하는 논거가 될 수 없다. 물리학의 이론은 현상계를 구성하는 기본입자들이 진행하는 생성·소멸의 과정을 해명한 사고방식으로서, 생성·소멸의 원리와 법칙이 작용하는 현상계의 질서가 미시와 거시의 두 영역의 상관관계에 의해 유지되고 지속하는 공존방식의 산물임을 해명할 뿐이다.

현대물리학이 뉴턴의 물리학의 개념을 부정하면, 사물의 본성이 일관성을 확보할 수 없게 된다. 미시물리학으로 간주되는 양자역학은 거시물리학이 해명하지 못하는 현상계의 미시적 입자의 존재방식을 해명한 이론일 뿐이다. 미시물리학의 이론은 사물의 기계론적 인과율 대신에 목적론적 인과율을 적용했거나, 거시물리학에서 사용하는 용어 이외에 전혀 다른 의미의 용어를 사용하여 물질의 본질을 설명한 경우가 아니다. 현대양자역학의 이론이 아인슈타인의 상대성이론인 $E=mc^2$의 수식 대신에 또 다른 새로운 관점의 수식을 제시한 경우가 아니라면, 여전히 물리학은 물리학일 뿐이다.

거시물리학과 미시물리학의 탐구영역과 대상이 구분되더라도, 동일한 물리학에서 두 영역을 통일한 통합원리의 체계성을 갖추어야 한다. 통일원리가 없다면, 사물을 구성하는 구성요소가 원래부터 두 종류이어야 한다. 그러나 사물을 구성하는 근본물질의 속성은 동일하다. 사물의 근본속성에서 연장속성을 배제하면 사물일 수 없다. 더 나아가 사물의 근본요소들이 원래부터 운동하지 않는 개체들이라면, 의식은 사물이 변화하는 방식을 처음부터 따질 필요가 없다. 그 이유는 사물의 운동성이 생성·소멸의 변화를 추진하지 않으면, 사물의 근본구조와 기능을 따질 필요가 없기 때문이다. 물리학의 모든 이론은 사물의 근본요소로부터 비롯된 것이므로, 물리학은 하나의 근본원리에 의해 각 분야의 이론을 총체적으로 통일한 학적 체계를 갖출 수 있다.

물리학의 지대한 업적은 사물의 구성인자들이 미시영역에서 어떻게 존재하는지를 몰라서, 현학적 용어를 사용하여 현상을 적당히 짜 맞추고 마무리한 형이상학의 존재원리를 비판하는 영향력을 발휘했다. 물리학은 형이상학이 자신을 제대로 비판할 수 있도록 반성의 길을 터준 대단한 영향력을 끼쳤다.

여하튼 간에, 칸트의 이론은 수학과 물리학의 이론에 의해 부정되지 않는다. 칸트의 이론을 부정하려면, 수학과 물리학이 순수직관형식에 의한 공간과 시간의 특성과 순수오성개념의 특성을 벗어나는 예외적인 경우를 제시해야 한다. 칸트가 철학의 보편성을 확립하기 위해, 자연과학의 근본토대인 수학과 물리학의 본질을 철학의 체계 속에 포함시켰다. 그리고 칸트는 그것을 토대로 삼아 형이상학을 확립하고, 철학과 과학의 사고방식을 일관된 통합체계로 통일하였다.

(2) 확실성과 불확실성의 본질

인식의 양면성

현상을 구성하는 구성인자는 외부적으로 불변의 형상과 내부적으로 변화를 추진하는 운동의 기능을 갖추고 있다. 변화의 과정은 구성인자의 보편성과 양상의 특수성으로 양분된다. 변화를 인식하는 사유기능은 다양한 변화의 현상에 직면하여 혼란을 겪는다. 인간의 인식기능에 대한 의혹은 인간이 탐구하는 진리에 대한 의혹으로 내몰릴 수 있다. 진리를 탐구하는 인식기능이 잘못된 것이라면, 잘못된 인식기능의 주장하는 진리는 타당한 것이 될 수 없다.

존재하는 것을 비존재가 될 수 없다. 단지 다른 것으로 변화할 뿐이다. 결합과 분리를 되풀이 하면서 생성·소멸하는 현상계의 변화는 변화가 없는 불변의 상태를 스스로 만들 수 없다. 그 이유는 존재의 구성요소는 변화의 원동력인 에너지를 원천적으로 갖추고 있기 때문이다. 개체가 사라졌다는 사실은 같은 장소에서 다른 모습으로 변화한 것이므로, 결합된 새로운 상태로 거듭났거나 아니면 해체되어 이전의 상태로 되돌아 간 경우일 뿐이다.

인간의 인식기능이 그런 변화과정을 세세히 알 수 없다고 하여, 누구든지 선뜻 인식의 인식기능이 진리를 파악할 수 없다는 회의적 관점을 전개해서는 안 된다. 현상계의 구성은 형식적으로는 결합과 해체의 과정을 거쳐 이루어진다. 그 사실이 확실하기 때문에 생성·소멸의 변화과정은 법칙적으로 이루어진다. 그러므로 현상을 파악할 수단이 결여되어 있거나, 변화의 모든 경우의 조건을 알 수 없어서, 미래를 완전히 예측하지 못하는 인식의 한계상황은 회의론의 정당한 근거가 될 수 없다.

철학의 사고방식이 지닌 실용성은 과학을 지탱하는 토대와 골격을 진화시키는 역할에 있다. 학문의 변화는 철학의 보편적 이론을 시대에 알맞게 현대화하는 작업과 맞물려 있다. 철학의 효용성은 학문의 건물을 구성하는 골격과 학문의 건물을 채우는 지식을 완비하는 지적 작업을 총체적으로 뒷받침하는 사고방식의 역할에 있다. 모든 학문의 건물은 지식의 새로운 변화를 가능케 하는 무제약적 보편성의 철학적 사고방식이 작용하는 건물이다. 그러므로 철학적 사고방식이 작용하는 학문의 건물은 진리의 전당이다. 진리의 전당은 존재의 근본원리와 법칙성에 항상 부합할 수 있도록 쉼 없이 지성이 작용하는 건축물이다.

확률의 인식론적 의의

전통적으로 수학에서는 점과 선이 있으면 조건에 구애받지 않고 사물의 양을 측정할 수 있다고 여겼다. 마찬가지로 물리학에서도 위치와 방향 및 거리와 속도가 확정되면 시간을 측정하고, 위치와 방향과 시간과 거리가 확정되면 속도를 측정할 수 있다고 여겼다. 더 나아가 방향과 속도까지 확정되면, 위치와 거리 및 시간을 측정할 수 있다고 여겼다. 그런 상황에서, 독일의 물리학자 하이젠베르크가 "불확정성의 원리"를 피력했다. 그는 미시영역에서는 소립자의 특성 때문에 소립자의 위치가 측정 이후에 변경하여 정확하게 공간의 사태를 파악할 수 없다는 논리를 전개했다.

사물이 생성·소멸하는 속성을 고찰하는 물리학의 관점에서는 그와 같은 불확정성을 주장할 수 있다. 그러나 자연 형이상학적 관점에서 바라보면, 그 사실은 인간의 인식능력의 불완전하고 불안정성을 주장하는 근거가 될 수 없다. 그 이유는 불완전성과 확률의 의미가 인식기능의 잘못됨을 주장할 수 없기 때문이다. 불확실성의 의미는 인식기능이 변화를 정확히 파악하지 못하는 경우와 변화자체가 결정되지 않았다는 경우로 구분된다.

그런데 하이젠베르크가 간과한 사실은 확정된 것이든지, 확정된 것이든지 간에 모든 작용이 목적의 틀 속에서 진행된다는 불변의 사실이다.

그 사실은 주사위의 경우에서 단적으로 입증된다. 육면체의 주사위는 던지는 사람이 주사위를 조작하지 않고 공정하다면, 누구든지 그 결과는 결정되어 있지 않고 우연적이라고 판단할 수 있다. 그런데 한 걸음 더 나아가면, 그들은 매번 실행하는 주사위 놀음의 결과는 결정되어 있지 않더라도, 주사위자체는 놀이의 목적을 위해 앞서 결정되어 있음을 인식할 수 있다. 곧 주사위 놀음이 결정되어 있지 않다면, 주사위가 결코 만들어질 수 없는 명백한 사실이다. 누군가 우연히 주사위 모양을 보고 주사위 게임을 착상한 경우도 마찬가지이다. 그가 주사위 게임을 결정해야만, 주사위모양의 사물이 주사위로 변경할 수 있기 때문이다.

경험론의 입장은 주사위놀음에서의 확률을 두고서, 의식에 내재한 인식기능의 취약점을 부정적으로 지적하고 지식의 개연성을 주장할 수 있다. 그런데 주사위의 놀음의 결과는 항상 비결정적이고 확률적이지만, 주사위놀음은 주사위를 이용하는 게임이기 때문에, 어떤 경우에서도주사위의 6면 중 한 면이 승부를 결정한다는 사실은 변함이 없다. 이 사실이 변하면 주사위놀음이 불가능하다. 즉 주사위와 주사위놀음의 방식과 규칙을 결정하는 선결조건은 불변이라는 명확한 사실이다. 인간의 의식은 주사위 놀이에서 6면 중 하나가 반드시 결정된다는 사실을 분명하게 인식하고 있기 때문에, 주사위를 던져 한 면이 자신에게 유리하기를 바란다. 주사위 놀음의 선결조건이 결정되어 있기 때문에 확률의 수식이 성립한다. 인간의 의식이 주사위의 속성을 알았기 때문에, 확률의 수식을 만들 수 있었다.

하이젠베르크가 미시의 입자가 충돌하는 경우에 충동한 이후의 입자의 위치가 불확정적이라고 주장하는 근거는 그가 공간의 속성과 물질의 속성과 공간을 이미 간파하였기 때문이다.

불확정성의 입장은 인간의 합리적 인식기능이 불확정한 경우의 사태에 대응할 수 없다는 사실을 주장하는 경우가 될 수 없다. 인간의 합리적 사고방식은 확정적인 선결조건을 바탕으로 하여 확률적인 모든 경우에 대한 대응책을 마련할 수 있다. 선결조건이 확정적이면, 비록 대응책에서 오류가 발생하더라도, 그것이 인식기능을 비판하는 불가지론을 입증하는 실질적 근거가 되지 못한다.

4) 현대 자연과학의 진화된 지식에 대한 해명

(1) 형상의 법칙성과 진화론(進化論)

다윈의 역설

칸트가 형이상학의 대상을 3가지로 규정했을 적에, 영혼불멸이 그 중에 포함되어 있다. 그런데 인간은 사후의 존재방식을 경험의 대상으로 삼을 수 없다. 인간은 사후세계를 의식에서 단지 상상할 뿐이다. 의식의 상상은 자신이 죽으면, 죽음과 더불어 소멸한다. 유물론은 이런 상황에 맞추어 자신의 이론을 전개한다. 반면에 유심론은 사후세계를 객관적으로 실증하는 방식대신에 신비주의 태도로 자신의 이론을 전개한다. 관념론의 합리적 입장은 이 두 가지의 입장을 극복해야 한다. 칸트의 입장도 마찬가지이다.

자연의 생태계를 해명하는 이론으로서 목적론적 발상은 일찍이 고대에 등장하였다. 경험이 보여주는 사실을 종합하여 판단하는 의식은 사물의 생성 · 소멸의 과정을 그렇게 바라보지 않을 수 없었다.

먹이사슬의 발상은 철저히 목적론적 사고방식에 기인하고 있다. 생태계의 발상도 마찬가지이다. 먹이를 구하는 모든 생명체는 철저히 목적적으로 활동한다. 그렇게 하지 않으면, 자신의 생명은 생태계에서 소멸해야 하기 때문이다.

19세기 영국의 찰스 다윈이 제시한 진화론은 철학의 목적론을 뒷받침하는 결과가 아니라, 오히려 부정하는 결과를 초래했다. 다윈의 이론은 기독교의 창조설을 반박하는 논거가 되었다. 종교의 창조설에 대한 부정적 기류는 철학에서도 형이상학을 거부하는 풍토에 기름을 붓는 꼴이었다. 하지만 역설적으로 보면, 진화의 용어는 근본적으로 처음부터 기계적 인과율이 작용하는 물질의 생성·소멸과정에 적용할 수 없는 개념이었다. 사실의 근거에 기반을 둔 다윈의 결론은 생명의 관념적 특성을 원천적으로 해명할 수 있는 이론이 아니었다.

진화론과 비견되는 유물론은 물질에 진화의 특성이 내재한다는 내용을 바탕으로 구성된 이론이다. 유물론과 결합한 진화론이 이론전개의 한계에 봉착한 이유는 정신의 특성을 해명하는 작업에 실패했기 때문이다. 일찍이 유물론자들이 다윈처럼 진화론을 펼치지 못한 이유는 그들이 진화의 사실을 전혀 몰랐기 때문이 아니었다. 그들의 한계는 정신적 특성을 배제하고 물질의 특성만으로 존재론의 근본이론을 완벽하게 구성할 수 없었기 때문이었다.

진화의 개념은 발전의 개념과 다를 바 없다. 다윈의 진화론은 오로지 인간만이 동물과 달리 도덕적 문명사회를 건설할 수 있었던 근거를 보여줄 수 없다. 그의 이론이 경험론에 바탕으로 두는 한, 의식의 정체를 해명할 수 없다.

진화론은 역설적으로 물질이 목적적으로 변화를 한 사실을 입증하는 주장으로 평가할 수 있다. 진화론은 물질에서 생명이 탄생한다는 가설을 내세우고서, 동물의 생명현상을 유물론으로 해명할 수 있다. 그러나 유물론이건 또는 진화론이건 간에, 여전히 그 발상은 정신의 정체를 밝히는 이론의 역할을 수행할 수 없다.

사회발전을 도모한 인간의식의 역사적 과정은 다윈이 제시한 진화론과 어느 정도까지는 부합한다. 사회진화론이 강자를 위한 이론이건 약자를 위한 이론이건 간에, 사회진화론이 논구하는 사회변화에는 의식의 변화가 전제된다. 사회의 진화과정에 국가의 권력이 개입하든지, 안하든지 간에, 사회진화는 인간의 의식이 주도한다. 기계론적 인과율이 작용하는 물질에는 생성·소멸에 따른 변화만 있을 뿐이므로, 유물론은 사회진화론을 제대로 뒷받침할 수 없다. 사회진화론이 자신의 주장을 유물론에 기반을 두는 경우에는 의식에 의한 목적론적 사회진화를 제대로 해명할 수 없다.

유물론으로는 인간의 존재를 해명할 수 없다는 사실은 더 이상 재론의 여지가 없다. 다윈의 진화론은 물질이 아닌, 물질로 구성된 생명체에 관한 이론이다. 다윈이 주장한 진화론은 의식의 진화과정을 보여주고 있을 뿐, 물질의 진화과정을 보여주고 있는 경우가 아니다.

의식의 작용에 의한 경우일지라도, 생명체의 진화와 문명의 진화는 구별된다. 자연의 생명체의 진화와 인간의 진화는 일정부분에서만 공통성을 가질 뿐이다. 그러므로 인간이 자신을 포함한 모든 존재를 해명하려면, 인간은 자신의 내부에 내재하는 형이상학적 인식기능을 발휘하여 그 작업을 추진해야 한다.

다윈의 진화론을 수용하는 입장은 "변화가 아닌 진화라는 현상"이 의식에 의한 목적론적 의식작용의 결과인지, 아닌지를 해명해야 할 과제를 근본적으로 떠안게 된다. 또한 그 해명작업은 물질의 영역에서 탄생한 생명체가 지속적으로 끊임없이 변화한 과거의 사실을 물질이 지속적으로 새롭게 진화한 증거임을 논증해야 한다. 예컨대, 물은 스스로 목적적 행위를 하여 진화한 새로운 형태의 물로 변화하지 않는 반면에, 갈라파고스의 섬의 거북이는 먹이를 획득하려는 목적행위를 통해 자신의 목을 변화시킨 경우의 차이를 해명해야 하는 학적과제이다. 다윈의 진화론은 인간의 육체 속에 내재한 의식의 사유현상이 육체를 구성하는 물질로부터 진화한 결과인지를 해명해야 한다. 그런데 이 작업은 논구의 세세한 단계를 생략하고, 곧바로 실체개념으로 진입하여 성급한 결론을 내리면, 전통적 합리론이 직면한 독단론의 입장으로 내몰리게 된다.

인간의 의식은 창조적 활동을 하는 기능을 갖추고 있으므로, 인간이 만든 사물은 의식의 진화와 더불어 진화한 창조적 결과물이다. 예컨대 초창기의 자동차와 진화한 자동차를 비교하면, 그 사실은 단번에 입증된다. 다윈이 논구한 진화는 상상력을 갖춘 의식이 진화를 한 경우이지, 사물이 진화를 한 경우가 아니다. 다윈의 진화론은 역설적으로 진화론자들이 자연에 기계론적 인과율 이외에 목적론적 인과율이 함께 작용하는지를 철저히 고려해야함을 보여준다.

목적론적 진화

의식에서 작용하는 상상력은 이미지이므로, 외부의 대상이 실제로 변화하는 경우와 다르다. 의식은 사유과정에서 무궁한 진화를 상상할 수 있지만, 사물의 생성·소멸은 실제로 결합과 해체를 되풀이하는 양의 변화를 일으키는 과정일 뿐이다. 그러므로 사물은 인간의 의식처럼 여러 가지 경우를 상상하고 그리고 그 중의 어느 것을 의도적으로 선택하여 스스로 목적론적 진화를 할 수 없다.

선천적 의식구조를 갖추지 못한 물질은 서로 간에 물리적 반응을 할 뿐이지, 인간의 의식처럼 판단행위를 할 수 없다. 그러므로 '선천적' 용어는 내재적 의미를 함축한다. 의식기능을 갖추지 못한 사물의 기계적 움직임이 목적적 활동과 목적론적 결과를 생성할 수 없음은 다음의 논구로서 명확해진다.

1, 기계론적 인과율의 운동을 하는 구성요소는 어떤 경우에도 의식을 형성할 수 없다. 그 이유는 구성요소가 명백하게 자신의 내부에 의식의 구조를 갖추고 있지 않기 때문에, 구성요소가 어떤 변화의 과정을 거치더

라도 내부에 선천적 표상작용을 할 수 있는 판단기능을 갖출 수 없기 때문이다.

2. 사물의 형상이 관념적이라고 하더라도 내부에 선천적 표상작용을 할 수 있는 판단기능을 갖출 수 없는 한에서는 관념적 유물론의 범주를 벗어날 수 없다. 유물론의 취약점을 극복하려는 범신론도 물질을 관념적으로 설명한 방법이 불충분했기 때문에, 타당한 합리론으로 취급받지 못했다. 스피노자의 범신론은 칸트의 비판철학과 달리, 사물에 선천적으로 내재해야 하는 의식구조의 특성을 명확히 하지 못한 한계점을 드러내었다.

3. 물질에서 의식이 가능하려면, 물질의 구성요소는 의식기능을 갖춘 구성요소와 의식기능을 갖추지 못한 두 종류로 나누어져야 한다. 굳이 비슷한 사례를 찾는다면, 그 경우는 라이프니츠의 단자론이다. 단자론은 의식이 물질에 내재하는 존재를 설정하여, 물질과 정신이 공존할 수 있는 방식을 제시한 합리론의 사고발상이다. 하지만 그 방식은 몇 가지의 의문점을 떠안고 있다.

첫째는 우주에 물질이 산재해 있지만, 태양계를 중심으로 돌고 있는 위성 중에 지구만이 인간의 존재를 탄생한 사실이 기계적 특성의 물질에 의한 진화로서 해명되지 않는 취약점에 관한 의문점이다.

둘째는 지구의 역사를 감안하면, 인간의 탄생은 생명의 진화로서 해명되지 않는 취약점에 관한 의문점이다.

셋째는 물질이 구조적으로 결합하여 새로운 종으로 변경할 수 있어도, 물질로 구성된 육체가 동질의 물질을 이용하여 물질문명을 구축한 창조적 작업이 물질의 특성만으로 해명될 수 없는 취약점에 관한 의문점이다.

넷째는 물질의 근본요소를 관념적으로 해명하려 해도, 관념적 근본요소의 내부에 구성하고 있는 의식기능을 제대로 해명하지 못하면, 물질의 영역에서 생명체에 내재한 의식이 작용할 수 없는 취약점에 관한 의문점이다.

다섯째, 근본물음을 해결하지 않는 한, 자연과학이 발견한 사실만으로 의식의 정체를 밝힐 수 없는 취약점에 관한 의문점이다. 그 이유는 절대적 무에서 절대적 유가 탄생할 수 없는 사실 때문이다.

단자론은 정신과 물질의 공존을 해명할 실마리를 오로지 원자론과 같은 유물론의 발상에서 찾았기 때문에, 오히려 단자론은 역설적으로 발생론적 의문의 덫에 걸려 의혹의 올가미에 더욱 옥죄였을 뿐이다. 칸트가 이런 난관을 극복하기 위해, 우회적으로 접근한 합리적 해결방식이 비판철학의 사고방식이다

칸트가 이런 의문점을 어떻게 해명하고 있는지를 밝히려면, 이 과제는 칸트가 『판단력비판』의 '목적론적 판단력의 방법론'에서 논구한 다음의 주제를 검토해야 한다. 칸트는 "§79.목적론은 자연학에 속하는 것으로 다루지 않으면 안 되는가?"의 제목으로, "§80. 어떤 사물을 자연목적으로서 설명할 때에는, 기계적 조직의 원리는 목적론적 원리 아래에 필연적으로 종속된다는 데 관하여"의 제목으로, "§81. 자연산물의 자연목적을 설명함에 있어서의 목적론적 체계에 관하여 "의 제목으로, "§83. 목적론적 체계로서의 자연의 최종목적에 관하여"의 제목으로 자세히 논구한 내용이다.

(2) 선천적 인식기능과 AI기능을 탐재한 로봇

로봇이 인간이 해야 할 일을 모두 독점하면, 인간사회가 어떻게 변모할 것인가? 하는 의문점은 현대인의 뇌리에서 미래사회에 대한 우려감을 불러 일으킨다.

인간행위는 인간의 창조적 본능에 따라 분화하였다. 이러한 분화과정은 분업과 협동의 공동의 협력관계를 바탕으로 한 유기적 조직으로 구체화했다. 후기 근대철학은 이런 분화를 의식의 발전으로 간주하였고, 정신

이 다채로운 방향으로 나아간 분열현상으로 설명했다. 더 나아가 이러한 정신분열현상의 진행과정을 창조적 작업을 진행하는 노동의 개념으로 파악했다.

노동의 본질은 원시인의 삶과 현대인의 삶이 엄청난 수준의 격차를 보이는 역사적 사실에서 확연해진다. 사회의 구성원들이 다양한 직업에 종사하면서 복잡한 문명사회를 건설하고, 유지하고, 발전시키는 삶의 양상은 의식의 분화이고, 노동의 분화이고, 의식의 발전이고, 역사의 발전임을 보여준다.

의식의 차이가 의식의 분열이고, 의식의 분열이 의식의 다양한 활동이고, 의식의 다양한 활동이 노동의 다양한 활동이고, 노동의 다양한 활동이 문명사회를 발전이고, 문명사회의 발전이 인간생활의 질을 향상시키는 결과를 초래하기 때문에, 노동과 함께하는 의식의 발전은 역사의 발전일 수 있었다. 또한 의식과 함께하는 노동의 발전은 역사의 발전일 수 있었다.

인간사회는 구성원들의 갈등에 의해 흥망성쇠를 되풀이하였다. 의식의 발전을 진정한 역사발전의 원동력으로 규정하려면, 그 지적작업은 사회에 작용하는 여러 가지 변수의 특성을 주도면밀하게 검토해야 한다. 사회구성원들이 발전의 결실을 공유하려면, 동질의 도덕성을 공유해야 한다. 도덕성은 다양성을 배제한 획일성이 아니라, 다양성을 포괄한 보편성이다. 도덕성은 정치, 경제, 예술 및 모든 사회현상을 포괄한다. 도덕성을 배제하고서, 사회의 발전을 도모하려는 정치행위는 모두 실패한다. 분열을 바탕으로 하여, 사회를 발전시키겠다는 발상은 어불성설일 뿐이다.

철학은 의식내의 표상이 어떻게 선천적으로 가능한지의 의문을 해명하려고 했다. 그 작업은 표상이 무엇인지의 정체성에 관한 과제이다. 그 작업은 주관철학이 해명해야 할 몫이다. 선천적 표상기능이 의식에 선천적으로 내재해 있지 않다면, 의식이 어떻게 판단을 할 수 있는지는 인식론의 근본과제가 아닐 수 없다. 판단작용을 진행하는 원동력이 의식에 선천적으로 없다면, 의식이 판단할 수 없는 객관적 의문 때문이다. 그에 대한 직접적 증거는 카메라이다. 사물의 카메라와 인간의 눈은 똑같이 사물의 상을 맺는다. 그러나 카메라의 사물은 판단을 하지 않는 반면에, 눈을 가진 인간은 판단한다.

카메라에게 판단기능을 부여한 것이 AI기능의 컴퓨터와 로봇이다. AI는 판단하지 못하는 카메라의 선천적 표상이다. 하지만 AI기능은 아무리 수준이 높아도 인간처럼 되지 못한다. AI기능이 인간처럼 되려면, 인간이 한없는 자기 표상을 AI기능에 주입해야 한다. 시간과 공간의 제약을 벗어난 무한하게 진행하는 상상의 자발성은 AI로봇이 인간이 될 수 없는 이유를 명확히 해준다.

그러면 카메라에 AI기능을 덧붙인 인간이 있듯이, 인간에게 표상기능을 덧붙인 존재자가 있어야 한다. 그 이유는 인간의 육체가 카메라처럼 표상능력이 없는 물질이기 때문이다. AI로봇시대를 맞이한 현대인은 로봇이 인간을 지배하는 시대에 대한 염려와 불안감을 느낄 수 있다. 그러나 어떤 경우에서도 로봇은 인간이 될 수 없다. 로봇의 인공지능은 인식작용과 판단작용을 할 수 있어도, 로봇의 조직은 인간의 육체와 직접 결합한 욕망의 작용기능과 심리적 작용기능을 결코 갖출 수 없기 때문이다.

인간은 철학적 사유를 착수한 이래로, 합리론의 입장에서 자신에게 이 기능을 부여한 존재가 정신적 실체인지, 반대로 유물론의 입장에서 물질에 내재된 정신적 실체인지를 고민했다. 유물론은 표상기능을 제대로 해명할 수 없었기 때문에, 이 논구과정에서 도중하차해야 했다. 그 대신 범신론이 물질이 자신의 내부에 인간처럼 표상기능을 갖추고 있다는 발상을 내세워 논구를 떠맡았다.

범신론의 입장을 더욱 발전시켜, 현상의 물질계에서 정신의 실체를 논구한 합리론의 사고방법은 라이프니츠의 단자론이다. 단자론은 단자를 높은 단계의 사유기능을 갖춘 개체와 가장 낮은 단계의 정신기능을 갖춘 개체로 구분한 대단한 착상이다. 그러나 그 발상은 여전히 정신과 물질의 상호작용을 적절하게 해명할 수 없었다.

인공지능의 개발은 정신과 물질의 상호관계를 논구했던 과거의 존재론의 과제를 현대인에게 일깨웠다. 현대인은 인공지능의 개발 때문에 인간의 정체성에 대한 의심과 불안감을 느낀다. 합리론의 사고방식은 인공지능에 관한 가장 중요한 과제인, "로봇이 인간의 창조적 발상까지 대신할 수 있으면, 노동을 하지 않은 인간이 과연 인간일 수 있는가?" 하는 의문을 해명해야 한다.

인간이 창조하는 모든 사물은 인간의 감정을 충족시키기 위해 만들어진다. 인간의 감정이 매개되지 않으면, 인간은 의도적으로 행동하지 않기 때문에 인간이 만드는 목적적 사물이 탄생할 수 없다. 인간이 만드는 사물은 자신의 감정과 직접 관계하지 않더라도, 다른 인간의 감정을 충족시키기 위한 목적의 결과물이므로 결코 무관할 수 없다. 그 목적이 협동과 분업의 구조적 질서를 형성하고, 시장에서 교환과 분배를 이루는 경제학의 토대이다.

"인간이 만든 인공지능의 로봇이 궁극적으로 인간을 대신하여 모든 일을 한다면, 도대체 어떤 결과가 도래할까?" 하는 의문은 현대인에게 인간의 정체성을 해명할 수 있는 논거가 된다. 그런데 로봇은 인간을 대신하여 그런 일을 대행할 수 있어도 인간의 감정이 되어 욕구하고, 판단하고, 만족하고, 소비할 수 없기 때문에, 인간이 배제된 로봇의 세상은 존재할 수 없다. 로봇이 그렇게 되려면, 로봇이 인간이 되어야 한다. 그 의미는 인간이 물질을 가지고 생명체를 만드는 경우를 뜻한다.

따라서 기계론적 인과율에 적용되는 물질로 구성된 인공지능의 로봇이 인간이 될 수 없는 이유는 너무도 명쾌하다.

첫째는 물질이 단순한 물질이 아닌 관념적 물질의 속성 때문이다. 현상계를 유물론의 관점에서 유심론의 관점에서 이해하든지 간에, 사물을 구성하는 물질의 근본요소가 관념적이라는 사실에는 변함이 없다. 인간이 그 이유와 근거를 발생론적으로 파악하려는 과정에서 난파를 당하더라도, 사물을 구성하는 물질적 근본요소가 관념적이라는 사실에는 변함이 없다.

둘째는 물질은 의식에 내재하는 심리기능을 갖출 수 없기 때문이다. 물질이 관념적 존재이기 때문에 무기물질로 이루어진 인공로봇이 유기물질로 이루어진 생명체를 대신할 수 없다. 무기물질이 생명체를 이루면 죽음이 존재할 수 없고, 그러면 창조적 진화를 거듭하는 존재계가 성립할 수 없다.

로봇의 부속품은 물질이 결합하여 이루어진 세포들의 특성과 같을 수 없다. 로봇의 부속품은 세포가 작용하는 생명의 본성을 형성할 수 없다. 인공로봇의 몸체는 세포단위가 지닌 존재론의 특성을 수용할 수 없기 때문에 생명체가 될 수 없다. 그들은 인간이 부여한 정보를 가지고 대상을 상대할 뿐이다. 로봇은 인간의 의식과 육체보다 더 나은 판단기능과 대응기능으로 인간에게 도움을 줄 뿐이다. 예컨대 자동차가 인간을 발을 대신하여 편리함을 제공하고, 인공지능의 자동차가 인간의 운전까지 대신해 주더라도, 자동차가 인간이 될 수 없는 경우이다. 무인비행기인 드론이 인간을 대신하여 적을 공격하더라도, 드론이 인간이 될 수 없는 경우이다. 인공지능의 로봇을 인간처럼 꾸미고, 인간의 피부와 흡사한 인공피부를 부착한다고 하더라도, 인조로봇이 인간이 될 수 없는 경우이다. 인간의 세포는 음식을 원하지만, 인조로봇은 음식을 원하지 않으므로, 로봇은 인간이 될 수 없다.

인간이 세포를 구성하는 물질의 근저에 놓인 관념의 정체를 무시하게 되면, 인간은 인조로봇이 자신을 대신할 수 있을 것처럼 착각할 수 있다. 그러나 착각은 인간의 노동이 창조하는 생산과정에 내재한 관념의 정체를 모르는 발상일 뿐이다.

마찬가지로 인간의 존재이유, 삶의 목적을 파악하기 위해, 창조주의 개념인 신으로 곧바로 달려가는 종교의 맹목적 신앙심은 논구의 목적을 제대로 추구할 수 없다. 의식은 자연의 물질 속에서, 물질로 구성된 육체의 형상을 하고서, 물질을 활용하여, 문명을 창조하는 실천의 본질을 파악해야만, 비로소 형이상학적 이념의 존재인 신을 제대로 파악할 수 있다.

신의 존재를 인식하지 않더라도, 인간의 의식이 지·정·의에 해당하는 진·선·미의 표상으로 이루어진 사실에는 변함이 없다. 그리고 그 토대 위에서 신을 요청하고서, 그로부터 현상계의 인간과 물자체의 존재원리를 통일한 이념의 본질에는 변함이 없다.

인공지능은 인지기능이지, 심리기능이 아니다. 더 나아가 인공지능은 단순한 인지기능이지, 순수의식의 인지기능이 아니다. 인지기능이 아무리 학습기능을 갖춘다고 하더라도, 심리기능이 될 수 없으며 그리고 심리기능을 통제하는 순수의식기능의 자아가 될 수 없다.

3. 불필요하고 무익한 논쟁의 종식

무의 논쟁의 무익함

보편학의 과제는 현상과 본질의 기초개념을 통합하는 정초작업이다. 그러므로 번역에 의해 발생하는 혼란을 극복하기 위해서는, 다른 무엇보다도 먼저 모든 논구를 뒷받침하는 기초개념에 해당하는 현상(現象, Erscheinung)과 가상(假想, Schein) 및 현상(現象體, Phaenomenon)와 가상(假想體, Noumeon)의 용어를 명백히 이해해야 한다.

칸트는 인류에게 불필요한 철학적 논쟁을 불식시키려고 하였다. 그의 의도는 크게 세 가지 점에서 명확히 드러나 있다.

첫째는 무지에 대한 해명이다.

둘째는 형이상학적 특성을 밝히는 선험적 사고방식에 대한 명확한 논증이다.

셋째는 선험적 사고방식에 의해 형이상학적 의문을 해소하고 양자를 조화시키려고 한 논구이다.

진리를 탐구하는 과정에서 가장 곤혹스러운 상황은 당장의 증거를 요구하면서 정당한 논리를 인정하지 않는 억지스러운 태도에서 비롯한다. 그런데 이런 비합리적 태도는 시간이 흐르면 거짓과 참이 완연히 드러나는 상황 때문에 해소된다. 그러나 이와 정반대로 능동적으로 거짓된 상황을 조작하고서 정당성을 주장하는 경우는 합리론이 적극적으로 극복해야 할 상황이다. 칸트는 있을 수 없는 무(無, Nicht))의 경우를 규정하여 그런 문제점에 대응했다.

칸트가 무의 개념에 대해 "그것이 특별히 중요하다고 말할 것은 아니지만, 체제의 완벽을 기하기 위해서 필요하다고 생각될 수 있다."고 언급하였다. 그 까닭은 무의 개념이 실재하는 대상의 논구가 될 수 없음을 명확히 해 두기 위함이었다. 그러므로 형이상학의 논구를 전면적으로 부정하고, 무의 개념으로부터 새롭게 형이상학의 이론을 전개할 뚜렷한 방법을 제시하지 않는 한, 합리적인 관점에서 비판철학의 형식적 틀은 유효하다.

칸트는 범주의 논구를 마무리하는 과정에서 무의 개념을 정리했다. 그는 "범주는 대상일반에 관계있는 유일한 개념이기 때문에 대상이 무엇인가 또는 무(無)인가는 범주의 순서와 지시를 쫓아서 구별될 것이다."라고 설명하면서 양, 질, 관계, 양상의 범주개념에 맞추어 4가지 종류의 무를 정리한 무의 분류표를 제시했다.[1]

① 대상이 없는 공허한 개념(ens rationis) – "전체성, 다수성, 단일성의 개념에 대립하는 개념은 모든 것을 부정하는 즉 개무(皆無, 全無, Keines). 따라서 어떻다고 지적할 만한 여하한 직관도 대응하지 않는 개념의 대상은 무 즉 대상이 없는 개념이다. 예를 들면 가상체가 그것이다. 가상체는 가능성 중에 포함될 수 없다. 그러나 불가능이라고 말할 수 없다(이를테면 관념물이다). 또 한 예를 들면, 어떤 새로운 근본력이 그것이다. 물론 근본력은 모순 없이 사고될 수 있지만, 하등의 경험의 실례도 없이 사고되는 것이며, 그러므로 가능성 중에 포함될 수 없다."

② 개념의 공허한 대상(nihil privativum) – "실제성은 그 무엇이고 부정성은 무이다. 즉 그림자, 한기 등과 같이 대상이 없는 개념이다."

③ 대상이 없는 공허한 직관(ens imaginarium) – "실체가 없는 다만 직관의 형식은 그 자체가 대상이 아니라 다만 (현상으로서의) 대상의 형식

---

1 『순수이성비판』 B347~348

적 제약에 불과한 것이다. 예를 들면, 순수공간과 순수직관은 직관형식으로서는 무엇이지만, 그 자체는 직관되는 하등의 대상이 아니다."

④ 개념이 없는 공허한 대상(nihil negativum) - "제 자신과 모순되는 개념은 무이다. 왜냐하면 이 개념이 무이며 불가능하기 때문이다. 예를 들면, 두 직선으로 된 도형이 그것이다."

불필요한 논쟁을 극복할 방법론인 선험철학

칸트의 선험철학의 발상은 두 가지 목적으로 요약될 수 있다. 하나는 회의론의 사고방식을 극복하려는 의도이다. 다른 하나는 합리적 사고방식으로 형이상학을 재건하려는 의도이다.

첫 번째 경우는 외부대상이거나 내부대상이거나 간에 그 정체를 알 수 없다고 전제하는 입장이다. 그러나 이런 회의적 발상은 순수공간과 순수사물의 존재를 혼동하면서 발생한다. 순수공간은 변화하는 대상이 아니기 때문에 회의의 대상이 아니다. 외부의 순수공간에서 변화하는 대상은 의식의 순수공간에서 원인과 결과의 개념에 따라 변화의 과정을 재연한다. 인간이 대상을 인식할 수 있는 이유는 순수공간에 존재하는 현상의 모습과 더불어 원인과 결과로서 펼쳐진 변화과정의 모습을 동시에 공유할 수 있기 때문이다.

두 번째 경우는 존재의 출발점에 대한 발생론적 원인의 문제 때문에 인간이 회의론에 봉착하지 않는다는 사실이다. 발생론적 물음 때문에 회의론에 봉착하게 되는 경우는 기존의 기계론적 인과율과 목적론적 인과율과 전혀 다른 종류의 인과율에 의해 모든 현상이 전부 무력화하고 파멸하는 상황이다. 그러나 존재의 원리와 법칙이 새로운 종류의 인과율에 의해 파멸한 여지가 없는 한, 인간은 존재에 대해 펼친 회의론의 입장을 명확히 비판해야 한다. 왜냐하면 인간이 물을 수 없고 말할 수 없는 문제는 오로지 존재자체에 대한 발생론적 의문일 뿐이지, 현상이 보여주는 생성·

소멸의 변화과정에 대한 발생론적 의문이 아니기 때문이다.

그럼에도 불구하고, 회의론자들은 존재자체의 발생론적 의문을 현상의 변화를 해명하는 과정에서 직면하는 의문과 섞어 버림으로서, 현상의 원인을 규명하는 사유방법론조차 회의적인 대상으로 둔갑시켜 버렸다. 이런 회의론의 입장을 극복하려는 주체철학의 합리적 사고방식은 데카르트가 역발상적으로 그들의 회의적 입장을 방법적 회의론으로 전환하여 존재의 본질을 추구하였다. 그리고 칸트가 비판철학에서 인식론의 제 모습을 갖춤으로서 극복의 방법론을 확립하였다.

그러므로 기우(杞憂)의 말뜻처럼, 인간이 거론할 필요가 없는 상상은 철학의 논구에서 완전히 배제해야 한다. 그렇게 하려면, 그 작업은 무엇이 불필요하고 무익한 이야기인지를 먼저 확정해야 한다. 그것은 앞서 지적한 바대로 원천적인 발생론의 의문을 제외하면, 대체로 두 가지로 요약된다.

첫 번째 논점은 심신(心身)의 관한 의문점이다. 심신이원론, 심신일원론과 같은 논쟁이다. 그에 대한 논점은 데카르트의 주체철학이 결정적으로 몰락하게 된 취약점에서 명백히 드러난다.

두 번째 논점은 둥근 사각형, 황금 산 같은 발상이 야기하는 지적 풍토의 혼란이다. 인간이 이러한 발상 때문에 곧바로 몰락하지 않지만, 그런 종류의 억지논리가 사회에 만연하면 사회가 여론의 분열에 의해 급격히 쇠락하게 되는 양상이다.

칸트는『순수이성비판』, 순수이성의 훈련에서 이성의 자연스러운 월권을 다음과 진술했다.

"사람의 기질과 재능은 본래 자유로 그리고 무제한적으로 발휘될 수 있기를 좋아 하는 것이지만(구상력과 기지처럼), 여러 가지 점에서 훈련을 요한다는 것은 누구나 용이하게 승인하는 바이다. 그러나 본래 모든 다른 노력에 대하여 그 훈련을 지시할 임무를 지니고 있는 이성 그 자체가 또 다른 굴욕을 받지 않고 지나왔다. 왜냐하면 이성이 너무나 엄숙하고 의젓한 태도를 가지고 나타나기 때문에, 개념 대신에 상상을, 사물대신에 말을 가지고 경솔하게 희롱하리라고 혐의할 사람은 아무도 없기 때문이다."[2]

칸트는 그런 입장을 견지하기 위해, 논구를 시작하는 첫 단계에 물자체의 개념을 설정했다. 물자체 개념은 사유는 할 수 있지만, 그러나 인식대상이 되지 않는 철학의 주제들을 서로 구분한 경계점이다. 그리고 그 핵심요지는 대표적으로 칸트가 『순수이성비판』, 선험적 방법론, 순수이성훈련에서 "순수이성의 논쟁적 사용과 관련해서 순수이성의 훈련(Die Disziplin der reinen Vernunft in Ansehung ihres polemischen Gebrauchs)······자기모순에 빠진 순수이성의 회의적 해결의 불가능성 (Von der Unmöglichkeit einer skeptischen Befriedigung der mit sich selbst veruneinigten reinen Vernunft)"의 표제를 붙여 논구한 내용에 요약되어 있다.

칸트가 비판철학에서 논구한 선천성의 본질은 사변적인 측면과 실천적인 측면에서 교훈을 주는데, 철학이 추구한 보편학의 이론을 파악하려는 입장은 그 점을 주목해야 한다..

칸트가 '선천적' 용어를 줄기차게 강조한 목적은 사변이성의 월권을 방지하고 지성을 올바르게 작용하도록 지도하기 위한 목적이었다. 칸트가 "우리 이성의 한계결정은 오직 선천적으로만 이루어질 수 있다."[3]라고 말한 진술의 의도대로, 사변이성의 작업은 경험론적 인식방식으로는 해명될 수 없다. 육체의 경험이 제한되어 있기 때문에, 의식에 선천적으로 그

---

2 『순수이성비판』 B738
3 『순수이성비판』 A758, B786

런 발상이 내재해 있더라도, 의식은 경험에 의존해서는 합리적인 형이상학의 이론을 구축할 수 없다. 그러므로 사변이성에서 경험의 한계를 무시하고 상상의 발상으로 형이상학을 구축하거나, 회의론의 입장에서 형이상학을 부정하고 거부해서는 안 된다.

칸트는 실천이성의 측면에서 사변이성의 문제점을 해명하려고 했다. 칸트는 실천이성의 입장에서도 『순수이성비판』의 논구와 일관되게 사변이성의 문제점을 인간이 도저히 확인할 수 없는 발생론적 문제로서 규정한다.

> "대개 어떻게 해서 법칙이 자체적으로, 직접적으로 의지의 규정근거일 수 있느냐 – 이것은 실로 모든 도덕법의 본질이다 – 하는 것은 인간이성으로서는 풀 수 없는 문제이요, 자유의지가 어떻게 가능한가 하는 문제와 동일한 문제이다.
>
> 따라서 도덕법이 무엇에 유래해서 단독으로 동기력을 주는가 하는 근거를 지시해야 하는 것이 아니라, 그것이 이런 것인 한에서 동기가 심성(Gemüt)에 무엇을 낳는가(좀 더 자세히 말하면, 낳지 않을 수 없는가) 하는 것을 우리는 선천적으로 지시해야 하겠다." [4]

칸트는 외부대상의 경험을 통해 형이상학의 과제를 해명하려고 하지 않고, 외부대상을 지식으로 정립하는 의식의 내면에서 그 해결책을 찾았다. 그것은 주관적 객관성의 방법으로서, 그 논구대상과 장소는 외부의 자연이 아니라 내부의 의식이다. 의식은 이기적인 개인들을 통합하는 보편적 도덕법을 수립하는 실천이성의 입법기능을 갖추고 있다. 곧 이 기능의 선의지를 바탕으로 한 실천이성의 인식기능이다. 이 기능은 인간이 문

---

4 『실천이성비판』 [128] p85

명사회를 창조하는 원동력이다.

실천이성의 본질이 해명됨으로써 심리의 감정에 의한 취미의 주관적 영역이 실천이성과 사변이성이 하나로 통합한 예술의 객관적 영역으로 전환한다. 더 나아가 예술을 창조하는 미의식의 본질을 논구하는 형식적 학문의 틀로서의 미학이 성립한다.

칸트의 철학체계는 사변이성과 실천이성과 반성적 판단력의 통합을 이루었다. 그리고 그의 통합이론은 인간이 문명사회를 창조하는 주체로서 형이상학적 존재이며, 형이상학을 구축할 수 있는 존재자임을 논증했다. 이 논증과정과 결론이 회의론을 극복한 합리론의 사고방식이다. 비판철학과 선험철학의 체계는 인간이 불필요한 논쟁을 극복하고, 참다운 문명사회를 구성할 수 있는 사유방법론이다.

칸트의 사유방법론은 실천적이기 때문에 당연히 교육론과 직결한다. 어떤 이론이더라도 당면한 문제점을 극복할 수 있는 방법론을 갖추어야 교육이 실질적으로 가능하다. 철학의 이론체계도 방법론을 갖추어야만 교육을 올바르게 할 수 있다. 철학이론이 교육이 가능한 방법론을 갖추었을 적에 비로소 효용성의 진가를 발휘할 수 있다. 교육이 가능할 적에 보편학의 철학도 대중에게 가깝게 다가갈 수 있다. 현대철학은 비판철학의 방법론을 통해 철학의 효용성과 철학교육의 효용성을 주목해야 한다.